岡田英弘著作集

Ⅵ　東アジア史の実像

藤原書店

The Collected Works of Hidehiro Okada
VI East Asian History in Reality

published by Fujiwara-shoten, 2015

1995年4月
台湾の自由時報社主催のシンポジウムで

ダライ・ラマ十四世と（一九九九年十月十日、成田リーガロイヤルホテル）
中央は、当時ダライ・ラマ法王日本代表部事務所事務局長（のち駐日代表）ラクパ・ツォコ氏

かつて台湾の民進党幹部（現・台北大学名誉教授）鄭欽仁夫妻と、台湾の鄭氏自宅で（一九九三年）↓

←ダライ・ラマ法王駐日代表として赴任したダライ・ラマ十四世の長兄ノルブ氏、夫人のクーヤンラと（一九九〇年）

モンゴル北極星勲章受章（二〇〇八年）当時の駐日全権大使ジグジット氏と↓

はじめに

本書『東アジア史の実像』は、満洲、台湾、チベット、韓国、東南アジアなど、シナの周辺で、シナ文明の影響を受けながら盛衰してきた諸国家および諸民族を扱う。必然的に、第4巻『シナ（チャイナ）とは何か』、第5巻『現代中国の見方』と同じテーマも登場するが、相手側の立場から見る、という役割を果たすと考えてもらいたい。

収録したのは、これまで同様、私の畏友である新井俊三氏が主宰していた朝食勉強会のエグゼクティブ・アカデミーにおける講演要旨、すでに入手困難になった書籍や雑誌に掲載されたもの、単行本未収録の原稿、討論会や対談における発言記録、等々であるが、台湾に関する講演要旨や雑誌記事は、一度『台湾の命運――もっとも親日的な隣国』（弓立社、一九九六年）として刊行されたことがある。この本は『台湾的命運――台湾人何去何従』（新中原出版社、一九九七年）として繁体字漢訳が台湾から刊行されてもいる。しかし、すでに絶版であるので、これまで同様、編集者諸君が文体を統一したうえで再録した。発表順ではなく、読者が読みやすいように章に分けて配列し直してくれたのは編集者の腕である。以下、各章について簡単に説明しておこう。

「第Ⅰ部　清朝《しん》とは何か」は、東洋史学者としての私の基礎にある満洲研究の総覧になっている。最初の「満洲族はいかに中国をつくったか」は一九八六年の講演要旨で、次の「清朝史研究はなぜ重要か」は、藤原書店との縁が始まった『清朝とは何か』（別冊『環』⑯、二〇〇九年）に掲載された、藤原社長による巻頭インタビューを書き言葉に改めたものである。四半世紀をへだてているが、これらは補い合っており、この二つを読めば、清朝を建てた満洲人がどのような人たちで、清朝がいかにいわゆる中華帝国ではなかったかが明らかになる。

続く「サルフの戦いを検証する」は、明《みん》清交代期の「関ヶ原の戦い」と呼ばれる戦争について、漢文史料と満文史料両方を使って描写したもので、続く「康熙《こうき》帝・雍正《ようせい》帝・乾隆《けんりゅう》帝とはどんな人物だったのか」と併せて読むと、清朝の建国から最盛期までの実情がよくわかる。

「康熙帝、朱筆の陣中便り」は、名君の誉れ高い清朝第四代皇帝・康熙帝が、最後のモンゴル遊牧帝国ジューンガルの君主ガルダンとの戦争にみずから三度も従軍した間、北京《ペキン》で留守を守った最愛の息子の皇太子に宛てて、漢文ではなく満洲語で書いた自筆の手紙を日本語に翻訳して紹介したもので、一九七九年の中公新書版が大幅に増補改訂されて、藤原書店から清朝史叢書の第一弾として二〇一三年に刊行された『康熙帝の手紙』のダイジェスト版とも言える。

「第Ⅱ部　台湾はどんな歴史をたどってきたか——紀元前から一九七〇年代まで」と「第Ⅲ部　台

湾の命運を握るもの――一九八〇～九〇年代の情勢分析」は、台湾関係の論考を集めた章である。

　私の中国経験は大陸ではなくもっぱら台湾で、現代中国論を書くことになったきっかけは、一九七一年に『諸君！』に掲載された「嵐の中の中華民国」（本書では「「ニクソン訪中声明」直後の台湾を訪れる」に改題）であった。

　私は一九六二年に満洲語文献の調査のために初めて台湾を訪問してから、蔣介石《しょうかいせき》が連れてきた外《がい》省人《しょうじん》と、かつては日本統治下にあった本省人《ほんしょうじん》両方に友人ができ、一時はほとんど毎年のように台北を訪れて故宮《こきゅう》博物院で研究調査をしていた。私が台湾に知人が多くいることを知った文藝春秋の依頼で、黄杰《こうけつ》国防部長に取材してできたのがこの最初の論考で、その後、日中国交「正常化」関係について述べたものは、第5巻『現代中国の見方』所収のものと表裏一体をなす。

　このあと一九九五年の下関条約一百年記念シンポジウム報告と、翌九六年の李登輝《りとうき》総統直接選挙で台湾関係の論考が終わるのは、第5巻「はじめに」でも説明したように、家庭の事情もあって、時事問題解説をジャーナリズムに発表することをしなくなったためである。今読み返してみると、初期の台湾評には外省人の意見が色濃く反映しているが、当時は私自身もそう考えたのであるから、それ自体が歴史資料であると思い、そのままにした。

　「田中訪中を前に蔣経国《しょうけいこく》が言うべきだったこと」は、第5巻の一論説同様、シンガポール在住の華人、陳図南《タントーラム》名義で執筆したものである。この名前を選んだ由来は、第5巻でも述べたように、陳という姓が、春秋戦国時代には岡田の田と同じ音dianであったことにある。図南という号は、『荘子《そうじ》』

「逍遙游篇《しょうようゆうへん》」第一から取った。

「第Ⅳ部　近隣諸国の歴史と社会」は、韓国、チベット、新疆《しんきょう》、東南アジアなどについて、『月曜評論』『言論人』『文化会議』『サンケイ新聞』『月刊シルクロード』『革新』等、さまざまなメディアに、四十年前から二十五年前に掲載された論考であるが、内容は今読んでも少しも古くなっていない。長い歴史のなかの半世紀程度は、本質的なことには関係がないのである。

最近二十年間の私の発言がほとんどないのは、一九九九年四月に脳梗塞を発症し、喚語障害という、データは残っているが言語中枢というソフトウェアが壊れた失語症になったからである。それでも、その後のリハビリと妻の協力のおかげで、このように現役のまま年を重ねることができた。

「第Ⅴ部　発言集」は、これまでの巻と同様、エグゼクティブ・アカデミー講演後の質問への返答、対談や座談会などにおける私の発言を、編集者たちがこまめに拾ってくれて加筆したものである。思いがけない質問を受けたり、相手があってこそ他では言わないような内容があったりするので、読者諸君にも楽しんで読んでもらいたい。

二〇一五年二月

岡田英弘

岡田英弘著作集　6　東アジア史の実像

目　次

第Ⅱ部　台湾はどんな歴史をたどってきたか
――紀元前から一九七〇年代まで――

第Ⅲ部　台湾の命運を握るもの

――一九八〇～九〇年代の情勢分析――

第Ⅳ部　近隣諸国の歴史と社会

岡田英弘著作集

6

東アジア史の実像

凡例

一　誤字、脱字の訂正や振り仮名、表記の統一、文体の統一など、初出より大幅に表現を改めている。各初出については、巻末の「初出一覧」のとおりである。
一　初出の時点での事件・事象等の記述は、二〇一五年現在の情勢に従って表現を改めた。
一　漢語の読み仮名については、日本での音読みで表記した。ただし、上海（シャンハイ）など日本で定着しているものは、その読みで表記した。
一　英語の Korea に対応する地域は「韓半島」と表記する。その理由については本著作集第3巻二六頁を参照されたい。
一　十七世紀に種族名をマンジュ（満洲）と改める東北アジアの狩猟民ジュシェンを、本書で「女真」ではなく「女直」と書くのは、前者が朝鮮と宋の史料、後者が遼、金、元、明の正史に出てくる漢字音写だからである。
一　「中国」という言葉は十九世紀末まで存在しないので、再録にあたっては、現代中国ではない十九世紀までの土地や文明は「シナ」、人は「漢人」と書き換えた。「華僑」とあったもののうち、シナの外に定住する漢人は「華人」と改めた。

第Ⅰ部　清朝とは何か

満洲族はいかに中国をつくったか

1　中国における少数民族

少数民族の現状

中華人民共和国憲法では、中華人民共和国は多民族国家である、と規定されている。漢族だけの国家ではない、ということである。これはシナの歴史では特筆すべきことで、ソ連の体制をそのまま引き写したからそうなったのである（この間の事情は、本著作集第5巻『現代中国の見方』「中国における少数民族」五一〜五二頁で詳しく述べた）。

中国の国務院が公式に認定した少数民族は五十五あるが、その一つ満洲族（満洲人）は、中華人民共和国の法律上の民族区分用語としては、満族《マンズー》と呼ばれている。少数民族のなかで人口の大きさでは五番目で、一九八二年の統計では四百二十九万人を数える（二〇一〇年現在、千三十九万人）。

満洲族は、言うまでもなく、日本がつくった満洲帝国の領土（現在、東北三省と呼ばれる遼寧省《りようねい》、吉《きつ》林省《りん》、黒龍江省《こくりゆうこう》）のあたりにいちばん多いが、そのほか河北省《かほく》、北京《ペキン》特別市のあたりも、大きな満洲族のセンターになっている。

不思議なことに、今述べたように、一九八二年の統計では人口は四百二十九万人だが、その一つ前の統計（一九七八年）では二百六十五万人である。わずか四年で二倍近くも増えたように見えるが、これは、この間に満洲族にはなはだしい人口増加が起こった、ということではない。

このように統計のたびに人口が大幅に違ってくるのは、端的に言って、経済的、社会的理由による。これまで「自分は漢族だ」と言っていた人間のなかから、損得勘定をして、「じつは少数民族だった」と申告する人間が出てくるからなのである。じつは、中国で大多数を占める漢族というのは、どの少数民族に属しているかわからない人間のことなのである。

ではなぜ、少数民族であるほうが有利だ、と考えるのか。

よく知られているように、中国では人口制限が非常に厳しく行なわれているが、その「生一子好」（一子を産むのがよい）というスローガンが適用されるのは漢族だけで、少数民族は何人産んでもいい。また、それぞれ食生活を初めとした生活習慣が違うので、少数民族には漢族とは違う物資の割り当てがある。さらには少数民族は、高等教育を受けるチャンスに恵まれる。

この「教育を受けるチャンス」というのは重要なファクターなので、少し説明しておこう。

中国はたいへんな受験戦争の国である。そもそも漢字を使った教育は難しく、ふつうの知能を持った人間には、大学教育まで終えるというのはほとんど不可能と言えるのだが、それでも高等教育を受けないことには、社会のなかでいい地位が得られない。党や政府や会社（と言ってもほとんど国有だが）といった組織に入って幹部になれば、いい月給を貰い、さまざまな物資の特配を受ける特権を持ち、たいへん楽に暮らせるが、そうなるには高等教育を受けなければならないのである。そのため、進学競争が激烈になるのだが、少数民族の出身者には、中学レベルでも大学レベルでも、優先して入学できる割り当てがある。人口に比して優遇されているのである。

もっとも、初めから優遇されていたわけではない。毛沢東《もうたくとう》の時代には、中国人はみな単一の民族だ、ということを振り回し過ぎた。中国人であればだれでも中国語を話せなければならない、とする傾向があって、少数民族に漢族の文化をむりやり押し付ける結果となった。ことに、文化大革命のときはひどかったようで、少数民族の出身というだけで吊るし上げられ、殴る蹴るの暴行を加えられ、殺された人が何万人もいた。あまり数の多くないモンゴル族の人に聞いても、殺されたのは五万や六万ではきかないそうである。

そのため、自分が少数民族であることを隠す傾向があった。そこには、漢族は高級な民族だという伝統的な観念に縛られ、少数民族の出身であることを恥じる、というファクターも大きく作用していた。

だいたい中国人は、西洋人のような顔をしているウイグル族を除けば、みな髪は黒く、肌は黄色で、似たような顔をしている。漢字の名前さえ付けてしまえば、少数民族なのか漢族なのかの区別がつかない。それで、漢族として遇してもらおうと、少数民族であることを隠し、自分は漢族だと申告したのである。

ところが、毛沢東が死んで、四人組が失脚すると、その反動で、少数民族優遇政策というのが中華人民共和国の基本方針となった。

そうなったについては、もう一つ理由がある。中国が周囲の外国と境を接する地帯というのは、ことごとく少数民族地帯なのである。国境の防衛ということを考えると、少数民族を敵に回すのは得策ではない。人口は少ないが、面積という点では、少数民族地帯は中国の面積の半分以上を占める。つまり、国境問題、領土問題、ことにソ連に対する防衛問題という面から言って、少数民族を尊重しなければならない宿命が、中華人民共和国にはあるのである。

ともあれ、そういうわけで少数民族を優遇するようになったのだが、その結果、人口調査のたびに、たくさんの人たちが「今まで隠していたけれど、私たちはじつは少数民族なのだ」と申請するようになった。資料を揃え、国務院に提出して、審査を受けるようになったのである。そのため、現地調査に行った日本の学者の許にまで手紙が来て、自分たちは漢族ではないと証明してくれ、と依頼したりすることが、頻繁に起こっている。いまや少数民族を自称するのが、流行になっているのである。

漢族であるかないかは程度問題で、北京を離れれば離れるほど、漢族を自称している人たちでも北京的ではなくなって、本当に漢族なのかどうかはわからなくなる。むしろ、北京に近いところに住んでいる少数民族のほうが、よほど漢族らしく見えたりする。

これは中国の民族問題の本質に関わることなのである。「漢族らしさ」というのは、「中国人らしさ」と言い換えてもいいのだが、英語でChinesenessと呼ぶこの「中国人らしさ」は、首都がいちばん濃く、それから離れるに従って、同心円的に逓減《ていげん》してゆき、いつのまにか少数民族になる、というのが中国の社会の特徴である。漢族のあいだでも、地方に行くと互いに言葉が通じないのは、ごくふつうのこととされている。広東《カントン》省などはもっと極端で、村ごとにまるで違う言葉を話す。つまり、中国人の大多数が漢族だ、というのは、われわれが、日本人は大和《やまと》民族だ、というのとはまったく内容が異なる。漢族のなかにもたいへんな落差があるのである。

2　満洲族がシナ文化に残した遺産

衣服

話を満洲族に戻そう。

初めにお断りをしておくと、本著作集では、満洲族の「洲」には、すべて「さんずい」が付いた「洲」の字を当てている。近頃では「洲」ではなく、「さんずい」を取った「州」を書くのが慣わしみたいになっているが、「洲」が本来の表記である。

簡単に説明しておくと、満洲族がつくった王朝が清《しん》朝だが、五行説では、興起する王朝ごとに五行（木・火・土・金・水）の一つが当てられていて、清朝は水の徳を持った王朝なのである。それで、王朝の名である「清」にも「さんずい」が付くし、種族名である「満洲」にも「さんずい」が付く。なお、水は同時に北方を表わす。それで、満洲族は北のほうから現われてシナを統一したという歴史が、そこに反映されている、というふうに解釈してもいいかもしれない（多少こじつけめいてはいるが）。「満洲族はいかに中国をつくったか」という表題のテーマを考える手始めとして、まず現在の中国、あるいは中国人の文化に、満洲人の遺産がどれほど大きなものを占めているか見てみよう。

いちばんはっきりした形で残っているのが、女性のチャイニーズドレスである。体にピッタリとしていて、じつにセクシーで、今でも台湾や香港《ホンコン》、シンガポール、あるいは華人のあいだでも、女性の正装はチャイニーズドレスということになっているが、あれは満洲服なのである。満洲人が一六四四年にシナを征服するまで、ああいう服装はシナにはなかった。それ以前の、明《みん》朝の時代のシナの女性がどんな服を着ていたかは、古い時代に題材をとった京劇（北京オペラ）を見るといい。そこで女優が着ている袖の長い服が、当時のシナの女性の服だったのである。

言語

その京劇だが、あれは満洲人がつくり出した芸術である。ウグイスがさえずるような、玉を転がすようなきれいな発音で、滑らかに歌いながら演技をする芝居だが、一般の中国人には、たいへんわかりにくいものとされている。なぜなら、そこで使われているのは、清朝時代に北京の城内の人たちが話していた、純粋な北京語（北京官話）だからである。

シナには伝統的に、だれにでも通じる共通語というものはなかった。役人や大臣になりたければ、科挙という高等文官試験を受け、合格しなければならなかったが、それは、共通語がないなかで政治を執り行なうには、漢文というコミュニケーション・ツールをどれほどきちんと使いこなせるかが問われるからである。その試験の際、漢字の韻の使い方はきわめて大事で、それを間違えたら絶対合格できなかった。そして、その漢字の読み方は、時の王朝の首都における発音が基準になった。清の時代では、北京における発音（北京官話）が基礎となったのである。

ところが、辛亥《しんがい》革命が起こり、中華民国の時代となって、言語をめぐって大変革が起こった。日本に留学して帰ってきた新しいインテリたちが、日本人はだれもが日本語を話す、という事実を発見してたいへん驚き、中国人にも共通語が必要だ、普遍的な中国語がなければいけない、と思ったのである。それで、魯迅《ろじん》などの文化人が中心となって、北京における発音（北京官話）を基礎としてつくったのが、現在の中国の共通語とされている「普通話《プートンホワ》」である（台湾では「国語《グオユイ》」と言う）。

ところで、北京官話というのは、満洲族の言葉である。

誤解のないように断わっておくと、満洲族には、もともと満洲語というまったく別の言語がある。日本語のように「て・に・を・は」があり、動詞の語尾変化がある、トゥングース語と言われる系統の言葉の一つで、いわゆるアルタイ系の言葉である。文字としては縦書きのアルファベットを使う。モンゴル文字に点や丸を付けて読みをはっきりさせるなど、改良してつくったのが満洲文字である。

これとは別に、満洲族がシナに入るとともに生まれた、満洲なまりの漢語というのがあり、それが北京官話である。

辛亥革命で清が倒れるまで、シナの第一公用語は満洲語だった。中華民国時代になって、代わりに表に出てきたのは、それまで漢人が話していた言葉だったのだが、新しい中国をつくろうという運動のなかで、それまで首都であった北京の、文化の高い、満洲族が使っていた漢語(北京官話)が、共通語である普通話の基礎になったというわけである。

ただしこの普通話は、皮肉なことに、満洲族のなまりだから、満洲語特有の、ふつうの中国人の言葉にはないようないろいろな音がある。このため、一般の中国人では、なまった発音になる。中国人には、きれいな普通話を話せる人が非常に少なく、きれいに話せる人は、だいたい外国人だと思っていい。日本人が普通話を習うと、きれいな発音になるので、普通話が流暢《りゅうちょう》になればなるほど、外国人であることがすぐにばれてしまうというわけである。

要するに、現在の中国語(普通話)は、満洲族の言葉が基礎になっているということである。

芸能・餃子

芸能は京劇だけではない。たとえば、北京の芸能にシュワンシェン(双声)という掛け合い漫才がある。満洲服を着た二人の男が、立って扇子であおぎながら、やりとりで観客を笑わせるという、日本の漫才と同じようなものだが、これも満洲族が残したものである。そういうものを挙げてゆけば切りがないくらい、現在の中国文化の基礎は、ほとんどが満洲族の遺産である。

なお、餃子も満洲族の伝統的な食べ物である。北京官話では「ジャオズ」と発音するが、日本人は

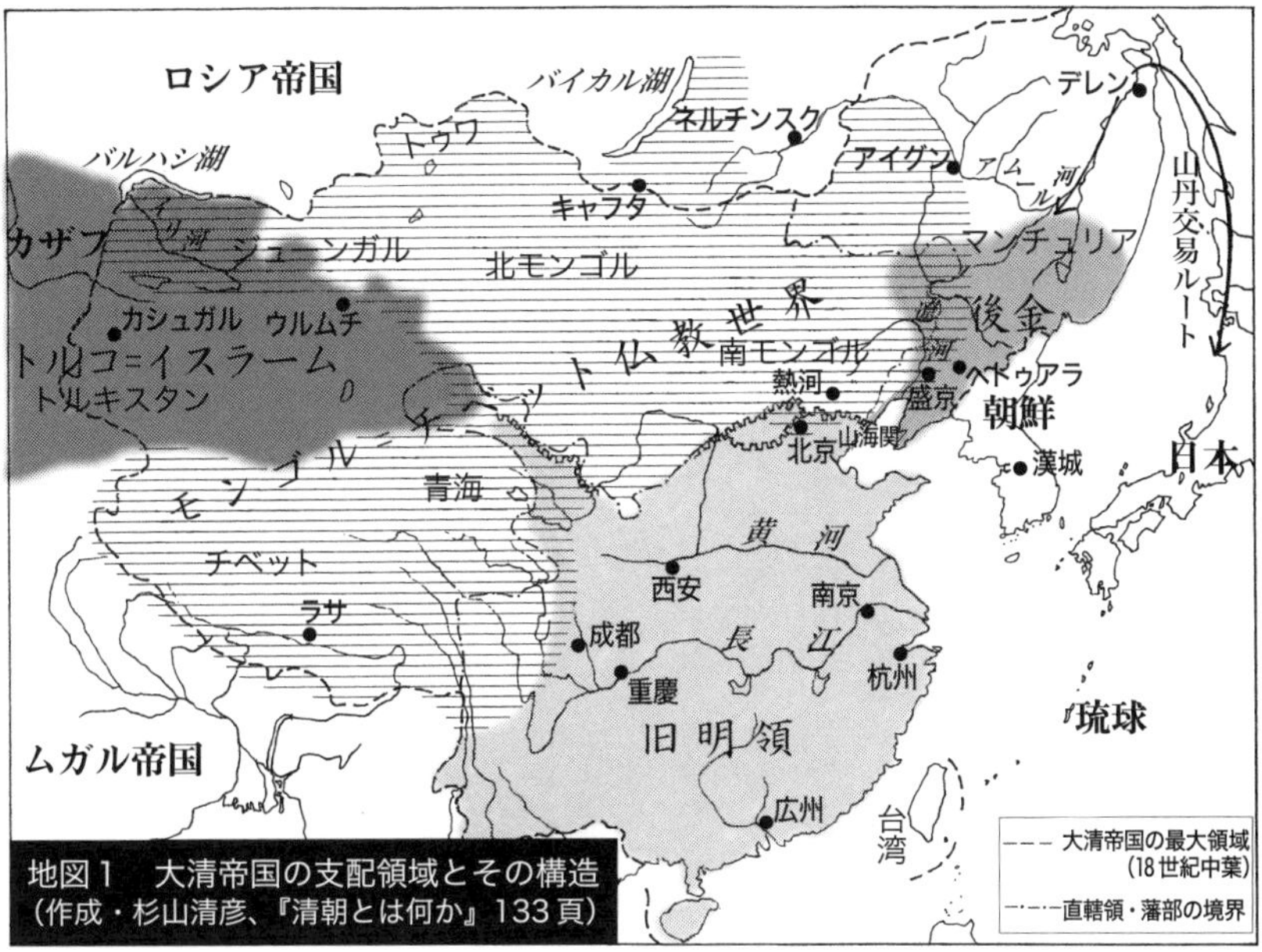

地図1　大清帝国の支配領域とその構造
(作成・杉山清彦、『清朝とは何か』133頁)

「ギョウザ」と言う。これはたいへんおもしろいことで、「ギョウザ」は遼河《りょうが》デルタで話される山東方言の発音なのである。ということは、日本人はおそらく満洲で餃子に出会ったのであろう。

領土

もっと大きな遺産がある。現在の中国の国境をつくり上げたのも、やはり満洲族なのである。ごくわずかな例外はあるが、現在、中華人民共和国の支配下に入っている地帯を、最終的に統合して一つの帝国に仕上げたのは、あくまで満洲族であって、漢族ではない。

シナの歴史でもっとも偉大な帝王は、康《こう》熙《き》帝、その息子の雍正《ようせい》帝、さらにその息子の乾隆《けんりゅう》帝の、清朝の三代の帝王である。

十七世紀半ばに康熙帝が即位してから、十八世紀末に乾隆帝が死ぬまでの約一世紀半にわたって、清朝は目覚ましい領土的膨張を遂げた。しかし、その清朝を支配していたのは、漢族ではなく満洲族だった。康熙帝も雍正帝も乾隆帝も、純粋な満洲人だったのである。

康熙帝は、現在のモンゴル国（北モンゴル）の領域を支配下に入れ、晩年にはチベットを征服した。ただし、このときのチベット征服はあまり長続きせず、最終的に孫の乾隆帝が支配下に入れた。乾隆帝のときの領土の膨張というのはたいへんなもので、中央アジアに進出し、現在の新疆《しんきょう》ウイグル自治区の領域をことごとく征服した。

康熙帝が即位したのは十七世紀半ばの一六六一年だが、すでに十七世紀初めには、ロシア人がアムール河流域に姿を現わしていた。ロシア人がシベリアにまで進出していたのであるが、このロシア人の進出を食い止めたのは、やはり満洲族である。康熙帝、雍正帝、乾隆帝の三代にわたり、何度も国境協定を結び、現在の中ロ国境のラインをほぼ画定した。

なお、北モンゴルに関して言うと、その後、辛亥革命と同時に北モンゴルが清朝から独立して、ロシアと同盟し、さらにロシア革命がシベリアに波及して、北モンゴルが人民革命軍に征服された結果、ソ連の最初の衛星国であるモンゴル人民共和国（現在のモンゴル国）ができた。つまり、かつては北モンゴルも満洲族の清朝の領土であったのだから、現在のロシアとモンゴル国との国境を画定したのも満洲族の仕事だった、と言えるのである。

現在、中華人民共和国は、満洲族の発祥の地である東北三省（遼寧省、吉林省、黒龍江省）や、その西に繋がる南モンゴル、そのまた西に繋がる新疆ウイグル自治区、その南にあるチベットといった、広大な少数民族地帯に対する支配権を主張しているが、その法的根拠は、満洲族の清朝から中華民国が直接支配権を譲り受け、その中華民国に代わって、中華人民共和国が中国の支配権を手に入れた、ということにある。つまり、中華人民共和国の領土はすべて、満洲族の遺産なのである。

国境について満洲族が果たした仕事は、今日ただ今の問題と直結している。

たとえば、清朝と帝政ロシアがシベリア方面の国境画定の条約を結んだ際、アムール河の流域はことごとく清朝領だった。つまり、現在はロシア領となっている沿海州は、当初は清朝領だと認められていた。それを、だんだんにロシアが侵略して取ってしまったのだから、中国の本音としては、シベリア東部はすべて返してほしい。中ロのあいだにも、北方領土問題があるのである。しかし、ブレジネフからゴルバチョフに代わっても、エリツィンからプーチンになっても、ロシアは国境で譲歩する兆しがまるでない。少しでも譲歩したら、中国が沿海州を返せと言い出すのが目に見えているからである。中ロの国境問題というのは、日本の北方領土問題よりもはるかに深刻で、いまだに尾を引いているのである。

このように、現在の中国においても、満洲族が成し遂げた仕事というのは、非常に重大な、現実的な意味を持っている。それで、中国ではどこの大学でも、満洲語が読める人材の養成に懸命である。なぜなら、清朝二百七十六年間の中央政府のもっとも重要な文書は、すべて満洲語で書かれていたからである。漢文で書かれたものは、二次的な重要性しかない。たとえば、ロシア人と満洲人のあいだに結ばれた国境画定条約の正文は、いずれも満洲文である。皇帝のメモや、最終的な決裁の書類や、当時「藩部《はんぶ》」と言っていた、現在の少数民族地区との手紙のやりとり、通信なども、すべて満洲語である。

何百万という厖大《ぼうだい》な満洲語の重要文書が、今も中国各地に保存されており、満洲語が読めないとシナの近代史の研究はできない。それどころか外交問題においても、ソ連時代もそうだったが、ロシアになっても、あちら側は満洲語が読める人材を養成し、国境問題の交渉の際にもどんどん攻め立ててくるので、中国側でも満洲語が読める人材を養成し、研究を進めなければならない。

このように、満洲族の歴史や言語の研究は、現在の中国においてたいへん重要な意味を持っているのである。

3　満洲族の歴史

祖先は狩猟民

満洲族はもともとは、旧満洲帝国のちょうど東半分の森林地帯に住んでいた狩猟民である。遼陽《りょうよう》や瀋陽《しんよう》といった都市の西側を遼河が流れているが、その遼河の東側に当たる。

東北三省（遼寧省、吉林省、黒龍江省）の東半分、および三十八度線以北の韓半島の人びとは、歴史が始まった頃から、つまり漢人がこの地方に来て記録を残し始めた頃から、狩猟民として活発に活動していた。この地域につくられた国家でいちばん古いのは、高句麗《こうくり》である（略して「高麗《こうらい》」とも言う。

『日本書紀』では、どういうわけかこれを「こま」と読んでいる)。

鴨緑江《おうりよくこう》の上流に、長白山《ちようはくさん》(韓国人は白頭山と言う)という、頂上に大きな湖を持つ山があるが、そのあたりの、現在の中国と北朝鮮の国境付近に住んでいたのが高句麗族で、すでに紀元一世紀の初めに高句麗王国が記録に登場してくる。

高句麗族は、狩猟民とは言いながら農耕もしていた。今ではこのあたりでもコーリャンやトウモロコシをつくるが、そういうものはあとから入ってきた食糧で、もともと粟が主食だった。そのうえ土地がやせていて、雨の降り方も不安定なため、農耕だけでは食べてゆけなかった。それで狩猟をしたのである。

狩猟では、リスやミンクやキツネなどの毛皮を取る。ちなみに、現在、ロシアが大量に輸出している優良な毛皮は、ほとんどがあのあたりのシベリア東部で取れるものなのである。高句麗族は、そうした毛皮を麓《ふもと》の漢人の住む町で売ってお金に換え、食糧や生活必需品を買う、という生活スタイルをとっていた。

狩猟だけでなく、採集もする。あのあたりの森林地帯では、日の当たらないところに朝鮮人参が生えるのだが、この朝鮮人参はたいへん高く売れる。しかし、取りにゆくのはなかなか危険で、大密林の樹海に入って道に迷ったら、絶対に出てこられない。それで、三人一組で行動するのだという。

狩猟や採集をしても足りなければ、戦争に行ってかっぱらってくる。高句麗族はたいへん剽悍《ひようかん》な騎馬民で、弓矢の術に長《た》け、馬に乗るのがうまく、漢人をさんざん悩ませた。のちに韓半島に南下してきて、百済《ひゃくさい》王国と壮絶な戦いを交え、最終的には唐と新羅《しんら》の連合軍に六六八年に滅ぼされてしまうが、それまで七百年近く、あの地域で繁栄した。高句麗王国は、たいへん文化の高い王国だった。

高句麗が滅ぼされたあと、残された人たちがつくったのが渤海《ぼっかい》王国である。この国は、日本人には馴染みが深い。しばしば友好使節が、現在の北朝鮮の清津《せいしん》港あたりから船出して日本海を渡り、敦賀などを経て日本の朝廷に貢物を持ってきたからである。

この渤海も唐の末に滅びてしまい、その後に現われてくるのが女直族《じょちょく》である。日本で「女真」と書くのは朝鮮と宋の史料を使ったからで、遼・金《きん》・元《げん》・明では「女直」とうつす。「女直」は満洲語では「ジュシェン」と言う。女直族は、初めは南モンゴル東部の騎馬民である契丹《きったん》人に支配されていた。契丹人というのは、契丹文字といういまだに解読されていない文字を持つ謎の種族なのだが、女直族はその契丹人から決起して独立し、たちまちのうちに南モンゴルと華北を席捲して、一一一五年、「金」という帝国を建てた。この女直族が、満洲族の直系の祖先である。

十三世紀になると、北モンゴルにチンギス・ハーンのモンゴル人が興って北アジアを統一し、中央アジア、アフガニスタン、パキスタン北部、イラン高原、東ロシア、ウクライナ方面に至るまで進出した。そして、チンギス・ハーンの晩年くらいから金帝国に侵入を始め、女子供をさらい、穀物や金目のものを運び去った。こうした被害を受け、結局、金帝国は、建国して百年少し経った一二三四年に滅びてしまう。

金帝国の多くの女直人は、華北に入り込んでそのまま定着し、漢人の一部になっていったが、一方、東北の故地に残った女直人は、十三世紀から十四世紀にかけて、モンゴル人の帝国である元帝国の支配下に入った。女直人は、漢字に手を加えたような自分たちの文字を持っていたが、その支配下でモンゴル文化の影響を受け始めた。

十四世紀に入ると、モンゴル人の元朝はシナを追われて北方に退き、代わりに漢人の明朝がシナを支配した。明朝は北方にも進出しようとしたが、ついにモンゴル高原を征服することはできなかった。ただし東北方面では、遼河の下流域のデルタ地帯、つまり現在の瀋陽や遼陽、遼東半島あたりまで進出した。なぜ遼河の下流域だけ支配したのかと言うと、韓半島がモンゴルの支配下に入ると危険なので、両者のあいだに、くさびを打ち込みたかったからである。

それより東北の山のなか、あるいはアムール河や松花江《しょうかこう》の流域に住んでいる女直族に対しては、官職を与え、遼河の下流の漢人植民地とのあいだの取引の特権を与え、自分の側に引き付けるという手段を取った。

明朝は、十四世紀から十七世紀まで、約三百年間シナに君臨するが、とくに十七世紀、シナの経済が爆発的な成長を見せるとともに、瀋陽や遼陽よりも東方の山地の女直人は、先ほども述べた朝鮮人参や毛皮の交易で、たいへん潤うようになった。

交易と経済封鎖

明朝の時代の十七世紀、すでにマゼランが切り開いていた太平洋航路を利用して、スペインの銀が、メキシコからフィリピンを経由し、大量にシナの市場に流れ込むようになった。その結果、たちまちシナは銀で決済する経済になり、それと同時に、猛烈な勢いで漢人の生活程度が上昇し始めた。

たとえば、今のわれわれが知っている中華料理というのは、ほとんどがこの十七世紀、銀経済になった高度成長時代に生まれている。それ以前の漢人は、ろくな物を食べていなかったのである。

『金瓶梅《きんぺいばい》』という小説をご存じかと思う。西門慶《せいもんけい》という女たらしの薬種屋のおやじが、たくさんの女を抱え、贅沢《ぜいたく》と淫楽《いんらく》の限りを尽くすエロ小説だが、あれがちょうど、この十七世紀頃のシナの社会の姿である。男というのは悲しいもので、急に金と暇ができると、どうしていいかわからず、酒を飲んで、女と戯れることしかできなくなる。十七世紀の漢人の男も例外ではなかった。朝鮮人参がなぜもてはやされたかと言うと、血圧を上げ、元気にする強精剤だからなのである。着るものも贅沢になり、絹を身につけるだけでは収まらず、それに贅沢な毛皮をつけることが流行した。朝鮮人参も毛皮も、女直族の特産品である。先ほど「十七世紀、女直人は朝鮮人参や毛皮の交易で、たいへん潤うようになった」と述べたのは、こうした事情を背景にしている。

こうした消費文化の過熱は、いろいろな事態を引き起こした。

ご多分にもれずシナでは、外国との関係、異種族との関係は、すべて利権と結び付いている。現在の中華人民共和国の対日関係が、まったくの利権であるのと同じ現象である。朝鮮人参や毛皮の取引はたいへん儲かるので、たちまちにして、ある特定の人脈が独占するところとなる。それがまた、宮廷のいろいろな勢力と結び付く。ことに明代は宦官《かんがん》が跋扈《ばっこ》した時代で、宮廷で立身出世しようと思ったら、どんな大官、大将軍でも、皇帝のお気に入りの宦官と手を結ばなければならない。そうしないと、皇帝が言うことを聞いてくれないのである。

そういうわけで、そのときの女直人たちの頭目も、それぞれ宮廷の特権勢力と結び付いて、彼らの金づるの役割を果たしていた。そのなかの一人が、有名な清の太祖《たいそ》のヌルハチである。女直人の酋長というのはたくさんいたが、そのなかでもヌルハチは、たいへん抜け目のない人だった。たとえば、朝鮮人参をあまりにたくさん採り過ぎると、買い叩かれて値が下がるので、たくさん採れて値が下がったら、売り控え、保存が効くよう煮詰めておき、値が上がったら売る、ということをやった。こうした、たいへん経済観念の発達した人だったらしい。

ところが、そうした宮廷の勢力というのは不安定なもので、ある宦官が皇帝の勘気《かんき》に触れると、その宦官に結び付いた勢力が、中央から地方にかけてことごとく失脚する、というようなことが起こる。これは、現代中国で四人組が没落したら、上から下までその系統の人たちがすべて失脚し、鄧小平《とうしょうへい》派が取って代わる、というのと同じような現象である。

これがヌルハチの場合にも起こり、ヌルハチは冷や飯を食わされることになった。ヌルハチが持ってくる朝鮮人参や毛皮は買い付けてはならない、という経済封鎖である。それで、苦しい局面に追い込まれたヌルハチは、自分の部下の女直人たちを八つの軍団に統合した。これを八旗《はっき》と言う（黄、白、紅《あか》、藍《あお》の四色旗に、それぞれ縁取りしたものと、しないものとがある）。経済封鎖という非常事態を迎え、内部統制を緊密にしたのである。ヌルハチは一六一六年、他の女直人諸部族を統一して後金国《こうきん》を建てた。

図1　ヌルハチ（清の太祖）

図2　ホンタイジ（清の太宗）

清朝の独立

遼河の東方の山中に孤立していたヌルハチ率いる女直人たちは、こうして明と軍事衝突を起こしたのだが、その頃、明のその方面の軍事力は手薄になっていて、明が総力をあげても、なかなかヌルハチを踏み潰せずにいた。じつはそのことには、日本が関係しているのである。

十六世紀末に東アジアで起こった目ざましいできごとの一つは、日本人が初めてアジアの歴史に介入したことである。それ以前にも倭寇《わこう》が活動しているが、これはただ沿岸を荒らしただけである。豊臣秀吉の軍隊は韓半島を席捲し、なかでも加藤清正の軍隊は、豆満江《とまんこう》を渡って、現在の吉林省まで攻め込んでいる。そこはちょうど女直人の住地で、女直人はこうして初めて日本人を知ったわけである。

このとき、朝鮮国王からの要請を受け、明の政府は遼東（遼河の東）の駐屯軍に救援を命じた。それで李如松《りじょしょう》、李如柏《りじょはく》の兄弟が明軍を率いて救援に赴き、加藤清正の軍隊と二回にわたって交戦した（碧蹄館《へきていかん》の戦い）。その結果、明の遼東の軍隊はたいへん消耗し、遼河デルタに軍事力の大きな空白ができてしまった。明がなかなかヌルハチを潰せなかったのは、こうした事情があったからなのである。

こうしてすったもんだしているうちにヌルハチが死に、その息子のホンタイジが後金国の二代目の王になった。そして種族の名を、それまでの女直は響きが悪いからと言って、満洲に統一した。一六三五年のことである。

その翌年には、支配下の三つの種族の代表が瀋陽に集まり、会議を開いた。三つの種族とは、満洲人と、遼河デルタに住み山東方言を話す漢人と、遼河の西方のモンゴル人である。このときまでに満洲族は、遼河デルタから遼河の西、さらには南モンゴルにまで及ぶ地域を支配下に置いていた。

会議では、いつまでも明とのあいだの講和を待ち望んでいても埒《らち》があかない、こちらで帝国を建ててしまおう、ということになり、選挙を行なって、後金国を大清《だいしん》に改め、ホンタイジを皇帝に選んだ。これが清朝の建国である。

もっとも、満洲人の本音は、明といつまでも対立しているのは得策ではない、適当なところで手を打って、国境を画定し、講和条約を結んで、正常な経済関係を樹立したい、ということだった。しかし、なかなかこれがうまく行かない。なにしろ相手の明朝の政府は、なかで混乱していて、スローモーで、反応が鈍い。しかも、シナはいつでもそうだが、建前を重んじる。もともと独立国でもなんでもない、皇帝陛下に忠誠を誓っていた蛮夷《ばんい》である満洲人が、対等の国交を結ぼうなどと言うのはとんでもないと、清朝を認めないのである。

ところが、そうこうしているうちに、一六四四年、明朝が自分で勝手に滅びてしまった。西方の四《し》川《せん》省で起こった反乱がだんだん東方に波及し、首都の北京が反乱軍に落とされ、時の皇帝が首をくって死ぬ、という事件が起こり、その後の北京に力の空白が生じた。それで、明の大臣、官僚たちが瀋陽に使いを送り、こちらへ来て皇帝になってくれと頼んだのである。たいへんにシナ的な成り行きである。そのときにはすでにホンタイジは死んでいて、まだ七歳だった息子の順治《じゅんち》帝が、迎えられて北京に行き、紫禁城《しきんじょう》で玉座についた。これが満洲族のシナ征服である。

こうして清朝が北京に入ってきたのであるが、同時に、満洲族の中核をなす八旗の精鋭も、家族を引き連れて北京に移住したのである。

シナ征服

現在の北京には城壁がなく、城門が二つだけ残っている。共産党が政権を取ってから、町づくりをするというので城壁を壊したのであるが、その前は、城壁で四角く囲まれた区域が一つあり、その南側に出っ張るように、城壁で囲まれた区域がもう一つあった。前者を内城と言い、後者を外城と言った。

内城の真ん中に、現在、故宮《こきゅう》博物院になっている紫禁城があった。そこは皇帝一家の住むところであり、朝廷であり、また朝礼の行なわれるところであった。その外側に、今はなくなったが、赤く

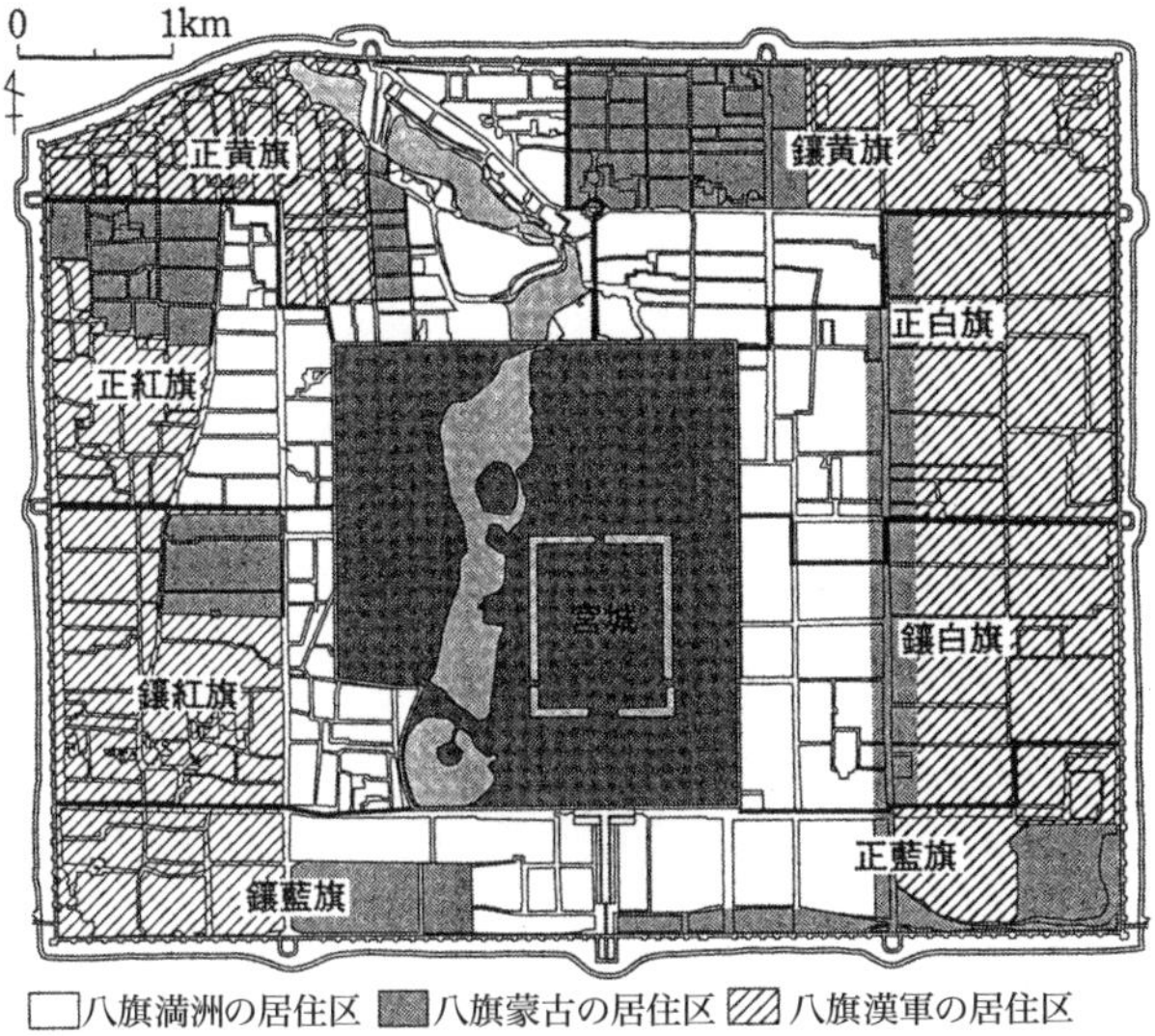

図３　清代の北京内城

出典：Mark Elliott, *The Manchu Way*, Stanford University Press, 2001, p.103 を日本語訳

高い塀（皇城）があり、その内側に皇帝に奉仕する使用人たち、すなわち宦官や女官たちが住んでいた。さらにその外側の、内城の本当の城壁とのあいだの空間は、八つに区切られていて、それぞれが八旗の軍団の兵営になっていた。北側に黄色い旗を持った二つの軍団、東側に白い旗の二つの軍団、南側に藍色の旗の二つの軍団、西側に紅い旗の二つの軍団が入ったわけである。満洲族が入ってきた直後に、内城内に住んでいた漢人はみな追い出され、以後、二百六十八年間、北京の内城は完全に満洲族の町になった。

ただし、満洲族と言っても、二通りの意味がある。一つは、女直人の直系の後裔《こうえい》である、トゥングース系の言葉を話す人たちで、本来の満洲人である。もう一つは、それとは系統の違う満洲人で、東北の遼河デルタで満洲族に加わった漢族（これを漢軍と言う）や、東北に国をつくっていた時代に征服されたモンゴル族（これを八旗蒙古《もうこ》と言う）である。彼らも八旗のなかに組み込まれていたので、いっしょに北京に移住した。八旗の漢軍も八旗の蒙古も、みな法律的には満洲人なのである。

なぜ満洲語のなかに、本来の満洲語のほかに北京官話があるのか、これで説明がつく。つまり、すべての人たちが本来の満洲語をうまく話せるわけではないので、日常語としては、満洲語と、自分たちのあいだだけで使うなまりのある漢語の両方が、必要だったのである。そのなまりのある漢語が、すなわち北京官話だった。

こうして北京に満洲族の八旗の人たち、つまり旗人が入り込んだ。旗人とは満洲人のことである。ちなみに、シナ服のことを「旗袍《チーパオ》」と言うが、あれは旗人の服という意味で、つまり満洲族の着るものということである。だから、今でも中国人は、清代の服のことを「満洲服」と呼んでいるわけだ。以前、北京の裏通りには、胡同《フートン》と呼ばれる汚ない長屋状の住居があった。一九七六年の唐山《とうざん》大地震でだいぶ壊れ、その後も町を整理するということで取り壊されたが、あれが元《もと》の兵営である。ちなみに北京の町は、一九〇〇年に義和団の乱（北清事変）で八カ国連合軍が侵入したとき、さんざんに略奪、放火され、それがために城内の生活の形が崩れた。もっと崩れたのは、一九四九年に中華人民共和国政府ができてからである。なお、北京の城内には、角のタバコ屋といった風情の小さな日用品を売る店以外は、市場などはまったくなく、市場は城外に立ったのだそうだ。それが本来の姿だということである。

満洲人は武勇を貴ぶ人たちで、忠誠心が強いのでも知られていた。男たちは、十六歳から六十歳まで、全員軍務に服する義務があった。もちろん、弓矢にも長けているし、馬に乗るのもうまかったのだが、おもしろいのは、彼らがアイススケートを特技としていたことである。私が知っている限り、アジアの種族でスケートをやるのは、満洲人だけではないかと思う。満洲族の生まれ育った地域には、アムール河や松花江といった大きな河が多く、冬期に移動をするときには、陸上を行くより氷の上を行くほうが速い。それで、彼らのあいだでは、骨でつくったスケートのようなもので氷を蹴りながら滑る、という競技が行なわれた。

この競技は「氷嬉《ひようき》」と言って、中国になってからも、北京の年中行事になっていた。冬になると、北京の北海公園でつい先頃までやっていたので、北京を訪問した際、私も見物に出かけたのだが、残念ながら、やっている人はいなかった。その代わり、厳寒のなかでベンチで抱き合ってキスをしている恋人たちがいた。

余談であるが、満洲族はまた、アジアで唯一、接吻《せつぷん》をふつうの挨拶《あいさつ》にしている人たちである。これについては漢人が、満洲人は同性のあいだでも男女のあいだでも、出会うと抱き合ってチュウチュウやる、と記録に残している。漢族から見ると、顰蹙《ひんしゆく》ものの驚天動地のことだったのであろう。そういうところを見ても、満洲人が漢族とは違う文化を持っていたことがわかる。

満洲族のなかには奴隷制度があり、代々主筋の家柄と、代々奴隷の家柄がある。おそらく東北にいたときの関係が、そのまま続いていたのであろう。ところが、シナに入ってからはみな貧乏ではなくなり、奴隷の家柄であっても出世して金持ちになる、といった現象が起こる。しかし、そうやってどんなに偉くなっても、たとえば皇帝の側近になっても、主筋の人に出会ったときは、車から降りて土下座しなければいけない、というような堅い決まりがあったようである。

こんな珍談がある。地方からやってきたある大官が、北京で官職につき、飯炊きのばあさんを雇った。初めて客が訪ねてきたとき、主人が「おいおい」とばあさんを呼ぶと、そのばあさんを一目見た客が、「はぁー」と言って、床に飛び降りて平伏した。ばあさんはというと、傲然《ごうぜん》と座ってキセルをくわえ、「みな達者でおるか」と言う。来る人来る人、みなそうなのである。これは変だと思って聞いてみたら、そのばあさんはたいへん高貴な家柄の満洲族のある将軍の未亡人で、貧乏をしているものだから飯炊きになったという。これでは仕事にならないので、たっぷりお礼をして、そのばあさんにお引きとり願った、ということである。

さて、八旗の兵営に住んだ満洲人とその家族は、シナを征服した当初、たいへん忙しかった。まずは、南方に残っている明朝の残存勢力を片付けなければならず、大きな反乱が起こると鎮圧しなければならなかったし、さらには、北モンゴル、チベット、そして中央アジアの征服があった。ところが、乾隆帝以後になると、満洲族も戦争に出るということがまったくなくなって、暇を持て余すようになった。

戦争がなくなった旗人たちは、禄米《ろくまい》を貰った。江戸時代の蔵米《くらまい》、切米《きりまい》と同じで、年に四回、つまり三カ月に一回、米蔵に行って給料の米を貰ってくるのである。ところが、北京にはおいしいものがあるし、おもしろい遊びがある。なんといっても帝国の中心であるから、北京は文化が非常に高い。それで、消費におぼれ、借金をし、俸給の支払いのときになると、札差《ふださし》商人にぜんぶ持ってゆかれてしまう、ということが起こる。八旗の子弟のなかには、だらしのないのがたくさんいたようである。

一方で、たいへんな金持ちもいた。なぜなら、支配する側だから、官職などには優先的につけたし、科挙（高等文官試験）にもちゃんと満洲人の枠があった。今の中国の少数民族の大学入学の枠と同じように、優遇されていたのである。

それで、満洲人の生活程度はかなり高かったようである。暇なものだから殿様の子弟たちは、顔におしろいを塗って、歌を歌ったり芝居をしたりするようになった。先述した京劇を初めとする、今、中国に残っている北京系の芸能は、ほとんど八旗の満洲人の子弟が始めたものである。そうした彼らの優雅な言葉が、北京官話ということなのである。

4　清朝の皇帝像

先述したように、満洲族は康熙帝、雍正帝、乾隆帝の三代の時代に目ざましい領土的膨張を遂げた。そういうことを見ても、満洲族というのがいかに優れた種族であったかがわかる。

康熙帝、雍正帝、乾隆帝の三代の皇帝は、シナ的な君主の理想像とされている。シナ的な君主とはどういうものかというと、たいへん克己心が強く、義務をきちんきちんと果たし、政務に刻苦精励する。どんなことでも自分で的確な判断が下せる、というのは当然としても、とにかく禁欲的、精力的であることが、とても大事な資質とされている。

シナの宮廷生活というのは、清朝時代がいちばんよくわかっている。それ以前は、宮中のことは秘密にされていて、ほとんど何もわからなかった。たとえば、宦官が跋扈したといっても、その実態はよくわからなかったのだが、清朝時代に関しては、一九一一年の辛亥革命で翌年に清が倒れて、いろいろな記録が世に出たので、皇帝の日常生活がどのようなものであったのか、よくわかるのである。

シナの皇帝はたいへんな激務である。今の日本の天皇陛下（昭和天皇）も、サインすべき書類にはサインをするなど、一日に何十という仕事を自分で片付けられていらっしゃって、八十五歳におなりなのにたいへんなものであるが、シナの皇帝はそれ以上である。

シナの制度は、秦《しん》の始皇帝《しこうてい》以来、まったく変わっていないと言っていい。どんな小さな決定事項でも、最高権力者が決裁しないと動き出さない。極端な中央集権制度なのである。軍隊で言うと、だいたい伍長以上、つまり下士官以上の辞令は、すべて皇帝のハンコが必要である。理論上は、そのレベルの任官の決裁までも、ことごとく皇帝のデスクの上を通過することになっている。もちろん、皇帝といえども能力に限りがあるから、実際にはたくさんの秘書官が代行するのであるが、それにしても、日に万機を見る、つまり一万の用事があるというのは、まったくの誇張でもないのである。

ことに大事な軍事上、外交上の書類は、皇帝が一つ一つ読み、その上奏文に自筆で決裁の指示を書き込まなければならない。大きな事件の裁判の書類も同様で、死刑の判決は、皇帝の決裁がなければ下すことはできない。しかも、自筆でなければ意味がない。そのために、朝早く起きて、夜中まで仕事をしなければならない。これでは、よほど腕もくたびれるだろうし、目も痛くなるだろう。「乙夜《いつや》の覧《らん》」という言葉がある。乙夜というのは午後十時頃のことで、皇帝が本を読もうと思ったら、その頃でなければ時間がとれない、ということである。

しかし、これは理想である。たいていの皇帝は、最初のうちは刻苦精励するのだが、そのうちにいやになる。明の万暦《ばんれき》帝のように、後宮というハーレムに閉じ籠もり、二十数年間、大臣に顔を見せなかったというとんでもない皇帝もいる。長生きの術に凝って、道士を呼んでいろいろな秘法を試したりする皇帝も出てくる。おもしろいことにシナの歴史では、そういう暗愚な君主は、みな漢族の出身である。儒教が理想とするような禁欲的な皇帝は、満洲族に止めを刺すのである。

三代の名君のうち、ことに乾隆帝は、清朝の国勢が絶頂に達した時代に、六十年にわたって君臨した。彼はかなり贅沢もし、お手付きの美女も六人ほどおり、蘇州《そしゅう》料理が好きで、コックを抱えてうまいものも食べた（蘇州などの南方は贅沢で、うまい料理があったようである。その献立が今日まで伝わっている）。また、芝居も好きだった。しかし、それにもかかわらず、毎日、朝六時前に起きて、精進潔《けっ》斎《さい》して神様に祈り、政務のあいまには漢詩を十首つくった。それを六十年間、一日も欠かさなかったという。

漢詩を十首つくるというのは、たいへんな仕事である。日本の自由詩などと違って、漢詩は窮屈な韻や平仄《ひょうそく》を合わせなければならない。しかも、ふつうの言葉で書くのではなく、出典のある語句を使うのである。乾隆帝は難しい出典を使うのが好きで、書き上げると側近に清書させ、語句の出典を注記させるのだが、意地が悪くて、どこから採ったか言わない。皇帝の側近というのは、もっとも文章のうまい人たち、学問のある人たちで、たいへん苦労してたくさんの本を引っ張り出し、出典を探すのだが、見つからない。とうとう降参して乾隆帝に問うと、それ見たことかと、こういう本のここに出ていると教える。こういうことをすべて暗記するのが得意だったのである。

毎月五日、十五日、二十五日の夜明け、日が昇る前に朝礼をする。冬など北京は寒いから、さぞ辛かったことであろう。朝礼が済むと食事をし、執務をする。そして、夜中まで待っている。大事な軍事上の報告は、早馬で夜中に着くことが多いからで、着服して待っているのである。報告に対しては、すぐに口頭で指示を与える。それが清書されて上がってくると、今度はそれに自分のサインをしなければならないので、それまで起きて待っていなければならない。だから、皇帝はほとんど寝る暇がなかったのではないかと思う。

康熙帝、雍正帝、乾隆帝の満洲族の三代の皇帝は、そういう辛く厳しい生活に耐え通し、清朝を繁栄の絶頂に持っていったのである。満洲族は、たいへん誇り高い種族だったと言える。

清朝には、暗愚な君主というのは、たった一人の例外を除いていなかった。例外は同治《どうち》帝で、お忍びで女郎屋に行き、梅毒にかかったという話がある。最後の宣統《せんとう》帝（溥儀《ふぎ》）は、子供のうちに国が滅びてしまったので、暗愚とも名君とも言いようがない、たいへん気の毒な境遇だった。

岡田英弘著作集

月報 6
第6巻
（第6回配本）
2015年3月

目次

藤原書店
東京都新宿区
早稲田鶴巻町523

深い洞察に基づく岡田先生の台湾研究

鄭欽仁

これまでの台湾の民主化の過程は、多難であった。その間、良識ある多くの海外の学者が我々に協力と同情を寄せてくださった。岡田英弘先生もそのような学者の一人である。ただ台湾においては、ほとんど誰にも、このような事実は知られていない。

岡田先生は日本史、中国史、東北アジア史、北アジア史に関する造詣が深く、そのため著作も多岐の分野にわたるが、先生はまだ若いときに、『満文老檔《ろうとう》』の研究によって学界に知られるようになり、日本学士院賞を受賞した。一九六二年には満洲語文献の調査のため台湾を訪れており、以後、台湾と深い絆で結ばれることとなる。

私が岡田先生と知り合ったのは一九六八年のことである。当時、私は台湾大学で教鞭を執っていたが、ハーヴァード燕京研究所の奨学金を得て、東京大学に留学した。そのとき、私の指導教授である護雅夫《もり》先生が岡田先生とともに東洋文庫の研究員だった縁で、岡田先生を紹介された。当時の私の研究テーマは北魏の政治制度史であり、北アジア史と関係が深く、多くのことを岡田先生から学んだ。

一九七九年十二月末に、岡田先生が台北を訪問し、第五回東亜アルタイ学会に参加した際に、我々は再会することができた。当時は、『美麗島』事件が起こってまもなくであり、台湾じゅうが恐怖に包まれていた。私との話に基づき、岡田先生は台湾の政情が転換し始めたことに注意するよう、日本国政府に働きかけた。一九八一年、私が東京に行くと、岡田先生は私に以下のようなことを語った。日本の駐台機関と外務省は依然として陳腐な型どおりの報告をあげており、昔と全く変わっていなかったが、大平正芳首相が自分の報告を目

にして大いに驚き、外務省が事態を把握していなかったことを叱責した。以後、大平首相は台湾の民主化に関心を持ち始めたが、不幸なことに間もなく急逝したため、日本の対台湾政策には何も変化は見られなかった、と。

一九七九年末に台北でお会いしたときに、私は、中国の対台湾政策はすでに転換しているようであり、もし台湾が独立すれば、中国共産党はおそらく承認するであろうと思うが、ただこのような判断を下すには、台湾が戒厳令下にあり、海外情報と隔絶されており、確信が持てずにいることを、岡田先生に話した。岡田先生も同様の見方をしており、すでに『正論』の一九八〇年一月号（実際には一九七九年十二月刊行）に一文を発表していた。岡田先生は帰国後すぐに、その論説を私に送ってくださった。私は漢語に翻訳したが、国民党の一党独裁に反対の立場をとる刊行物に掲載することはひかえ、後に「北京は中華民国を承認するであろう」と題して、私の論文集『生死存亡時代の台湾』（稲郷出版社）に載録した。

岡田先生の洞察力は非常に深く、判断は完全に正確であった。国民党の経済官僚の汪彝定《おういてい》は回想録『関鍵《かんけん》の年代を歩む』で、スペインが国民政府と一九八一年に国交樹立を目論んでいたことに言及している。当時スペインが提案した国名は、①台湾共和国、②台湾、③中国（台湾）、④中国（台北）の四つである。また汪彝定は「交渉中、スペイン側は自分たちが提案する四つの国名は、すでに中国共産党と相談していたことを示唆した」と記し、末尾には「我々は現実外交の態度をとるのが少し遅すぎたのかもしれない」と感慨を述べている。

一九七九年から八一年までは鄧小平再起の時期である。中国の立ち後れた状況のため、「四つの現代化」を急いで行なう必要があり、猶予がないので、台湾がともかく独立できさえすれば、中国は台湾独立に関与する余裕はなかった。しかし蔣経国一族と国民党の統治は国を誤らせただけではなく、みすみす独立の機会を逃した。さらに『美麗島』事件を利用して台湾の民主化を抑圧し、台湾の前途を今なお非常に不安定なかに押し留めたのである。

岡田先生が明らかにしてきた清朝史、すなわち清朝がどのように中国と台湾を征服したのか、その統治はどのような性格のものであったのか、清朝は台湾を中国の一部と見なしていたのかは、衆人の関心を集める問題である。特に一九九五年の下関条約締結百周年は、台湾史の再検討を促し、外来政権の歴史的位置づけを検討する機会となった。その年に岡田先生が自由時報社主催の国際学術会議「下関条約一百年——台湾の命運の回顧と展望」で発表した論文は、台湾の各界人士を大いに啓発した。

　最後に、台湾が国際社会で孤立するなかにあって、永年にわたって日本社会が台湾を理解し、台湾と向き合うように促し、日本の政界と財界に影響力を発揮した岡田先生に、私は台湾国民の一人として感謝の意を示したい。そして、岡田先生による台湾論を主要な内容とする本書の刊行を心から慶びたい。（てい・きんじん／台北大学名誉教授　政治史）（楠木賢道訳）

新たな東洋学を創出した哲人

黄文雄

　文革の後期から終結するまでの期間、衛藤瀋吉《えとうしんきち》東大教授の助手として『人民日報』の内容分析を手伝ったことがある。当時、チベット出身のペマ・ギャルポ氏が衛藤教授とチベット問題をめぐって議論になり、ペマ氏が衛藤教授に「中国語で書かれたチベットに関する資料だけでなく、チベット語で書かれた書物も是非読んでください」と訴えた言葉は、強烈な「ハチの一刺し」として今も忘れられない。

　歴史をもつ民族もあれば、歴史をもたない、というよりもはっきりしない民族もある。文字をもつ民族もあれば、もたない民族もある。台湾人の前史は後者に属している。歴史学に登場するのは英雄豪傑のみで常民の歴史がない。考古学はただ金石銘文や死人の骨ばかり叩くのみで、精神史は見えてこないという批判から、柳田国男が「民俗学」を旗揚げしたのである。

　文字と文明の関係を考察することは未開拓の分野であった。八〇年代に入って、私が比較文明論にひかれたのは、文字と文明の関係の謎を探りたいという好奇心に駆られたことが一因である。

　黄河中下流域の中原《ちゅうげん》地方から生まれた黄河文明は、秦の始皇帝の列国併呑により、長江文明の流れをくむ列国だけでなく、江南の百越《ひゃくえつ》の地まで中華世界に呑み込んだ。政治や軍事の力によるものだけではなく、文字も漢字によって統一され、農耕民の通交のメディアとして漢字文明圏をも確立したのである。

　しかし漢字文明はその漢字の統一によって造語力を失う。漢字文明の限界は生態学的な限界にもみられ、万里の長城をのりこえることが難しかったのも、その限界を示す象徴の一つである。

　ことに唐の最盛期が過ぎた後、漢字文明の拡散力は俄然失われる。日本がカナ文字を創出し、漢字カナ文字混じりの文章体系を確立したのをはじめ、環唐周辺諸語族は競って独自

の文字を創出し、独自の文化を強調することが時代の一大潮流となった。契丹《きったん》文字や女真《じょしん》文字、西夏《せいか》文字、突厥《とっけつ》文字、そして南方の越南《えつなん》でも字喃《チュノム》文字が創出されている。

三国時代から五胡十六国、南北朝、隋唐《ずいとう》以後、なぜ宋《そう》（華）、元《げん》（夷）、明《みん》（華）、清《しん》（夷）のように華夷《かい》が交替で王朝をつくり、北方の遊牧民が農耕民と交替で中華世界に君臨したのだろうか。「正史」や『春秋』『資治通鑑《しじつがん》』『明通鑑《みんつがん》』など編年史だけに依拠して歴史を語るのでは、中華史観の独断と偏見に堕する恐れが大きい。

中華の史料、史説、史観からのみ中華世界、東亜世界を語るのは中国の文人だけでなく、日本の朱子学者、中国学者、東洋学者も変わりはない。

江戸中期以来の国学者があれほど「漢意唐心《かんいとうしん》」と「和魂和心《わこんわしん》」を分別する鋭い洞察力をもっていたのに、朱子学者が幻想を抱いていたのと同様に戦後の中国学者が中華世界を「聖人の国」「道徳の国」「仁の国」そして「地上の楽園」と流布してきたことは、空想や妄想を超えて「犯罪」であり、罪を問うべきである。

中華を中心とする世界観の中にあって、非漢字世界から中華・東亜世界を直視する岡田先生は、アジアにとってだけでなく、世界にとっても特別な存在である。清王朝の外交公文書は、満蒙文と拉丁（ラテン）文での表記が「常識」で、漢文併記になったのは南京条約以降である。

西太后《せいたいこう》が臣下の盛宣懐《せいせんかい》に下賜した「詔書」なるものを、「尖閣諸島」が中国固有の領土であることを示す証明だとして、中国側がひっぱり出してきたが、この「詔書」が偽作であったことは専門家によってすぐに見破られてしまう。それは、いくら西太后が最高実力者であっても、皇帝でなければ「詔書」を出せなかったこと以外に、内容の荒唐無稽さが数多く指摘され、ことに清王朝の「詔書」が漢文表記のみであることは絶対ありえないことも「常識」だからである。「満蒙」学はほかならぬ岡田先生の専門分野であり、日中だけでなく、世界にとっても貴重な存在である。

中華世界は時代の変遷とともに中原を起点として拡大と縮小を繰り返し膨張しつづけてきた複合文化集団の吹き溜まりである。その膨張のしくみと原理については、中華史観だけでは説明できない。なぜ六朝《りくちょう》時代に中華帝国は隋帝国として転生したのか。安史《あんし》の乱後、モンゴル人の大元が五百年にわたってカオス状態にあった中華世界を鎮めたのはなぜか。満洲人はいかにして、明帝国の版図より三倍も中華世界を広げたのだろうか。

それを解き明かすには、岡田史観を以てして以外にはほと

んど不可能である。私も若いころに岡田史観にひかれた一人である。岡田史観というよりも「岡田学」として学び、歴史のみならず、世界観を開眼する恩恵を受けた一人である。

アーノルド・トインビーは文明論で、統一帝国の成立は文明没落の象徴と説いている。中華文明の没落と衰亡は、いかにして再生と転生をなしたか、「夷狄《いてき》」がはたしてきた歴史的な役割については、「岡田学」によってしか解明できない。

私は岡田英弘先生を一人の学者としてよりも、新たな東洋学を創出した哲人と評価すべきであると思う。その学の真髄はこの著作集にある。

（こう・ぶんゆう／作家）

「野尻湖クリルタイ」での岡田先生

樋口康一

いかにも歴史の門外漢にふさわしく、筆者が最初に拝読した先生の文章は、実は映画論であった。その「誌上公開　アントニオーニの映画『中国』」は、岡田宮脇研究室のウェブ・サイト所掲の著述目録によれば、一九七四年六月刊行の『文藝春秋』に掲載されている。それまでも『諸君！』の目次で時々お名前を見かけることはあったものの、まだ学部在籍中の貧乏学生には月刊誌を購入する経済的余裕もなかった。ただ、おそらく本好きの亡母が購読していたものか、『文藝春秋』はいつも家にあったのである。今から思えば、その真価も、その母胎である知的蓄積もその時は皆目わかってはいなかったのだろうが、そこで紹介されている精緻な観察は印象的であった。

一九七六年、まだ野尻湖ホテルで開催されていた第十三回野尻湖クリルタイに初めて参加した。先輩で、昨春亡くなられた庄垣内《しょうがいと》正弘京都大学名誉教授（当時は助手）の研究発表を拝聴するためである。駆け出しの院生にとって最大の関門は、恒例と聞くコンフェッションである。しきたりの存在は庄垣内助手から聞いてはいたが、その詳細を尋ねると、自分の業績を懺悔《ざんげ》して方々から罵声《ばせい》を浴びるのだとの答えを得た。始まれば、例によって一杯喰わされたことが判明し安堵したのも今となれば懐かしい。残念ながら、当時は史上最多と聞いた参加者の中で遠くから仰ぎ見るだけの先生とは直接お話できる機会を得なかった。

管見の及ぶ限り、このときは報告をどこにも書かれてはいないようだが、クリルタイといえば、会場である眺望絶佳の野尻湖ホテル会議室で長机に端坐して頻《しき》りにペンを動かしておられる先生のお姿が思い浮かぶ。常設国際アルタイ学会（PIAC）についても同様だが、必ずその年の『東洋学報』

かアジア・アフリカ言語文化研究所の『通信』に学会報告を載せておられた。研究発表はもちろん、一人ひとりのコンフェッションについても、簡にして要を得た紹介がなされており、研究発表に対しては端的ながら的確なご意見も交えてある。言語学に関しても、とかく視野狭窄《きょうさく》に陥りがちな筆者らにとって新鮮な視点からのご指摘がある。そのご手腕のほどには、読むたびに驚くほかなかった。数年を閲して筆者自身がここで研究発表した時もそれにはあらためて感じ入ったものである。本著作集最終巻にはそれらの報告が網羅的に掲載されるとか。この種のいわば雑文は「業績」からは割愛されることも多いが、藤原書店のご英断がそれを可能にしたと聞いた。そのご見識を高く評価したい。

その後、助手を経て現在の勤務先に配置換え（と当時は称した）になってからは、上記研究所の共同研究プロジェクト「アジア遊牧民の歴史と言語」にも加えていただいた。その席で、後に様々なかたちで世に問われる、世界史がモンゴルから始まったというご高説を初めて拝聴したときは、そのスケールの大きさに感服したものである。たまに整理をすると何もかも捨ててしまい、後になって臍《ほぞ》を噛《か》むことを続けてきた筆者だが、手元にその時のメモが残っているのはやはり感銘の大きさのなせるわざであろう。あとでうかがったが、大学入試センター試験の出題委員をなさった時に各種の「世界史」の教科書を通読する機会があり、それもこの着想を生むヒントの一つになったとのことである。

一九九二年には、台北で開催されたＰＩＡＣにお誘いいただいた。若い研究者には想像もできないだろうが、従前認められなかった公費による海外渡航がようやく実現できたのはその頃のことなのである。それ以降、それほど勤勉ではないものの断続的に参加して多くの知己を得るとともに成果を発表する機会に恵まれているのは、ありがたい限りである。

着任当時、全学でも留学生の数が二けたになるかならないかであった四国の片田舎の大学でも、昨今は各国から三〇〇名を超える留学生を迎え入れている。モンゴル人を含む少なからぬ留学生の世話をするなど、当時は想像できなかった。そんな学生の集う資料室にご恵贈にあずかった本著作集を置いているのだが、各巻を最も丹念に読み、様々な知的刺激を受けていると思《おぼ》しいのが、実は漢民族のある留学生に他ならない。その姿を見て想起されるのは、他ならぬ第Ⅳ巻所収の「魯迅の悲劇」の末尾である。果たして彼女はどのような人生行路をたどるのであろうか。先生にはいつまでもお元気で過ごされ、それを報告できる日が来ることを切に願っている。

（ひぐち・こういち／愛媛大学教授　言語学）

岡田英弘とモンゴル学――感謝を込めて

クリストファー・アトウッド

　モンゴル史を書く場合のモンゴル人学者と西欧の学者の間にある根本的な相違点は、連続性という問題である。モンゴル史は、紀元前三世紀の匈奴《きょうど》帝国から現在に至るまでの長い間、国家としての伝統が継承され、同じ民族によって自主的に発展を遂げてきた歴史なのだろうか。それとも、拡大しては崩壊し、大発展したと思うと、それまでの精巧な伝統がすべて失われる暗黒の時代が来て、言語や宗教や国際的な文化の型まで変容するという繰り返しの歴史なのだろうか。前者は『モンゴル人民共和国史』の初版本（一九五四年刊行）から、ウラーンバートルやフフホト刊行の最新版に至るまで、モンゴル国や内モンゴルの学者たちによって描かれてきた姿である。これに対して欧米の学者たちはしばしば後者の立場を取る。

　欧米の学者はふつう、モンゴル史には、ある時代に根本的な断絶があったと記述する傾向が強い。初期の遊牧帝国を研究する学者はだいたいシナ史家として訓練を受けているので、チンギス・ハーンとその継承者たちが統治したモンゴル帝国の歴史を中東学者に任せてしまう。一方、現代モンゴル史はロシア史と共産圏の付属物のように扱われる。この時代まで敢えて範囲に入れて英語で書く者は、だいたい独学者か他の地域や時代の専門家で、一次資料や原文に通じていることが要求される学問的な歴史学の伝統にのっとって書いたりはしない。わずかな例外（オウエン・ラティモアが最も有名だが）以外はモンゴル語も読まなかった。

　二〇〇二年、私はニューヨークの出版社Facts on Fileから「モンゴリアとモンゴル帝国百科全書」の依頼を受けた。私は一九八七～八八年に中国内モンゴル師範大学でモンゴル史を勉強し、二〇〇一～〇二年にはモンゴル国科学アカデミー会員研究者として古文書調査をしたので、私が親しんできた英語の歴史書が、長所はあっても不十分であることはわかっていた。しかし同時に、モンゴル国や中国のマルクス主義者によって書かれた多くの権威ある書物の説く、社会の進化という構造論にも満足していなかった。とくにモンゴル帝国と現代の間に横たわるモンゴルの「中世」に関しては、モンゴル語史料を深く読み込み、モンゴル史を広く見渡す視野を持つという両方の面で書かれたものはほとんどなかった。

このような状況下で、岡田英弘教授の手になるすべての範囲におよぶ研究を知ることができたのは、私の経歴にとって本当に有益であった。彼のいくつかの英語の研究についてはもともと学部生の頃から知ってはいたが、百科全書を書くために、私は日本語の学術雑誌と常設国際アルタイ学会（PIAC）会議録の両方から彼の仕事を系統的によりわけた。岡田教授は毎年のように英語で新しい論文を刊行していたので、私も読むことができたのだが、それらは私にモンゴル史の連続性について、ことにそれまで私にとっては「暗黒の世紀」に過ぎなかった「中世」について全く新しい鑑識眼をもたらした。私の完成した百科全書の多くの項目の最後に付けた「参考文献」を見ればわかるように、彼の諸論文は私にとって必読文献だった。

岡田教授がこの「暗黒の時代」を進む道標《みちしるべ》としたのは、チンギス統原理（チンギス・ハーンの血統の正統性）であった。時代を越えてモンゴルの諸制度が継承されたことを保証するのは、宗教制度と文学の伝統である。もちろん西洋でも東洋でも、文学と宗教の継続は、どの集団の歴史においてもふつうに見られるものであるが、モンゴル史におけるこれらの伝統の重要性を私が認識したのは初めてだった。

岡田教授の業績は、モンゴル語、満洲語、漢語に通じているのみならず、浮き浮きするような大胆な構想力によって特徴づけられる。結論が定説とどんなに隔たっているときでも、彼の仕事はつねに理路整然としておりエキサイティングである。多くの研究での漢文史料とモンゴル史料の綿密な比較など、わくわくさせられる。

岡田教授には何度かしかお目にかかったことはないけれども、私は彼を、学問的には私の偉大な師匠の一人と考えている。彼の同僚であり妻でもある宮脇淳子による業績とともに、彼の業績は、日本のモンゴル学の豊かな蓄積を私の前に開いてくれただけでなく、モンゴル帝国の世界と大清帝国の世界とを結びつけ、さらには現代モンゴルにもつながることを私に可能にしてくれた。彼の業績こそが、決まった段階を経て社会は発展するという機械的な社会進化論に陥ることなく、チンギス・ハーンの時代から現代の幕開けに至るまで、モンゴルが経験した歴史を、私が総体として理解できる根本的な道標となった。このような次第で、私は彼の著作集が日本語で刊行されることを喜ぶとともに、私が編集する彼の英語の著作集が早く刊行され、その独特で刺激的なモンゴル研究が世界中の読者に読まれることを心より望むものである。

（Christopher P. Atwood／インディアナ大学教授　中央ユーラシア学）

（宮脇淳子訳）

5　清朝の終焉《しゅうえん》とその後の中国

清朝は一九一一年の辛亥革命の翌年、中華民国にシナの統治権を譲り、最後の皇帝である宣統帝は、紫禁城のなかに引っ込んで、政治に関与しないことになった。紫禁城のなかでは、宣統という年号をずっと使っていたそうである。のちに宣統帝は、馮玉祥《ふうぎょくしょう》の軍隊に追い出されて天津《てんしん》に逃げ、それから関東軍に誘われて大連に行き、さらに満洲帝国の皇帝に立てられた。

そういう経緯から、満洲族は中華民国に対しては、ずっと反感を持ち続けていた。最初孫文《そんぶん》が中華民国政府の臨時大総統になったが、それに対して満洲人は絶対反対であった。一方で、袁世凱《えんせいがい》が大総統になって北京に移り、お手盛りの皇帝即位の請願運動を全国的に組織したとき、満洲族はたいへん好意的だったという。その後、蔣介石《しょうかいせき》の北伐軍が国民革命を起こし、首都を南京《ナンキン》に定めたが、北京にあった満洲族は、それにあまりいい感じを持たなかった。やがて毛沢東の中国共産党が国民党を追い出して、一九四九年に北京に都を定めた。嘘か本当かわからないが（かなり本当らしく思えるのだが）、満洲人は中共政権を歓迎したそうである。つまり、中華民国を倒し清朝の敵《かたき》を討ってくれた、というわけである。北京に都が戻ってくるということは、満洲人にとって嬉しいことだったに相違ない。しかし、文化大革命で少数民族が迫害され、それも熱が冷めたと言われている。

満洲族が出した偉大な文学者、老舎《ラオシエ》についても、一言述べておこう。彼は「駱駝祥子《らくだのシャンズ》」や「龍鬚溝《りゅうしゅこう》」などの有名な長編小説を書いているが、これらの小説は、純粋な北京語（北京官話）で書かれている。中国では標準的な文体とされているが、たいへん難しい。北京語は、現在の共通語である普通話ではないので、普通話の講習を受けて読んだのでは、ちょっとわかりかねるところがある。

老舎は文化大革命のとき、紅衛兵にいじめられ、池に身を投げて死んだと言われている。なぜ老舎がいじめ殺されたのか、よくわからないが、やはり文化大革命が持っていた漢族中心主義というものと、なんらかの関係があるのではないだろうか。つまり、堕落した清朝時代の文化を持ち続けている人間として、目の敵にされたのではなかろうか。

最初に述べたように、中国は多民族国家であるが、そのなかの少数民族と言っても何百万という人口を抱えている。たとえば、満洲族の四百二十九万人というのは、ヨーロッパに持ってゆけば、立派な独立国である。少数民族とは言うが、中国の十億、あるいは日本の一億二千五百万という巨大な人口に対して少数なのであって、世界のなかで見れば、非常に大きなものである。そういう角度で、中国の少数民族を見る必要がある。つまり、中国の防衛問題、政治問題を考えるとき、少数民族の動向は、きわめて大きなファクターなのである。

北京で起こっていることだけを見ていたのでは、本当の中国の姿はわからない。中国というのは、漢族ですらたくさんの無名の少数民族の集まりだ、と考えたほうがわかりやすい面があるのである。

清朝史研究はなぜ重要か

1　清朝史をどう見るか

十三世紀から世界史が始まる

清《しん》朝というのは、古代から現代まで繋がるシナの一時期である、というのが通説になっているが、そうではない。清朝は、シナとイコールではない。

清朝はモンゴルと不可分であり、分けてはならない。元《げん》朝はモンゴル帝国の一部であり、清朝はその元朝を継承した。

一二〇六年にチンギス・ハーンが即位して誕生したモンゴル帝国は、二代目のオゴデイ・ハーンの時代には、東ヨーロッパまで広がった。ユーラシア大陸の内陸部に存在していた国々はみな吸収され、その後にできたものは、すべてモンゴル帝国の後裔《こうえい》である。

モンゴル帝国が起こる以前と以後とでは、世界がまったく違ってくる。モンゴル帝国以前は、いわゆるアジア世界とヨーロッパ世界は互いにあまり関係がなく、それぞれの世界のなかで物事が完結していた。世界史以前の世界だったのである。

世界において歴史という概念が独自に誕生したのは、シナと、地中海およびヨーロッパ地域の二つだけで、それらの歴史文化は別々に存在していた。同時代を単純に横に繋げれば歴史になる、というものではない。シナ世界と地中海世界は、文化の基盤も枠組みもすべて違っていた。いわゆるシルクロードなどを通じて人と物が細々と繋がっていたが、時代を変えるようなものではなく、両文明のあいだに有機的な関係はほとんどなかった。これが、日本の歴史教育で、いまだに西洋史と東洋史が統合できない理由である。

では、世界史とはどういうものか。

十三世紀のモンゴル帝国を境目として、それ以前とそれ以後で見方を変える必要がある。モンゴル帝国以前は、地方ごとの文化・文明が有効な時代だが、以後は、ユーラシア全体を通した視野で見なければならない時代に入る。一般に、大航海時代が始まったことで、十五世紀から東西の交流が活発になった、と言われるが、本当はその前の十三世紀から、大規模な人と物の交流が始まった。ここから世界史がスタートするのである。

シナ史においても、モンゴル時代から歴史が変わる。

モンゴルが建てた大元（元朝）以前のシナ王朝の名前は、春秋時代からすべて地方の名前である。

漢も隋《ずい》も唐も、三国時代の魏《ぎ》・呉《ご》・蜀《しょく》も、宋も、すべてそうである。契丹《きったん》時代もまだその伝統が続いていて、契丹帝国のシナ式の国号である遼《りょう》は、彼らが遼河《りょうが》のあたりの出身だからそう名づけた。その次の金《きん》も、支配層の女直《じょちょく》人が今のハルビン近くの按出虎水《アンチュフすい》（アンチュン河）あたりの出身だったから、そんな国号にした。アンチュンは女直語で「金」という意味である。

ところが、元朝は違っていて、「大哉乾元《だいなるかなけんげん》」という『易経《えききょう》』の文句から取った。「大元」は天を意味する。元朝以後の王朝は、地名から国号を取っていない。次の明《みん》朝の国号「大明」は、白蓮《びゃくれん》教の用語で救世主を「明王」と呼ぶことから来ている。その次の清朝の国号「大清」は、「大元」と同じく天という意味である。

シナ世界ではいつも漢字が使われてきたので、ずっと同質で連続してきた、と日本人は思いがちだが、じつは王朝が交代するたびに、支配層は完全に入れ替わってきた。モンゴル人の建てた大元は、チンギス・ハーンの受けた天命をシナに持ち込んだ。天上には唯一の神様がおり、天下である地上は、自分たちチンギス・ハーンの子孫だけが統治する権利がある、という思想をもって、モンゴル人は世界統治を始めた。満洲人の建てた大清は、元朝のアイデアを継承し、自分たちの国号をつくったのである。

モンゴル帝国とその後裔

われわれ歴史家は、元の後裔を北元という名前で呼んでいる。北元は明代にも独立して生き残っていた。その北元が一六三四年に滅び、二年後に大清ができる。

元が滅んで明が興った、というのは明が言っているだけで、じつは明は、南北の二つに分かれた元朝の領域の南側のみを支配したにすぎない。実態としては南北朝だったのである。その象徴が万里の長城である。あれがちょうど南朝と北朝の境になる。元朝時代には南北全部が元朝だったので、長城などは必要なかったのだが、南方の反乱で誕生した明は、北を統治することができず、しかも軍事的に弱かったために、万里の長城をつくらざるをえなかったのである。

少し前に、北元は一六三四年に滅んだ、と記したが、それは元の直系の子孫が清の太宗《たいそう》となるホンタイジに譲位した、ということである。清が元に繋がっているのは、そのことを見ても明らかである。北朝だった元朝の北半分は、こうして清朝に継承された。清朝は、一六四四年になって南朝の明を吸収するが、もしモンゴル高原の北元を北朝と見なさないなら、清朝建国もシナ史の範疇《はんちゅう》に入らないことになる。

元朝はそもそも、秦漢以来のシナからはみ出している。シナから大きく拡大し、今で言うアジア史になっていたのに、それをシナ史がフォローしていないのである。

シナ史は、紀元前一世紀に司馬遷《しばせん》が書いた『史記』の天下だけをシナだと考えてきた。実際には、元朝時代には広い地域で物事が動いていて、漢字を使っていない地域も、すべて有機的に関係していたのだが、漢字を使用している地域だけを一国史として取り上げてシナ史と言っているために、非常に多くのことが歴史から抜け落ちてしまう。

であるから、まず初めに、元朝はじつは中華王朝ではない、ということを言わなければならない。元朝の内部がすべて漢字で統治されていたわけではない。たまたま漢字では元という王朝名になっていただけで、漢字を知らない人間も、全部が一つの政権のもとで動いていた。同じことが清朝でも言える。

では、元朝内部はすべて、モンゴル語が中軸言語となっていたのかというと、そういうことではない。それは二十世紀以降の民族主義的見方で、当時は、一つの国だから一つの言語、という意識はない。そもそもモンゴル帝国はあまりにも広く、それぞれの地域で言語が違っていることが当たり前だった。元朝という政権も、たくさんの言語をそのなかで使っている。国連のようだと言えばいいのだろうか、通訳官もたくさんいた。

しかも、モンゴル語というものが、まだできていない。つまり、モンゴル人とはだれか、ということが決まっていないのである。帝国の名前はモンゴル帝国で、チンギス・ハーンはモンゴルという部族の出身ではあるが、彼が結婚した女性たちはみんな違うところから来ているし、息子たちのお嫁さんもすべて違う種族である。支配層にも、トルコ系やイラン系がたくさんいる。そうしたなかの一部の子孫が後世のモンゴル人になるのであって、さかのぼればたしかに今のモンゴル人たちの祖先だと言えるが、当時は、もっとたくさんの血筋が支配層のなかに混ざっていた。

おそらくチンギス・ハーンは、文字は読めなくても、いろいろな言葉を聞いて理解した可能性がある。しかし、文化的に非常に程度の高い、文学的に深い言葉までは理解できなかっただろう。家来のなかの教養ある知識人が、漢字やペルシア語で記録を取ったが、支配層がみずから文章を綴ることはなかった。

余談であるが、元と日本の関係というと、一二七四年と一二八一年の元寇がある。これについては、モンゴルでは何も教えられてこなかった。そもそも今のモンゴル国では、ついこのあいだまで、社会主義になる前の歴史は、ほとんど何も教えてこなかった。一九八九年末に民主化が始まり、一九九二年に人民共和国でなくなって日本と関係が深くなったあと、日本とむかしどのような関係にあったのか、専門家が調べた。それでようやく、元寇のことも教科書に入れよう、ということになった。モンゴル人たちは、「へえ、日本にまで攻めていったんだ」という反応である。なぜなら、当時のモンゴル人は世界中に出ていったから、日本などは、攻めていった先のワン・オブ・ゼムにすぎない。しかも、負けて帰ってきたわけだから、自慢にもならないのである。

モンゴル人と満洲人の違い

一六三六年に大清帝国ができ、満洲族のホンタイジが皇帝となった。ホンタイジの父・ヌルハチは初代の後金国《こうきん》のハーンだが、二代目のホンタイジは建国したあと、大清帝国の始祖として、亡き父に太祖《たいそ》という廟号《びょうごう》を贈った。後金国が清朝の土台となったからである。廟号とは、皇帝の霊を宗廟に祀るときに贈る称号のことである。

これは、日光東照宮に祀られた徳川家康と同じである。家康は自分の代で江戸幕府を開いたが、もし江戸幕府を開く前に家康が亡くなっていたとしても、二代目の秀忠、三代目の家光は、かならず家康を徳川幕府の初代として祀っただろう。

なお、ホンタイジは太宗《たいそう》と呼ばれる。

満洲族とモンゴル族は、歴史的にたいへん深い関係にある。

モンゴル人は、草原で羊・山羊《やぎ》・馬・牛・ラクダの五畜と呼ぶ家畜を飼い、フェルトでつくった移動式の住居で暮らす遊牧民である。一方、満洲人の祖先である女直人は、モンゴル高原より東方の、やや雨の多いところに住んでいた狩猟民である。両者は、生活様式も言葉も違っていた。

遊牧民は、木のない乾燥した広い草原を馬や牛やラクダで移動し、たくさんの羊や山羊を飼って、家畜の肉や乳製品を食糧として暮らす。これに対して狩猟民が住む地方は、雨量があるため灌木《かんぼく》が多く、草原のように馬を走らせることができない。その代わり、雨が降るので、古い時代から粗放農業ができた。森林には野生動物も多く棲むので、歩いて森のなかに入って動物を捕り、その毛皮を交易し、収入にした。また女直人はむかしから、豚を飼って食べることが知られていた。

遊牧民と狩猟民の住む場所は、だいたい大興安嶺《だいこうあんれい》山脈の東麓を境にして東と西に分かれるが、ちょうど中間点の大興安嶺山脈の東斜面では、遊牧も粗放農業もできる。それで両者はこの地で、非常に古い時代から密接な関係を持った。生産品が異なるので交換したり、婚姻を結んだりしたのである。

ただ、厳密に言えば、モンゴル人の文化は西方、イランや黒海沿岸に連なっているが、満洲人、トゥングース系の狩猟民は、日本海沿岸から韓半島にかけての地域と関係が深い。

戦争になると、男が全員、騎馬兵となる遊牧民のほうがだんぜん強かったので、狩猟民は長いあいだ、彼らの子分扱いにされていた。モンゴル帝国が建国される少し前のことだが、大興安嶺山脈東部の遊牧民出身である契丹人が建てたシナの征服王朝の一つ、遼は、狩猟民である女直人を支配下に置いていた。その女直人は、契丹人に対して反乱を起こして金を建国、北京《ペキン》周辺を支配していた遼よりもさらに南下し、淮河《わいが》以北まで支配した。契丹人は、シナの農耕地帯よりもモンゴル高原のほうにはるかに魅力を感じていたので、亡命政権のカラ・キタイ（西遼）は、モンゴル高原を通って中央アジアまで行ってしまったのだが、女直人は農耕の知識があるので、西の草原まで行こうとは思わず、南下するほうを選んだのである。

こうして契丹人の直接支配が終わり、群雄割拠となったモンゴル高原からチンギス・ハーンが出てきて、やがてモンゴルが、女直人の金が支配していた華北もすべて支配下に置いた。女直人はモンゴルに征服され、そのあとずっと元朝の家来として暮らした。元朝がシナを失って北元時代になると、大興安嶺山脈東方は権力の空白地帯となった。最初、明は、この地域の完全支配を試みたが、それほど生産力が高いところでもないので、最後は自治に任せた。そこから出てきたのが、ヌルハチやホンタイジである。

したがって、満洲人にしてみれば、モンゴル人はもともと主君筋だった。そのモンゴル人を今度は家来にしたのが、清朝の出発点である。

後金国から清朝へ

清朝は、一六三六年に満洲族とモンゴル族がいっしょになってつくった王朝である。その後一六四四年、万里の長城の南の明が滅亡したので、その支配下にあったシナの漢族が加わり、さらに十八世紀には、チベット、新疆《しんきょう》が支配下に入った。チベットや新疆は、清朝にとってはあとから加わった付随的な部分で、これを取り去ってしまうと、下から現われるのは満洲とモンゴルとシナの連邦である。

一六一六年にヌルハチが遼東につくった後金国が、大清帝国の原型である。明末に後金国が建国された遼東は、モンゴル人と女直人（のちの満洲人）と漢人の三種類の人たちが接触するところだった。日本人は遼東というと、旅順や大連のある遼東半島を想起しがちだが、本来の遼東は遼河の東のことで、瀋陽《しんよう》や遼陽《りょうよう》があるところである。遼河の西という意味の遼西は、日露戦争直前までモンゴルの遊牧地だった。だから瀋陽は、東部内蒙古と呼ばれ、満洲国時代に興安《こうあん》省となった地域のモンゴル人にとっては、いちばん近いシナの街だった。

遼東は、万里の長城よりも外側の、つまりは夷狄《いてき》の土地なのだが、むかしから漢人農耕民が植民できる場所だった。春秋戦国時代の農耕遺跡も出土している。ただし、遊牧民の力が強くなると農耕民は追い出された。モンゴル帝国時代は、もちろん全部がモンゴルの領土だったが、モンゴル人は、韓半島から高麗《こうらい》人を連れてきて遼東に入植させ、農業をさせた。明と北元とに分かれたとき、明は、遼東一帯の農業ができる場所を辺牆《へんしょう》という木の柵をつくって囲い込み、飛び地として明の領土にした

（九一頁地図2参照）。つまり、明代の遼東の漢人は、そのほとんどが高麗人の子孫だったのである。

明の支配下にあった遼東に交易に来たのが、ヌルハチの祖先たちである。彼らにとって明との交易は儲かった。それで、辺牆の内側と外側で交易が盛んになってゆき、ヌルハチの時代には明軍を破り、この一帯をすべて取ってしまった。こうして満洲人、モンゴル人、漢人という、言葉も生活も違う三種類の人たちがヌルハチのもとに集まって、後金国が建てられたのである。

これが最初の核となり、のちに拡大してゆく。ヌルハチの時代には、北元のモンゴル人のなかで、チンギス・ハーンの弟の子孫であるホルチン部など、ごく一部が参加しているだけだったが、二代目のホンタイジは、北元の宗主リンダン・ハーンの遺児から元朝の玉璽《ぎょくじ》を譲られ、ゴビ沙漠の南に住むモンゴル人すべてを家来にすることができた。北方でも満洲のかなりの領域を抑えた。明の家来だった将軍たちも、多数ホンタイジのもとに逃げてきている。こうして一六三六年の大清帝国は、ヌルハチのときよりも、規模がずっと拡大していた。

しかし、満洲人・モンゴル人・漢人の合同政権である、という枠組みはそのままだった。大清帝国の公用語は満洲語、モンゴル語、漢語の三つで、これを清では三体と言ったが、文字もそれぞれ異なっていた（五九頁図4参照）。それが一九一二年までずっと、建前としては続いていた。ラスト・エンペラーになる宣統《せんとう》帝溥儀《ふぎ》が一九〇八年に即位したときもなお、皇帝号や年号が言語ごとに三つあった。満洲語や漢語はもちろんだが、モンゴル人は漢字を使わないので、個々の清朝皇帝にモンゴル語の名前があり、モンゴル語の暦も使っていたのである。

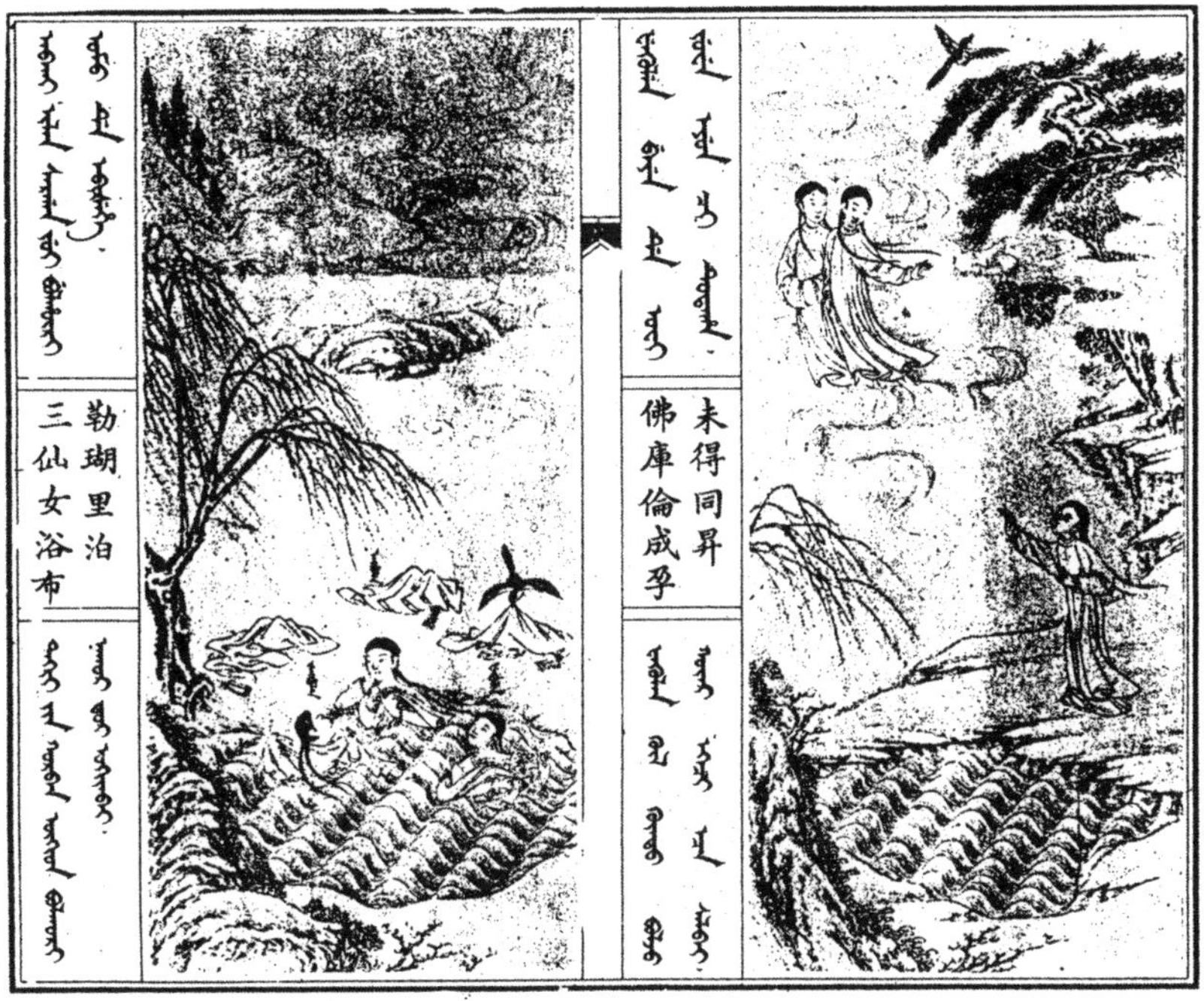

図４　『満洲実録』巻一

『満洲実録』は絵入りのヌルハチの公式伝記で、本文は上段からマンジュ（満洲）文・漢文・モンゴル文、行は左から右に進む。図は巻頭の始祖説話で、三人の天女がブルフリ湖に下って水浴びをし(左)、鵲（かささぎ）が置いた紅い実を食べたために身籠った末娘が地上に残される(右)。こうして生まれた男子がアイシン＝ギョロ氏の祖となったという。

大清帝国の版図《はんと》と朝貢国問題

大清帝国の時代には、まだ国境線という概念はないが、版図としては、いちばん西はバルハシ湖のほとりまで勢力が及んだ。乾隆《けんりゅう》帝の一七五九年、大清帝国は最大版図となったが、そのときは今のカザフスタンも、いわゆる朝貢国だった（二七頁地図1参照）。

北のほうの領域は、南シベリアのトゥワまで及んだ。バイカル湖の西方、今はロシア領のトゥワ共和国になっているトゥワは、もともと西モンゴルの支配下にあったトルコ系住民の住む地方で、清朝時代には北モンゴル・ハルハ部族の下位集団として清の統治下にあったが、モンゴル革命を援助したソ連の赤軍がモンゴルから切り離し、やがてスターリンがソ連に併合してしまった。

いちばん南の領域は、ベトナムの北あたり、それとネパールの北までである。後者は、今の中国国境にやや近いチベットの全域に当たる。清はグルカ戦争で負けたので、ネパールには行けなかった。こちらの方面では、南からイギリスが来ていた。

東方の韓半島については、詳しい説明が必要である。

朝貢国について現代中国は都合のいい解釈をし、朝貢の使者を送った国はすべて属国である、と主張しているが、朝貢は属領であることを意味しない。属国だったのではなく、独立していたのである。直接支配と朝貢国を混同してはいけない。日本の東洋史学者も嘘を言うのでまずいのだが、朝貢していたからといって、国と国との関係はなかった。つまり、朝鮮は清朝の属国ではなかった。

さらに言えば、朝鮮王はシナの皇帝の家来ではなかった。ヨーロッパでの封建領主同士の関係というのは、果たして支配・被支配の関係だろうか。下位の者は完全な家来だろうか。たとえばローマ教皇から爵位を貰ったからといって、貰った側の国王をローマ教皇の家来とは言えない。爵位を貰ったことが、すなわち支配されたことではない。シナの皇帝はたしかに位を与える、封爵する、印璽《いんじ》を与える。もちろん皇帝が一番偉く、国王は二番目で、お土産を持っていって位を貰い、たくさんのお返しを貰って帰る。これは、君主同士の上下関係ではあるが、支配・被支配の関係ではない。

もうひとつ言うと、朝貢は、国王と清朝皇帝の個人的関係でしかない。個人的な関係だったからこそ、皇帝や国王の代替わりごとに朝貢し直さなければならなかった。朝鮮のみならず、琉球でもベトナムでも、父の王が死んで次の王が即位すると、かならず使節を派遣し直し、その人自身の名前の新たな封冊《ほうさく》（任命書）を貰わないと、正式の関係にはならなかった。自動的に継承されるのではないのである。皇帝が代わったときも、みんなでお祝いにゆかなければならない。次の皇帝と新たに関係を結び直さないと、反逆と見なされてしまうからである。そのような個人の上下関係でネットワークができていたのであり、それが、近代以前の清朝と、韓半島や琉球やベトナムとの関係だった。

そこにヨーロッパ人がやってきた。フランスはベトナムを、清朝の属国ではないとして植民地にした。慌てた清朝は、朝鮮を属国にしようとした。フランスにベトナムを取られたように、日本に朝鮮を取られてはいけない、先に取ってしまえ、というわけである。これが日清戦争の原因となった。

日清・日露戦争の背景事情

日本は、韓半島が独立国であることを清朝に認めさせるために戦争をした。実際、日本が清国に勝利したあとの下関講和条約の第一条で、朝鮮は完全に自主独立の国である、と清に認めさせた。

ところが、自分たちが戦争をしたのではなく日本が戦ってくれて、清朝の支配から離れ独立国となったにもかかわらず、朝鮮の支配層は、日本は嫌いだ、と言ってロシアと組んだ。親露派が台頭し、高宗は世子とともにロシア公使館に居を移した。それで、日本は激怒した。一八九七年、高宗は王宮に戻って皇帝号を名乗り、国号を「大韓」と改めた。

朝鮮人は事大主義で、大きなほうに頼って、小さなほうを見下そうとする。日清戦争までは、清朝皇帝からの距離を見れば、自分たちのほうが皇帝に近く、日本は下だ、と言って清朝に頼ろうとした。ところが、自分が皇帝となった時点で、日本も清国も嫌いだ、と言ってロシアと組もうとした。それが日露戦争のもっとも大きな原因となったのである。

朝鮮は自分の力では独立できなかった。日本は幕末から、欧米の植民地にならないよう新しい日本国をつくろう、とみんなで必死に努力したおかげで、幕府による江戸城の無血開城に至り、明治維新を断行することができた。ところが、朝鮮の支配階級は、清朝の家来になってもかまわない、ロシアの家来になってもかまわないと、国の独立を守るより、自分たちの特権を守るほうを選んだのである。

朝鮮では、両班《ヤンバン》と言われる支配層と、支配されている一般庶民のあいだに一体感がなく、奴隷階級まで存在した。両班ではないふつうの朝鮮人は、日本のようになれば、自分たちにも権利ができ、国民として認められ、教育も受けられる、と考えた。それで親日派がたくさん誕生したのである。じつは今、韓国で過去を糾弾されている親日派というのは、日本の援助で民主化、近代化をしたかった人たちである。朝鮮人が、清朝を呼び込もうとした保守派と、日本に頼ろうとした改革派の二派に割れたことも、日清戦争の原因の一つとなった。

つまり、自力で独立ができなかった小国であったことと、下層階級の地位がきわめて低く、彼らになんの権利もなかったことが、日韓併合の大きな原因の一つとなったのである。

清朝の国家モデルは何か

話を清朝に戻す。

モンゴル人はユーラシア大陸の人間で、文字も文化も西に繋がっている。草原が続いている限り、彼らは西にどこまでも行くことができた。ヨーロッパにも行けたし、ロシアとの関係も深かった。こうして西方に向かって開けていたので、キリスト教も早くから入ってきた。モンゴル帝国の後裔たちは、イスラム教も受け入れた。モンゴル高原までは、何でも西から文化が伝わってくるのである。

これに対して満洲人は、日本人同様、あまり動けない場所にいるので、モンゴルの遊牧文化をそのままでは継承しなかった。

清朝は元朝から天命の思想は継承したが、両者の国家システムはだいぶ違っていて、清朝は連合国家的である。それには、満洲人がモンゴル人のような遊牧民ではなかったことが、決定的に作用している。

　では、清朝の国家システムのアイデアは、どのようにして生まれたのか。これは未解決の問題だが、先ほど述べたように、狩猟民である満洲人、遊牧民であるモンゴル人、漢人農民の三種類の人間たちがぶつかった、遼東という土地の特徴が、核として大きな役割を果たしたのではないかと思う。ぶつかり合い、競合し、共存してゆく土地から、大清帝国が誕生したのである。

　無理をしてもうまく行かないから、連合した国家をつくるために、満洲人、モンゴル人、漢人の、それぞれの言語や文字や習慣を、初めはそのまま引き継いだ。そして、清の最盛期である康熙《こうき》帝、雍《よう》正《せい》帝、乾隆帝の三代の皇帝のときに、余力ができたこともあり、また、外敵に勝利して版図を広げたこともあって、国家体制を少しずつ変質させていった。皇帝の側近の満洲人やモンゴル人や漢人の家来が、中央集権的な役所を整備しようとか、もっと漢風にしようとか、モンゴルはこう統治しようとかいった建言をして、国家体制を整えていったのである。

　清朝のこのような連合国家の考え方は、モンゴルにはなかった。モンゴル帝国は、じつは中央集権でもなんでもない。はっきり言って、国家体制としてはぐずぐずの、ゆるやかな連合体だったのである。税金さえ中央に集めればいいので、統治の仕方や国家組織についてのアイデアは、まったくなかった。モンゴルはどの地域を統治しても、治安が守られ、商売さえうまく行けば、それでよかった。安全さえ確保すれば、長距離交易はかならず儲かる、というのがモンゴル人の考え方で、それで軍事力を一所懸命維持したのである。

満洲人はモンゴル人とは違うタイプの人間だったので、あれを取り入れ、これを取り入れして、三つの異なった要素をなんとかうまく機能させようと努力した。そのおかげで、モンゴル帝国の継承国家という形から変質した、強大な大清帝国が建設できたのである。

軍事力では引けをとらないモンゴル人が、どうして清朝とロシアに、あんなにあっけなく征服されたのかというと、清朝とロシアは、たしかにモンゴル帝国の継承国家から出発はしたが、非常に上手に変質したからである。ロシア中世史の学者たちは、ルーシからロシアになったとき、モンゴルの影響がどのくらいあったのかを、今、一所懸命に考えているが、やはりロシアも変質したのである。モンゴルの影響を受けて、モスクワ大公国が国家らしい形態を持つようになるのだが、そこからじつに巧みに変化してロシア帝国が誕生する。

シナ史上の王朝システム理解の盲点

ところで、シナ史を研究する上でいちばん問題だと思うのは、研究者たちが、シナでは同じような王朝がずっと続いてきた、とやみくもに考えることである。これは二十世紀の日本の東洋史の責任でもある。どの時代の史料も、漢字で同じように書かれているから、どの王朝も同じようなものだったのだろう、と思い込んでいるのだが、実際には、その時代その時代によって、しくみがまるで違っていた。そもそも各王朝の支配層は、違う土地の出身だった。

「中国五千年」というのは、二十世紀になってからの民族主義的なキャッチコピーにすぎず、実際のシナの出発点は、紀元前二二一年の秦《しん》の始皇帝《しこうてい》による中原の統一である。秦を継いだ漢は、始皇帝のやり方をそのまま継承しようとして、できなかった。たとえば、郡県制と郡国制という言葉がある。日本の東洋史では、秦の始皇帝は全土に郡県制を敷いて直轄したが、漢は直轄領である郡と地方の王国が共存した郡国制を敷いた、と説明しているのだが、じつはそうではない。漢の初期には、始皇帝のときほど中央権力が強くなかったので、もともとあった地方の王国が復活してしまった。それで、一見両者を併存させたかのように見えるが、それは中央政府がわざとそうしたのではなく、中央が力を持つまでは、そうせざるをえなかった、ということなのである。

北魏《ほくぎ》は、モンゴル高原から南下してきた鮮卑《せんぴ》族が建てた北朝である。唐は、その北魏の系統の人たちが支配階級になり、長江流域に亡命していた南朝を吸収合併し、大帝国をつくった。唐帝国は、古代日本のモデルとなった律令国家だった、と言われているが、実態はかならずしもそうではない。

日本人の研究者は、唐では律令制と、軍事組織としての府兵制が、全国的に均一に敷かれていたと思い込んでいる。ある日本人学者が、「日本は唐から離れた辺鄙《へんぴ》な国で、力がなかったから、唐のモデルをそのまま取り入れられずに、律令制がぐずぐずになった。畿内だけが律令制で、地方はなかなかうまく行かなかった」と発言するのを聞いたことがある。これはおかしな話で、あの広い唐の隅々まで律令制が敷けるわけがない。

府兵制も、記録では非常にきちんと徴兵したかのようになっているが、唐の兵隊たちはみんな、もとは遊牧民だった。後漢末に中原の人口が十分の一に減少し、三国時代に北から大量の遊牧民が南下した。五胡十六国《ごこじゅうろっこく》時代を経て、北は北魏に統一され、これが隋・唐の新しい漢人になっていった。そうした北魏系の人たちが村をつくって定住するようになったのだが、そもそもみんな、もとは軍人である。彼らは農作業をするよりも、兵士として働くほうが得意だった。そういう地域からは兵隊を出させた、というのが府兵制なのである。そうでない地域からは、税金を農作物で納めさせた。つまり、軍隊を出す地域と税金を出す地域が別の、二重構造だったのである。

日本の東洋史では、唐について、国家意識がちゃんとしていて、ヒエラルキーがきちんとあり、人民の戸籍をつくって徴兵し、均田法を施行した、と説明しているが、全国的にそんなことができるわけがない。戸籍や、与えた田畑の記録が残っているのは、新しく開拓したところをきちんと把握していた、ということである。つまり、唐代には、支配階級が軍事力のある遊牧民だったので、国が大きくなったのである。秦・漢のシナから隋・唐のシナになって、領土が広がった。正史の記述からは、同じような王朝が交代しているようにしか見えないが、こういうふうにしてシナ史を見ると、実際にはシナそのものが、広がったり縮んだりしているのがわかる。

唐の後半の歴史は、あまり興味をひかれないためか、日本人にはほとんど知られていないが、どうして唐が滅んだのかというと、地方の節度使、つまり駐屯軍司令官の反乱による。しかし、じつは滅亡するずっと前から、唐の国家形態はすでにぐずぐずの状態で、玄宗《げんそう》皇帝と楊貴妃《ようきひ》で有名な、まだ唐が盛んな時代に、早くも「安史《あんし》の乱」という藩鎮の乱が起こった。反乱を起こした安禄山《あんろくざん》も史思明《ししめい》も節度使で、安禄山はトルコ人の女シャマンの息子、ソグド人将軍の養子だった。唐はもともと遊牧民がつくった王朝だったから、辺境には遊牧民が部隊ごとに駐屯していた。それで、中央から金が来なくなると、その土地で勝手なことをやり始める。それを別の部隊を派遣して鎮圧すると、今度は派遣部隊が大きくなる。そうやって唐代の後半は、約二百年間も、非漢人の地方軍閥が割拠する時代が続いたのである。

シナ史の概説では、よく「統一と分裂が繰り返された」と簡単に言い、いかにも同じ人たちが分裂してまた統一されたかのように説明するが、そうではない。新しい人たちが入ってくるから新しい統一が生まれ、その後さまざまな原因で分裂してゆくのである。

清朝建国期と爛熟《らんじゅく》期の気性の差

ふたたび清朝に話を戻そう。

清朝の西方との交易、交流は、中央アジア止まりである。ロシアがシベリアを経由して極東まで出てきたので、ロシア人と商売はしているが、自分たちでは西方には出てゆかなかった。基本的につきあいを断っている。興味がなかったのである。

したがって、世界史として見たら、元朝のときよりも行動範囲が狭い。そこが元朝とは決定的に違っている。

十八世紀末、貿易拡大のためにイギリス国王ジョージ三世の使節として清を訪れたマカートニーに、乾隆帝は、「天朝は地大物博である」と言った。清の土地は大きく、物は多い。つまり、清朝だけですべて間に合うから、イギリスと通商する必要はない、と言ったのである。

たしかに、明末から清朝中期のシナは、物の豊かさは当時の世界一で、生産品の質は高く、何でもあったし、何も困らなかった。ときたま訪れるヨーロッパ人は、文化のあまりの素晴らしさにびっくりした。のちのアヘン戦争の原因は、じつは、イギリスが清に必死になってお茶を求めたことにあったのである。

こうして文化が爛熟すると、進取の気性をなくしてしまうが、もちろん、建国当初はそうではなかった。十七世紀から十八世紀中頃までは、非常に進取の気性に富んでいて、けっして内向きではなかった。問題はその後である。

漢人は、もともとシナの内部のことにしか興味がなかったし、満洲人も、豊かになったとたんに安心してしまった。モンゴル帝国の後裔である「最後の遊牧帝国」ジューンガルと対峙《たいじ》していたあいだは、緊張感もあったが、十八世紀半ばにそのジューンガルを倒して最大版図になったとたん、清朝の成長は止まってしまった。大きな敵を倒したので、ああ、よかったと油断し、以後は外国語を勉強しなくなり、なまけるようになったのである。

たとえば、ロシアとの関係を見てみよう。一六八九年のネルチンスク条約のとき、康熙帝は一所懸命にことに当たった。一方ロシアは、ピョートル大帝の親政以前でぼんやりしていた。そのためロシアは、アムール河のあたり、つまり黒龍江《こくりゅうこう》のあたりから追い出されたが、十九世紀にはロシアが、「この河の上流はここにあり、そこまではロシア領だ」といった主張をして、あの広い沿海州を取ってしまった。山の名前にしろ河の名前にしろ、清朝の大臣たちになんの知識もなく、言われるままになってしまった。つまり、清朝の大臣が勉強をしていなかったのに対し、ロシアは必死に勉強してかかったのである。やはり、なにごとも必死なほうが勝つ。

進取の気性をなくしていた結果、アヘン戦争以降、ヨーロッパに太刀打ちできず、世界の変化についてゆけなかったことは、みなさんご存じのとおりである。

漢文の文化圏

日本と清が公式の関係を結ぶのは、明治時代に入った一八七一年、日清修好条規が調印されてからで、それまではまったく正式な交流はない。

ただし、長崎や琉球経由の貿易は行なっていて、記録によれば、清の出版物はすべて購入していた。日本人は書物を通し、清の事情をとてもよく知っていたのである。日本中の武士は漢文が読めたが、そのうちのごく何人かは満洲語も読めたということがわかっている。清はこんな言葉も持っているらしい、と勉強していたわけである。

漢字の使用という点からすると、現代中国人の目には、モンゴルやチベット、イスラム教徒の新《しん》疆《きょう》に比べ、日本のほうがよほど中国人に近いと映るはずである。

2　清朝史研究の方法と展望

「清代史」と「清朝史」

「清代史」という言葉と、「清朝史」という言葉がある。前者は、王朝ごとに区分する、シナ史特有の断代史という考え方での「清代」という意味で、後者は、清朝自体の歴史である。日本では、清朝時代のシナの歴史はふつう清代史と呼ばれ、この清代史の研究者のほうが数が多い。清朝史研究者というと、一般に満洲語を読む研究者を指すようである。

一般のシナ史では、シナというのは三千～四千年続いていて、そのシナの内部で王朝だけが交代したにすぎない、つまり、シナ史の枠組みは変わらない、と考える。「清代史」というのは、そうした考え方に立った、シナの王朝の一つとしての清朝の歴史だと言える。

シナ史研究の現状を世界的に見ると、中国人以外のシナ史学者は、本当に数が少ない。欧米の研究者にとっては、漢字に習熟すること自体がたいへんなハンディで、壁が高いからだが、そのためアメリカやフランスなどに優秀なシナ史学者が出ると、その人たちはシナの専門家になることが求められる。それで、シナ文明といった大きなくくりでの研究に向かいがちである。彼らは、たしかに歴史の流れを上手に書いたりするが、すべてをシナという枠組みのなかに取り込んでしまうので、時代別の特徴や細かな違いなどには目が行き届かない。一方、日本では研究者の数が多過ぎて、時代や分野ごとに担当者を分けるので、細分化してしまう。どちらにもマイナスがあるのである。

満洲やモンゴルからシナを見るという学者は、世界的にも本当に数が少ない。北方の遊牧民や狩猟民は文化がなくて研究に値しない、と思われてきたので、それらを研究対象にしようとする動機を、まず持たない。満洲語やモンゴル語を研究し、なおかつシナのことも究めるのは、二重にたいへんなのである。

私が東京大学の大学院時代に満洲語を始めたのは偶然だったが、満洲語を深めるにはモンゴル語が必要なことはすぐにわかった。モンゴル帝国から時代をたどって清朝にまで到達すると、清朝はモンゴル帝国の後裔であることがわかるからである。

何度も述べているように、清朝は中華帝国とは言えないのだが、困ったことに、清朝には満洲語だけでなく、漢文もある。漢文は、元《げん》の漢文も金《きん》の漢文も宋の漢文も、古典を引用するので、みな同じように見える。それで、担う人はそれぞれ違うのに、すべての時代がシナだと思われてしまう。しかも、異種族間のコミュニケーション・ツールとして便利なので、モンゴル人だって満洲人だって、勉強したら漢字も書けるようになる。そのため、みな漢人のように見えるのである。

漢字だけでもいちおう歴史が書けるので、研究者のほうでも、北から入ってきた王朝が漢字以外の言葉を使っていたことを無視するわけである。そのため、夷狄《いてき》はみんな、漢人のほうが文化が高いからシナ化した、と言われる。

とくにシナでは「ペンは剣より強し」なのである。書いたほうが勝ちで、そちらが残る。武力が強くても、書かないと何もなかったことになる。嘘であっても、実態は違っていても、書いたほうの言い分が残る。それで、シナでは漢字で書いた建前ばかりが残る。
ただし、たくさん残っているように見えて、じつは同じようなことしか書かれていないのが、シナの漢文史料なのである。

満洲帝国時代のアジア史学への貢献

私は、私なりの史観を形成するにあたって、東京大学の恩師、和田清《せい》から影響を受けたが、さらに言えば、満洲帝国というものから受けた影響も大きい。大陸に出ていって満洲帝国を建設する過程で、初めて日本人は、自分たちの目で現地の歴史を見直したわけである。内藤湖南《こなん》を初めとする明治時代の日本の学者は、漢字ではない文字を調査し、写真に撮って日本に持ち帰った。シナ内部の漢人とは違い日本人は、自分たちも漢字文化の周縁で日本文明をつくってきたので、漢文ではない言語にたいへん興味を持った。先学たちは、シナを支配する以前の清朝の、満洲語で書かれた史料を解明すれば、シナをもっと違う面から見ることができる、と考えたわけである。シナがどういうふうにしてできたかを知りたい、という強い興味から、こうして日本で満洲語研究が盛んになった。日本人がいなければ、モンゴル史や満洲史は残らなかっただろう。

今では「大陸進出の手先だった」と悪口を言われているが、韓半島と満洲とモンゴルに関する、明治以来の日本人の研究の蓄積は、じつは現在のアジア史に非常に大きな貢献をしている。清朝史研究は一代でできたわけではなく、今なお続いている。それは日本の学問史において、とても大事なことである。日本にとって満蒙は、やはりたいへん大きな意味があったのである。

韓半島の歴史研究について言えば、はっきり言って、朝鮮側は自分たちでは何もせず、すべて日本人が研究した。今では、日本人の研究に基づいて、韓国と中国のあいだに高句麗《こうくり》論争が起こったり、渤海《ぼっかい》のことが問題になったりしている。

最近、韓国のテレビ局が、高句麗の初代の王を主人公としたファンタジー・ドラマ「朱蒙《チュモン》」をつくった。たいへんな高視聴率を上げたそうだが、その一場面に、秦・漢よりもむかしに古朝鮮があったと言って、なめした皮革に描かれた古地図を広げるシーンがあった。その地図によると、モンゴルから上海付近のシナ沿岸まで、全部が古朝鮮ということになっていた。シナよりも朝鮮のほうがじつは古くて強大だったのだ、と中国に対抗して主張しているのである。

一九九三年に北朝鮮で墓が見つかり、五千年前の骨と公表された檀君《だんくん》は、朝鮮の神話上の君主だが、この発掘劇もやはり中国の脅威に対する反応である。

いずれも、学問的には噴飯ものの主張であるが、歴史論争というのは、結局、国が拠って立つ根本に関わる問題なのである。

日本人は中国にそれほど直接的な脅威を感じていないので、平然と本当のことが言えるが、それも学問の蓄積があるから言えるのである。学問は蓄積がものを言う。現代の日本人は、せっかく蓄積したものをもっと大事にすべきである。本当のことはかならず残る。日本人が戦前やったことはすべて悪かった、などということはありえないのである。

私の史観に話を戻すと、満洲語やモンゴル語を介してシナを見るのは、正しい研究方法である。シナのほうからの見方しか知らないと、中国側から言われたら、言われたままになってしまうが、裏や横から光が当たったら、ものごとが立体的に見えるようになる。幸いモンゴル人と満洲人は、漢字とは違う文字で記録を残した。そこからは、そうした「ずれ」が見える。これはモンゴル語や満洲語に限らない。中央アジアからシナに光を当ててもいいし、ロシアから見てもいいのである。

現中国とのあるべき関係のために

よく、一九七二年に「日中国交回復」がなされた、と言われるが、この言葉には問題がある。中華人民共和国は一九四九年にできた新しい国だから、国交樹立であって国交回復ではない。これは、マスコミの誘導である。「国交正常化」という言葉も変である。これでは、それまで台湾、つまり中華民国と国交があったのは不正常なことだった、ということになる。

日本は、日中国交樹立の際、現中国の歴史認識をそのまま受け入れろ、と言われ、言われるがままに中国に従った。「回復」だとか「正常化」だとかの言葉も使って、今日まで来た。日本人は、嘘をつかず歴史を正しく見ようとする人たちだが、シナの歴史はつねに政治である。そのため、バランスを欠いたまま今に至っている。

日本人が論争を嫌い、仲良くするのをよしとする文化を持っていることも、中国に言われっぱなしになっている理由の一つで、あのとき中華人民共和国は、自分たちに都合の悪いことを書く記者たちを追い出した。取材をさせず、入国もさせなかった。日本の報道機関はそれを個人の責任にし、かばいもせずに放り出した。取材してくることのできなかった記者をクビにするようなことをすれば、だれもが向こうの言いなりになる。実際、中国に都合のいいことを言う人たちは、偉い人に会えるのである。これは今でもやっている。中国は政治的に上手なのである。戦前の日本人のほうが、もう少し中国を知っていたし、対処の仕方を心得ていたように思う。

どうしたら中国の政治力にやられないで済むか。この答えは難しい。日本人はもともとそういう政治的駆け引きに不向きだから、やられたらまず勝ち目はない。われわれは、本当のことを知り、本当のことをしっかり言って、中国人はそういう人たちだと最初からわかって交渉するしかない。

どちらがいいか悪いかを問題にしても解決しない。シナでは、異種族が次々に入ってくるなど、日本とは歴史的な背景が違うため、言葉の違う他人を信用しない。日本人は、互いに遠慮して折れ合い、決裂しないように持ってゆくが、中国人はぶつかるまで前に進む。漢字では建前しか表わせないから、少数民族以外の中国人には本音を表わす言葉がない。こうした文化パターンの違いを、日本人はよくよく知っておくべきなのである。

内藤湖南と日本の清朝史認識

ここで、日本の清朝史研究を振り返ってみる。

明治時代に歴史学を担った人の多くは、帝国大学ができる前から研究生活を始めている。つまり、大学教育を受けず、江戸時代から続く藩校などで漢籍を学んだ人たちで、内藤湖南は、そうした明治の知識人の一典型である。

湖南は東北の南部藩の儒者の家に生まれた。幼年時代に父から漢籍を学び、地方の師範学校を卒業してから東京に出て、生きてゆくためにジャーナリストになった。明治政府をつくった薩摩藩や長州藩の出身ではなく、主流でなかったためである。そして、シナ問題の大専門家となり、日本で二番目に設立された帝国大学、京都帝大の東洋史学科の教授に招かれた。正規の官学教育を受けていなかったが、そのシナ学が当代一流であることは、すでに有名だったのである。

東京帝大の歴史学者たちが西洋の学問を取り入れるのに熱心であったのに対し、東京帝大のライバルとして創設された京都帝大では、ヨーロッパの直訳、直輸入ばかりやっていたのでは、日本のお家芸が廃れると、古い時代の漢籍や漢学が重視された。戦後の京都大学がシナ文学、シナ哲学、東洋史を誇っていたのは、その伝統による。

ちなみに、京都帝大の人間は、よく「東京帝大は、横のものを縦にしているだけだ」と悪口を言った。つまり、横書きの欧米の文書を、縦書きの日本語に翻訳しているだけだ、というのである。国家の役に立つ人間をつくるのに懸命で、お役所の言うとおりにするイエスマンばかりこしらえている、という批判でもある。

ジャーナリズムを出発点としていたので、湖南の東洋史はそれまでの漢学と違い、非常にビビッドだった。彼にとって清朝史は、現代史だった。辛亥《しんがい》革命が起こっているまさにそのときに、大学で教えていたのだから、シナはこれからどうなるか、どうなればいいかということを、同時代的に考えたのである。

また、もともと豊かな漢学の素養があったので、この清末、中華民国初めの動乱期に、シナの学者たちと深い交流を持った。お金がなくなった学者たちを京都に呼んできて世話をしたり、彼らが持ち出してきた書画骨董を、店を紹介して売らせたりした。

シナの学者たちとの会話は、すべて筆談だった。当時のシナにはまだ共通語がなく、北京《ペキン》の人間と南京《ナンキン》の人間とでは同じ漢字でも発音がまったく違い、耳で聞いてもわからないから、だれもが筆談をしたのである。したがって、漢人にとっては、日本に来るのは、シナのなかを旅行するのと同じだった。たとえば、上海《シャンハイ》の漢人には、北京に行くのと京都に行くのとは、何も変わらないことだった。日本に来ても、シナにいるのと同じような生活ができた。当時の日本には、明治になる前の教育を受け、漢学の素養のある人間がまだいっぱいいて、どこに行っても筆談で通じた。だから、魯迅《ろじん》も孫文《そんぶん》もみな日本に来たのである。孫文などは、ほとんど日本で革命のスポンサーを集めて歩いた。

先述したように湖南は、京都帝大でシナ史の講義をしながら、同時に、シナはどういうふうになればいいのかを考え、教えた。そういう学問を京都帝大につくった。ところが、湖南の弟子たちは師匠を超えられず、彼らからは、シナを同時代史として見たり、全体を総合して見たりする学者が出なかった。弟子たちは、専門の時代と地域を決め、それをみんなで分け、他人の分野を荒らさないようにした。つまり、湖南の弟子が何十人かいたとすれば、弟子のそれぞれは、湖南の何十分の一の領域にしか目が行かないのである。弟子の弟子ともなれば、さらに何百分の一という分業である。

湖南の直弟子《じきでし》の、有名な宮崎市定《いちさだ》にも、湖南ほどの現代史的感覚がない。満洲語を読まないから、『雍正帝《ようせい》』を書いても、満洲語は清朝の中期にはなくなって、満洲人はシナ化した、満洲文化はどんどんだめになった、という見方しかしない。

しかし一方で、シナを考えるのにチベット語やモンゴル語、満洲語は大事だ、という見方は、戦後まで京都大学に残っていた。東京帝大も、満鉄調査部の時代には、日本の軍部の要請もあったが、現地のことを知ろうと、満蒙史や満鮮史の研究をしている。それらの研究は、北清事変の賠償金でスタートしている。満鉄調査部ができるのは清朝が倒れる寸前で、まさに同時代史研究である。シナの革命がどう転ぶかわからないから、当時の日本人は必死だった。同じ理由で、当時は日本人でロシア語ができる人間がたくさんいた。

ヨーロッパの人文科学は、人類学を初めとして、植民地研究で発展した。自分たちが実際に現地に行って統治しなければいけないから研究をするわけで、それが学問の発展に繋がったのである。日本の満蒙研究も、現地の状況を知る必要があって始まった。実際、日本人の考古学者が初めて、契丹の古城や金の時代の町などを発見して学問的な発掘をしたり、沿海州の調査をしたりした。

日本の学問、とくに東洋史が、植民地支配と関係して発展したことは、避けては通れない事実である。しかし、そのおかげで、中国の政治的な言い分とは違う歴史を構築することができる。と言うより、構築できなければいけないのである。それなのに、学問の伝統を評価せず、学問を分業化してしまっている現状は、まことに残念というほかない。

清末・民国初の日本人教師と清国留学生

一九一一年の辛亥革命の頃、湖南は、日本が手を貸してシナを日本のように近代化させなくてはいけない、と考えていた。学者であると同時にジャーナリストでもあった湖南は、『支那論』などで、来たるべきシナの共和政治について、どのようであればいいのか詳細に検討した。ところが、一九一九年の五・四運動によって、湖南は裏切られた思いになり、シナに完全に失望した。

一九一七年にロシア革命が起こり、一九一九年二月にコミンテルンが結成されて、同年五月に北京大学の学生を中心に五・四運動が起こる。あの運動は中国の西洋化運動であるが、同時に、シナのむかしのものはすべていけない、孔子も『論語』もいけないという、伝統や歴史をいっさい否定する運動でもあった。明らかにロシア革命とコミンテルンの影響を受けたもので、そのロシアに吹き込まれたとしか思えないのだが、反日運動になった。明治維新以来一九一九年まで、日本が中国に対してしてきたことを、援助も含めてすべて否定した。日本は、中国の近代化の手助けをするふりをしていたが、自分たちの勢力を広げるために手を貸しただけだ、援助はすべて自分たちのためだったのだ、と話をすり替えたのである。

清末から中華民国初期まで、中国は日本をまねて近代化を行なった。日本の教科書をそのまま使い、日本人の教師を何千人も招いて、新設の初等・中等学校で教えさせた。日本人は人がいいので、日本と同じように中国にも近代化してもらいたくて、安い給料でも喜んで中国に行った。
清朝は、日清戦争で日本に負け、賠償金を二億両《テール》も出したが、日本はそれを清朝の近代化のために使おうとした。学校も建て、たくさんの留学生を日本に招いた。年間五千～六千人もの清国留学生が日本にやってきて、帰国後、清国の文官と武官の地位についた。

武官は、東京の振武《しんぶ》学校で日本語の速成講習を受け、そのあとすぐに地方の部隊で訓練を受けた。蔣介石《しょうかいせき》もそうした一人であるが、優秀な人は陸軍士官学校に進学できたのに、蔣介石は行けなかった。ところが、彼の履歴書には、日本の陸軍士官学校卒と書いてある。部下がみな陸軍士官学校卒だったので、面子《メンツ》があって、経歴詐称したのである。

文官のほうは、法律を学ぶために法学部に入った。明治大学が多くの留学生を受け入れたし、神田の東亜同文書院にもたくさんいた。彼らは二年くらいで帰国したが、それでも日本語の教科書はほとんどが漢字で書いてあるから、「てにをは」を省いて読んでも意味がわかる。明治時代の日本人は、欧米の概念を漢字を使って翻訳したが、留学生たちは、そうしてできた日本製漢語を吸収し、持ち帰った。そのため、今でも現代中国語には、日本語起源の漢語がたくさん借用されている（第四巻四八八～四八九頁参照）。たとえば、「中華人民共和国」という国号においても、「中華」を除けば、すべて日本語である。「民主主義」や「社会」や「経済」などもそうだ。毛沢東《もうたくとう》は『マルクス全集』を日本語で読んだ。周恩来《しゅうおんらい》も鄧小平《とうしょうへい》もフランス留学帰りだが、フランス語をそのまま持ち込んでもだれにもわからないので、日本語の翻訳語を利用するしかなかった。ヨーロッパに留学した中国人ですら、日本語経由で欧米文化を受け入れたわけである。しかし、そういう歴史を現代中国は、いっさいなかったことにしている。

ともあれ、五・四運動は、そうした日本化の進行の果てに起こった反日運動だったのである。

世界における満洲学事情

世界における清朝史、満洲学の現状を述べると、日本と中国を除けば、今、現役で活躍している満洲学者は世界に十人もいない。

満洲語を学ぶ学生はもう少し多い。とくにロシアは、清朝と国境を接していたため、語学としての満洲語研究の伝統があり、今でもアジア学が盛んである。サンクトペテルブルグ（旧レニングラード）には、ロシア人が持ち帰った満洲語の文献が山のようにある。北京にロシア正教会の伝道団が常駐しており、ロシア領事館の役割を代行し、彼らのなかには満洲語研究者がいたからだが、そのサンクトペテルブルグの科学アカデミーに、これを研究する学者がいる。そのなかの一人タチアーナ・パンTatiana Pangは、父親が中国人であり、英語や中国語もよくできて、たいへん優秀である。

フィンランドには、東方からの力でロシアを挟み撃ちにしようという考えがあって、満洲学の伝統がある。

イタリア人の満洲学者に、私ととても親しいジョヴァンニ・スターリGiovanni Staryというベネチア大学教授がいる。欧米の満洲学者では、今一番と言っていい。彼は『満洲学Aetas Manjurica』

という雑誌を刊行していて、さらに、世界中の満洲文献の目録を出し続けている。ただし本人の興味は、歴史よりも民族学的なものにあるようだ。

ドイツには、ベルリン国立図書館の司書をしていたハルトムート・ヴァルラーヴェンス Hartmut Walravens がいる。

アメリカには、私の弟子のハーヴァード大学教授マーク・エリオット Mark Elliott を含めた何人かがいる。

なお、清朝時代には、ベルギー人などのカトリックの宣教師が満洲語を学んでいたが、その伝統が今も残っていて、ヨーロッパの大学には満洲学の拠点がいくつかある。

かつてはモンゴル人にも満洲語ができる人がたくさんいた。今もウラーンバートルに何人かいる。

清朝史のほうは、先ほども述べたようにシナ史学の範疇に入ってしまっているために、全体としては中国語ができる人がやっている。

台北の故宮《こきゅう》博物院には、蔣介石が軍艦で運び込んだ清朝史の史料がたくさんあり、それを研究する台湾人満洲学者が何人かいる。

以上が、満洲学や清朝史をめぐる世界の現状だが、じつは、外国人で満洲語が読める学者の数は、国別に言うと、日本人がいちばん多いのである。

ところで、北京の中国第一歴史檔案館《とうあんかん》には、非常に多くの文献が所蔵されていて、そのうちの何百万件という清代檔案の半分は満文であるが、今の中国の満洲学研究はかんばしくなく、何百年経っても読み終わらないだろう。満洲語の研究者がたいへん少ないのである。もちろん漢文に対訳されていて、ほとんど同じ内容なので、歴史の大勢に影響はないだろうが。

その一方で中国は今、国家プロジェクトとして『清史』編纂《へんさん》事業を推進している。共産党に都合のいいように、シナ史という枠組みのなかで清朝史像を構築しようと、清朝史研究に力を入れている。お金をたくさん出して、自前で学者を養成しようとしているのであるが、急には優秀な学者がたくさん出てきたりはしないので、日本で出たものを一所懸命に翻訳している。たとえば、私と神田信夫・松村潤らが翻訳し、一九五五年から六三年にかけて財団法人東洋文庫から刊行した、全七巻の日本語の『満文老檔』を、さらに漢訳して出版したりしているのである。

満洲人意識の希薄化

今の中国の少数民族のなかでは、満族（中国は満洲族とは呼ばない）は人口が多いほうで、一千万人を超えていると言われるが、満族の自治県や自治州、満族村ができたのはそれほどむかしではなく、一九八〇年以降である。その頃になってようやく、満族であることを明らかにしても、迫害を受けなくなった。中国の戸籍で少数民族として登録されると、一人っ子政策を守らなくてもよくなるので、満族村がたくさんできたら、とたんに満族が激増したのだそうだ。そこには漢族から転じた満族が多数混じっていると思われる。

もっとも、一千万人以上いると言っても、新疆北部でイスラム教徒やモンゴル人に囲まれて暮らしているシベ族以外は、日常の言語としては満洲語をまったく話していない。満洲学会をつくり、満洲語の勉強会もやっているということだが、ふだん使っていないと、満洲語を復活させるのはなかなか難しいだろう。新疆北部にはシベ族が三万人くらいいて、今でも日常の話し言葉に、満洲語の一方言を使っている。

現中国の少数民族のなかで、モンゴル人については、北に独立のモンゴル国があるために、「モンゴル人は中国人だ」と言い切ってしまえない。しかし、満洲人は中国人になってしまった。歴史的に満洲人は漢人とは別の種族だったのに、いまや、ずっとむかしから漢人と同じだった、という意識のほうが強くなっている。満族自身が、「漢族と満族はどこが違うのか」と聞かれてもわからないのである。

写真1　民族衣装を着た新疆のシベ族夫婦

そもそも中国人は出自がまちまちの人たちの集まりなのだが、今ではその全員が中国人である。中国人自身が自覚していて、たとえば、ある人が雲南省とか貴州省とかの苗《ミャオ》族だったとしても、そのこと自体をもう問題にしていない。そのことは北京オリンピックを見ていて、実感した。若い中国人は、自分たちの国は大きくていいじゃないか、十三億もいたらよその国に勝てるぞ、といった気分のようである。だから、中国のなかの異質性に関しては、あまり意識が行かないように見える。

アイデンティティを強く持っているのは、チベット人とウイグル人とモンゴル人だけで、それ以外の少数民族は、中国のなかで成功することを目指している。土台が大きければ成功も大きい、金持ちになるチャンスも多い、と思っているようで、「日本も中国になってしまえばいいのに」などと、とんでもないことを言う中国人留学生もいる。彼にしてみれば、もっと自由に行き来できれば、もっと金儲けのチャンスが増える、こんなに日本語がうまくなったのだから、ビザが要らないように日本も中国になってほしい、そうならないのは残念だ、ということなのである。

日本人は、中国人とはそういうバイタリティを持つ人たちだ、ということをあまり知らない。だから、一部の日本人が、こんなことをしていると日本は中国に呑み込まれる、と警告しているのである。これまで楽に暮らしてこられたから、これからもなんとかなるだろう、アメリカがなんとかしてくれるだろう、と少なからぬ日本人が思っている現状では、こうした警告は大事だと思う。

歴史を知ることで対策も生まれる

今後、日中関係をどう構築してゆくかという点で、清朝史の正確な認識は非常に大事だが、正直なところ、時機を逸してしまった。満洲人にとっても、というより現代の中国人にとっても、満洲帝国時代が、正確な清朝史を認識する最後のチャンスだったように思う。現代の中国は、清朝の実像を葬り去って、清朝からの連続線上に新しい中国がある、としている。そうしたなかで「狂瀾《きょうらん》を既倒《きとう》に廻《めぐ》らす」のは、つまり荒れ狂っている波をひっくり返すように時勢の傾きを元に戻すのは、もう手遅れで、無理であろう。

日本は海に囲まれた小さな島国だったおかげで、これまで本当に運が良かったが、これからもずっと幸運なままで行けるかどうかはわからない。明治維新、日清戦争、日露戦争、満洲事変と、先人たちが頑張ってきたからこそここまで来た。大陸の狂瀾を押し返すことができた。しかし、頑張らなかったら、地政学的になんでも起こりうるのである。

もちろん、韓半島に比べたら、日本は断然安全である。飛行機と船の数は限られているので、日本への流入はそれなりに防げるが、韓半島は陸続きだから、もし中国でなんらかの動乱が起こったときには、中国人がいくらでも歩いてやってくる。韓半島の歴史は、大陸の変動にしじゅう巻き込まれてばかりだった。そしてそのとば口が、満洲の遼東なのである。

だから日本人は、将来のためにも、「清代史」ではなく「清朝史」をしっかり学んでおかなければならない。清朝は中国ではないという本当のことを、きちんと知っておかなければならない。中国という国は、一九一二年に初めてできた。日本人は、わけもわからず安直に「中国五千年」と言ってしまうが、中国という国は、じつはそれまで存在しなかったのである。今、中国と呼ばれる中華人民共和国は、一九四九年に誕生したが、これも果たして百年続くかどうかはわからない。

結論を言えば、大陸で何か起こったときに慌てふためかないように、日本人は正しい歴史を知っていなければならない。歴史を知っていれば、どう対処したらいいかを適切に考えることができる。歴史を学ぶというのは、そういうことなのである。

満洲族、シナ制覇の第一歩

サルフの戦いを検証する

――後金国ハン・ヌルハチと明国

1　はじめに

時日と名称

一六一九年四月十四日から十七日に至る四日間に、後金国《こうきん》ハン・ヌルハチの軍隊は、その都城ヘト・アラに向かって四路から来攻した明《みん》・朝鮮の連合軍を迎え撃って、これを次々と破って大勝利を収めた。第一日に、杜松《としょう》の指揮する明の西路軍が撃滅された戦場の地名をとって、この四日間の戦闘を「サルフの戦い」と総称する。

戦争の原因

これより先、明の東北辺境の兵権を永年にわたって独占し、中央政界に隠然たる勢力を張っていた遼東総兵官・李成梁《りせいりょう》が一六〇八年に失脚し、遼東鎮においては大粛清が行なわれた。それまで李成梁と結託して境外の貿易の利益を握り、女直《じょちょく》族の統一を進めつつあった建州女直の酋長ヌルハチは、明の政策が一変して、競争相手の海西女直のイェヘ国の二酋長ギンタイシとブヤングを支持することになり、しかも経済封鎖を加えられて窮地に陥った。これを打開するために、ヌルハチは内部の統制を強化し、食糧その他の物資の自給に努める一方、武力によって女直族の統一を推進し、イェヘを除く諸国、諸部族をことごとく支配下に入れて、一六一六年、ヘト・アラにおいて後金国ハンの位についた。そして一六一八年五月九日、明と開戦して境上の撫順《ぶじゅん》城を攻め落とし、十五日、迎撃した明軍を破って遼東総兵官・張承胤《しょういん》らを殺し、明に「七宗悩恨（七つの大きな恨み）」の書を送って宣戦を布告した。

この五月十五日の戦いで遼東の明軍の主力は全滅し、境上の諸城は後金軍に掠奪をほしいままにされることになった。この危機に、明は楊鎬《ようこう》を遼東経略に任命して、ヌルハチ討伐作戦の総司令官とした。しかし北辺のモンゴルとの境の諸鎮から供出される兵力の集結は遅々としてはかどらず、ようやく遼陽の演武場において出陣式が挙行できたのは、一六一九年三月二十七日のことであった。

明軍の編成は四路に分かれ、開原・鉄嶺の北路軍は馬林、瀋陽《しんよう》の西路軍は杜松、清河《せいが》の南路軍は李《り》如柏《じょはく》、寛奠《かんてん》の東路軍は劉綎《りゅうてい》がそれぞれ指揮し、四面からヘト・アラに向かって進撃する作戦であった。当初の計画では、各路軍とも四月五日を期して行動を開始し、もっともヘト・アラに遠い寛奠の東路軍は四月九日に涼馬佃《りょうばでん》から境界を越えて敵地に侵入し、他の三路は四月十四日、開原・鉄嶺の北路

地図2　清朝勃興期の満洲の形勢

軍は靖安堡《せいあんほ》から、瀋陽の西路軍は撫順関から、清河の南路軍は鴉鶻関《あこつ》から、それぞれ同時に敵境に入ることになっていた。ところが、三月三十一日に大雪が降って進軍が困難になったので、明軍の行動開始の期日は、四月五日から四月九日に変更された。

2　戦闘の経過

両軍の兵力

この頃のヌルハチの後金軍の兵力は、八旗の兵十万と言われる。しかし、実際に戦闘力を持つのは各ニル（佐領）五十名を定員とする騎兵だけである。理論上は五ニルが一ジャラン（参領）、五ジャランが一グサ（旗）を構成することになっていたから、八旗の通計は二百ニルで、騎兵の定員は一万名となる。しかし実情は一万名に満たず、おそらく八千名程度であった。この騎兵だけが甲冑《かっちゅう》を着け、おもな武器は弓矢と刀である。

これに対する明軍は、四路の総計が八万八千五百余名とされるから、各路の平均は二万二千余名となる。このほかに馬林の指揮する北路軍にはイェへ軍部隊が、劉綎の指揮する東路軍には朝鮮軍部隊が加わっていた。イェへ軍の兵力は二千だが、戦闘には間に合わなかった。朝鮮軍は姜弘立《きょうこうりつ》の指揮する一万三千余名で、その多数は砲手（小銃隊）であった。

以上が明側の公式記録の数字だが、これが実数かどうか、疑問の余地がある。朝鮮側の記録によると、東路の明軍の兵力は公称二万四千余名となっていたが、劉綎が姜弘立に語ったところでは、この部隊の構成は劉綎自身の親丁（私兵）数千名と、その他の諸将の直属、合わせて一万名を超えないと言い、また姜弘立自身の観察でも一万余名にすぎなかった。これから見て、二万四千余名というのは、朝鮮軍を含んだ数字であると思われ、明軍だけでは七万余名とするのが正しかろう。

後金側の記録によると、明の遼東経略・楊鎬は、作戦開始に先立つ四月八日、敵に書を送って、四十七万の兵が陰暦三月十五日（四月二十八日）の満月を期して八道より征進する、と通告した。これはもちろん威圧のための誇張だったが、後金側はその実数を二十七万とし、のちの『清太祖実録』では西路軍・南路軍がそれぞれ六万、北路軍・東路軍がそれぞれ四万、すべて二十万となっている。これはヌルハチの偉業を称えるために、敵の兵力を誇張したのである。

戦闘の経過

明軍はもともと系統の異なる部隊の寄せ集めで、軍令が徹底せず、統一行動がとれず、これが敗因になった。すなわち北路軍・西路軍・南路軍は四月十四日を期していっせいに進攻することになっていたのに、西路軍の司令官・杜松は約束を破り、十三日の夜半に撫順を出発して渾河《こんが》の北岸を進み、蘇子河《そしが》との合流点付近において、南岸に敵の騎兵が哨戒しているのを認めた。これは南岸のサルフに築城のためヌルハチが先に派遣していた歩兵一万五千を護衛する騎兵四百の一部であった。杜松は先陣の功を立てようとして、戦車・小銃・大砲を北岸に残したまま、騎兵を率いて渾河を渡り、後金兵十四名を捕虜とし、敵の二寨《さい》を落として焼き、戦勝の第一報・第二報を楊鎬に送った。こうして戦闘は四月十四日の午前に始まった。

後金側では、この日の午前八時、撫順方面に偵察に行っていた斥候が都城ヘト・アラに帰還して、昨晩、多数の灯火が見えた、と報告した。これと同時に南方からも、昨日の午後二時に、明軍がドンゴ（佟《とう》佳《か》江《こう》の流域）の境界に侵入してきた、との報告があった。これは劉綎の東路軍である。ヌルハチは南方の敵軍の出現は陽動作戦で、敵の主力は撫順方面から来攻するだろうと判断し、南方に対しては駐屯部隊五百名に敵の行動を監視させるだけとして、全軍を挙げて撫順方面へ西進させるよう命令を下した。ヌルハチの第二子ダイシャンはただちに諸王・諸将とともに都城にいた全兵力を率いて西方へ出発した。

ところが途中で、清河方面への道にも敵兵が現われた、との報告を受けた。これは李如柏の南路軍である。しかしダイシャンは、この敵軍が来到するにはまだ時間がある、と判断し、兵二百をもって監視させただけで、西進を続行した。そして午後二時に至って、蘇子河の北岸のジャイフィヤンの地で、明の杜松の西路軍と接触した。

ダイシャンが見ると、明軍は西のサルフ、東のジャイフィヤンの二つの山城を占領しており、これに対してサルフ築城に従事していた後金の歩兵と、明軍と戦っていた騎兵四百とは、ジャイフィヤン城の近くのギリン・ハダ山に立て籠もっていた。ダイシャンは騎兵一千を送ってギリン・ハダの友軍に合流させ、ジャイフィヤン城の明軍を挾撃しようとした。そこへヌルハチがあとから到着して、もう午後四時で明るい時間も残り少ないので、先にサルフ城の敵軍を攻撃することを命令し、左翼四旗・右翼一旗の兵をサルフ城に差し向けた。

サルフ城の明軍は山頂に陣を張り、大砲・小銃を何列にも並べて応戦したが、後金の五旗の兵は山上めがけてひたすら突撃し、たちまちにして敵兵を全滅させ、そのまま進んで渾河の北岸に渡った。これと同時にギリン・ハダ山上の後金の騎兵千四百が、上からジャイフィヤン城の明軍に向かって突撃し、右翼三旗の兵も蘇子河を北岸へ渡って敵を挾撃し、大砲・小銃を放って応戦するのをたちまち薙《な》ぎ倒して、敗走する敵を追ってショキン山に逐い上げ、日が沈んで真っ暗になるまで、人の見分けがつく限り敵兵を殺し、さらに山を巻狩りのときのように包囲して、夜中に脱走しようとする者をも殺した。これで杜松の西路軍は粉砕され、第一日の戦闘は終わった。

この夜、土木河沿いに哨戒線を張っていた後金軍部隊は、明軍の大部隊がシャンギヤン・ハダに陣を張って壕をめぐらし夜営しているのを発見して、これをダイシャンに報告した。これが馬林の北路軍である。馬林は約束どおり翌四月十五日に西路軍と合流するつもりで、この日、三岔口《さんたこう》から進軍してきたのであったが、夜に入って西路軍がすでに全滅したことを知って、陣中は騒然となった。

四月十五日の朝、日の出前にダイシャンの率いる後金軍部隊がシャンギヤン・ハダに到着した。馬林の率いる明軍は、前夜の営地からまさに出発して前進を開始したところであったが、後金軍の出現を見て後退し、夜営地に戻って方陣隊形を組んだ。そして陣の前に三重に壕を掘った。壕の前には騎兵が一列に横陣をつくり、騎兵の前には小銃・大砲を横に一列に展開した。また騎兵のうしろ、壕の前にも、大砲・小銃を三列に横に展開し、三重の壕のうしろにも、本隊の兵士が下馬して整列した。

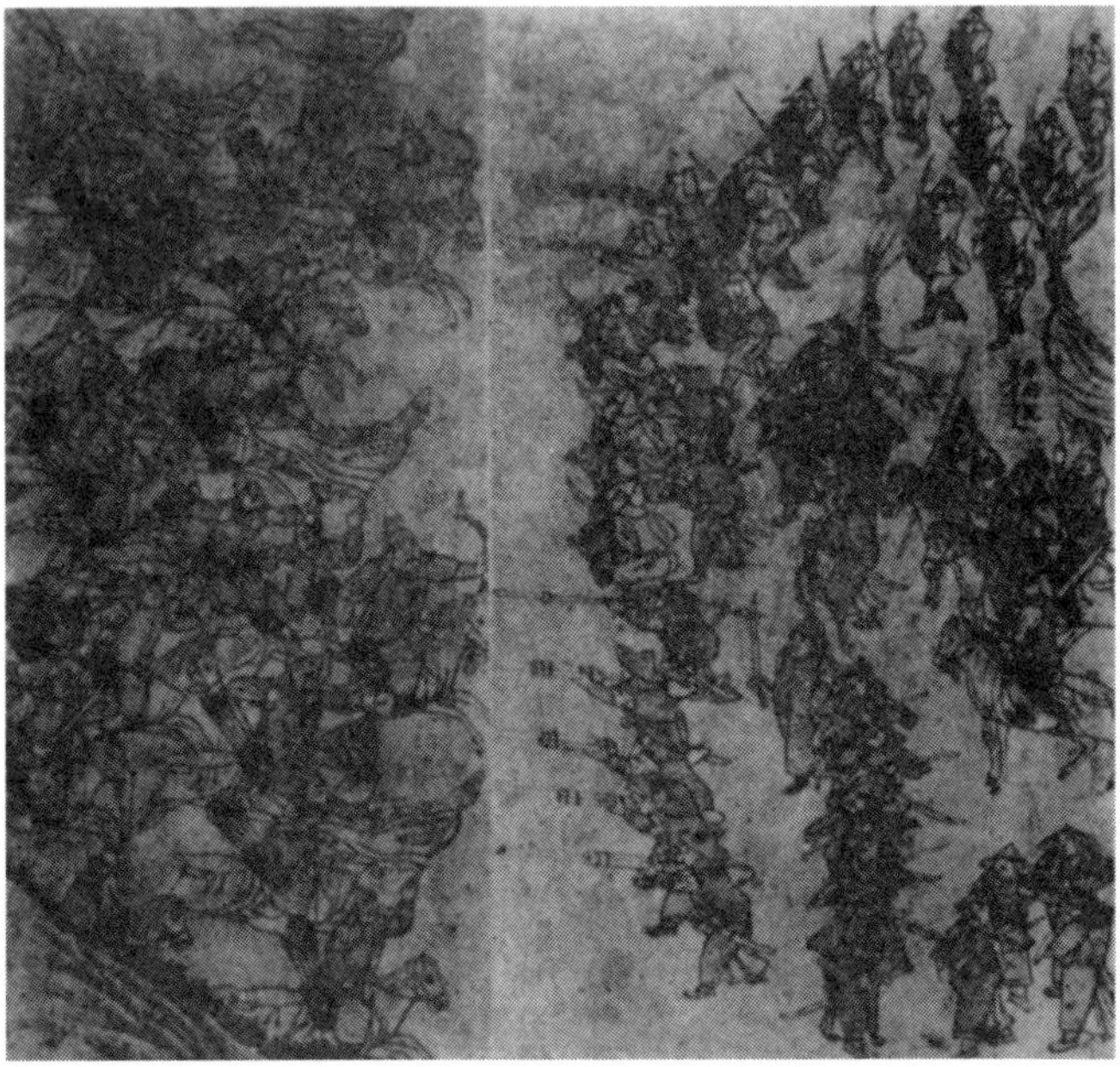

図5　火器を使用する明軍と戦うヌルハチ軍（『満洲実録』より）

そこへさらに、シャンギヤン・ハダの西方三里（一・五キロ）のフィエフン山の上に、明軍の後続部隊の一団が現われた。これを見たダイシャンは、伝令を三度送ってヌルハチに状況を報告した。

その頃ヌルハチの部隊は、さらに西方のワフムの野で、明軍の第三部隊が大砲・小銃・戦車などを運んでくるのに遭遇した。ヌルハチの手元の兵力は一千足らずであったが、これに攻撃を加えた。明軍は小銃・大砲を排列し戦車を押し立てて防戦したが、ヌルハチは自分の部下の半数を下馬させて徒歩にし、騎馬の半数とともに突入して、戦車を押し倒して敵を全滅させた。

戦闘が終わって引き揚げようとするところへ、シャンギヤン・ハダのダイシャンの伝令が到着して敵情を報告した。ヌルハチは後続の兵を待たず、ただちに全速力で馬を飛ばして東方に向かい、正午にシャンギヤン・ハダに到着した。そこで明軍の陣形を見たヌルハチは、山上を奪ってそこから衝き下りるよう指示した。後金軍が行動を開始すると、明軍のほうでも、それまで壕のうしろにいた兵が前進して、壕の前の戦列に合流した。これを見たヌルハチは、山上への前進の中止を命じ、下馬して徒歩で応戦することにした。そこでダイシャンが前線に出て、左翼二旗の兵に下馬を命じ、四、五十人が下馬したところで、ダイシャンが敵方を見ると、敵軍が突撃してくるのを認めた。ダイシャンは「父上よ、いけない。明軍が攻めてきた。われらは突入しよう」と言って、その二旗の兵とともに馬に鞭打って敵軍に向かい逆に突撃し、両軍は入り乱れて白兵戦となり、明軍の先鋒は全滅した。後金軍の他の六旗の兵も、これを見て、陣形を整える暇もなく、各員それぞれに馬を飛ばしてまっしぐらに敵陣に突入し、明軍の銃砲弾を冒して斬り込んだので、ついに明軍は支えかねて潰走した。後金の全軍は追撃に移り、シャンギヤン・ハダの野を追いつめて渾河の流れに敵を逐い落とし、ここで殺されずに敗走する敵兵を山上に追い上げて、巻狩りのように包囲線を敷き、追い詰めて全滅させた。

ついでフィエフン山上の明軍に対して進攻した後金軍は、半数を下馬させて、徒歩にし、重甲兵は前列に立って槍と大刀を持ち、軽甲兵は後列から矢を射させ、他の半数は騎馬でこれに従って、山上に向かって前進した。明軍は山頂に戦車を立て、その陰に隠れて大砲・小銃を放って防戦したが、後金軍は攻め上って戦車を押し倒し、その明軍部隊を殺し尽くした。これが午後二時のことで、こうして馬林の指揮した明の北路軍は全滅した。馬林自身は辛うじて逃げ帰った。

ヌルハチは自軍を集結させて、午後四時、グルボンの地に下営した。そこへ都城から報告があり、南方のドンゴ路、フラン路の敵軍は依然としてヘト・アラを目指して進んでくるということであった。ヌルハチはただちに養子の侍従フルハンに一千の兵を授けて先発させ、みずからは本軍とともにシャンギヤン・ハダで夜を過ごした。

四月十六日の朝早く、ヌルハチの甥のアミンが、さらに二千の兵を率いて先発した。ヌルハチとダイシャンは本軍を率いて後発し、ジャイフィヤンの野に到着して、そこで戦勝を祝して牛八頭を屠《ほふ》って軍旗を祀ろうとした。これは午後二時であったが、このときダイシャンはみずから申し出て、二十名の部下とともに情報を集めに先発した。これを聞いたヌルハチの第八子ホンタイジ（清《しん》の太宗《たいそう》）も、あとを追って先発した。

ダイシャンは午後六時にヘト・アラに着き、ヌルハチは午後四時にジャイフィヤンを出発し、翌朝午前四時になってヘト・アラに着いた。

四月十七日、日の出とともにダイシャンは弟のマングルタイ、ホンタイジとともに、都城にいた兵を率いて、南方ドンゴ路の明の東路軍を迎撃するために出発した。ヌルハチ自身は四千の兵とともに、都城に留まって、フラン路の明の南路軍に備えた。

これより先、朝鮮の都元帥・姜弘立、副元帥・金景瑞の率いる三営、一万三千人の部隊は、四月五日、昌城から鴨緑江《おうりょくこう》を渡って大瓦洞《たいがどう》に達し、ここで明の経略・楊鎬《ようこう》が朝鮮軍の監督に派遣した遊撃・喬一琦《きょういっき》と会った。

四月八日、朝鮮軍は明軍との合流地点の亮《りょう》（涼）馬佃《ばでん》に達した。同日、明の総兵官・劉綎《りゅうてい》は寛奠《かんてん》を出発、四月十日、亮馬佃に着いて、朝鮮軍の進発を促した。朝鮮軍は前日の目も開いていられない大風雪で装備も衣服もことごとく濡れてしまっていたが、ここで行動を再開、亮馬佃から十五里の転頭《てんとう》山《さん》で日が暮れたので下営した。

この晩、姜弘立が劉綎を訪問したところ、劉綎は指揮下の実勢力が二万四千名どころか一万名を出ないことを打ち明け、経略・楊鎬が前から不和で、自分を死地に置こうとしているのだと言い、また天気が寒く、道路がぬかるんで、自分に主導権がないと言って不機嫌であった。また姜弘立の観察では、明軍の装備は悪く、大砲・火器もなく、もっぱら朝鮮軍を頼りとするものであった。

四月十一日、東路軍は転頭山から鴨児河《おうじが》を渡り、拝東葛嶺《はいとうかつれい》を越えて牛毛嶺《ぎゅうもうれい》に向かい、行くこと四十里にして下営した。途中、何度も河を渡らねばならず、水量が増していて行軍は困難を極め、兵士の疲労ははなはだしく、携帯した軍糧はまさに尽きようとし、後方からの輸送はまだ追いつかず、憂慮すべき状況であった。この日、経略・楊鎬のもとから伝令が到着し、東路軍の進軍を促すのであった。

拝東葛嶺で劉綎の司令部に追いついた姜弘立は、歩兵が装備が重くて、騎兵の行軍の速度に追いつけない事情を述べた。劉綎は「それはわかっている。しかし期日はすでに切迫していて、他路に遅れを取るわけにはゆかない。今夜は私は牛毛寨《さい》に泊まるつもりである。貴軍の兵はゆっくりとあとから来るがよい」と言って先発した。朝鮮軍があとから牛毛嶺に来てみると、樹木が天にそびえる険路である。敵が切り倒した大木が谷間に横たわって、人馬の通行をさまたげているのが三カ所あって、それを切り開いては前進し、日没時にやっと牛毛寨に達した。これは女直人の村で、三十余軒の家は焼け落ちていた。米穀は穴蔵に埋めて隠してあったのを、明兵が掘り出して軍糧にするのであった。この牛毛寨は、敵の本拠ヘト・アラ城から百五十里ということであった。

四月十二日、牛毛寨の姜弘立は、朝鮮軍の兵士が昌城で鴨緑江を渡ったときに各自携帯した軍糧がすでに尽き、絶食の恐れが目前に迫ったので、劉綎と再三交渉した結果、劉綎は朝鮮軍が軍糧の輸送が到着するのを待ってここに留まることを承知し、明軍も同じく一日留まって、翌日、いっしょに進軍を再開することとなった。しかし、夕刻が近づいても軍糧は到着せず、朝鮮軍の右営の兵は前夕から絶食の実情で、明軍の遊撃・喬一琦が粟十包を朝鮮軍に送ってきたけれども、これだけでは焼け石に水で、姜弘立は焦慮に堪えなかった。

四月十三日、喬一琦が先発して前進したあと、朝鮮の軍糧の第一陣四十余石が牛毛寨に輸送されてきて到着したので、姜弘立は飢えのはなはだしい右営の兵にまず支給させ、劉綎の司令部のあとについて出発し、四十余里を前進して、欝郎山《うつろうさん》の下に至って陣を張った。先発の喬一琦の部隊は、途中の敵寨で二十六級を斬首していた。夕刻に及んで、敵兵三十余騎が現われて、明軍の陣営と小ぜり合いがあり、続いて敵兵三百余騎が接近し、日没時に退去した。これは後金軍が南方に駐屯させていた五百名の部隊の一部であろう。

四月十四日は、北方のサルフとジャイフィヤンで杜松の西路軍が全滅した日である。もちろんそんなことは知るはずもない東路軍は、この日も進軍を続け、三十里ばかりを進んで、深河《しんが》の地に至った。ここはヘト・アラから六十里という。ここでふたたび敵兵三百余騎が接近した。喬一琦らが突撃してこれを敗走させた。百余騎が山上に逃げ登ったのを、劉綎は朝鮮軍の中営と右営に命じて攻撃させた。朝鮮兵が火器をもって射撃を加えつつ前進すると、敵兵は雨のごとく矢を射ながら後退し、岩壁に隠れて、矢を射ては伏せる。断崖絶壁で足場が悪いので、朝鮮兵も敵に接近できず、木を盾として小銃で射撃を加え、ときどき矢も射かけた。敵の死者が出ると、明兵は争って首級を斬るのであった。日が暮れたので戦闘は終わったが、軍糧は尽き、きわめて困難な状況であった。

四月十五日はシャンギヤン・ハダで馬林の北路軍が全滅した日である。どうやら東路軍は補給の困難のために、この日と翌四月十六日は深河で休止していたらしい。

四月十七日の午前十時、ヘト・アラから急行した後金のダイシャンの部隊は、ワルカシの密林を出たところで、明の喬一琦の指揮する先鋒部隊と、それに続く劉綖の本軍に遭遇した。ダイシャンの部隊がこれに接近すると、明軍は前進を中止してアブダリ山の上に登った。ダイシャンは後金軍の主力を率いて、みずからアブダリ山の東の大山の頂に向かおうとしたが、弟のホンタイジが自分が行こうと申し出た。そこでホンタイジが右翼の兵を率いて山上に登り、みずから先頭に立って明軍の頭上から突撃し下りた。その勢いに、明軍は大砲・小銃をあまり発射する暇もなく、白兵戦となったが、明軍は頑強に応戦してしばらくは勝敗が決しなかった。そこでダイシャンは後金軍の中翼を率いて突撃し、左翼の兵はアブダリ山の西側に進撃した。そこでようやく明軍は浮き足立って敗走した。

先発した後金のフルハンの一千の兵、アミンの二千の兵は、これより先、明軍がワルカシ山の南の谷に入ってくるのを発見し、その谷に埋伏して、敵軍をやり過ごしておいて、背後から斬り込んできていた。一方、ダイシャンの部隊は前面から斬り込み、ワルカシの大平地で合流して、明兵をみな殺しにした。喬一琦は身をもって免れたが、劉綖以下の明軍の諸将は火薬包の上に座って、火を放って自殺した。

ダイシャンがさらに南方を見ると、フチャの野に明・朝鮮の歩兵部隊がいるのが見えた。これは朝鮮の金応河《きんおうが》の指揮する左営を主力とする部隊である。ダイシャンは部下に命じて麦こがしの軽食を摂らせ、馬に水を飲ませたのち、明軍に向かって進攻した。

明の歩兵はみな枝のある竹に槍をつけて手に持ち、木製の甲や丈夫な牛皮の甲を着用しており、朝鮮の歩兵はみな紙製の棉入れを着ていた。金応河の指揮のもとに、彼らはフチャの南の野に陣を敷き、逆茂木《さかもぎ》を並べ、大砲・小銃を幾重にも排列して後金軍の突撃を迎えた。後金軍は二度突撃を試みたが、そのつど弾幕にはばまれて後退した。ところが三度目の突撃では、たちまち西北風がおおいに起こって明・朝鮮軍の正面にはげしく吹きつけた。そのため硝烟《しょうえん》と塵埃《じんあい》がいっしょになって、あたりは真っ暗になり、眼も開けられず、火薬は吹き飛ばされ火縄は吹き消され、手の施しようもなくなった。そこに突入した後金軍に斬り倒されて左営の兵は全滅し、金応河も戦死した。朝鮮の右営の兵も、陣を敷く暇もなく全滅した。

後金兵がさらに彼方を見ると、ソルホ・ハダ山の上に朝鮮軍のもう一営の兵がいるのが認められた。これは東路軍のうちただ一つだけ残った姜弘立の朝鮮軍中営である。後金軍が戦闘隊形をとって接近すると、すでに二日間も食事を摂っていなかった朝鮮軍は、もはや抵抗の気力もなく、軍旗を倒し隠して、河瑞国《かずいこく》という通訳に小旗を持たせて軍使として後金軍に派遣し、次のように通告した。

「われわれ朝鮮人は、この戦争にみずから好んで来たのではない。わが朝鮮を日本が攻撃して、わが領土はみな取られ、わが城郭はみな奪われたことがあった（一五九二、一五九七の両年のこと）。その国難に当たって、明軍がわが朝鮮を救援してくれた。その恩に報いるために来たのである。われわれを率いてきた明軍と混じっていたわが朝鮮兵は、あなた方にみな殺された。わがこの営の兵は、すべて朝鮮兵だけである。明の遊撃が一人と、その部下の兵がわがこの営にいる。われわれを助命するならば、明の遊撃と部下の兵は、われわれが捕えてあなた方に引き渡そう」

ここで言う明の遊撃とは、先に逃げ込んでいた喬一琦のことである。この申し出を受けたダイシャンは、アミン、ホンタイジ、フルハンらと議して降伏を許すこととし、朝鮮軍の元帥・姜弘立が自身で出頭することを要求した。姜弘立は、部下が不安を起こすことを心配して、代理に副元帥・金景瑞を後金軍に派遣することとした。それから後金軍は、朝鮮軍の陣中にいる明兵の引き渡しを要求し、朝鮮軍は明兵を捕えて、山の上から下へ突き転がし落とした。これを見て、喬一琦は遺書を書いて家丁《てい》に渡し、遼東にいるわが子に届けてくれるように言い置いて、弓の弦で頸を縊《くく》った。朝鮮の諸将がこれを止めようとすると、喬一琦は崖から身を躍らせて死んだ。金景瑞が後金軍の陣営にやってきてダイシャンと会見すると、ダイシャンは礼遇を加えて酒宴を張った。こうして明の東路軍は全滅し、わずかに朝鮮軍一万三千余名のうち、五千名が後金軍に降伏したのである。

以上が西路・北路・東路の戦況であったが、南路の李如柏の指揮する明軍の行動はどうであったかと言うと、四月十四日に杜松の西路軍が、十五日に馬林の北路軍がそれぞれ全滅したことを知って、経略・楊鎬は全作戦が失敗に終わったことを悟り、ただちに命令を発して南路軍・東路軍を引き揚げさせようとした。李如柏の南路軍は命令の伝達が間に合って、侵入したフラン路から清河へ退却を開始した。そのとき、この軍の行動を監視していた二十騎の後金兵が、山の稜線上に姿を現わして、あたかも背後にいる味方の大部隊に合図を送るように見せかけて、弓に帽子を結び付けたものを振り廻したので、明軍は不安にかられて動揺し、隊列を乱して後退した。後金兵はその明軍の末尾に斬り込んで四十余人を殺し、五十余頭の馬を奪った。明軍は大混乱に陥り、千余頭の馬が倒れ死んだ。

南路軍はとにかく軽微な損害だけで帰還したが、東路軍はあまりに道が遠く、連絡が間に合わないうちに全滅したのである。

3　ヌルハチ軍の勝因

両軍の損失

この四日間の戦闘を通じて、後金軍の戦死者は二百名足らずであった。ところが明軍の損失は巨大な数にのぼった。ある統計は、明軍の全兵力を八万八千五百五十余名とし、そのうち戦死した者は、将校は三百十余名、兵士は四万五千八百七十余名であり、また失った馬・騾《ら》馬《ば》・駱駝《らくだ》は二万八千六百余頭、生還した将校・兵士の総数は四万二千三百六十余名としている。前に言ったように、この明軍の全兵力八万八千五百五十余名が、朝鮮兵一万三千余名を含まない数だというのは疑わしく、現に作戦の最高責任者の楊鎬自身が、四月二十四日に皇帝に上奏して、「けだし奴酋（ヌルハチ）の兵は、陣上に共に見たるに拠れば、約十万有り。よろしく十二、三万をもってして、まさにこれに当たるべし。しこうして昨の主客の口を出でし者はわずかに七万余なり。あによくあい敵せんや」と言っている。だから戦死者数もあまり確かではないが、生還者の総数が四万二千三百六十余名というのだけは信じてもよかろう。それ以外はことごとく死ぬか捕虜になったのである。

この大敗の結果、明の遼東はまったく無防備状態となり、二年後の一六二一年、後金軍がいよいよ境界を越えて進出してくると、遼陽・瀋陽を初めとする遼東の諸城はあっけなく占領され、遼河左岸の肥沃な農耕地帯は後金の支配下に入り、ここに東北方面の力関係は完全に逆転した。やがてヌルハチの跡を継いだホンタイジが、一六三六年、瀋陽において大清寛温仁聖皇帝の位について崇徳と建元するのであるが、このように清朝の興隆、明朝の衰亡の分かれ目になったのが、ここに言うサルフの戦いなのである。それと言うのも、この戦いで後金軍が捕獲したおびただしい武器・甲冑・馬匹が、その戦闘力を飛躍的に増強したからであった。

勝因の論評

ヌルハチの側近に奉仕して機密に参与した書記官のエルデニ・バクシは、サルフの戦いの経過を記述したあとに、次のように論評を加えている。

「女直国のゲンギエン・ハン（ヌルハチ）には正しい点が多かったので、それほどの敵兵を三日間引き続き馳せつつ殺していっても、乗馬も疲れず、わが兵を指揮して率いてゆく諸王・諸大臣にも一人の失われた者もなかった。これこそ天佑と言うべきである。明・朝鮮の兵二十七万と戦って、二十万もの敵兵を殺した際、女直国のゲンギエン・ハンの兵士が死んだのは二百人足らずであった。わが兵が、撫順路を出た敵兵を迎え撃ちにゆき、百六十里の先でジャイフィヤン、サルフ地方に留まっていた敵兵を撃ち破って、三十里先まで逐いつつ殺して、その夜留まって見張りながら、逃げ去ろうとする敵兵を殺して、翌朝、ワフム、シャンギヤン・ハダおよびフィエフンの頂上に留まった敵兵を逐い殺して、それからハンの大城（ヘト・アラ）へ還った。次いで南方のワルカシ路へ行くとき、疲れた軍馬はギヤハの密林へ休息に行ったが、大城から百二十里の先でわが兵が敵兵と出遭って逐い殺しつつ馳せると、疲れて休んでいた馬も回復して、明兵をことごとく殺した。朝鮮の敗残兵を降服させて連れてきた。これはみな天佑である。四月十五日にシャンギヤン・ハダから行った一千の兵、十六日に同じくシャンギヤン・ハダから行った二千の兵と、二日間後方に留まってそれとは別に行ったダイシャンの兵とが、約束したように出遭ったような例が他にあろうか。同じところから約束して別れていった兵でも、そのように都合よく出遭うことはないぞ。これはみな天が導いて出遭わせたことである。天佑であったことがどうしてわかるかと言うと、初めての日（四月十四日）にジャイフィヤン、サルフ二営の敵兵を殺して、その夜、道を遮って進まずにいて、ワフムの野、シャンギヤン・ハダ、フィエフンの頂に留まっている三営の敵兵に気がつかなかったとすれば、最初の日にジャイフィヤンの敵兵を迎え撃ちにゆくときに、南方のドンゴ路、フラン路を進む敵兵のことを聞いてそれを迎え撃ちにいったかもしれない。その敵兵を迎え撃つために引き返していたならば、それからあとになって、ジャカ路からも敵兵が来る（馬林の北路軍）と聞いても、もうどちらへ行こうとすることも困難であったろう。一路を二道に別れて進んできた五営の敵兵を二日間でみな殺して、次いで南方のドンゴ路を進んできた敵兵に攻めていってまたみな殺したことは、もし天佑でないとすれば、そうした例があるだろうか。所々で戦えば時期を逸せずあらゆることを片付け終えて身が暇となったあと、兵を収めさせるまでは何事も起こらなかったが、これは天が佑《たす》け導いたのに違いない。あのように多くの人、衆《おお》くの兵をだれが見聞したことがあったろうか。なんと多数の人もあるものだ。さように明の皇帝は、彼の兵を、殺されても尽きず死んでも減らないと恃《たの》みにして、攻めてきたのであるが、その兵を短時間に殺した。その兵は人間業ではとても殺し尽くせそうにもなかったぞ。天佑があったからこそ短時間にさように殺し尽くすことができたのであろう。明の万暦帝《ばんれきてい》に不正が多かったので、明兵が放った何千何万という砲・小銃の弾丸もみなふらふらと飛んできたのであろう。明兵が射る箭《や》、斬る刀、刺す槍も、みな横へ避けさせ外れさせたのであろう。ゲンギエン・ハンの兵士には天の神が与《くみ》して、射る箭、刺す槍を佑け刺し、斬る刀をおおいにさくり、すぱりと佑け傷つけたのであろう」

たしかにエルデニ・バクシの指摘のとおり、後金軍にはおおいに幸運の要素が働いていた。しかしそれだけではない。弓矢を主要な武器とする後金軍が、火器を装備した明軍に勝てた最大の原因は、明軍が北辺の九辺鎮からそれぞれ供出された、系統の異なる部隊の混成であって、命令が徹底せず、統一行動がとれなかったことである。そのため、同時に四面から敵都へト・アラに向かって集結すべき四路の明軍は、それぞればらばらに戦場に到着して、全力を集中した後金軍騎兵隊の突撃の前に敗退する結果となったのである。

それにしても、一万に足りない兵をもって、八万を超える敵軍を撃破し、その半ばを殲滅《せんめつ》した後金軍の偉業は、東アジアの軍事史上に燦然《さんぜん》と輝く不滅の快挙と言うべきである。

帝国を築き上げた三名帝

康熙帝・雍正帝・乾隆帝とはどんな人物だったのか

康熙帝

幼くして玉座に登る

清《しん》の康熙《こうき》帝は新暦一六五四年五月四日の午前十時、北京《ペキン》の紫禁城《しきんじょう》の大奥の景仁宮《けいじんきゅう》で生まれた。このとき父の順治《じゅんち》帝は十七歳、母の佟《とう》妃は十五歳であった。

順治帝は、名はフリンと言い、清の太宗《たいそう》皇帝ホンタイジの息子として東北の瀋陽《しんよう》に生まれた。ホンタイジの父が、後金国《こうきんこく》の建国者ヌルハチである。ホンタイジは瀋陽に清朝政権を組織して、山海関をはさんで明《みん》朝のシナと対抗していたが、一六四三年に死んだ。そこでホンタイジの九男の順治帝が、わずか六歳で瀋陽の玉座についた。たまたまその翌年、かねて内乱に悩まされていたシナでは、叛乱軍が北京を占領し、皇帝は自殺して、明朝が滅亡してしまった。明朝の山海関防衛軍総司令官であっ

た呉三桂《ごさんけい》は、急使を瀋陽に派遣して、昨日までの敵側の清朝の救援を乞うた。清朝はこれに応じて、
清軍の満洲騎兵は呉三桂の部隊と連合して山海関を入り、退却する叛乱軍を追って抵抗も受けずに北

図6　康熙帝

京に入城した。皇帝を失った明朝政府の大官たちは清軍を歓迎し、清朝の皇帝が代わってシナに君臨してくれるよう請願した。こうして順治帝は瀋陽から迎えられて北京に入り、紫禁城においてあらためて即位式を挙げ、正式のシナの皇帝となった。こうして順治帝は、七歳の幼年で、労せずして北京の玉座を手に入れたのである。もっとも華中、華南の方面では、明朝の皇族たちの生き残りが、しばらく抵抗を続けたが、それも呉三桂ら、主として漢人の将軍たちの働きでしだいに平定され、わずかに浙江省《せっこうしょう》、福建省《ふっけんしょう》の沖合で鄭成功《ていせいこう》の艦隊が活動するだけとなり、順治帝はシナ全土の君主となることができた。

しかし順治帝の治世は、新しい帝国の基礎を固めるにはあまりにも短か過ぎた。順治帝は、十四歳に達した一六五一年、親政を始めたが、芸術的で神経質な性格で、健康に恵まれず、早くも十年後の一六六一年二月五日の午前零時、天然痘で亡くなった。わずかに二十四歳の若さであった。順治帝は臨終の枕辺に、八歳の息子の康煕帝を呼び寄せ、玄燁《げんよう》というシナ風の名前をつけ、皇太子に立てて自分の跡を継がせるように遺言した。康煕帝は太和殿《たいわでん》の玉座に登って即位式を挙げた。こうして満洲族のシナ征服後、まだ日の浅い帝国の本格的な建設事業は、紫禁城中に生まれた最初の満洲人の皇帝である康煕帝の手に引き継がれたのである。

康煕帝の生母の佟妃は、帝の即位の二年後に、二十四歳の若さで亡くなったので、母親代わりに幼少な康煕帝の養育の面倒をみたのは、父順治帝の正皇后であったモンゴル人の皇太后であった。康煕帝はこの皇太后を大切にし、毎月何回もご機嫌伺いに行って孝行を尽くした。皇太后は長寿を保ち、康熙帝に先立つこと五年、一七一七年に七十七歳で亡くなっている。

実権を手中に

康熙帝の即位の当初、実際の政務は、先帝の腹心の四人の輔政大臣、ソニン、スクサハ、エビルン、オボーイの合議による集団指導制によって執り行なわれることになった。四人のなかではソニンがもっとも上席で、瀋陽時代以来の重臣であったが、いかんせんすでに老齢であり、エビルンは別の重臣の息子の貴公子にすぎず、結局、辣腕《らつわん》のオボーイの勢力がもっとも強くなり、スクサハがそれに次いだ。しかしスクサハはしだいにオボーイに圧倒されていって、オボーイの一党は政府の要職を独占し、反対派を容赦なく迫害して、往々死刑にまでした。

一六六七年にソニンが死んだ。いよいよ窮地に陥ったことを自覚したスクサハは引退を請うた。その上奏文のなかに、

「臣が先帝の御陵をお守りにゆくことをお許しいただければ、線《いと》のごとき余《のこ》りの息《いのち》も、もって生存することをえるでしょう」

という文句があった。これを読んだ康熙帝は、

「いったいどんな切迫した事情があって、ここでは生きられず、御陵を守れば生きられるというのか」

と怪しんだ。オボーイは、この機をとらえて敵を片付けてしまおうとし、これはスクサハが帝に仕

えることを潔《いさぎよ》しとしないのだと理屈をつけて、二十四カ条の大罪なるものをでっち上げた。そしてスクサハ自身と七人の子、一人の孫、二人の甥、および一族の二人をすべて死刑にすることにし、帝の裁可を求めた。

帝はこれがオボーイの私怨から出たことを知っていたから、なかなか同意しなかったが、オボーイは腕まくりをして大声で帝をどなりつけ、数日粘り続けてとうとう帝を屈服させ、思いどおりにスクサハ一家を根絶やしにしてしまった。

オボーイは帝をばかにしきっていたが、これは彼の油断であった。帝は感情を抑えてオボーイを信任するジェスチャーをおこたらない一方、身辺の世話にあたる侍衛（侍従）に腕力のすぐれた青年を集めて、モンゴル相撲に熱中するふりをした。一六六九年六月十日、オボーイが奏上すべき用事があって参内《さんだい》したとき、帝がちょっと目くばせをすると、たちまち侍衛たちはオボーイにおどりかかって組み伏せ、縛り上げてしまった。帝はただちに百官を集めて、オボーイの悪逆の罪十二カ条を数え上げた。この演説を満洲語で速記したものが今も残っているが、論理整然とした力強いもので、帝の頭の良さと冷静さをうかがわせる。オボーイは投獄されて死に、その一党と、オボーイに追随したエビルンは公職から追放された。こうして十六歳の少年皇帝は、邪魔な大臣たちを片付けて、自分が独自の意志を持った主権者であることを、初めて中外に宣明《せんめい》したのである。

三藩《さんぱん》の乱

こうして康熙帝は、北京の中央政府の実権を手中に収めたが、それでもその支配力は、シナの南部には行きわたらなかった。それは「三藩」と呼ばれる勢力が華南に根を張っていたからである。

三藩というのは、華南の明朝の残存勢力の討伐に功績のあった、呉三桂ら漢人の将軍たちのことで、彼らはそのまま各地に駐屯して、自前の軍団を率いて治安の維持に当たっていた。雲南《うんなん》省の昆明《こんめい》が平西王・呉三桂、広東《カントン》省の広州が平南王・尚可喜《しょうかき》、福建《ふっけん》省の福州が靖南《せいなん》王・耿精忠《こうせいちゅう》である。尚可喜と耿精忠は、瀋陽時代にホンタイジに帰参した将軍たちである。三藩は建前上は、たんなる駐屯軍司令官で、地方行政に対しては何の権限もなかった。しかし現代の中国の軍区司令たちと同じことで、三藩はその実力と人脈で、華南を実質的に支配し、中央の四大臣と結び合って、さながら独立王国の観があった。ところがその四大臣がいっきょに宮廷から姿を消したのであるから、三藩としては、中央政界における自分たちの保護者を失ったわけで、不安を感ずるのは当然である。三藩と北京との関係は、急に冷却した。

この頃、広東の平南王・尚可喜はすでに老齢だったが、部下の軍隊の指揮権をゆだねた長男の尚《しよう》之信《ししん》と不和になり、軟禁同様の目にあって、それを脱《のが》れるため、尚可喜は一六七三年、北京に手紙を送って、尚之信に十三個佐領《さりよう》（中隊）を与えて広州に留《とど》め、自分は二個佐領を連れて故郷の遼寧《りようねい》省に帰って隠居する許可を求めた。これを受けた康熙帝は、父が帰郷するのに息子は残るというのは筋が通らない、と言って、平南王の指揮下の全軍に、広州から撤収するように命令した。

これを聞いた雲南の平西王・呉三桂と福建の靖南王・耿精忠も、立場上やむをえず、自分たちも撤収を許されたい、と申し出た。もちろん慰留されることを期待してのことだったが、康熙帝は平然としてこれを許可し、一刻も早く撤収するようせきたてた。康熙帝の作戦は、独立国同様の三藩を、窮地に追い込んで一気に取り除こうというのであったが、果たして呉三桂は準備不充分のまま、明朝の復興を旗印にして叛乱に踏み切り、耿精忠もこれに呼応し、尚之信は父の尚可喜を押し込めて呉三桂に加担した。叛乱は一時は優勢で、長江以南の地はほとんど失われ、清朝は危ういかと思われたが、康熙帝はいささかも動揺せず、臆病な皇族の将軍たちの尻を叩き、漢人の有能な指揮官たちを引き立てて、要領よく兵力を配分し、兵站《へいたん》線を確保して、敵を長江の線で食い止め、耿精忠を降服させて福建を回復し、尚之信を帰順させて、呉三桂を孤立させた。呉三桂は情勢が思わしくないので、破れかぶれで一六七八年、湖南の前線で即位式を挙げて皇帝の称号を採用したが、その直後に死んだ。孫の呉世璠《ごせいはん》が跡を継いだが、これを境に叛乱の勢いは衰え始め、一六八一年には清軍が昆明を包囲して、呉世璠は自殺し、九年間の内戦はここに終わった。こうして康熙帝は戦略家としての天才を十二分に発揮し、二十八歳にしてシナ全土を支配下に収めたのである。

三藩の乱が終わると、康熙帝は北方の境界に注意を向けた。すでに一六四三年、順治帝の北京入りの前年に、ロシア人の先遣部隊がシベリアを通ってアムール河に姿を現わしていたが、清軍の討伐を受けて、一度は姿を消した。それが康熙帝の時代になると、ふたたびアムール河に進出してきて、満洲族の故郷の安全を脅かした。そこで康熙帝は、三藩の乱が解決するやいなや、ロシア人対策として、アムール河畔にアイグン城（黒龍江《こくりゅうこう》省黒河市愛輝鎮）を建設し、慎重な準備ののち、一六八五年、ロシア人の前進基地アルバジン城を攻めてこれを破壊した。ところがアルバジンはすぐに再建されたので、清軍はふたたびこれを攻めて、三年にわたる長期包囲戦となった。これと並行して外交交渉が進められ、結局、一六八九年に至って康熙帝とロシアのピョートル大帝とのあいだにネルチンスク条約が成立し、清とロシアの境界が画定されて、ロシア人はアムール本流の渓谷から締め出された。

ジューンガルとの戦い

東北の安全が保障されるかされないうちに、康熙帝は今度はモンゴルとの境界問題に取り組まねばならなかった。ゴビ沙漠以南の南モンゴルの地は、すでに一六三五年以来、清朝の勢力圏に入り、南モンゴルの王公たちは清朝の皇帝に忠誠を誓っていたが、ゴビ沙漠以北の北モンゴルのハルハ・モンゴル族は、東部の左翼と西部の右翼の二つの集団に分かれて、ロシアと清朝のあいだに独立を保っていた。それがこの頃になって、左翼を代表するトゥシェート・ハーン家と右翼の宗主であるジャサクト・ハーン家のあいだに内紛が発生し、一六八七年、トゥシェート・ハーンは攻めてジャサクト・ハーンを殺し、さらに進んでオイラト族のジューンガル部族と衝突した。オイラト族は、現在の新疆《しんきょう》ウイグル自治区の北部、天山山脈以北の草原のモンゴル系遊牧民で、久しくジャサクト・ハーン家と同盟関係にあった。そしてジューンガル部族長ガルダン・ボショクト・ハーンは、全オイラト族を統一した実力者であった。

翌一六八八年の春、ガルダンは三万のジューンガル軍を指揮してハンガイ山脈を越え、北モンゴルに侵入した。ハルハ族は潰滅《かいめつ》し、雪崩《なだれ》を打って南モンゴルに逃げ込んで、清朝の保護を求めた。康熙帝は数十万人にのぼる亡命ハルハ人のために、南モンゴルにそれぞれ牧地を指定し、家畜を与え、内地から穀物を運んで救済に努めた。

しかし康熙帝にとって、北モンゴルの情勢はいかに重大であっても、外国人同士の戦争であって、清朝の介入すべき問題ではなかった。それで康熙帝は、なんとか交渉によって紛争を平和裏に解決しようと努力した。ところがガルダンは、トゥシェート・ハーンらの引き渡しを要求して、一六九〇年、軍を率いて南モンゴル東部に侵入し、北京を去ること三百キロのウラーン・ブトンの地で清軍と交戦した。ここに至って康熙帝はガルダンとの対決に踏み切り、一六九一年、南モンゴルのドローン・ノールの地、かつての元《げん》の世祖フビライの上都の故地に亡命ハルハ・モンゴル人の王公たちを召集して、彼らの臣従の礼を受けた。これによって康熙帝は、ハルハ・モンゴル人たちのために、ガルダンの手から北モンゴルを奪回する、正当な理由を得たのである。

待つこと四年、一六九五年の秋に至って、ガルダンは本営を北モンゴル東部のケルレン河上流の地に置き、清軍の行動半径のうちに入った。康熙帝は危険なゴビ沙漠横断作戦を決意し、三個軍団を編成して、みずからその中路軍三万七千を指揮して、一六九六年四月一日、北京を出発、一路ケルレン河に向かった。毎日、日の出前に営地を出発、正午になると停止してキャンプを張り、それから炊事、一日一食のスケジュールで二カ月あまりを要してケルレン河に達したが、ガルダンは一足違いで本営を放棄して西方にケンテイ山脈を越えて逃走した。しかし康熙帝にとって幸運にも、撫遠《ぶえん》大将軍フィヤング指揮下の西路軍がオンギーン河経由でトーラ河に達しており、一六九六年六月十二日、その上流のジョーン・モドの地（ウラーンバートル市の東方）でガルダン軍の行く手をさえぎって、これに潰滅的な打撃を与えた。ガルダン自身は辛うじて少数の部下とともに脱出したが、故郷のジューンガル本国は、すでに不和になった甥のツェワンラブタンの手中に落ちていて帰れない。ガルダンはアルタイ山脈の東端に潜伏して、チベットに逃げ込むチャンスをうかがっていた。これに対して康熙帝は、南モンゴル西部と甘粛《かんしゅく》省に兵力を集中して、最後の掃討作戦を準備したが、そのさなか、一六九七年四月五日、ガルダンはアルタイ山中で病死した。ハルハ・モンゴル族は、亡命地の南モンゴルから北モンゴルに復帰し、それとともに清朝の境界線は一気に西北に伸びて、アルタイ山脈の東側に達した。

この戦争は、歩兵を主力とし多量の食糧を携帯しながら、不慣れな沙漠や草原で行動しなければならない清軍と、快速で機動力のあるジューンガル騎兵隊との対抗であったが、康熙帝の行き届いた計画力、組織力と、沈着な指揮と決断のおかげで、清軍に勝利が輝いたのである。

超人的天才

康熙帝は西洋の学問・技術におおいに興味を持ち、ガルダンに対する親征の途中でも、至るところでみずから北極星の高度を測って北京からの距離を算出したりしている。こうした知識は、康熙帝の宮廷に奉仕したカトリック教のイエズス会修道士たちから習得したものであったが、そうした宣教師のひとり、フランス人のブーヴェ神父は、ルイ十四世に献上した『康熙帝伝』のなかで、この頃の康熙帝の風貌を詳しく描写している。それによると、康熙帝は整った顔立ちをして、大きな眼が輝き、鼻はやや鉤鼻《かぎばな》で先のほうになるにつれて膨らんでいた。少し痘痕《あばた》があった。その判断力の透徹、意志力の強さ、克己心の強さ、正義感、義務感の強さはまったく超人的で、そのうえ学問に対する情熱も

図７　普段着の康熙帝

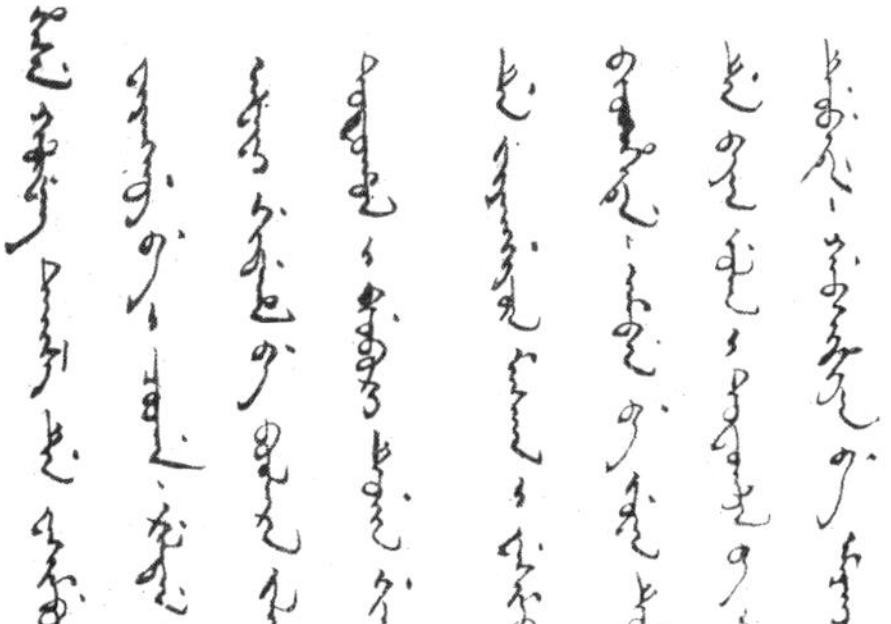

図８　康熙帝の筆跡
（ジョーン・モドの勝利の第一報）

人並み以上であった。武術にかけては、弓矢はもちろん火器の操作もほとんど完全で、馬術もその妙を究めた。帝王の地位にありながら、その日常生活は質素の極《きわみ》で、いつも粗末な服装をしていた。ややぜいたくといえば、北京の西北郊の沼沢地帯、今の北京大学の方面に暢春園《ちょうしゅんえん》という離宮を建てたぐらいのものであろう。

康熙帝はイエズス会士たちから天文学、数学、幾何学、解剖学、化学など、多方面にわたって進講を受け、西洋音楽の理論にまで及んだ。これが十七世紀の、しかも極東のシナの、それも狩猟民の満洲族出身の君主なのだから、いかに超人的天才であったかが知られるというものである。

シナの南方海上では、鄭成功が康熙帝の即位の翌年の一六六二年にオランダ人の手から台湾を奪ってここを占拠し、その年に死んだ。そして三藩の乱が一六八一年に平定されると、その翌々年、清軍は台湾に上陸して、鄭成功の孫の鄭克塽《ていこくそう》を降服させ、ここに初めて台湾は清朝の海外領となった。こうして華中・華南の安全が確保されると、康熙帝はシナの経済の中心地帯である淮《わい》河《が》・長江デルタの視察と漢人の懐柔のために、一六八四年から一七〇七年にかけて、六回も南方へ巡幸したが、そのうち五回まで、南京《ナンキン》では江寧織造《こうねいしょくぞう》の曹寅《そういん》の家に滞在している。曹寅は漢族系の満洲人で、康熙帝の家臣であり、江寧織造とは宮中御用の絹織物を調達する官職で、南京に置かれていた。曹寅はこの実入りのいい職にあって、せっせと宮廷費を康熙帝に送金し、みずからも栄華を極めた。いかに倹約な康熙帝とはいえ、シナの皇帝の一行を自宅に泊めることができたということは、曹寅の富が想像を絶するものであったことを示しているが、その実状は、曹寅の孫の曹雪芹《そうせっきん》が書いた長篇小説『紅楼夢《こうろうむ》』のなかに、舞台の栄国府《えいこくふ》の栄華となって写し出されている。

こうして康熙帝が八歳で即位してから、四十四歳で北モンゴルを版図《はんと》に入れるまで、外に対しても内に対しても、次々と襲ってくる危機を的確な判断と沈着な勇気をもって乗り越え、健全な財政と繁栄する経済を築き上げたのであるが、その康熙帝にしてもただひとつ、思うようにならなかった問題があった。それは後継者問題である。

廃位された皇太子

いまや広大なシナの支配階級となったとはいえ、満洲族の社会は部族社会であった。満洲族は「八旗《はっき》」と呼ばれる八部族に編成され、北京の内城に集団生活を営んでいた。旗《き》にはそれぞれ多くの氏族が所属し、その上に皇族が封ぜられている。皇帝自身も「上三旗」と総称される三つの旗を所領として持っていた。皇帝の息子たちは、この上三旗に領民を貰うはずであった。ところが康熙帝は、次男の胤礽《いんじょう》をとくに可愛がって、二歳のときに皇太子に立てた。これは康熙帝の最初の正皇后のただ一人の子供だったからかもしれない。康熙帝は子福者《こぶくしゃ》で、一生のあいだに四十一人の后妃に皇子三十五人、皇女二十人を生ませたが、皇后運は薄くて、三人の正皇后を立て続けになくしている。皇太子の母のヘシェリ皇后も、産褥《さんじょく》で死んだのである。

ところで、皇帝が生前に皇太子を指名するということは、満洲族の部族社会の伝統に違反する行為であった。皇帝というものは、前皇帝の死後、八旗の諸王・大臣会議において、選挙されるべきものであった。ところがそれでは、シナ式の官僚制度が必要とする、権力のスムーズな移行が不可能である。康熙帝はこの矛盾を解くために、早ばやと皇太子を立てる一方、ほかの皇子たちにいつまでも領民を与えず、部屋住みのままにしておいた。ところがガルダン征伐を境に事情が変わってしまった。この親征に、康熙帝は皇太子を北京に残して留守のあいだの日々の政務に当たらせ、その他の成年に達した皇子たち六人を陣中に連れていったが、皇子たちはみな一軍を指揮して格別の働きを見せた。そこで一六九八年、六人の皇子はいっきょに爵位を授けられ、上三旗にそれぞれ領民を与えられた。

そうなると、満洲人たちは、古くからの部族社会の論理に従って、それぞれ自分の主君を次の皇帝にしようとし、皇子たちはあるいは反目しあるいは連合して、互いに他を蹴落そうと必死の暗闘を繰り広げた。いきおい皇太子は孤立無援となる。なお悪いことに、康熙帝は長命であったので、皇太子は兄弟たちの嫉視《しっし》と中傷に、果てしなく耐えなければならなかった。

一七〇三年、康熙帝は突然、領侍衛内大臣ソンゴトという重臣を逮捕、監禁してその一派をことごとく追放し、ソンゴトは監禁中に死んだ。ところがソンゴトは皇太子の亡き母皇后の叔父であったから、後ろ盾を失った皇太子の地位は危うくなった。皇太子は重圧に堪えられず、精神に変調を来たして、かなり異常な行動に出たらしい。しだいに康熙帝は、皇太子が自分に害意を持っていると信ずるようになり、一七〇八年、突然、皇太子を廃位すると宣言した。

たちまち皇太子の後任をめぐって皇子たちの暗躍が表面化し、愕然《がくぜん》とした康熙帝は、その翌年、ふたたび皇太子を復位させた。しかし一度傷ついた皇太子は、もはや元のとおりにならず、一七一二年、康熙帝はまたも皇太子を廃位して咸安宮《かんあんきゅう》に幽閉した。六十歳近くの老境に入った康熙帝としては、後継者問題にこれ以上わずらわされたくなかったのであろう。以後、立太子の必要を説く大臣があるたびに、老皇帝は決まって激怒したという。

臨終の遺言

康熙帝の第四皇子の胤禛《いんしん》は、一六七八年十二月十三日の午前四時に生まれた。母はウヤ氏の満洲人で、のちに徳《とく》妃の称号を与えられている。胤禛は父帝の漠北親征には十九歳で従軍し、一六九八年には二十一歳で爵位を授けられている。

一七二二年の旧暦正月、康熙帝は数えで六十九歳の春を迎え、在位六十一年という空前絶後のレコードをつくった。これを機会に康熙帝は六十歳以上の大官七十人、文武の官員と近県の平民六百六十人を宮中に招待して、千叟宴《せんそうえん》という大祝宴を開催し、出席者に祝賀の詩をつくらせ、その盛況を絵に描かせて記念にした。宴果ててのち、帝は老大臣たちを私室に招き入れ、機嫌よく思い出話にふけって言った。

「私が即位して十年経った頃には、二十年も在位しようとは予想しなかったし、二十年経った頃には、三十、四十、五十年にもなろうとは思わなかった。五十年の頃にもけっして六十年も在位しようとは思いもかけなかった。今はもう六十一年になる。歴史によれば、七十歳に達した帝王は三人しかないというのに、なんと私は恵まれているのだろう。私はいつも臣下を寛大に扱ってきて、大臣たちの身の保全にはとくに気をつけた。だからお前たちもみな年老いて幸福に暮らし、名誉を保っていられるのだ。こうやって向かい合っている君臣が、ともに髪も髯《ひげ》も白くなっているとは楽しいことではないか」

次いで帝は、自分がもっとも得意とした戦争のことや、六回の南方巡幸のことなどを回顧して、深い満足の意を表したのである。

しかし死は突然にやってきた。その年の十二月十五日、暢春園の離宮に滞在していた帝は、寒風に当たって発熱し、ぐっしょり汗をかいた。そのときはだれも心配な容態とは思わなかったが、それから五日後、二十日の夜八時に帝が急逝したとき、臨終の枕辺には皇子たちは一人もなく、ただ歩軍統領として北京城と離宮の警察権を一手に握っているロンコドという大臣が立ち合っただけであった。

この頃、康熙帝のお気に入りで、有力な後継者候補と目されていたのは、第十四皇子の胤禵《いんてい》、当時三十四歳で、胤禛の唯一の同母弟であり、撫遠《ぶえん》大将軍として甘粛《かんしゆく》省の甘州の町に駐在し、ジューンガル王国に対する辺境防衛軍の指揮に当たっていた。ところがロンコドは、胤禛の妃の弟であったから、自分の義兄を帝位につけるために、ただちに行動に移った。

康熙帝の遺骸は輿《こし》に乗せられ、夜中、北京に帰って宮中に担ぎ込まれる。同時にロンコドの命令で、紫禁城の宮門はことごとく閉ざされ、衛兵が非常警戒に当たる。胤禛の邸には急使が走り、胤禛が馳けつける。他の皇子たちは宮中に入れない。

翌二十一日の正午、ロンコドのみが聞いたという康熙帝の遺言なるものが発表される。

「胤禛は人格が立派で、私に孝行であり、政治の才能もある。帝位を継ぐに適している」二十六日になって、やっと戒厳令は解かれ、皇子たちは宮中に入って亡父の霊前に拝礼することができた。その翌日、二十七日には胤禛の即位式が行なわれた。これが雍正《ようせい》帝である。時に四十五歳であった。

雍正帝

皇帝権を強化

図9　雍正帝

雍正帝はただちに甘州に急使を送り、胤禵を解任して来京させ、撫遠大将軍の職は川陝《せんせん》総督（四《し》川《せん》・陝西《せんせい》両省の軍政長官）の年羹堯《ねんこうぎょう》に兼摂させた。大軍を擁していた胤禵が簡単に指揮権を放棄したのは、年羹堯が雍正帝の家臣で、胤禵を厳重な監視下に置いて自由にさせなかったからである。

雍正帝はロンコドと年羹堯の働きのおかげで帝位に登った。しかしこの二人の大功臣をそのままにしておいては独裁権を振るうことができない。雍正帝は一七二五年、突然、年羹堯の上奏文のなかに、熟語を誤って顚倒《てんとう》して書いてあったのを、不敬であると言いがかりをつけて杭州将軍に左遷し、全国の官吏に指令して年羹堯の落度の報告を求めた。皇帝が彼の失脚を欲する意図を明らかにしたのだから、告発の書が続々と届く。年羹堯は逮捕されて北京に護送され、皇帝の内意を受けた大臣らの審問のすえ、九十二カ条の罪状について有罪と決まり、年羹堯本人とその一族の十六歳以上の者はすべて死刑、十五歳以下の男子と婦女は奴隷として分配されることになった。

年羹堯が片付くと、雍正帝は返す刀でロンコドに斬りつけた。年羹堯をかばったことを理由に栄誉の称号と恩典を剝奪し、アルタイ山脈方面の前線にとばして辺境防衛を担当させた。そして年羹堯と同じように、ロンコドの留守にその落度を穿鑿《せんさく》したあげく、四十一カ条の重罪を数え立ててロンコドを終身禁錮《きんこ》に処した。

こうして中枢権力を完全に掌握し終わると、雍正帝は肉親の兄弟の粛清に取りかかり、あるいは幽閉し、あるいは爵位を剝奪して、かつての競争相手を一掃してしまい、信任が厚かったのはただ一人、異母弟の怡《い》親王胤祥《いんしょう》だけであった。諸王の実権を奪っておいて、新たに八旗に封ぜられる皇族とその領民とが直接、私的な関係を持つことを禁じ、割り当ての民の人数に応じた俸給を支給することにした。ここに至って封王の制は骨抜きになり、行政権は各旗の任命制の長官である都統《ととう》に移った。こうした改革の結果、八旗の氏族、部族制的な性格が弱まって、皇帝は直接、一人一人の満洲人を掌握できるようになった。

皇帝の独裁権が強化される

次は漢人官僚機構の粛正である。綱紀のひきしめは強力に行なわれ、地方官の非行の密告が奨励された。雍正帝の厳格なことはみな知っていたから、大官たちは戦々兢々として行動を慎み、治績はおおいに上がった。当時の人々は、皇帝のスパイ網はあらゆるところに及んでいると信じていた。

状元《じょうげん》（科挙の首席及第者）の王雲錦《おううんきん》が、ある年の元旦、新年の参賀から帰宅して、親戚や友人たちと集まって葉子戯《カルタ》をしていたところ、突然、一枚が紛失して見つからない。そこでやめて酒にした。翌日参内したら、皇帝から「昨日は何をしていたか」と下問された。正直にありのままを答えると、皇帝は、「内輪のことでも嘘をつかないとは、本当に状元らしいな」と笑って、袖から一枚のカルタを出して雲錦に渡した。見ると昨夜なくなった一枚であったという。

また、王士俊《おうししゅん》という人が按察使《あんさつし》に任ぜられて任地に赴くとき、大学士（宰相）張廷玉の推薦で一人の下男を雇ったがたいへんまめまめしく、よく働いた。何年か経って士俊が北京に帰る時期が近づいたとき、この下男が暇をくれという。わけを聞くと、下男はこう言った。

「お前はこの数年間、たいした落度もなかった。私も都に帰って陛下にお目通りし、お前のことをよしなに言っておくから」

そこで初めて、この下男が皇帝の侍衛のひとりであったことがわかった。

これまで、漢人官僚機構の頂点に立つ官職は、明代以来の内閣大学士であったが、その手から政策決定権を取り上げて、皇帝の手に全権を集中するために、雍正帝は自分の私設秘書室として軍機処《ぐんきしょ》と

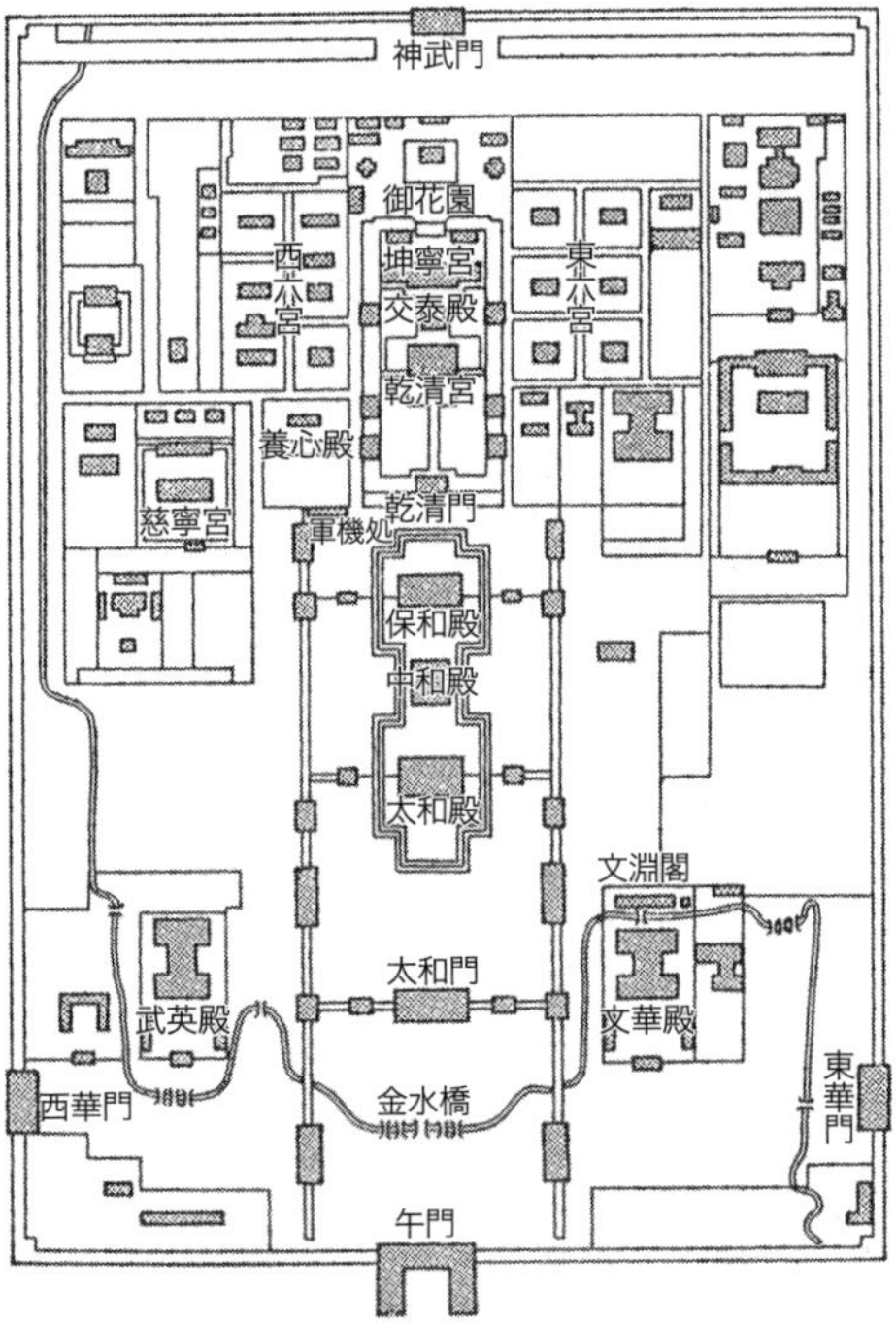

図10　清の紫禁城

いう機関を置いた。「軍機」とは軍事機密という意味で、最初はジューンガル王国に対する防衛指導の必要上からできたものであるが、しだいに常設化したのである。

　軍機処の小さな建物は、皇帝の御座所である乾清宮《けんせいきゅう》の乾清門の外にあって、満洲人と漢人の秘書が数人、昼夜交替で詰め切っていて、帝国各地から皇帝宛に直接送られてくる緊急報告や秘密情報にせっせと眼を通しては、ただちにその内容を皇帝の耳に入れ、その場で決裁を仰いで、すぐさま指令書を発送するようになっていて、きわめて能率がよい。これができてから情報の集中管理はほとんど完全になって、満洲人の大臣も漢人の大官も、皇帝の独裁にもはや太刀打ちできなくなった。

　こうして、父の康熙帝がたびたびの戦争によって帝国の外殻をつくり上げ、倹約と勤勉によって財政の基礎を築いたうえに、雍正帝は皇帝権を強化して、帝国の内部を充実したのである。

巻狩りに見た福運

これより先、雍正帝の即位前の一七一一年九月二十五日の午前零時、北京の内城の東北隅に近い藩邸で、格格《ゲゲ》（添臥《そいぶし》）のニオフル氏の腹から一人の男の児が生まれ、弘暦《こうれき》と名づけられた。この藩邸が、現在、北京の観光名所の一つである雍和宮《ようわきゆう》である。これが乾隆《けんりゆう》帝の誕生であった。

祖父の康熙帝は、藩邸で幼い弘暦を初めて引見して、すっかり気に入った。弘暦は、六歳で宋の哲学者周敦頤《しゆうとんい》の名文「愛蓮説《あいれんのせつ》」を暗誦できたほど利発であった。康熙帝は「この子は、私よりも才能に恵まれている」と言い、弘暦を自分の宮中で育て、朝晩教育を加えた。

康熙帝は毎年の秋に南モンゴルに旅行し、木蘭《ムラン》の帝室狩猟場において大巻狩りを催すのであった。これは武芸の練習を兼ねた楽しみであったが、ある年、巻狩りで康熙帝は小銃で熊を打ち倒し、お供をしていた孫の弘暦に、行って止めを刺すように命じた。これが弘暦にとって初めての巻狩りだったので、熊を打ち止めたという名誉を与えようという配慮だったのである。ところが弘暦が馬に乗るやいなや、熊がまた立ち上がった。康熙帝はふたたび小銃を発射してこれを打ち止め、キャンプに帰ってから妃たちに言った。

「この子はまことに福運がある。もし熊のそばまで行ってから熊が立ち上ったらどうだったろうか」

これ以来ますます弘暦を可愛がったという。

一七三五年十月六日、円明園離宮《えんめいいえん》（暢春園の隣）に滞在中の雍正帝はいささか気分がすぐれなかったが、平常どおり執務していた。それが翌七日の夜八時になって急に危篤状態に陥り、わずか四時間後の午前零時に死んでしまった。五十八歳であった。あまりに突然のことだったので、北京では暗殺の噂が乱れ飛んだ。しかし実際には、シナの皇帝によくあるように、ヨーガに類似した道教の不老長寿法に熱中し、健康を害して急死したのだろうと思われる。

雍正帝の急死の報が大学士オルタイの邸に届いたのは深夜のこととて、急には馬が間に合わない。オルタイは石炭を運ぶ騾馬《らば》に飛び乗って、取るものも取りあえず宮中に馳せつけたが、慌てふためいて騾馬の腹をけり続けたため、腿《もも》の内側の皮膚が破れて血を流したほどであった。そのままオルタイは宮中に閉じ籠もって出てこなかった。十二日になって宮廷内の情勢は安定したとみえ、雍正帝の遺言なるものが発表されて、宝《ほう》親王弘暦が即位し、オルタイともう一人の大学士・張廷玉が補佐することとなった。これが乾隆帝の治世の始まりである。時に二十五歳であった。

乾隆帝

「十全記」

康熙帝、雍正帝の時代に清朝の制度は完成し、乾隆帝の時代にいよいよ最盛期がやってきた。一七一一年に生まれて、一七九九年に死んだ乾隆帝は、その生涯をもって十八世紀のほとんどすべてを蔽《おお》ったと言ってよい。その六十年の治世は、清帝国の領土を極限まで拡張し、シナの経済力もその頂点に達した。ということはつまり、これからシナの歴史は下降線をたどるということであり、それが現在の中華人民共和国まで続いてきているのである。

図11　「乾隆大閲図」（カスティリオーネ［郎世寧］作）

まず領土の拡張について言うならば、乾隆帝が晩年、八十二歳のときにみずから書いた「十全記」という文章があり、一生のあいだ、十回の大戦争に十回とも勝利を獲《え》たと得意満面で自慢しているが、その十回の戦争というのは次のとおりである。

(1) 金川《きんせん》(その一)

金川は四川《しせん》省の西北部、大渡《だいと》河の上流で、これに大金川《チュチエン》、小金川《ツエンラ》の二つの渓谷があって、そこにチベット人の小王国が九つあった。一七四七年、大金川王と他の小王とのあいだに戦争が起こり、それを鎮定するために派遣された三万の清軍は、意外に強い抵抗にあってついに大金川を滅ぼせず、二年後、大金川の降服という形式で停戦となった。

(2) ジューンガル

清とジューンガル王国とのあいだには、雍正時代以来平和が保たれていたが、ジューンガルでハーン位の継承をめぐって内乱が起こり、一七五四年、その有力な首領の一人アムルサナーが清に亡命してきた。乾隆帝はこの機を利用してジューンガル問題を解決しようと考え、翌年、各二万五千のモンゴル軍と満洲軍を動員し、アムルサナーを先頭に立てて進攻を開始した。ジューンガル国内は分裂していて、清軍の進撃は何の抵抗にも会わず、ダワチ・ハーンは捕虜となり、わずか百日の作戦でジューンガル王国は滅亡した。

（3）アムルサナー

ジューンガルの平定後には、乾隆帝はオイラト遊牧民の四部族にそれぞれハーンを立てて分割統治する方針だったが、アムルサナーは種族の統一を失うまいとし、突如クーデターを起こして清軍を追い出した。しかし抵抗も空しく、一七五七年、清軍の征討を受けたアムルサナーはロシア領に逃げ込み、そこで天然痘にかかって死んだ。彼の屍《しかばね》は一七二七年のキャフタ条約で定まっている清との外交関係を傷つけないようキャフタに送られたが、セレンギンスクに埋葬して清の官僚に検分させただけで、清に引き渡すようにという要求はうやむやになった。

（4）ウイグル

天山山脈以南の東トルキスタンのウイグル人は、これまでジューンガル王国の支配下にあった。ジューンガルが亡びたとき、イスラム教徒のウイグル人の宗教的指導者であったホージャ家のブルハーン・ウッディーンとホージャ・ジハーンの兄弟は、種族の独立の回復を求めて、清に服従することを拒んだ。一七五八年、清軍は東トルキスタンに侵入してオアシス諸都市を次々と占領し、翌年には最後の拠点ヤルカンドも陥落させた。兄弟はパミールを越えて西トルキスタンのバダフシャンに逃げ込んだが、清軍の要求で首を引き渡された。

南北モンゴルに次いで、この三回の戦争で、現在の新疆《しんきょう》ウイグル自治区の全部と、今のロシアのトゥワ共和国とが清帝国の領土となった。

(5) ビルマ(ミャンマー)

雲南《うんなん》省の西南境のメコン河上流地方には、タイ系の部族の小王国が十数国あって、清とビルマの両方に朝貢していた。朝貢は臣属の表明ではなく、友好関係を示す手続きである。この頃のビルマはアラウンパヤー朝の最盛期で、さかんにタイ人の本国のシャムに対して征服戦争を行なっていた。そこでメコン河上流にもビルマ軍が進出し、一七六五年以来、清とのあいだに境域紛争が続いた。一七六七年、ビルマ軍がシャム王国を一時滅ぼすと、乾隆帝はその隙にビルマ本国の首都アヴァを衝こうとし、この年と翌年の二回、大軍を送り込んだ。しかしビルマ人の巧妙なゲリラ戦術と食糧の不足から、第一回の遠征軍はほとんど潰滅し、第二回は雨季に入ったため大軍の行動が不自由でやはり失敗に終わり、講和条約を結んで引き揚げた。これ以後ビルマは清の朝貢国となった。

(6) 金川(その二)

その後も大金川と他の小王国との戦争は続いていたが、一七七一年になると大金川と小金川の同盟が成立し、公然と清軍と開戦した。乾隆帝は今度こそ徹底的に敵を叩き潰そうとしたが、抵抗は相変わらず強く、四年の歳月と多大の兵員、機材の損失のあとで、一七七五年に至ってやっと大小金川を滅ぼすことができた。

(7) 台湾

一七八七年、台湾で秘密結社の天地会の林爽文《りんそうぶん》が指導する叛乱が起こり、全島ほとんど陥ったが、翌年、優勢な清軍が大陸から渡来して鎮圧した。

（8）ベトナム

ベトナムの黎《レ》王朝はすでに実権を失って名目だけの皇帝となり、国内は南北に分裂していた。十八世紀に北ベトナムを代表したのは鄭《チエン》王家、南ベトナムを代表したのは西山《タイソン》王家であったが、一七七八年、西山の阮文恵《グエンヴァンフエ》の軍は北進してハノイを占領し、鄭王家を滅ぼした。しかしただちには南北統一を行なわず、黎王朝の最後の君主である紹統《チエウトン》帝をハノイに立てて北ベトナムを統治させた。しばらくして、一七八七年、阮文恵はふたたびハノイを占領して統一を完成し皇帝となった。紹統帝は清に亡命して乾隆帝の保護を求めた。翌年の冬、一万の清軍が派遣された。ベトナム軍の抵抗は弱く、清軍はやすやすとハノイに入城した。しかしこれは罠であった。翌一七八九年の旧正月元日の夜、ハノイは突然優勢なベトナム軍に包囲され、猛烈な攻撃を浴びた。清軍は潰走の途中、紅河《ソンコイ》の橋が落ちて大半が溺死した。こうして乾隆帝のベトナム支配の企ては失敗し、ベトナムの朝貢を承認するだけで満足しなければならなかった。

（9）ネパール（その一）

チベットは康熙帝の末年、ジューンガルとのあいだの争奪戦の対象となり、とどのつまり清朝の保護下に置かれ、一七五一年からダライ・ラマが正式にチベットの君主として認められた。一七六八年、グルカ族がネパールを征服して現在の王朝を立て、さかんに四方へ征服戦争を行なったが、たまたまチベットで第三世パンチェン・ラマの遺産相続をめぐって争いが起こり、これを機会に一七九〇年、ネパール軍はチベットに侵入した。チベットを保護すべき清の救援軍の指揮官バジュンは戦闘を避けて、ダライ・ラマにネパールに対する賠償金の支払いを強要し、乾隆帝にはネパールが降服したと報告した。

(10) ネパール(その二)

偽りの平和はすぐに破れ、翌一七九一年、ネパール軍は再度チベットに侵入した。乾隆帝の怒りを懼《おそ》れたバジュンは河に身を投げて自殺した。さらに翌年、清軍はヒマラヤ山脈を越えてカトマンドゥに迫ったが、ここで大損害を受けて挫折し、ネパールとのあいだに和を結んだ。これからネパールは清に朝貢する。

以上が乾隆帝の誇る「十全の武功」なるものだが、詳しく見ると、かならずしも成功ばかりではないようである。これらの戦争は、多大の人命と財力の浪費を伴った。第一回の金川討伐だけで、すでに国庫収入の二年分以上に当たる銀七千万両を費やしたという。戦争は関係者が便乗して私腹を肥やす絶好の機会であったから、この傾向は後年ほどはなはだしくなった。こうした浪費が可能であったことは、康熙帝以来の蓄積がいかに巨大であったかを示している。

ヘシェンの蓄財

もちろんこうした大規模な外征に対応して、宮廷生活も豪奢を極めた。北京の紫禁城は康熙帝の時代には、明末の戦乱で一度焼けて再建されたもので、きわめて質素なものであったが、乾隆帝の時代には眼もまばゆいばかりの豪華な建物が並び、美しい調度で充たされるようになり、現在の北京の故《こ》宮《きゅう》博物院を見ればそのありようの一部が偲《しの》ばれる。また乾隆帝は書画骨董に凝って海内《かいだい》の名品を熱心に蒐集《しゅうしゅう》したが、そのコレクションの大部分は、現在、台北の故宮博物院の展示品として見ることができる。

文化の面では、康熙帝が編纂《へんさん》させた有名な『康熙字典』、雍正帝が刊行させた一万巻の大百科全書『古今図書集成』に続いて、乾隆帝も大部な書物を百点以上も編纂、刊行させたが、そのなかでももっとも巨大な事業が『四庫《しこ》全書』である。これはシナ古来のあらゆる書物を集めて校訂した叢書で、三千五百種を収録し、写本が七部つくられて、宮中にも納め、一般人の閲覧にも供された。これによって、シナにどんな書物が存在するか、何を研究したらよいかが初めてだれにもわかるようになったのである。まさにシナ文明の完成である。

乾隆帝の宮廷生活は、祖父康熙帝、父雍正帝の時代に前例を見ない豪奢なものになったが、父祖譲りの勤勉が衰えたわけではない。ある軍機処詰めの秘書官の記録によると、乾隆帝は毎朝、夏でも冬でも、午前六時前に起きて、正殿である乾清宮に出御した。戦時などで報告が着くと、夜半でもかならず自分で眼を通し、指示を与え、命令書ができ上がるまで何時間かかっても、服を着て待っていたという。そして多忙を極めた日々の政務のあいだに、暇をみては詩を毎日、何首もつくり、原稿を文臣に渡して清書させ、典故を註釈させるのだが、乾隆帝があまり博覧強記で、凝った典故を使うので、文臣は何日かかっても出典がわからず困却することが多かった。御製詩集は五集まであり、詩篇の数は十万首を超えたという。

しかし、いかに勤勉な乾隆帝でも寄る年波には勝てない。乾隆帝が六十歳を過ぎた頃、精神の老化現象が、はっきりとした徴候を表わすようになる。それはヘシェン（和珅《わしん》）を度はずれて寵愛、信任したことである。

ヘシェンは満洲人で、最初は身分が低く、皇帝が外出するときに輿の傍に付き従う士官の一人だったというが、その応対の利発なのを乾隆帝に気に入られて、まず総管儀仗《ぎじょう》（行列の総指揮官）となり、次いで侍衛（侍従）に昇進し、正藍旗《せいらんき》満洲副都統（副師団長）となり、戸部《こぶ》右侍郎（大蔵次官）となり、一七七六年には軍機大臣に任ぜられて、六十六歳の乾隆帝の第一の側近となった。

ヘシェンは老境に入った乾隆帝の意向をすばやく察知して機嫌をとるのがうまく、することなすことが気に入られた。といってとくに理想もない人間で、貪欲《どんよく》は底知れず、財貨を集めるのだけが楽しみであった。こうなると中央の大官も地方の長官も、保身のためにはこの皇帝の側近の歓心を買うために努力しないわけにはゆかなかった。

両広（広東、広西）総督の孫士毅《そんしき》がベトナム作戦から北京に帰ってきて、参内して宮門で皇帝へのお目通りを待っているところへ、ヘシェンがやってきて、何を陛下へのおみやげに持ってきたのか、と問うた。孫士毅は、かぎ煙草入れだ、と答えた。見せてくれ、というので取り出すと、雀の卵ほどもある真珠の中をくり抜いてつくったものである。ヘシェンはおおいにほめちぎって、「これを頂けませんか」。「もう陛下に申し上げてしまいました。しばらく待ってくだされば、別にまた差し上げますが、いかが?」。ヘシェンはにやりとして「冗談ですよ。なんでそんなに私を見下げるんですか」。数日経って、また宮中の控え室でいっしょになった。ヘシェンが言った。「昨日、私も一つ真珠のかぎ煙草入れを手に入れました。貴殿が陛下に献上されたのと比べてどうでしょう」。取り出して孫士毅に見せると、先日の物である。孫士毅は、ヘシェンが皇帝から下賜されたのだと思ったが、いろいろ聞き合わせてみると、どうもそうした事実はないらしい。ヘシェンは皇帝への献上品でも、好きな物は平気で取ってしまうのであった。

乾隆帝には皇子十七人、皇女十人があったが、いちばん下の第十皇女、和孝《わこう》公主は一七七五年、乾隆帝が六十五歳のときに生まれている。乾隆帝はこの末娘を眼に入れても痛くないほど可愛がり、六歳のとき、ヘシェンの十歳の息子のフェンシェンイェンデと婚約させている。だからヘシェンは皇帝の姻戚ですらあったわけで、その地位はいっそう固まったのである。

一方、十七人の皇子は、乾隆帝があまりに長生きをしたせいもあって、ほとんどが父に先立って死に、乾隆帝の晩年に生存したのは四人にすぎなかった。

一七九六年、乾隆帝の在位年数はついに六十年に達した（明朝以降、即位翌年の元旦から新皇帝の元号が始まる）。すでに八十六歳の高齢であった乾隆帝は、祖父の康熙帝の在位六十一年というレコードを破るのを避けるという名目で、譲位を発表し、一七九六年二月九日、旧の正月元日の日に、第十五皇子、三十七歳の顒琰《ぎょうえん》に皇帝の称号を譲って、自分は太上皇帝と称した。顒琰が嘉慶《かけい》帝である。しかし六十年の専制君主がおいそれと権力を手放すはずはないし、またそうなるとヘシェン初め現に政権の中枢部にいる人々の地位に変動が起こることになる。性格のおとなしい嘉慶帝は、皇帝とは名ばかりのロボットであって、最終的な決定権は、依然として隠退したはずの乾隆帝に握られていた。そしてその側近のヘシェンの威勢も少しも衰えなかった。嘉慶帝はひたすら隠忍自重して時を待った。

一七九九年二月七日の午前八時、太上皇帝、乾隆帝は八十九歳で亡くなった。五日後、嘉慶帝は命令を下してヘシェンを逮捕し、大臣らをしてその罪状を査問せしめた。その結果、十九日に至ってヘシェンの二十カ条の大罪が発表され、ヘシェンはすべてこれをみずから認めた。刑としては、全身を切り刻んでゆっくり長い時間をかけて苦しめて殺す凌遅処死《りょうちしょし》が適当であるという答申であったが、嘉慶帝は父の死後まもないのに、父の寵臣を死刑に処することをためらい、ヘシェンに自殺を許した。和孝公主の婿となっていたヘシェンの息子フェンシェンイェンデは連坐を免れた。

ヘシェンの二十大罪の第一は、乾隆帝が嘉慶帝を後継者に選んだとき、まだ詔書が発表されないのに、ヘシェンはその前日に嘉慶帝に如意を贈って、嘉慶帝が選ばれたという機密を洩らし、嘉慶帝に恩を売ろうとしたことである。ここに嘉慶帝のヘシェンの手管《てくだ》に対するかねての嫌悪の感情が表われているようである。

ヘシェンの財産はことごとく没収されたが、その一覧表が伝わっている。そこに列挙されているのは家屋敷、銅器、玉器、文房具、時計、真珠、宝石、数珠、珊瑚《さんご》、金器、銀器、現金から始まって、質店七十五軒、貴金属店四十二軒、骨董店十三軒など、多くの貨財を入れた倉庫、多量の朝鮮人参、毛皮、土地など、すべて百九種にのぼり、そのうち金額に換算できたものは二十六種だけで、その合計が銀二億二千三百八十九万五千一百六十両に達したという。全体ではおそらく八億両にも及んだかと思われる。

ヘシェンが軍機大臣の職にあったのは一七七六年から二十三年間であった。この頃の政府の歳入を七千万両とすれば、その間、毎年、少なくともその五割以上に当たる額がヘシェンの懐に入っていた計算になる。この天文学的な数字は、ただにヘシェンの悪どさのみを示すのではない。ヘシェンの権勢は、乾隆帝あってのものであり、乾隆帝の死後はもろくも失脚して自殺しなければならなかった。すなわちこの厖大な数字は、とりもなおさず乾隆帝の存在の巨大さの表われであったのである。

人口爆発がもたらしたもの

さて、康熙帝、雍正帝、乾隆帝、三代の満洲人の皇帝は、清朝ばかりでなく、シナの歴史の全時代を通じての最盛期を象徴する君主である。ということは、同時にこれ以後、現在に至るまで、シナはずっと下り坂をたどっているのであって、三代の治世は、シナ文明が見せた最後の輝きであった。そのことをはっきりと示すのが、三代の治世に起こった、シナの人口の急激な増加である。

シナの人口統計で現在に伝わっている最古の数字は、前漢の末、紀元二年の五千九百五十九万四千九百七十八人である。これは古代シナの国土とテクノロジーが養いうるぎりぎり最大限度の人口であって、その後、王朝の末期の戦乱と飢饉のごとに、人口は激減しては徐々に回復するが、千年以上もこの六千万人の線には及ばない。五千万人台を上下する期間が長く、ふたたび六千万人に達したのは、元《げん》の世祖フビライ・ハーンが南宋を滅ぼしてシナを統一してからであって、次の明代を通じて六千万人を維持した。順治帝が北京に入って清朝がシナを統一する前後は、永年の戦乱で人口が激減したようだが、康熙帝が三藩の乱を平定した一六八一年を境に、人口は順調に回復した。しかしどうしたことか、前代のように六千万人で頭打ちにならず、爆発的な人口増加が続いて、康熙帝の治世の末年には、ついに一億の線を突破し、雍正帝の治世にもこの傾向は変わらず、乾隆帝の時代に入って、一七六二年には二億、一七九〇年には三億と増え続け、嘉慶帝の次の道光《どうこう》帝の時代の一八三四年には四億に達する。この線でシナの人口はしばらく足踏みを続けるが、一九四九年の中華人民共和国の成立以後、ふたたび増勢に転じ、一九八〇年代の現在では十億と言われていることは、よく知られているとおりである。

中華人民共和国時代の人口爆発が、平和の回復とテクノロジーの進歩によるものであることは疑いないが、康熙・雍正・乾隆朝の一世紀半に五倍という人口爆発も、やはり長く続いた国内の平和とテクノロジーの発達のおかげであろう。それがたぶんに三代の皇帝の功績であることは否《いな》めないが、その結果は、現在の中国に見るような、巨大な過剰人口のブラックホールをつくり出し、中国の未来を袋小路にしてしまったのである。

康熙帝、朱筆の陣中便り

超人的名君

一六九六年は、東アジアの歴史の運命を決した年であった。このとき大興安嶺《だいこうあんれい》の東、ゴビ沙漠の南のシナを支配していたのは、満洲人の清《しん》の康熙《こうき》帝で当時四十三歳。シナ史上、ほとんど超人的とでも言うべき名君である。父の順治《じゅんち》帝が死んだとき、康熙帝はまだ八歳だったが、その頃、清朝はシナを征服してまだ十七年にしかならない。たった二十万人の満洲人の力で六千万人の漢人を治めてゆかなければならないのである。しかもシナ統一とは名ばかり。福建《ふっけん》から雲南《うんなん》に至る華南の地は、先代の明《みん》朝から寝返った、三藩と呼ばれる軍閥がそれぞれ独立王国をつくっていて、北京《ペキン》の宮廷の人脈と結び付いて派閥抗争を煽っていた。その宮廷の派閥の最大のボスはオボーイという満洲人の大臣で、ほとんど独裁者の格好だったが、わずか十六歳の康熙帝は、周到に計画されたクーデターでオボーイを逮捕し、一気に権力を奪い返した。これに不安を感じた三藩はついに叛乱を起こし、一時は清朝の終わりも近いかと思わせたが、康熙帝は的確な戦略の上に立って徐々に敵を追いつめ、九年間にわたって粘り強く戦い抜いて、二十八歳のときに三藩をことごとく征服したうえ、二年後には国姓爺《こくせんや》・鄭成功《ていせいこう》の子孫が立て籠もっていた台湾島を併合して、南方の情勢を安定させた。

それだけではない。北方でも、三藩の叛乱と並行して、南モンゴルでも元朝《げん》の直系の後裔《こうえい》の叛乱が起こった。人手不足の満洲人にとって、同じアルタイ系の言葉を話して文化も近いモンゴル人との同盟は、漢人を抑えるのに絶対に必要だったから、康熙帝はこの叛乱を叩き潰すと、叛乱の中心になったチャハル部族を解体して、満洲人の軍隊である「八旗《はっき》」の組織に編入してしまい、南モンゴルをがっちりと支配下に入れた。

そして三藩の乱が終わるやいなや、シベリアに進出してきていたロシア人と戦って、アムール河から追い出し、ネルチンスク条約を結んで国境を画定し、この方面の脅威を除いた。時に三十六歳。

こうした政治家、戦略家として天才的な能力があったばかりではない。康熙帝の宮廷に仕えたイエズス会修道士のブーヴェがフランス王ルイ十四世に献呈した『康熙帝伝』によると、帝は体力が人並み以上にすぐれ、あらゆる武芸に通じていたが、なかでも強弓を引くことでは及ぶ者は少なく、全速力で疾走する馬の上からほとんど百発百中に的を射当てたし、小銃の射撃もうまかった。また学問、芸術にも熱中し、持ち前の抜群の理解力、記憶力、集中力、忍耐力で、フランス人修道士たちから学んだヨーロッパ音楽の理論、天文学、幾何学、算術、測量術、論理学、解剖学、化学などをことごとくマスターし、ことに天文観測器械と測量器械を自分で操作することを好んだ。しかし私生活は極端に質素で、粗末な調度、衣服、食事で満足した。ただスポーツとしては狩猟、それも大規模な巻狩りを好んだが、これは戦時に備えて体を鍛えるためであった、という。

その康熙帝がロシアのピョートル大帝とのあいだにネルチンスク条約を結んだのは、もう一人の英雄が西北方から清帝国を脅かしていたからだった。その英雄の名をガルダンという。

ガルダンは、オイラトという遊牧民の、ジューンガル（左手）部族の出身である。オイラトは中央アジアの、モンゴル系の言葉を話す古い種族で、ロシア語ではカルムィク人と呼ぶが、十四世紀にモンゴル人の元朝がシナから追い出されてから、それに代わって優勢になり、十五世紀の半ばには、一時、北アジアを蔽《おお》う大帝国をつくり、明朝の皇帝を捕虜にしたことさえある。その後、退潮期に入っていたが、十七世紀の初めからふたたび盛り返して、東はアルタイ山脈、西はヴォルガ河、南はチベットに及ぶ広大な地域を支配するようになっていた。

二十四通の自筆私信

その当時、チベットのラサ市は、仏教のゲルク派の本部の所在地で、それを率いるダライ・ラマ五世は観音菩薩の化身と自称し、チベット人はもとより、オイラト人、モンゴル人のあいだに莫大な数の信徒を持つ、宗教家としても政治家としても有能な指導者だった。そのダライ・ラマのもとに、新《しん》疆《きょう》のイリ河に住むジューンガル部族から弟子入りしていたのがガルダンという青年だったが、故郷で部族長をしていた兄が内紛で殺されたので、ダライ・ラマの許しを受けて還俗《げんぞく》して帰国し、兄の仇を討って部族長になった。それから数年のうちに諸部族を統一してオイラト王となり、ボショクト・ハーン（天命を受けた王）と自称して、東西トルキスタンのオアシス都市のトルコ系イスラム教徒を征服して、中央アジアの大帝国をつくり上げた。

その頃の北モンゴルは、ジェブツンダンバ一世という高僧のもとに三人の王が連合して独立を保っていた。ジェブツンダンバは名目上はゲルク派に属していたが、じつは王の弟の一人でモンゴル人だったから、ラサの本部に従うどころか、むしろダライ・ラマの権威のライヴァルだった。一六八八年、ガルダンは三万のオイラト軍を指揮して西方から北モンゴルに侵入し、三人の王を撃破して北モンゴルを完全に占領した。ジェブツンダンバ以下、数十万人の北モンゴル人は、ゴビ沙漠を越えて雪崩《なだれ》をうって南モンゴルに逃げ込み、康熙帝の保護を受けた。

康熙帝は北モンゴルに介入するのを好まなかったが、ガルダンのほうは挑戦的で、翌々年にはみずから軍隊を率いて南下して、深く南モンゴルに入り、北京の北方わずか三百キロメートルのウラーン・ブトン（赤い瓶）で清軍と戦って大損害を与える示威行動に出た。これは南モンゴル人を清朝から離反させる作戦である。ここに至って康熙帝も開戦を決意せざるをえなかった。南モンゴル人の忠誠を失っては、帝国の基礎がぐらつくからである。康熙帝は一六九一年、南モンゴルのドローン・ノール（七つの湖）に部族長会議を招集し、その席上で北モンゴル代表から臣従の宣誓を受けて、ガルダンとの対決の態度を明らかにした。

それから五年、万端の用意が整って、いよいよ一六九六年四月一日、康熙帝は北京を出発し、三万三千七百名の中路軍をみずから指揮して、ゴビ沙漠を横断する北モンゴル遠征の壮途にのぼった。この日から九十八日間にわたった大作戦のあいだ、北京に残って帝国の政務を代行している皇太子（二十三歳）に宛てて、康熙帝が多忙な軍務の暇をみては、こまごまと書き送った自筆の手紙二十四通の原本が、現在、台北の故宮《こきゅう》博物院に保存されている。シナの皇帝の特権で、すべて墨ではなく朱で書かれているが、言葉は漢文ではなく、満洲文である。満洲語はモンゴル語に近くて、文字も漢字ではなくモンゴル式アルファベットを使って縦書きにし、文法は日本語そっくりである。

だいたい皇帝の私信というものが類がないうえに、これら康熙帝の自筆の手紙の内容は、危険な作戦の発展に一喜一憂する心情がにじみ出ていて、しかも語りかける相手は、康熙帝がもっとも愛した皇太子である。この皇太子は、康熙帝の次男だったが、母は帝の最初の正皇后で、皇太子を産んだ産褥《さんじょく》で死んだ。それもあって、康熙帝はこの眉目秀麗な皇太子をことのほか寵愛《ちょうあい》し、みずから天文学や数学を教えたことを、ブーヴェが記している。そういうわけで、康熙帝の手紙は、この不世出の明君の本質をのぞかせる、希有《けう》の史料なのである。

それではこれから、康熙帝の手紙のさわりの部分を、訳出してお目にかけよう。

変わりやすい天候

北京を出発した皇帝軍は、十六個部隊に分かれ、軍需物資を運ぶおびただしい数の牛車隊に伴われて一路北に向かい、四月十一日、独石口の関門で長城線を出て、南モンゴルの地に足を踏み入れた。皇帝は命令を発して、行軍の能率を上げるため、食事は一日一食、出発は日の出と同時、正午になったら停止してキャンプを張り、それから初めて炊事を許すこととし、皇帝みずから先に立ってこのきびしい規律を実行した。

平均高度が千五百メートルを超えるモンゴル高原は雨量が少なく、大軍の行動の最大の難問は水の補給である。皇帝は先に手を打って井戸を多く掘らせておいたので、この点はなんとかなったが、悩まされたのは変わりやすい気候だった。四月十七日付の皇太子宛の手紙で皇帝は言う。

「十六日の朝早く出発して、半道ほど行ったところが、たちまち東南の風が吹き、大雨がどしゃ降りに降り、続いて大きな雪片が吹雪《ふぶ》いて寒く、はなはだ恐ろしかった。その夜はそのまま泊まり、十七日の朝に調べてみたが、家畜はみな無事だった。幸いに装備が厳重だったし、たいして長引かなかったのだ。これを皇太子は承知すればよろしい」

皇帝軍は独石口を出てから、進路を西北に取って南モンゴルの草原を横断し、四月十八日にはクイス・ブラク（臍《へそ》の泉）に達して休止した。皇帝はこれまでも南モンゴルに来たことはあったが、これほど遠く長城線を離れた奥地を見るのは初めてで、珍しい自然を熱心に観察した。

「私がこのたび遠く出て、モンゴルの地を行きながら見ると、聞いたのとは大違いである。水も牧地も良いし、燃料もたくさんある。たとえ獣糞は湿っていても、種々のウヘル・ハルガナ、シバク・デレス、ブドルガナ、ハイラース、ブルガナ、その他の草はみな燃やせる。（中略）た

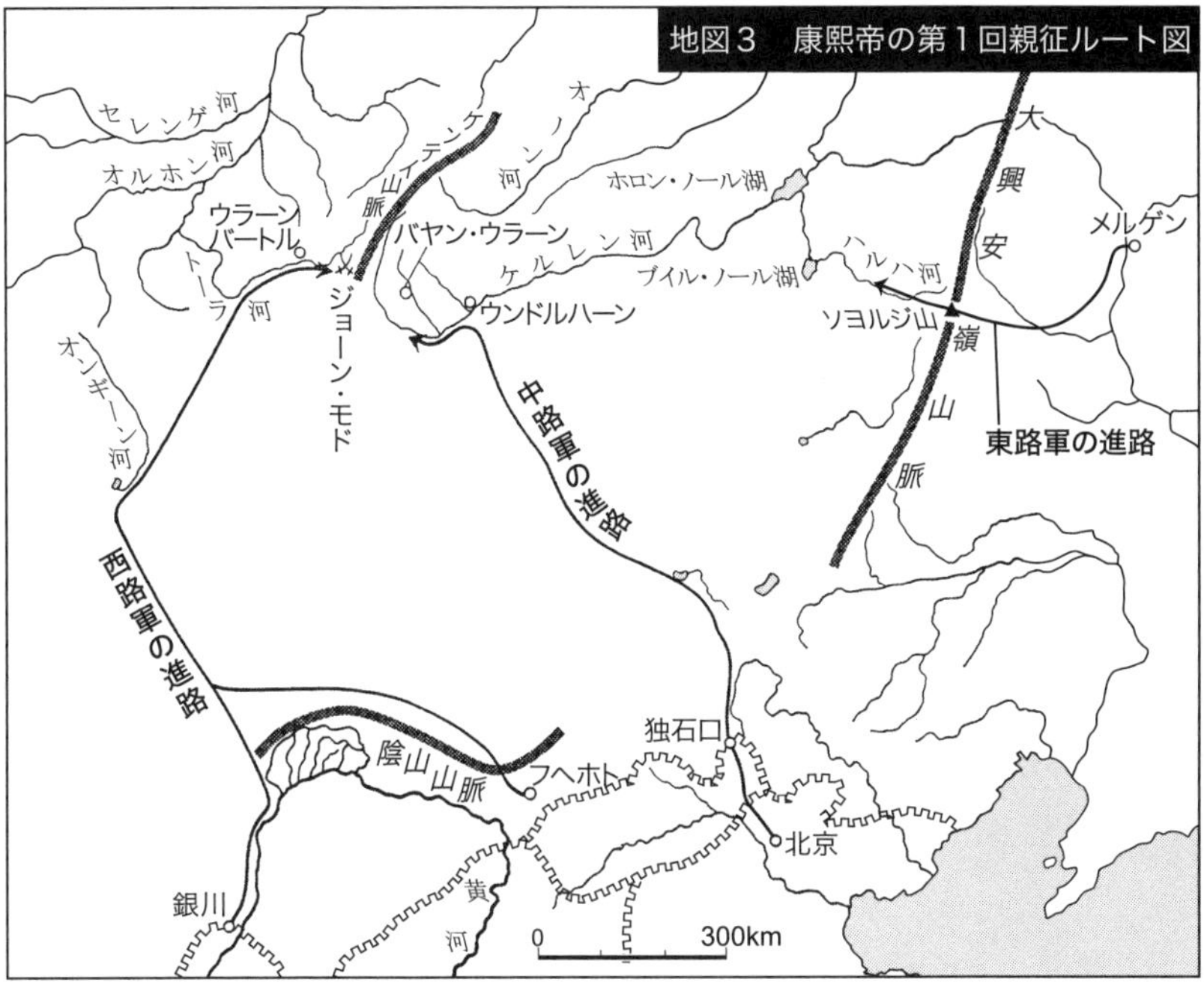

地図3　康熙帝の第1回親征ルート図

だ心配なのは天候が不定なことで、不意に悪化するのではなはだ心配だ。ただ旱天《かんてん》でさえあればおおいに幸いなのだが。〔長城線を〕出てから何度か雨と雪まじりに会ったが、たいしたことはない。春の青草に羊は飽食し、馬は枯草とともに食べられるようになった。ただ祈るのは、上天のおかげをもって雨や雪がなければ、わが事が早く成るだろうということだ」（四月二十日）

皇帝軍は草原地帯を通り抜け、沙漠地帯に近づく。

「私は無事だ。皇太子は元気か。皇子たち（皇帝は十六歳以上の皇子六人をすべて遠征に同行させた）はみな元気である。大臣たち、将校たち、兵士たちに至るまでみな元気である。ただ雨や雪が、いくらたいしたことはないとはいえ、ほとんど間断がない。それで私の心に多少心配だ。土地のモンゴル人たちは喜んで、私どものところは毎年、旱天で、草が生えないので、貧乏のどん底に落ち込みましたが、陛下がおいでになると雨や雪があって、草が良くなりました、と言う。旅人と住人とでは、考えがおおいに違うものだ」(四月二十三日)

皇帝軍の進路は、現在の中国とモンゴルを結ぶ集寧＝ウラーンバートル鉄道の線路の東方二百キロメートルを、平行して西北に向かうもので、目指すは北モンゴル東部のケルレン河の中流、今のウンドルハーン市のあたりである。この道を進む皇帝軍が、南北モンゴルの境界線に近づいた五月七日、敵の動静が初めてわかって皇帝は緊張した。

鬚《ひげ》も凍る朝

「七日、ガルダンのもとに遣わしてあった二団の使者たちがみな戻ってきた。ガルダンはトーラ河(北モンゴル中部)にいる。四月十八日にこの者どもを徒歩で帰した。私宛の手紙は、だいたいこれまでどおり愛想がいい。家畜はひどくやせていて、人の食べるものも少ない、ということだ。(私は)わが軍の先頭の哨兵を、ことごとく指示を与えて進発させた。トーラの地は、境界線からだいたい十八日ほどある。(中略)土地で採れるアルタガナの木、シバク、ブドルガナ、ターナ、マンギル、ソンギナを見せてやろうと思って送る。これを皇太后にお目にかけよ。妃ら

にもみな見せよ」（五月七日）

皇太后は父順治《じゅんち》帝の未亡人で、モンゴル婦人、当時五十六歳で、皇帝の育ての親である。この皇帝は子福者《こぶくしゃ》で、一生のあいだに四十一人の后妃に皇子三十五人、皇女二十人を生ませたが、皇后運は薄くて、三人の正皇后をたて続けになくしたので、この当時の宮中には皇后はなく、女官の称号で言えば妃《ひ》が四人、嬪《ひん》が四人、貴人《きじん》が四人、その他というところだった。

しかし皇帝の手紙の冷静な調子のかげに、司令部では不安がみなぎっていた。皇帝の直接指揮する中路軍のほかに、黒龍江《こくりゅうこう》将軍サブスの指揮する三万五千四百三十名の東路軍と、撫遠《ぶえん》大将軍フィヤング伯の指揮する三万五千六百名の西路軍があって、三方から北モンゴルに進攻してガルダンを捕捉する戦略だったのだが、五月九日には東路軍は困難のため進軍を中止せざるをえなくなった。そのうえガルダンはすでに遠く去ったという噂が流れ、動揺した大臣たちは結束して引き揚げを皇帝に申し入れたが、皇帝は、それでは西路軍を見殺しにすることになる、と、断乎として拒否し、ガルダンと遭遇できるほうに賭けた。

五月十三日、皇帝軍はいよいよ境界線を出て、北モンゴルのダリガンガ地方に入った。

「境界を出ながら見ると、草も水もますます良い。地勢は平野がなくて、みななだらかな山であり、ところどころに砂丘がある。途中、境界線を出るまで、走る獣、飛ぶ鳥もない。ただ黄羊《ジェーリン》、長尾黄羊《スールテイ》、野騾《チキテイ》がいるだけだ。鳥、スーネヘイという小鳥、雲雀《ひばり》がときどき見える。家畜を飼う以外、何の良いところもない。（中略）境界で観測器械を使って北極星の高度を測ると、北京よりも五度高い。これから里数を算出すると、一千二百五十里（五六二・五キロメートル）になる。（中略）だんだん北へ行くほど、だんだん寒くなる。境界を出てみると、去年の氷や雪がまだ少しある。朝早く鬚が凍る日もある。しかし草が伸びるのにはまったく差し支えがない。これも一つの不思議である。それでもモンゴル人たちは、今年はとても暑い、と言う」（五月十三日）

じつはもっと重大なニュースがあった。五月十二日、最初の偵察隊が帰ってきて、ガルダンの軍がトーラ河から東へケンテイ山脈を越えて、ケルレン河に移動してきたことを報告したのである。

「これで見ると、ガルダンはわが軍を距《へだた》ること八日ほどである。隊形を組む、哨戒線を張る、作戦命令を与えるのを入れて、おそらく十日以内に遭遇するだろう。これは重要な事柄で、筋合いでは最初に書くべきだったが、先のことを思い出すままに書いたものだから、これを最後に書いた」（五月十三日）

五月十四日、皇帝軍はフルスタイ・チャガーン・ノール（葦の生えた白い湖）に達し、ここで明《みん》の永《えい》楽《らく》帝が二百八十六年前、やはりみずから軍隊を指揮して北モンゴルへ遠征したときの記念の銘文を刻んだ大きな岩を見た。皇帝軍は行軍の速度を落としてゆるゆると進みながら、哨兵を散開させ、後続部隊の集結を待ったが、その間にも皇帝の心配は、ガルダンがケルレン河を東へ下って、ゴビ沙漠の東端を回り込み、背後の南モンゴルを攪乱《かくらん》することであった。

皇太子は元気か

待つことは神経を消耗するものである。さしも沈着に風景を描写する皇帝の筆端にも、沙漠の圧迫感がにじみ出てくる。

「われわれが通ったところは大きな沙漠ではない。西方の沙漠は大きいということだ。見れば、また平地でもなく、みな丘陵で石や砂が混ざったものである。境界を出てから、ずっと一塊の土さえ見なかった。砂もかちかちに固くて、足を取られることはない。沙漠の石や砂を見せようと思って送る。

井戸を掘るのははなはだ容易で、一人で二十、三十を掘れる。陣中の者どもは、湖の水を汲むのに遠いと言って、みなテントの側で掘る。掘るべきところを見分けるのははなはだわかりやすい。シャンダというのは、地面が窪んでいて少し湿っており、二尺足らずですぐ水が見つかる。サイルというのは、山から下りてきた溝で、一尺余りで水が見つかる。ブリドというのは叢《くさむら》のあるところで、水が良いのは少ない。コイブルというのは、地下を水が流れていて、手で掘ればすぐ見つかる。野騾も蹄で蹴り掘って飲むくらいである。

地勢は少しも良いところはない。地上に立って弓を射れるようなところさえ少ない。みな細かい石である。われわれが馬を馳せたり馬上から射たりしないとしても、見るにもはなはだ悪い。草でさえ叢ごとに生えていて、馬の足場が悪い。そのうえ野鼠やキチョーリ（?）の掘った穴が、わが興安嶺の上の地鼠の穴よりもっと深くて、おおいに不都合である」（五月二十一日）

皇帝がこれを書いているさなかに、また偵察報告があって、ガルダンの軍がケルレン河を下って五日ほどのところに迫っているが、皇帝軍に気づいた様子はないことがわかった。ところがそこへ悪い知らせが入った。フィヤングの西路軍の行軍が大幅に遅れているというのである。皇帝は苦悶した。

「二十一日の酉《とり》の刻（午後六時）に、将軍フィヤングが近道から送ってきた報告書に、六月二日にトーラ河に到着する、と言っている。同人が前に送ってきた報告書には、五月二十四日にトーラ河に到着する、とあったので、私は日程を合わせて、五月二十五日頃ケルレン河に到着するように行軍してきたのに、それが何日も連絡がなくて、急に日程が変わるものだから、わが方はどうしようもない。そこで八旗の王たち、議政大臣たちをみな集めて相談したが、意見が一致しない。ある者はこのまま前進しようと言い、ある者は、最初に両路の軍が合流して作戦しようということになっていたのは大事だから、しばらく速度を緩めて様子を見よう、と言う。私はあれこれと考え抜いたが、これという良い考えも思いつかない。何にせよしばらく休止して暇を稼ぎ、様子を見ようということにした」（五月二十三日）

それから一週間、皇帝軍はチャガーン・ブラク（白い泉）にキャンプを張って、休養を取りつつ、時機を待ったのだが、自制心の強い皇帝も、さすがにいらいらしてくる。

「このところ何日も、お前からの便りもなく、皇太后の御平安も伺わないので、気持ちが重くてたまらない。先日、サブスに関する報告を送ってきたときも、ついでに私の健康を尋ねるお前の手紙がなかったので、気持ちがますます重くなった。私は無事だ。皇子たちはみな元気だ。皇太子は元気か」（五月二十七日）

皇帝は皇太子の心配を恐れて、これまでわざと書かなかったが、皇帝軍の食糧の輸送は困難を極めていたことが、次の一節で明らかになる。

「五月二十九日に、米を積んだ車の第一隊が到着したので、八旗、緑旗、内府兵、モンゴル兵、執事人たちに、それぞれ適当に加給した。米を配給するときに、営門の外に山のように積み上げたので、見物人でいっぱいになって、ハルハ人（北モンゴル人）たちが言うことには、満洲人はこれほどの勢いではとても来られないだろうと思っていたが、今見ると、皇帝陛下はどこへ行くにも、北京をごっそり持って移動するのだ、まことに恐ろしい、と、口を押さえて驚嘆して話している。

将兵の意気は平時に変わらず、奮い立つ様子は筆舌に尽くしがたいが、私の心境は平時のようではない。事は重大である。ただ全うすることだけを思い、僥倖《ぎようこう》を求めるわけにはゆかないので、心を悩ましながら、天に祈りつつ行動するのである」（六月一日）

六月四日、皇帝軍は前進を再開した。

「ケルレン河にだんだん近くなった。（中略）われわれの行軍は沙漠を通過し終えた。山や谷の景色は同じだけれども、草がだんだん茂ってきた。（中略）ケルレン河から一百七十里（八十キロメートル）になる」（六月五日）

六月七日、ケルレン河に達した。皇帝はここでの決戦を覚悟していたが、意外なことになんの抵抗もなく、皇帝が高みに登って、ヨーロッパ製の望遠鏡で眺め渡しても、人影は認められなかった。

「見れば河の両側はみな山で、山の様子は険しいところが多く、平らなところは少ない。河は小さくて、南苑〔北京の郊外〕の河よりちょっと大きい。この日、オイラトの哨兵がところどころに見えたが、実際にどこにいるのかはわからない。今わが軍は状況に対応しつつ前進を続けている。本来なら〔敵は〕われわれがケルレン河に到着する日に、迎え撃って河を明け渡さずに戦うべきところだった。河をわれわれにそのまま明け渡したところを見ると、無能なのが本当のようだ」（六月七日）

古い胴着を送れ

六月八日、ガルダンが決戦を避けて逃げ去ったことが判明した。

「辰《たつ》の刻〔午前八時〕に、逃げてきたオイラト人が申すには、『ガルダンは陛下が御自身で軍隊を率いてこられたことを信じようとしなかった。昨日、〔皇帝軍が〕ケルレン河を目指して隊形を組んで前進するのに、哨兵たちはそこここで駆逐されて、ばらばらに敗走した。ケルレン河に進入してくる軍は三個部隊で、何万人か知らないが、ケルレン河に到着した、ということになって、たちまち浮き足立った（中略）』と言う。これで見ると、ガルダンが逃走したのは事実である」（六月八日）

皇帝軍はただちに追撃に移った。

「八日の夕刻、軍に隊形を組ませて追撃に入った。九日にガルダンの営地に至って見ると、形跡はあまり多人数というのではない。馬はまだあるようだが多くはない。牛の足跡は非常に少ない。羊は十二頭分しか足跡がない。モンゴル家屋、仏像、鍋、釜、小児の着物、靴、婦人用品、揺り籃、金物、槍の柄、網、釣り針、モンゴル家屋の木組み、鍋にスープを煮たままなどを、みな棄てて去っている。（中略）生活状態を見ると、困窮の極に至っている。（中略）そこで私は充分に計画を立てて、万全を期して行動している。なんとしても僥倖は求めない。わが軍の兵士はだれも彼もみな規律正しく元気で、馬は肥えている。オイラトの馬を見ると、わが方の最低の馬の肉づきと同じである。私がケルレン河に着く前は旱天で草がなかったが、この数日のうちに伸びたという話だ。本当か嘘かは知らない。われわれは敵に接近しながら、毎日を機嫌良く、上の者も下の者も、馬丁に至るまで機嫌が良いことは話し尽くせない。（中略）北京にいる者どもは、われわれのこの喜びをなんとして知ろう。そこでわずかの暇に事態の実情をあらまし書いて送る」（六月十日）

しかし皇帝の楽観的な言葉とはうらはらに、食糧の問題が深刻になってきていた。出発のときに各兵士に携帯させた八十日分の食糧は、作戦の開始から七十日経った現在、ほぼ尽きようとしている。このままでは前進の続行はおろか、撤退すら危うくなる。しかも敵の退路を断つはずのフィヤングの西路軍からは、いまだに何の連絡もない。六月十一日、皇帝は決断を下して、平北大将軍マスカに少数の精鋭をつけ、二十日分の食糧を持たせて追撃を続けさせる一方、その他の全軍はトゥーリン・ブラクの前進基地に戻るのに必要な五日分の食糧だけを残して、トーノ・オーラ（煙出し山）から帰途につくことにした。このときの皇帝の失望と、皇太子に対する優しさを表わしたのが次の手紙である。

「私は軍隊を率いて前進するあいだは、まったく一心不乱だった。今ガルダンを敗走させて、窮状をこの目でしかと見て、相応に兵を出して追撃させた。今めでたく帰途につくので、お前がたまらなく懐かしい。今は気候が暑くなった。お前が着ている、棉紗、棉布の長衣四着、胴着四着を送れ。かならず古いのを送れ。父がお前を懐かしむときに着たい。私のいるここには羊の肉よりほかに何もない。十一日に皇太子が送ってきたいくつかの物（松花江《しょうかこう》のマスの唐揚げ）を見て、嬉しく食べた。皇太子は内務府の有能な役人一人、男の児一人を出して、駅馬に乗らせて、肥えた鵞鳥《がちょう》、雞、豚、仔豚を三台の車で上都（南モンゴル）の牧場まで持ってこさせよ。私は前進するのだったら、けっしてこんな注文をするはずがない。ガルダンの様子を見ると、何としても留まりそうもない。ただフィヤング伯の軍は、これまで消息がない。もしもフィヤング伯の軍がやってくれれば、ガルダンはそれでおしまいだ。万一すり抜けおおせたとしても、二度と立ち上がれなくなった。いずれにしても済んだ。

私はトーノ山からバヤン・ウラーン（富んだ赤いところ）を眺めた。何の要害もない。天の下、地の上に、このハルハの地のようなところはない。草よりほかには、万に一つ、千に一つの良いところもない」（六月十一日）

皇帝はこのあとに漢語で「真に陰山の背後である」と書き加えている。

大勝利の第一報

その二日後、引き揚げの途中、タルグン・チャイダム（肥えた塩気の土地）で、皇帝は待ちに待った西路軍の消息を初めて受け取って狂喜する。

「十三日、私が派遣してあった力士インジャナ、新満洲人の護軍キヤチュ、道案内ボロらが帰ってきて報告するところでは、フィヤング伯の軍は二日にトーラ河を通過し、ガルダンがかならず通るはずの道を厳重に遮断して待ち構えている。到着した精鋭の兵は一万四千人で、あとからさらに次々と到着している。馬の肉づきはわが軍の部隊には及ばないが、それでも良いほうである、という。これを聞いて、合掌して、天に向かって拝礼した。私が少しばかり心残りだったのは、このことだけだった。もう何もかも済んだ。（中略）

お前の父に何たる福運があって、思ったとおりになったのか。これはみな父祖がかげながらお助けになり、天地がお恵みくださったからできたことだ。私は躍り上がって喜んでどうにかなりそうだ」（六月十三日）

皇帝の思ったとおりで、じつはその前日の六月十二日、ケルレン河からケンテイ山を越えて西方に移動するガルダン軍は、トーラ河畔のジョーン・モド（百本の樹）の地でフィヤングの西路軍に行く手を遮られて大敗していた。ガルダンは夜の闇にまぎれて少数の部下とともに姿を消したが、ガルダンの妃アヌ・ハトン以下、五千の将兵の大半は戦死し、残りは投降した。

この大勝利の第一報は、マスカの軍に投降したオイラト人の口から伝えられ、六月十五日の四更（午前二時）になって、グトル・ブラク（長靴の泉）の皇帝のキャンプに届いた。皇帝が興奮したことは言うまでもない。ただちに急使を北京に走らせて、この吉報を伝える一方、十七日の正午にフィヤングからの正式の戦勝報告が到着するのを待って、トゥーリン・ブラクのキャンプの南の入口の前に祭壇を設け、皇帝以下、全員が天に感謝の祈りを捧げて、盛大な祝賀式を挙げた。

皇帝はまた、皇太后に手紙を書いて、七月上旬のうちに北京に帰ることを約束し、スピードを速めて帰途についた。その途中、六月二十一日にウラーン・エルギ・ブラク（赤い岸の泉）で皇帝は、皇太子からの手紙を受け取ったが、これは先に古着を送れと言った手紙の返事で、「父上が賊を滅ぼして機嫌良くお帰りになるうえに、さらにこのようなお言葉をくださいましたので、臣は、けっして敢えて心を傷めたというのではございませんけれども、ただお言葉の優しさに、たまらなくなって涙がこぼれました」という文句があり、また衣料と食物を送ったことと、「六月の末には父上をお出迎えにまいります」と書いてあった。これに対して皇帝は、

「皇太子の言葉はもっともだ。しかし国家の事務は大事である。六月の末ならば、かならず長城の外に着いている。皇太子が出迎える場所は別に指示しよう」（六月二十一日）

と答えている。

六月二十三日、皇帝は境界線を過ぎて、南モンゴルに入った。

「私は砂丘で二晩を過ごして、三十日にクイス〔・ブラク〕に着いた。たいして暑いことはない。

ある者どもは、早朝にはまだ毛皮の胴着を着ている。正午にやっと棉紗を着られるようになる。沙漠よりはるかにましだ。七月三日には長城を越えて入る」（六月三十日）

こうして皇帝は七月三日、予定どおり独石口の長城に着き、ここで皇太子の出迎えを受け、七日に北京に帰って、ただちに皇太后に挨拶をした。九十八日間の大冒険はここに終わった。

皮肉な征伐成功

ガルダンの末路は悲惨であった。じつはガルダンが新疆の本国を留守にして、モンゴルに遠征しているあいだに、本国では内紛が起こって、反対派が優勢になっていたのである。そこへジョーン・モドの大敗で、忠実な部下のほとんどを失ったのだから、ガルダンは故郷に帰ろうにも帰れない。行くべきところはチベットのみであったが、それも清軍に路を断たれた。アルタイ山中をあてもなくさまよったあげく、翌一六九七年五月三日、ガルダン・ボショクト・ハーンは毒をあおいで自殺した（康熙帝はこのように信じたが、後の私の研究により、実際には病死と考えられる。詳しくは拙著『康熙帝の手紙』（清朝史叢書、藤原書店、二〇一三年）「ガルダンはいつ、いかにして死んだか」を参照されたい）。最後まで残った部下たちは遺体を荼毘《だび》に付し、遺骨を捧げてラサに向かったが、途中で反対派に襲われて、遺骨はその手に落ちた。康熙帝の要求に応じて、遺骨は北京に送られ、城外の練兵場において、満洲兵、モンゴル兵、漢人兵が整列して見守る前で、風に向かって撒き散らされ、吹き飛ばされた。

かくして草原の英雄のドラマは終わった。北モンゴル人たちは、久しぶりにゴビ沙漠の北の故郷に帰った。いまや、北モンゴルの主権者は清の皇帝であり、南北モンゴルの全域が大清帝国の領土となった。そして帝国の最前線は、北はキャフタでロシアと、西はアルタイ山脈でジューンガル王国と接するまでに進出したのであった。

ところで康熙帝が、手紙のなかであれほど愛情を示した皇太子のその後の運命は、ガルダンよりもさらに暗い悲しいものであった。しかも悲劇の発端が、ほかならぬガルダン征伐の成功だったのだから皮肉である。

康熙帝はそれまで、皇太子以外の皇子たちには、成年に達しても財産を分けてやらず、部屋住みのままにしておいた。すべてはスムーズな帝位継承のために、なるべく皇太子のライヴァルをつくらないようにとの康熙帝の配慮だった。ところが北モンゴル遠征で事情ががらりと変わってしまった。このとき康熙帝に同行した六人の皇子たちは、それぞれ一部隊を指揮してなかなかの働きを見せた。これで皇子たちと八旗の満洲人とのあいだに人脈ができてしまったし、また康熙帝としても、皇子たちの功労を無視することもできなくなったので、ガルダンの死の翌年、六人にそれぞれ爵位を授け、八旗のなかに領民を与えた。

ところが不幸なことに、満洲人やモンゴル人のあいだには、もともと長子相続制という観念はない。財産は均分相続が原則で、長男がとくに余分に貰うということはない。また家督の権も、父親が正式に結婚した正妻（一人とは限らない）の腹から生まれた息子のなかから、もっとも有能な指導者の素質を備えた者が、父親の死後の親族会議で選ばれるのである。元朝《げん》のモンゴル皇帝たちが選挙されたクリルタイという大会議も、本質はそうした親族会議であった。満洲人の清朝でも、事情は同じことで、皇太子という制度は、どうも八旗の満洲人の社会通念にはなじまない。つまり皇帝が生前に、自分の後継者をあらかじめ指名するということ自体が、彼らの習慣では疑義があるのである。

そこへ六人の皇子が新たに各旗に封《ほう》ぜられたのだからたまらない。いまや皇太子は唯一の帝位継承候補ではなくなり、各旗の満洲人たちは、それぞれ自分の領主になった皇子を担いで、猛烈な党派争いを始め、ありとあらゆる陰謀をめぐらして、互いに他旗の王を蹴落とし、自旗の王を次期の皇帝にしようと必死になった。

北京の中央でこうした権力闘争が始まると、たちまち全国に波及する。漢人の官僚たちも、保身のためにはどれかの派閥に属さなければならなくなってくる。帝国を上から下まで縦割りにしての派閥闘争のすさまじさは、康熙帝まで浮き上がってしまって、自分の地位に不安を感じ始めたほどである。

この闘争のなかでの最大の被害者は皇太子であった。兄弟の諸王は、あらゆる隙をうかがっては、陰険な手段を弄して皇太子の脚を引っ張ろうとした。ことに一七〇三年、皇太子の亡き母皇后の叔父ソンゴトが、事に坐して死刑になってからというものは、皇太子は窮地に陥り、自暴自棄になって、かなり異常な行動に出たらしい。自然、父子のあいだも猜疑心《さいぎしん》の雲に閉ざされ、康熙帝はしだいに、皇太子は自分に害意を持っていると思い始めた。

一七〇八年の夏、南モンゴルを巡幸中だった康熙帝は、突然、諸王、大臣、文武の百官をテントの前に召集し、皇太子を御前に跪《ひざまず》かせて、不都合の条々を数えて責め立てたうえ、

「さらに奇怪なことに、お前は毎晩、私のテントに忍び寄っては、隙間からのぞいている。ソンゴトの仇を討とうというつもりに違いあるまい。私はおかげでつねに危険を感じ、今殺されるか、今殺されるかと、日夜安き心もない。こんなやつに御先祖様の遺産が譲れるものか」
と言って、声を放って泣きながら、地上に身を投げて転げ回った。

康熙帝の遺言

皇太子は廃位された。欣喜《きんき》雀躍《じやくやく》した第一皇子は、異母弟の第八皇子を新皇太子候補に推薦し、大臣たちも一致してこれに追随した。ここに至って康熙帝は、反皇太子陰謀の規模の大きさをさとって愕然《がくぜん》とした。誤解は解けた。皇太子は翌春に復位し、第一皇子と第八皇子は爵位を剝奪され、領民を取り上げられた。

諸王の競争に懲りた康熙帝は、同時にさらに四人の皇子を王に封じ、領民を細分化してバランスを取ろうとした。しかしこれは失敗で、いたずらに諸王のあいだの連合を促進したにとどまった。もはや精も根も尽き果てた康熙帝は、一七一二年、ふたたび皇太子を廃位して、紫禁城内の咸安宮《かんあんきゅう》に幽閉した。もはや六十歳近くの老境に入った康熙帝としては、皇太子問題にこれ以上わずらわされたくなかったのであろう。以後、立太子の必要を進言する大臣があるたびに、康熙帝は決まって激怒したという。すべては絶対権力者が長生きし過ぎたために起こった悲劇である。

その後、康熙帝が一七二二年十二月二十日、北京郊外の暢春《ちょうしゅん》園離宮で六十九歳で急死したとき、枕頭には一人の皇子も居合わせなかった。側についていたのは、北京の警察権を握る歩軍統領ロンコドだけだったが、その指示で康熙帝の遺骸は夜中、秘密のうちに宮中に担ぎ込まれ、宮門はことごとく閉ざされた。ロンコドの姉と結婚していた第四皇子だけが宮中に呼び込まれ、翌日の正午になって、ロンコドだけが聞いたという、康熙帝の遺言なるものが発表された。

「第四皇子は人格が立派で、私に孝行であり、政治の才能もある。帝位を継ぐに適している」

こうして即位した第四皇子が雍正帝《ようせい》である。

廃太子は、この騒ぎをよそに咸安宮に幽閉されたまま、一七二五年一月二十七日、ひっそりと死んだ。五十二歳であった。

清朝の多様性を理解するためのキーワード

五種族と法典

清朝《しん》では、マンジュ人（満洲人）、モンゴル人（蒙古人）、漢人、チベット人、回人（いわゆるウイグル人）の五種族の住む範囲を区別して、それぞれ法典を用意した。

マンジュ人はすべて八旗《はっき》と呼ばれる八集団に分属し、それぞれの出自に従って満洲（マンジュ）・蒙古（モンゴ）・漢軍（ウジェン・チョーハ）と名づけ、旗人と総称された。その法典は『八旗則例』である。

また、モンゴル人は外藩《がいはん》蒙古（トゥレルギ・モンゴ）と呼ばれ、元《げん》代以来の封建制度を保った。その法典は『蒙古例』である。漢人（ニカン）は『大清律例』を適用され、明《みん》の旧制に従った。仏教徒のチベット人（トゥベト）は『西蔵《せいぞう》事例』を、回人すなわちイスラム教徒のトルコ系東トルキスタン人

（ホイセ）は『回疆《かいきょう》則例』を適用された。

全体として、マンジュ人とモンゴル人は協力して漢人を統治し、これにチベット人とトルコ系イスラム教徒が服属するという形をとり、オイラト人はモンゴル人の一部と見なされたのである。

ダライ・ラマ（達頼喇嘛）

チベット仏教の四大宗派の一つ、ゲルク派の教主。一五七八年、ソェナムギャツォは青海《せいかい》でモンゴルのアルタン・ハーンと会見し、ダライ・ラマの称号を贈られた。これが第三代ダライ・ラマで、代々転生によって継承した。第五代ダライ・ラマ（一六一七〜八二）のときその勢力は絶頂に達し、他の宗派を圧倒した。第六代ダライ・ラマは恋愛詩人で、オイラト・ホシュート（和碩特）部族の介入を招き、一七〇五年、逮捕されて北京《ペキン》へ護送される途中、翌年死んだ。しかし事後のごたごたにつけ込まれ、一七一七年、ジューンガルの兵が侵入してラサを占領した。これに対抗して一七二〇年、清軍が侵入して、ラサに第七代ダライ・ラマを立て、これからチベットは清に服属することとなった。

ジューンガル（準噶爾）

オイラト（衛拉特）人の一部族。オイラト人はモンゴル系である。一三八八年、元帝国の崩壊に乗じて勢力を伸ばし、やがてエセン・ハーンが出て、一四五三〜五四年、北元《ほくげん》のハーン位にのぼっている。その後、オイラトはモンゴル・ハルハ部族の攻撃を受けたが、一六二三年、反撃に出て敵の首領ウバシ・ホンタイジを殺し、これを機会に四方に勢力を拡張した。

ホシュート部族は青海・チベットを占領し、トルグート部族はヴォルガ河に進出し、ジューンガル部族は一六七六年、ガルダン・ボショクト・ハーンが出て帝国を建設した。

一六九六年、ガルダンはジョーン・モドの戦いで清の康熙《こうき》帝に敗れて、翌年死んだ。しかしジューンガル帝国はなお強力で、一七一七年、兵を送ってチベットのラサを占領した。これに対して康熙帝は一七二〇年、清軍を送ってラサを占領し、第七代ダライ・ラマの政権を樹立した。青海のホシュート部族のロブサンダンジンは、一七二三年、清からの独立を企てて兵を挙げたが、翌年、平定され、ジューンガル帝国に亡命した。これで青海は清領となった。

一方、ジューンガルでは内紛が起こり、一七五四年、ホイト部族のアムルサナーが清に亡命してきた。清の高宗乾隆《けんりゅう》帝はこの機を捉えてジューンガル問題の解決を図り、一七五五年、清軍を送ってジューンガル帝国を滅ぼした。しかし戦後処理に関して意見が合わず、アムルサナーは兵を挙げて独立を宣言した。

一七五七年、清軍の追撃を受けてアムルサナーはシベリアに逃げ込み、トボリスクで天然痘にかかって死んだ。一七五九年、旧ジューンガル領の東トルキスタンの回部《かいぶ》も清朝に征服されて、清の領土は最大に達した。

この間、ヴォルガ河にいたトルグート部族はおおいに勢力を伸ばし、アユーキ・ハーン（在位一六七〇～一七二二）は半世紀にわたって在位したが、その死とともに王位継承の紛争が起こった。ロシアはトルグート・ハーンの力をそぐために干渉を行ない、これに不満なウバシ・ハーンは、一七七一年、部下の大多数を連れてヴォルガ河畔を離れ、イリに達して清の保護を受けた。これでオイラト諸部族はみな清の臣下になった。

朝貢

秦《しん》の始皇帝《しこうてい》からシナで行なわれた制度。清では北京《ペキン》の紫禁城《しきんじょう》の太和殿《たいわでん》の前で、毎月五日、十五日、二十五日の早朝に行なわれた。

皇帝は早く起きて潔斎《けっさい》し、神々に犠牲を捧げる。群臣は殿前に、品級に従って整列する。皇帝が太和殿に出御し、群臣は御史《ぎょし》（検察官）の号令に従って三度跪《ひざまず》き、一度につき三度、額を敷石につける。これを三跪《さんき》九叩頭《きゅうこうとう》と言う。礼部尚書が群臣を率いてご挨拶を言上し、皇帝がこれに答える。それが終わって群臣は退出し、朝日が昇る。

また地方の郡県でも、時を同じくして、知事が率いて同様の行事が行なわれた。朝礼が終わると市場の門が開き、交易が始まる。

六部

明の制度で最高の官庁。吏部（人事院）・戸部（財務省）・礼部（外務省・文部科学省）・兵部（防衛省）・刑部（法務省）・工部（建設省）がある。

清ではこれと理藩院《りはんいん》（モンゴル・チベット関係省）の七部が最高になる。その長官を尚書《しょうしょ》（大臣）と言う。

内務府と十三衙門

一六五四年、北京に入居して十年を経た清の順治帝《じゅんち》は、内務府を廃止して、その代わりに十三衙《が》門《もん》を設置した。内務府は皇帝の身辺の雑事を処理し、政務を助ける機関であるが、これは皇帝直属の三旗の包衣《ボーイ》、すなわち満洲人の家奴で構成される。内務府に当たる役割は、明代には二十四衙門の宦《かん》官《がん》によって果たされていた。これを復活したのが順治帝の十三衙門であった。

シナの皇帝制度とともに古いのが宦官という存在である。宦官は非人格者で、その点、皇帝という制度を運用するには便利であった。宗族制度の社会からはみ出した宦官は、皇帝に忠義を尽くすほかに生きる道がなく、これが官僚制度の頂点に立つ皇帝に利用された性質である。

ところが満洲人はシナでは少数派であるから、当然皇帝を中心として団結するので、清朝は初めは宦官を必要とせず、内務府で充分であったのである。しかし一方、満洲人のあいだでは皇帝は選挙制で、漢人の皇帝のような絶対君主ではなく、直属の三旗以外の満洲人に対しては支配権を持たない弱い存在である。こうした清朝の皇帝が北京に乗り込んで、絶対権力者であった明朝の皇帝の後継者になったのであるから、そこにいろいろ矛盾が生じてきた。

そこで順治帝は権力を自分の手中に収めるべく、内務府を通じて満洲人の大臣が実権を振るう道を閉ざし、その代わりに十三衙門を置いたのであろう。しかし順治帝が二十四歳の若さで死に、八歳の康熙《こうき》帝が立つと、実権は上三旗出身の四大臣の手に落ちた。四大臣は遺詔と称して十三衙門を廃止し、内務府を復活した。こうして皇帝独裁権の確立は次代に持ち越され、康熙・雍正《ようせい》二代、約八十年の歳月を費やしてやっと実現したのである。

奏摺と軍機処

清朝では、百官、ことに地方官が皇帝に報告する文書を奏摺《そうしょう》と言う。摺とは経本折りの紙のことで、マンジュ文は左の端、漢文は右の端が始まりである。これに皇帝はマンジュ語、または漢語による朱筆で指令を書き入れて送り返す。これを硃批《しゅひ》と言う。受け取った臣下は、すべて大切に保管し、折が来れば返納しなければならない。

世宗雍正帝は、自分の私設秘書室として軍機処《ぐんきしょ》という機関を置いた。これは御座所近くの乾清門《けんせいもん》の外にあって、マンジュ人と漢人の秘書が常駐し、帝国各地から送られてくる奏摺にせっせと目を通しては、その内容を直接、皇帝の耳に入れ、その場で決裁をあおぐようになっている。これができてから情報の集中管理は完全になって、マンジュ人、漢人の大官も皇帝に太刀打ちできなくなった。

十八世紀末以降の反乱

乾隆帝の世にジューンガル帝国が滅びたことで、清帝国は競争相手がなくなってほっとしたに違いない。しぜん帝国の内政も緩み、反乱が四方に起こることになった。

一七九五年の苗《ミャオ》族の乱（十一年続く）、一七九六年の白蓮《びゃくれん》教徒の乱（八年続く）、一八一三年の天理教徒の乱、一八三九年の第一次アヘン戦争（三年続く）、一八五一年の太平天国の乱（十三年続く）、一八五三年の捻軍《ねんぐん》の乱（十五年続く）、一八五六年の第二次アヘン戦争（四年続く）がこれである。イギリスなどのヨーロッパ諸国も、清朝から見れば朝貢国と見なされるので、アヘン戦争もここでは反乱に含む。

なかでも一八六二〜七七年の回族の乱と、一八八四〜八五年の清仏戦争は、清帝国の性格を変えることになった。

左宗棠《さそうとう》が回族の乱を平らげると、清朝は一八八四年、その勧めによって東トルキスタンにシナ式の新疆省を置き、清仏戦争でフランス艦隊に一度占領された台湾には、一八八五年、やはりシナ式の台湾省を置いた。

国初以来、マンジュ人はモンゴル人と連合して、漢人を統治し、チベット人と回人を保護する建前だったのが、ここに至って変質し、モンゴル人を切り捨てて「満漢一家」を唱えるようになった。そこへ一八九四〜九五年の日清戦争の敗戦が起こる。これは秦の始皇帝以来の伝統のシステムが、もはや通用しない時代が到来したことを劇的に告げ知らせる事件であった。

結局、日本の陸軍士官学校出身の青年将校たちが起こした辛亥《しんがい》革命（一九一一〜一二）によって、二百七十六年続いた清朝は滅びた。

第Ⅱ部　台湾はどんな歴史をたどってきたか

――紀元前から一九七〇年代まで――

台湾通史——台湾人はこうして誕生した

1　近世以前の台湾

紀元前一世紀、『漢書《かんじょ》』に登場

台湾島の原住民（いわゆる高砂族《たかさご》）は、マレー語、インドネシア語、フィリピン諸語などと同じ系統のオーストロネシア語を話す人々である。オランダ人が十七世紀に入植するまでは、台湾に住んでいたのは原住民だけだった。漢人は、紀元前一世紀から台湾の原住民のことを知っていたが、台湾の開拓にはさっぱり関心がなかった。漢人の移民が初めて台湾に住み着いたのは、オランダ人よりもあとのことである。

台湾の原住民が歴史の記録に初めて登場するのは、紀元前一世紀の末のことである。シナの前漢朝の歴史を書いた『漢書』の「地理志《ちりし》」篇に、

「会稽《かいけい》の海外に東鯷人《とうていじん》有り、分かれて二十余国を為《な》す。歳時《さいじ》を以て来たりて献見《けんけん》す」という記事がある。これと同じ「地理志」篇には、有名な「楽浪《らくろう》の海中に倭人《わじん》有り、分かれて百余国を為す。歳時を以て来たりて献見す」という記事がある。この「倭人」は、日本列島の原住民のことだから、台湾島の原住民と、日本列島の原住民は、同時に初めて記録に現われたわけである。

その頃、シナ大陸の今の江蘇《こうそ》省の蘇州《そしゅう》市に会稽《かいけい》郡があり、これが漢人の住地のいちばん東南の端だった。それから先の、杭州湾以南の今の浙江《せっこう》省・福建《ふっけん》省は、越人《えつじん》という原住民の住地で、漢人はいなかった。だから、台湾島に二十いくつの独立の部族に分かれて住んでいた東鯷人は、毎年、決まったときに手土産を携《たずさ》えて、蘇州市に駐在するシナの出先官庁に挨拶にきていたのである。

その次に台湾がシナの記録に現われるのは、二百年以上もあとの、三世紀のことである。シナの三国時代の歴史を書いた『三国志』によると、今の南京《ナンキン》市に都を定めた呉《ご》の皇帝孫権《そんけん》は、二三〇年、衛温《えいおん》・諸葛直《しょかつちょく》という将軍を遣わして、一万の軍隊を率いて海に船出し、夷洲《いしゅう》と亶洲《たんしゅう》という土地を探させた。亶州は海のなかにあった。

古老の言い伝えによると、むかし、秦《しん》の始皇帝《しこうてい》が徐福《じょふく》という術者を遣わして、童男、童女数千人を率いて海に出て、蓬莱《ほうらい》の仙人の島と仙薬を探させた。徐福らは亶洲に住みついて帰らず、その子孫は数万家族にもなった。亶洲の住民は、ときどき会稽郡（当時は浙江省紹興《しょうこう》市）に来て布を売ったりする。会稽郡の東県《とうけん》（福建省福州市）の人が、航海中に漂流して亶洲に着くこともある。しかし亶洲は遠過ぎて、呉軍はついにたどりつけず、夷洲の数千人を連れ帰っただけであった、という。

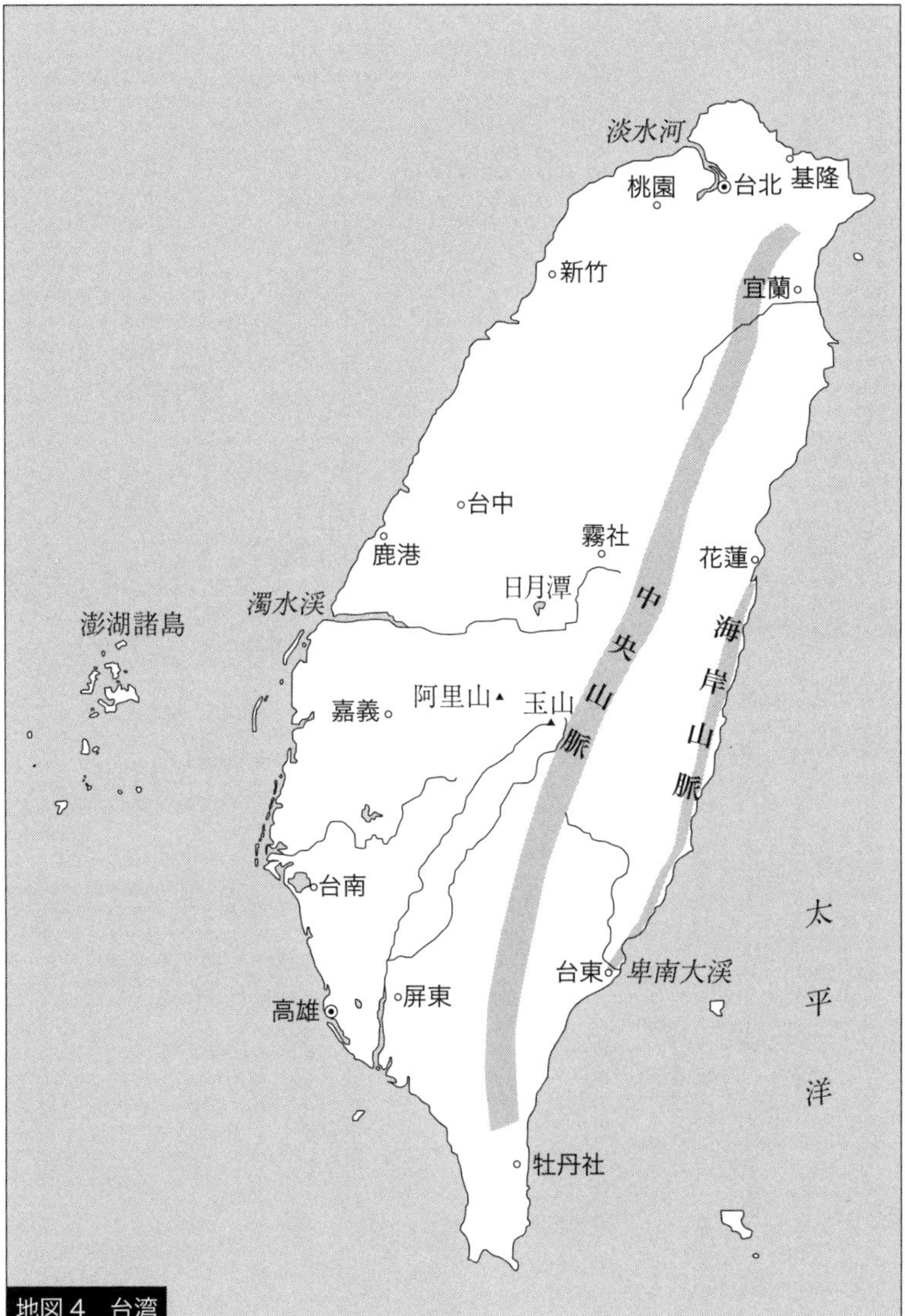
淡水河
台北
基隆
桃園
新竹
宜蘭
台中
霧社
鹿港
花蓮
日月潭
濁水渓
澎湖諸島
中央山脈
海岸山脈
阿里山
玉山
嘉義
台南
太平洋
台東
卑南大渓
屏東
高雄
牡丹社

地図４　台湾

夷洲は台湾で、それより遠い亶洲はフィリピンのルソン島であろう。

七世紀、『隋書《ずいしょ》』では流求国

さらに三百年以上もあとの七世紀の初めになると、台湾は今度は流求国《りゅうきゅうこく》という名前で『隋書』に現われる。それによると、六〇七年、隋朝の皇帝煬帝《ようだい》が朱寛《しゅかん》という使者を派遣して海外を探検させた。このとき、何蛮《かばん》という船乗りが朱寛に「春と秋の天気が良く風のないときに東のほうを眺めると、かすかに煙か霧が立っている。何千里先かわかりません」と言った。朱寛は何蛮を連れてこれに向かったところ、流求国に着いた。言葉が通じなかったので、流求人を一人捕まえて帰ってきた。

翌六〇八年、煬帝はふたたび朱寛を流求国に派遣して、シナ皇帝への服従を要求したが、流求は拒否した。朱寛は流求の布製の鎧《よろい》を持ち帰った。ちょうどこのとき、倭国の使者が隋の宮廷を訪問していて、その鎧を見て「これは夷の邪久《やく》国人が使っているものだ」と言った（邪久国は、鹿児島県の大隅諸島の屋久島）。煬帝は、陳稜《ちんりょう》・張鎮州《ちょうちんしゅう》という将軍を遣わして、軍隊を率い、義安《ぎあん》（広東《カントン》省潮安県）から船出して流求国を攻めさせた。陳稜の軍には東南アジアの諸国の人々が加わっていたが、そのなかに崑崙《こんろん》人（マレー人）がいて、流求語がよくわかった。陳稜は使者を遣わして流求国に降伏を要求したが、流求人は拒否し、隋軍と戦った。隋軍は流求軍を撃破して敗走させ、進撃して流求国王の都に入城し、戦うごとに勝って、宮殿を焼き払い、流求人の男女数千人を捕虜にし、戦利品とともに持ち帰った。

『隋書』には流求国の風俗が詳しく記してある。それによると、流求国王の姓は歓斯《かんし》、名は渇剌兜《かつらつとう》と言い、土語は王号は可老羊《かろうよう》、王の妻は多抜荼《たばつと》と言う。王の都は波羅檀洞《はらだんどう》と言い、三重に柵をめぐらし、周りに水を流し、刺《とげ》のある木を植えて垣根にしてあるというが、今の台湾のどこかはわからない。それにしても、流求国の文化が九州南部と共通で、言語がオーストロネシア系であったことがわかるのはおもしろい。

これから、台湾島の存在はシナ大陸に知られることになったが、台湾を訪問する漢人もないまま、また七百年近くが過ぎた。十三世紀の末になって、東アジアすべてを征服した元《げん》朝のモンゴル皇帝フビライ・ハーンが、台湾を服従させようと試みた。

元朝の歴史を書いた『元史』では、台湾は瑠求《りゅうきゅう》と呼ばれている。それによると、澎湖《ほうこ》諸島の東では海面がだんだん低くなって、瑠求の近くには、海水がとめどなく下に流れ落ちているところがある。漁船が、澎湖諸島より先で台風に遭ってここに吹き寄せられると、生きて帰れる者は百人に一人である。そういうわけで、唐代以来、瑠求は記録にも出てこないし、どこかの国の商船が瑠求に行った話もない、という。

フビライ・ハーンは一二九一年、詔書を発して瑠求国に、モンゴル皇帝に服従するよう要求した。翌年、モンゴル軍の一部隊は瑠求国の海岸に上陸したが、陸上の人数が多いうえに言葉が通ぜず、三人を殺されて引き返した。フビライ・ハーンの跡を継いだテムル・ハーンも、一二九七年に福建行《こう》省《しょう》（福建省泉州市）から瑠求国に軍隊を送って、百三十人あまりの捕虜を連れ帰っている。

しかし、モンゴル人の台湾に対する働きかけはそれだけで終わり、十四世紀にシナに漢人の明《みん》朝が成立してからは、台湾はふたたび忘れられ、代わって沖縄を琉球《りゅうきゅう》と呼ぶようになった。

オランダの台湾支配

台湾が初めて本格的に歴史に登場するのは、一六二四年、オランダがここに根拠地を置いてからである。この年、オランダ人は台湾島の南部の、今の台南《たいなん》市の安平《あんぺい》を占領した。この地の原住民がタイオワンという部族だったので、台湾の名がそれから起こった。オランダ人は安平にゼーランディア城を築き、また入江の対岸の赤嵌《サッカム》にプロヴィンシア城を築いて、貿易の基地にした。

オランダ人と同様、台湾を貿易の基地にしようと計画していたスペイン人は、少し遅れて台湾の北部の基隆《キールン》を占領して、ここにサン・サルバドル城を築き、続いて淡水《たんすい》にサント・ドミンゴ城を築いた。しかし、スペイン人は一六四二年になってオランダ人に追い出され、オランダ人が台湾全島を支配するようになった。オランダ人は原住民にキリスト教を布教したので、その副産物として、原住民の言葉をアルファベットで書く方法が開発された。台湾の特産は鹿で、毎年、原住民が集めた多量の鹿皮と鹿の角が日本に輸出され、大きな収益をあげた。

オランダ人は食糧調達のため、海峡の対岸の福建省から漢人農民を台湾に呼び寄せて、開墾《かいこん》に当たらせた。漢人が台湾に住み着くようになったのは、これからのことで、オランダ人について入ったのである。

この頃、東北アジアでは、満洲人のハーン・ホンタイジが満洲人とモンゴル人によって皇帝に選挙されて、瀋陽《しんよう》に清《しん》朝を建てていた。ホンタイジは、スペイン人が台湾を追い出された翌年の一六四三年に死んで、わずか六歳のフリン（順治帝《じゅんち》）が跡を継いだ。さらにその翌年、明朝の最後の皇帝が、反乱軍に北京《ペキン》を占領されて自殺した。明朝からの要請を受けて、順治帝は北京に入って、紫禁城《しきんじょう》の玉座につき、こうして満洲人の清朝がシナを支配することになった。

鄭氏三代の台湾政権

この頃、シナ大陸の南部では、明朝の皇族たちが満洲人に抵抗したが、その一人が魯王《ろおう》で、福建省の沖合の島々を本拠とした。その魯王を担いだのが、有名な国姓爺《こくせんや》・鄭成功《ていせいこう》である。

鄭成功の父・鄭芝龍《ていしりゅう》は漢人海賊の大親玉で、平戸《ひらど》（長崎県）の田川七左衛門の娘と結婚した。二人のあいだに生まれた混血児が鄭成功で、日本名を福松と言った。鄭芝龍は最初、明朝の皇族たちの復興運動に肩入れしたが、やがて見切りをつけて清朝側についた。息子の鄭成功のほうはずっと魯王を担いで、福建省の沿岸で活躍した。しかし、形勢がだんだん悪くなったので、鄭成功は方向を転じて、一六六二年、二万五千の兵を率いて海峡を渡り、台南に上陸してプロヴィンシア城とゼーランディア城を攻め落とし、オランダ人を降伏させ、台湾から追い出した。

鄭成功は台湾を占領した年に死んだが、その息子と孫は台湾に亡命政権を立てて、二十二年間、大陸を支配する満洲人の清朝から独立を保った。一六八三年に至って、清朝の満洲軍が台湾に進攻し、鄭成功の孫はこれに降伏した。しかしこれで、台湾がシナ領になったのではない。

2　清朝（満洲人）の台湾支配

清朝は満洲人とモンゴル人が連合して、シナの外でつくった政権で、そのあとでシナを征服した。清朝の皇帝は、満洲人とモンゴル人に対しては、チンギス・ハーン以来の遊牧帝国の大ハーンで、漢人に対しては、秦の始皇帝以来の皇帝という、二重の性格を持っていた。北京は清朝の首都ということになっていたが、それは皇帝の冬の避寒地で、夏には皇帝はモンゴル高原の承徳《しょうとく》（熱河《ねっか》）の避暑山荘に滞在して、臣下の遊牧民の王侯たちを接見したり、ともに巻狩《まきが》りを楽しんだりして過ごした。

清朝の第一公用語は満洲語で、必要に応じて、モンゴル語と漢語が併用された。科挙の試験を通って役人になった漢人は、シナの行政を担当するだけで、清朝の根拠地である満洲・モンゴルの統治には、漢人は関与を許されなかった。清朝はのちに、チベットと新疆《しんきょう》をも支配下に入れたが、これにも漢人は関与できなかった。言い換えれば、清朝という帝国のなかで、シナは満洲人に支配される植民地の一つにすぎなかった。

だから、一六八三年に清朝に征服された台湾は、満洲人の支配下に入ったのであって、シナの領土になったのではない。

清朝は、台湾に三つの県城《けんじょう》を置いたが、これは鄭氏三代のような海賊の再発を防止するのが目的だったので、漢人の台湾渡航を厳重に制限した。それでも、人口過剰の福建省からは密航者が絶えなかった。鄭成功の残党のやくざの地下組織と、着の身着のままで密航してきた羅漢脚《ローハンカー》と呼ばれる大量の浮浪者のせいで、台湾の治安は極端に悪く、三年に一度の小叛乱、五年に一度の大叛乱と言われるほど、騒動が頻繁に起こった。なかでも、一七二一年の朱一貴《しゅいっき》の乱と、一七八七年の林爽文《りんそうぶん》の乱は規模が大きく、台湾全島が反乱軍の手に落ちた。

台湾の治安の悪さは、漢人入植者同士の仲が悪く、土地を奪い合って「械闘《かいとう》」と呼ばれる激しい戦争を繰り返したためでもある。福建省からの入植者はいずれも福建語を話すが、福建語は漢字で書けない言葉で、そのため、出身地が違えば、話す言葉もかなりの違いがある。台湾に移住した福建人にも二種類あり、泉州市の一帯から渡ってきた人と、廈門《アモイ》市の一帯からの人は、互いを余所者《よそもの》扱いする。さらに広東省の東部の汕頭《スワトウ》市の一帯からの移民も、福建語の系統ではあるが、かなり違う方言の潮州《ちょうしゅう》語を話す。この泉州人・廈門人・潮州人は互いに仲が悪かった。

このほかに、客家《ハッカ》と呼ばれる人々がいる。客家の本拠は広東省の東北の隅の梅県《ばいけん》だが、もともとは、華北の山西省《さんせいしょう》から十三世紀のモンゴル時代に南下を始めた人々で、話す言葉は漢語の山西方言である。客家の言葉は福建人にはまったく通じないし、生活様式も違う。

そういった複雑な事情のために、清朝は台湾を持てあまし、開発などは考えもしないまま、二百年が経った。

台湾征伐―清仏戦争―日清戦争

そうして十九世紀の後半に入って、清朝は突然、台湾が戦略上、重要であることに気がついた。

その最初のきっかけは、一八七四年の日本の台湾征伐である。その三年前に琉球人の一団が暴風にあって台湾に漂着し、牡丹社《ぼたんしゃ》という村の原住民に殺されて首をとられた。清朝はこの事件をまったく知らなかったが、日本は事件の翌年の一八七二年に、琉球王国を廃止して日本の領土としていたので、日本国民が危害を加えられたとして、清朝に牡丹社の懲罰と賠償を要求した。清朝は、台湾の原住民は清朝の支配下にない「化外《かがい》の地」と言って、事件の責任を回避した。そこで、陸軍中将西郷従道《さいごうつぐみち》の率いる日本軍が台湾に上陸して、牡丹社を征伐した。結局、清朝は日本に賠償金五十万両を支払って、牡丹社事件は解決した。

清朝はこの事件で、台湾の人口を増やして統治を強化する必要を感じ、翌一八七五年、二百年ぶりに漢人の台湾渡航禁止令を解除した。これでやっと漢人は公然と台湾に入植できるようになった。

第二のきっかけは、一八八四〜八五年の清仏戦争である。この戦争は、ベトナムを保護国にしたフランスと、ベトナムの宗主国を自任して、フランスの保護権を認めない清朝とのあいだで起こった。このときクールベ提督のフランス艦隊は、福建省の海岸を襲撃して、福州港の清朝艦隊を全滅させ、さらに台湾の淡水港を攻撃し、基隆港を占領し、台湾の西岸の諸港を封鎖して、福建省との連絡を断った。

清朝はこれで初めて、台湾を国防上重要と認めた。講和が成立して、フランス軍が台湾から撤退したあと、清朝は一八八五年、台湾巡撫という、シナ内地並みの行政機構を設立した。それまで台湾は、シナの一部ではなく、辺疆として扱われていたのである。これで清朝は、やっと本気で台湾の開発に手をつけたが、時すでに遅く、わずか十年後の一八九五年には、日清戦争の後始末をつける下関講和条約によって、清朝は台湾を日本に割譲《かつじょう》した。

清朝はシナではなく、満洲人の帝国だった。だから、清朝が日本に割譲した台湾は、日本がシナから奪ったのではない。

3　日本の台湾統治

台湾が日本の一部になったので、台湾の住民は日本という近代国家の国民となって、近代的な生活を経験することになった。これが、現在の「台湾人」という国民の出発点だった。一方、大陸の漢人が近代国家への途《みち》を歩み出すのは、それから十六年後の一九一一年に辛亥《しんがい》革命が起こり、翌一九一二年に満洲人の清朝が倒れて、漢人の中華民国が成立してからのことである。しかも中華民国は、国家とは名ばかりの、軍閥の割拠《かっきょ》状態が続いて、近代化はなかなか成功しなかった。そういうわけで、台湾の住民は、大陸の漢人よりも、はるかに文明度が高くなった。

この、台湾が日本の一部であった時期を、現在の台湾人はどう評価しているのだろうか。

今年（一九九五）の四月、台湾の台北市では、野党の民進党系の大新聞『自由時報』社の主催で、「下関条約一百年――台湾の運命の回顧と展望」という国際シンポジウムが開かれ、私も招待されて出席した。シンポジウムと同時に、台北の街では、「告別中国（中国よ、さようなら）！　台湾独立！」を叫んで、大デモが練り歩いた。

シンポジウムに出席したのは、私のような日本人の学者やアメリカの外交官を除いて、そのほかの大多数は、国内や国外に居住する台湾人の学者だったが、彼らが繰り返し強調した、日本の台湾統治の特徴は、だいたいに言って次の三点にしぼられる。

第一に、日本は法律を尊重し、法律に従って統治を行なった。日本内地の法律は、社会事情の違う台湾には、そのまま適用できないので、台湾総督が特別に法律を定め、台湾の裁判所がそれに従って裁判を行なった。法律の運用は公平で、不法な逮捕、連行、監禁、処刑などはまったくなかった。この点は、法律を平気で踏みにじる中国――国民党も、共産党も――と大きな違いである。

第二に、日本は住民の教育に熱心だった。教育の普及のおかげで、台湾の住民は、初めて日本語という共通の言葉を持つことになり、日本語を通して世界の近代文明を吸収し、現在のような「台湾人」というアイデンティティの基礎ができた。

第三に、日本は、他の帝国主義国とは違って、植民地・台湾への資本投下と技術移転に積極的だった。そのおかげで、清朝時代にひどかった台湾の衛生状態は良くなり、里芋しか食べる物のなかった食糧事情は改善され、新たに品種改良された蓬萊米《ほうらいまい》が主食となった。日本が開発したサトウキビ栽培も、台湾で生産された砂糖を、日本は国際価格より高く買い上げて台湾の経済を支えた。

現在の台湾人が、日本の台湾統治をこのように高く評価するのは、台湾が今後採るべき進路は、日本の遺産を出発点にするほかないという、現実的な考慮に基づいているのはもちろんだが、一方、日本時代の五十年に続いた、国民党の五十年の支配に対する強い反感も働いている。

日本が大東亜戦争に敗れて、最後の台湾総督・安藤利吉陸軍大将は、一九四五年十月二十五日、台北で国民党の台湾省行政長官・陳儀《ちんぎ》陸軍上将に正式に降伏した。しかしこれは、台湾の行政権を、連合軍最高司令官の命令を受けて、中国軍が接収しただけのことで、日本が台湾を中国に「返還」したのではなかった。

4　国民党の台湾支配

台湾人は、日本の統治のもとでも、シナ大陸を「祖国」だと思って漠然たる郷愁を抱いていたから、最初は国民党軍の台湾進駐を歓迎した。しかし半年も経たないうちに、歓迎は憎悪に代わり、外省人《がいしょうじん》（中国人）を侵略者と考えるようになった。邱永漢《きゅうえいかん》の小説「濁水渓」は、この時期の台湾を描いている。

それによると、中国の軍隊が基隆港に到着した日、軍隊の通路になっている基隆街道は、歓迎の民衆で空前の盛況を呈した。ところが、船から上がってきた兵隊は青い綿入れを着て、銃の代わりに傘を差した、規律のない烏合《うごう》の衆で、軍靴《ぐんか》どころか、木綿の靴を履いたのさえ少なく、鍋や七輪を籠に入れて、天秤棒《てんびんぼう》でえっさえっさと担いで進軍した。日本をうち負かしたほどの精鋭軍隊を期待した民衆は、恥ずかしくなって四散してしまった。

それだけなら、まだ問題はなかった。行政長官・陳儀の率いる官僚は就任早々、貪汚舞弊《たんおぶへい》（汚職）癖を発揮し始めた。そして親分の陳儀自身は、台湾総督府の地下にある印刷工場で、輪転機を昼夜分かたず回転させ、おびただしい紙幣を乱発して、砂糖初め米やその他の物資を盛んに買い占めているというもっぱらの噂だった。

陳儀を長官と呼ばず猪官《チークワン》と民衆は呼んだ。食う一方で働かない豚と同じだと言うのだ。「犬（日本人）去って、豚（中国人）来たる」とも言う。犬も困りものだが、番をしてくれた。ところが豚に至っては、食って食って食いまくるばかりだ。こうして、国民党の横暴がしだいに目にあまってきた。以前、植民地だったとはいえ、一度は二十世紀の空気を吸った台湾の民衆は、この封建的搾取《さくしゅ》に我慢がならなくなった。こうして、一九四七年二月二十八日の「二・二八事件」が起こり、この事件が、台湾人と中国人のあいだの不信と憎悪を抜き差しならないものにしてしまった。

台湾人無差別虐殺——二・二八事件

邱永漢の「濁水渓」の記述によれば、二・二八事件の経過は次のようである。

日本時代からの酒・煙草の専売制度は、中国の統治下に入ってからもそのまま継続されたが、この禁を破って上海《シャンハイ》煙草が盛んに密輸されていた。密輸を大規模に行なうのは外省人（中国人）だが、密輸煙草を道端で売る小売り商人は、全部、台湾人である。専売局が取り締まりに出す巡視官は、密輸の大御所は捕まえないで、路傍の小売り商人ばかりをいじめた。

二月二十七日、永楽戯院（映画館）の前で、一人の巡視官がお婆さん（史実は四十歳の寡婦）の煙草売りから、煙草を没収した。お婆さんは哀願したが、巡視官は無慈悲に突き放した。それを取りなそうとした男に、拳銃を抜いて発砲した。弾丸は男の心臓を貫いた。男は顔の売れたやくざだったので、仲間の者が承知せず、翌二十八日、祭りの獅子を担ぎ出して、縄張りの商家に店を閉めさせた。獅子を先頭として行進するにつれて、行列はしだいに長くなり、専売局の前まで来たときは三千人ぐらいになっていた。

群衆は専売局を包囲して、殺人犯の銃殺、巡視制度の廃止、専売局長の辞職、犠牲者の家族への弔《ちょう》慰《い》金《きん》を要求したが、専売局長はいち早く姿をくらました。しびれを切らした獅子隊は、長官公署（旧総督府、今の総統府）に向かった。

長官公署前の広場はたちまち群衆で埋まった。群衆は口々に、

「陳儀出てこい」「猪官出てこい」「殺人犯を銃殺にせい」

と叫んだ。しかし陳儀は、ベランダに姿を現わして群衆に演説する勇気がないまま、三時間も群衆はその場から立ち去らなかった。

「撃て！」

と陳儀は命じた。長官公署の上から機関銃が発射された。民衆が血にまみれてばたばた倒れた。血を見た群衆はいきりたち、専売局を破壊し、煙草を運び出して路上で焼き払った。放送局を占拠した一隊は、すぐ全島に向かって、「省政自治」の要求を電波に乗せた。

これはまったく突発的な暴動だったが、台北市占領の報が伝わるや、わずか二、三日のあいだに、全島津々浦々まで、たちまち台湾人の手に帰した。外省人（中国人）はことごとく殴打され、天井裏に隠れたり、日本人風のモンペ姿に身をやつさねばならなかった。かつて日本軍の訓練を受けた青年たちは、「天に代わりて不義を討つ」を高唱《こうしょう》しながら大道を行進し、彼らが組織する治安隊がバリケードを築いて、通行人を誰何《すいか》した。外省人に間違えられないために、台湾人の女は中国服を捨てて洋服に着替えた。外省人には福建語（台湾語）のできる者もあるので、怪しいヤツは、「君が代」を唱《うた》ってみろと言われた。台湾人なら「君が代」の唱えない者はいないからである。

台湾人の省参議員や台北市議員を中心に、二・二八事件処理委員会が結成され、治安維持に当たる一方、陳儀を相手に交渉が進められた。陳儀は、行政長官公署から一歩も出ないまま、委員会とお茶を濁しながら、秘《ひそ》かに蔣介石《しょうかいせき》へ電報を打って援兵を求めた。米式の新式装備をした国民党の精鋭部隊が基隆に上陸するや、基隆港は銃殺された台湾人の死体で埋まった。国民党軍は破竹《はちく》の勢いで台北へ進み、処理委員会の委員たちはたちまち共産党員ということにされ、逃げ遅れた者や、罪がないと信じてみずから出頭した者は、その場で銃殺された。

このとき、台北市ばかりでなく、台湾全島を荒れ狂った国民党の台湾人無差別虐殺の一端《いったん》は、侯孝《こうこう》賢《けん》監督の映画「悲情《ひじょう》城市《じょうし》」に描かれているが、だれだれが、また全体で何人が、令状もなしに逮捕・連行され、裁判もなしに銃殺され、闇から闇に葬られたのか、中華民国政府がいまだに資料を公開しないので、確かにはわからない。一説では二万人と言う。

いずれにせよ、二・二八事件は、台湾人の中国人に対する憎悪と怨恨を抜きがたいものにして、それによって「あいつら中国人、われら台湾人」という、台湾人の民族意識を固めることになった。そのわずか二年後の一九四九年に、大陸では共産党が内戦に勝って、国民党を大陸から追い出し、行き場を失った蔣介石と国民党と、それに従う中国人の大群が台湾に亡命してくるという事態が起こった。

このときアメリカ合衆国は、腐敗し切った国民党政権に見切りをつけて、共産党の中華人民共和国が台湾を乗っ取るなら、乗っ取るに任せようという態度だった。

ところが、台湾にとって幸運なことに、翌一九五〇年に朝鮮戦争が起こった。アメリカは戦略上の考慮から、急遽《きゅうきょ》、西太平洋の防衛線に台湾を含め、第七艦隊が台湾海峡を監視することになった。こうして、台湾は少なくとも、共産党の支配下に入る危険からは当分解放された。

一九五一年のサンフランシスコ平和条約は、こうした情勢のもとで締結された。この条約は「日本国は台湾および澎湖《ほうこ》諸島に対するすべての権利、権原および請求権を放棄する」と規定している。この条文によれば、日本は、台湾がどこの国の領土になろうが、いっさい発言する権利はないことになる。だから台湾が、ここに居座っている国民党の中華民国の領土であるか、それとも一九七二年に日本が国交を樹立した共産党の中華人民共和国の領土であるか、それとも、将来できるかもしれない台湾人自身の独立台湾の領土であるかについては、日本が口を出す権利はない。

はっきり言って、台湾の帰属は、国際法の上で、まだ確定していない。そういうことだから、日本は台湾を中国から奪ったのでないと同様、中国に「返還」もしていないのである。

5　一九九六年、台湾は独立の国民になる

それから四半世紀、国民党と中国人は、台湾を植民地と見なして搾取できるだけ搾取し続け、軍隊と警察を使って台湾人の人権を抑圧し、台湾の開発や建設にはほとんど関心を持たなかった。

そのうえ国民党は、自分が中国の正統政権だと主張する都合上、自分のいる台湾は中国の一部だという立場を堅持した。この、中国は一つだという主張がたたって、一九七一年、現実には台湾しか支配しない国民党政権は、国際連合を追い出され、北京の共産党政権が中国を代表する議席を得た。その後、北京を承認する外国が増え続けて、国民党はますます不利な立場に追い込まれた。

一九七五年、蔣介石が亡命先の台湾で死去し、一九七八年、蔣介石の長男の蔣経国《しょうけいこく》が総統（大統領）になった。その年末、アメリカは北京政権との国交正常化を発表、台北政権と断交した。国民党は後ろ盾を失った。入れ替わりに、経済を握る台湾人の実力が、政治の面でもどんどん強くなった。蔣経国は、自分の死後の家族の安全を心配して、台湾人（客家《ハッカ》）の李登輝《りとうき》を副総統に抜擢《ばってき》して後継者とする一方、一連の自由化政策を打ち出して、国民党の独裁色を弱めた。こうして一九八六年、台湾で最初の野党・民進党（民主進歩党）が結成され、「台湾独立、台湾は台湾人の台湾だ、中国の一部ではない」と主張して、大きな勢力になった。

一九八八年、蔣経国が死去し、李登輝が総統になった。李登輝総統は国民党の改革、政治の民主化を強力に推し進めて、古い世代の中国人グループを劣勢に追い込み、新しい世代の台湾人グループを

優勢に導いている。来年（一九九六）には総仕上げとして、国民による総統の直接選挙を実施し、みずからこれに出馬することにした。李登輝の当選は確実と見られているが、これが実現すれば、李登輝総統は国民党の代表ではなく、民主的に選出された台湾国民の代表ということになる。そうすれば、これまでの国民党のように、台湾は中国の一部だと主張しなくてよくなり、外国に対する立場も良くなる。

これは、北京の共産党政権がもくろんでいる、台湾を併合する計画にとって都合が悪い。そこで北京政権は、総統の直接選挙に猛烈に反対し、とりやめなければ戦争も辞さないと威嚇《いかく》している。しかし、いくら反対しても、アメリカが台湾の民主化を支持しているので、北京にとって、台湾独立を阻止する方法はない。

台湾の歴史の最大の節目《ふしめ》は、一八九五年に日本領になったことであった。これが、台湾の住民が「台湾」というアイデンティティを与えられた初めてである。

次の大きな節目は、一九四七年の二・二八事件であった。これによって初めて、台湾人は自分たちがもはや中国人でなく、すでに別の民族であることを自覚した。

第三の大きな節目は、一九九六年に実施される総統直接選挙であろう。これによって初めて、台湾人は独立の国民になることになる。「歴史としての台湾」は、そこから始まるのである。

「ニクソン訪中声明」直後の台湾を訪れる

1　台湾は中国の縮図

いったい日本人には、台湾のことなんか、何ひとつわかっていないのだ。

ニクソン訪中声明（一九七一年）以来、日本人の慌て方は、まったく正気の沙汰とは思えない。社会党・公明党は申すに及ばず、自民党の内部でさえ、それっ、バスに乗り遅れるな、とこけつまろび浮き足立つありさま。まるで国連の議席がなくなれば、台湾は一夜にして消えてなくなるとでも思い込んでいるかのようだ。だから、すぐ北京《ペキン》のほうへ切り替えろとか、台湾は北京政府に帰属するべきだとか、まるで、中華民国の運命を決定する権限が日本にある、とでも錯覚したような議論が横行《おうこう》している。だが、考えてもごらん。これは、千五百万人の台湾住民の意志を無視した考えではないか。他人の国の将来を、どうこうできると考えるのは、相も変わらぬ、日本人の帝国主義的優越意識の表われにほかならない。少なくとも、そう言われても仕方がないのである。

台湾が一夜にして消滅する、などというのは論外として、中華民国のゆくえについてはいくつかの観測がある。

——国連から追い出されれば、世界の諸国から断交されて、自然に先細りになってゆく。

——袋小路に追い込まれた国民党幹部は海外に亡命して、台湾はすんなりと中華人民共和国に合併されるのではないか。

——第三次国共合作ができるのではないか。

——アメリカが軍部を使ってクーデターをやらせ、韓国やベトナムのような軍事政権を台湾にもつくらせて、自分の陣営内に引き留めておくのではないか。

——台湾独立運動が成功して、台湾人の政権ができるのではないか。

いちおうもっともらしく聞こえるけれども、どれも可能性はない議論だ。なぜそう言えるか——日本人好みの駆け足で結論に達しようとせず、ここはじっくりと腰を下ろして、話を聞いてもらわねばならない。

まず最初に断わっておかなければならないのは、中華民国は中国人の国であり、台湾は中国人の世界である、ということだ。なんだ、当たり前だと言うことなかれ。中国人の社会には、日本人の社会とは別の論理があり、違った人間関係があるのだ。だから、日本人が台湾問題をいちおうわかったつもりで論じていても、中国人の目から見れば、とんでもないピント外れのことが多過ぎることになる。

一例をあげよう。日本人は大陸中国を台湾と対比するとき、大陸は共産党だから左翼で反米、台湾は国民党だから右翼で親米、という割り切り方を自明のもののように思い込んでいるようだ。ところが、大陸は反米というよりはむしろ反ソであり、反ソのためにアメリカと接近しようとさえしているのは周知のとおり。一方、台湾には、あとで言うように、初めから反米の底流がある。それに、大陸中国だけでなく、台湾にも文化大革命があり、紅衛兵があり、『毛沢東語録』があるのだが、安易な反共親米の台湾ロビーとやらは、そうした中華民国の体質を知っているのだろうか。

つまり、台湾問題の真相に迫ろうとすれば、その日その日の皮相《ひそう》な情勢を追うよりは、中国社会の本質を歴史的に把握することが先決で、そのうえでなければ正しい理解に達することはできない。

台湾は中国の縮図である。

台北の市街図を開いてみると、道路の名前の多くが大陸の地名から出ているのに気づく。東北隅の松山《しょうざん》空港から市中に向かうのは敦化路《ドンホアルー》だが、敦化は大陸でも東北部の吉林《きつりん》省の都市だし、北のほうへ行くと北モンゴルの首都から名前をとった庫倫街《クーロンチエ》、さらに西北では新疆《しんきょう》の首都の名から出た迪化《ティホア》街《チエ》、ぐっと南へ行って福州街、広州街などというのもある。これはつまり、台北市全体を中国に見立てているわけだが、実際にもこれはそのとおりで、住民のほうでも、漢族ばかりでなく満洲人、モンゴル人、チベット人、ウイグル人など、少数民族もちゃんといるし、律法上ブタ肉を食べられないイスラム教徒のための清真《せいしん》料理の店も繁昌している。

そこで、東洋史家としての私の眼から見て、台湾問題はどうなるか、という話をこれからしようというのである。

勇躍して台北へ

歴史家というものは因果な商売で、とかく人の幸福よりは不幸のほうをおもしろがる傾向がある。と言ってもあながち、歴史を研究するヤツは生まれつきＳＭ（サドマゾ）趣味を備えているというわけではなく、天災・人禍・戦争や疫病を書き留めるのが記録の本質である以上、どうしても国家や民族の興隆よりは、その滅亡のほうに興をそそられるのは、致し方のないことと許してもらわねばなるまい。

だから、ニクソンの訪中声明で、台湾をめぐる国際情勢ががらがらと変転したとき、台湾の人々にはまことに申しわけないが、歴史家たる私は、喜び勇んだのは言うまでもない。

しめたぞ、私は二十数年前にも、強大を極めた大日本帝国が一夜にして崩壊するのを目《ま》の当たりに見、事実上、国家というもののなくなった、からりとした青空の下で、朝鮮戦争までの五年間を嬉々として気楽に過ごした経験がある。今度は、建国以来六十年の歴史を持つ中華民国の末期《まつご》をこの目で見られるかもしれない。一生に一度ならず二度までも、国家の滅亡のスリルを味わえるなんて、歴史家冥利《みょうり》に尽きると言うものだろう。いざや、歴史の潮流の真っ只中に飛び込んでくれよう。

そんな人の悪い期待に胸を躍らせながら、私はこのほど台湾に飛んだ。しかし、そうはうまく問屋がおろすはずもなく、三週間の滞在の見聞から得た結論は、「中華民国最後の日」は、もし来るにしても、まだまだずうーっと先のことであり、われわれせっかちな日本人の期待するような、華々しい台湾崩壊の大スペクタクルなど、起こるかどうか疑問である。台湾はあのままの形で、いつまでも歯切れ悪く生き残るのではあるまいか、という、きわめて平凡な結論に到達せざるをえない。

私が東京を離れたのが、一九七一年八月二十一日の早朝。日本銀行が必死に米ドルを買い支え、市中銀行がそれ以上に熱心に、手持ち米ドルを投げ出している騒然たる情勢をあとにして、中華航空公司《コンス》の小さなジェット機で、旗袍《チーパオ》の似合う美しいスチュワーデスに目尻を下げ、かつうまいリキュールをなめながら、摂氏三十一度の、「今日は涼しいですね」と出迎えの友人たちの言う、目もくらむ明るい陽光のあふれた台北の街に飛び込んでみると、商店街には一軒一軒の軒先《のきさき》に、「堅決反対共匪《きょうひ》混入聯合国」（共産党どもが国連にまぎれこむのに断乎反対する）の赤い横幕がかかっている。よく見ると、染め抜いたのではなくて、白い紙を切り抜いてつくった文字を、ピンで赤い布に止めたものである。つまり、中国人の結婚式で披露宴会場に掲げる垂れ幕と同じ方式で、この次に別の用が生じたら、また使えるようになっているわけである。まことに無駄のない、中国人好みのやり方で、今回の政局でさえ、長い長い歴史のなかの一挿話にすぎない、といった中国人の感覚が表われているように思う。

あとで聞いたら、このスローガンの横幕と、北京政府の国連加入反対署名運動は、ライオンズ・クラブが組織し、ボーイ・スカウトが協力したのだそうだ。署名のほうは、バスの停留場やデパートなど、人の集まるところに机を出し、用紙が置いてあるだけで、別に強制する様子もなく、通りがかりの人が、ふいと気楽にサインしてゆく風景が見られる。これほどさように、台北のたたずまいには、およそ肩肘《かたひじ》張った緊張感や悲壮味は見当たらなかった。しかも横幕や署名は、七月十五日のニクソン訪中声明よりずっと前からやっているのであり、四百五十万人の署名が、七月十五日以前にすでに集まったそうだ。

悠々たる落ち着き

台湾の中華民国の第一印象は、上を下への日本の大騒動とは打って変わって、悠々と自分のペースで歩いている、あの中国人の落ち着きのそれであった。少なくとも、私にはそう感じられた。

それどころか、台湾全島、千五百万人に近い国民あげての最大関心事は、ニクソン訪中でも、国連の議席問題でも、米ドルの価値下落でもなく、なんと少年野球であったとは。まさに、中国人の面目《めんぼく》躍如《やくじょ》、私は思わず、ニヤリとしてしまった。

台南《たいなん》の貧困家庭の子供たちを集めて組織した巨人隊《ジャイアンツ》というチームが、極東予選で日本を破って、米国はペンシルヴァニア州ウィリアムズポートのリトル・リーグ世界選手権大会に出場することになったとき、台湾省籍の本省人《ほんしょうじん》、はたまた外省人《がいしょうじん》たるを問わず、台湾の人々が示した興奮と緊張は、日本人の想像を絶するものであった。中国電視《テレビ》公司は、試合を第一戦からカラーで衛星中継するという前代未聞の処置をとったし、テレビ・セットは羽根が生えて飛ぶように売れ、セットのある家庭では友人誘い合わせ、ない人はレストランや喫茶店に詰めかける。

時差の関係で、放送は八月二十五日の夜中、午前二時から四時という時刻にもかかわらず、徹夜で巨人隊がプエルトリコ・チームを7X対0で破るのに歓声をあげた。

続いて巨人隊がハワイを破って決勝に進出することになると、さすが物に動じない台湾の人々も仕事が手につかないありさま。二十九日の日曜日の夜中に中継されたインディアナとの決勝戦のときには、ほとんどすべての人が、徹夜したと言っていい。

その夜、私は台北市中のホテルで眠っていた。午前四時頃ふと目が覚めると、うわーっという歓声が夜気《やき》をゆすり、続いてパンパンパンという爆発音がとどろいた。爆竹《ばくちく》である。歓声はいよいよ高くなり、爆竹の騒音はたちまち全市に拡がって、まるで市街戦が始まったかと思うほどのにぎやかさ。それが五時半頃まで間断《かんだん》なく続いたのだから、盆と正月がいっしょに来た以上の騒々しさだ。あとで聞くと、七回を終わっても3対3の同点で、延長九回、疲れ果てたインディアナの投手が捕手の失策の連続に泣き出して、ロッカー・ルームに駆け込んだまま出てこず、代わった投手が球威がなくて巨人隊が大量9点を入れ、結局12対3で優勝したのだそうだ。

夜が明けて、六時頃、いつものとおり近くの植物園へ散歩に行ってみると、ふだんは太極拳《タイジーチユアン》やラジオ体操をしている中年・老年の人たちばかりのはずなのに、今朝に限って子供たちがいやに多く、興奮して大声でしゃべりながら歩き回っている。散歩を済まして、近くの横町の露店に朝食のお粥《かゆ》を食べにゆく途中、ふと見ると、徹夜の観戦と応援に疲れ果てた人々が、いぎたなく戸口のベンチやテーブルの上に横になって眠り込んでいる。さらに、いつもなら路傍に立っているだけでも、何台も先を争って突っ込んでくる空タクシーが、今日はいくら待っても一台も通らない。運転手たちは、みなのびてしまったのだろう。

国民の興奮もさることながら、政府のほうの反応も異常としか言いようがなかった。厳家淦《げんかかん》副総統（副大統領）兼行政院長（首相）以下、蔣経国《しょうけいこく》副院長（副首相）、黄杰《こうけつ》国防部長（国防相）、頼名湯《らいめいとう》参謀総長、羅雲平《らうんへい》教育部長（文相）、張宝樹《ちょうほうじゅ》国民党中央委員会秘書長、陳大慶《ちんだいけい》台湾省主席らの面々が揃って祝電を打つ。

いつもは冷静そのもので、ニクソン訪中声明ですら、一面の下のほうに四段で済ましてしまった『中央日報』が、「世界少棒賽我巨人隊栄獲冠軍」と、一面トップに八段抜き、しかも赤刷りで大々的に掲載する。

台南市では市長じきじき、殊勲投手の許金木《きょきんぼく》以下の家庭を訪問して、その生活の苦しさに打たれ、たちまちにして募金が始まって、少年たちの向こう三年間の食費を保証することになる。十四人の少年たちは、たちまち正真正銘掛け値なしの民族的英雄に祭り上げられてしまった。

『中央日報』に限らず、各紙の社説の論調には、嬉しまぎれに、うっかり秘めたる胸のうちを吐露した感じのものが多くて、おもしろかった。

「全員黒人のインディアナ・チームは、他の白人のチームを破って決勝戦に進出した。その黒人チームを中国人チームが破ったのだから、中国人は世界でいちばん優秀なんだ」などというのは少しどうかと思うが、一般に、この困難な時期に際して、少年たちの戦績が、本省人・外省人、さらに華僑の心とぴったり一致し、一喜一憂を分かち合う機会を与えたことを、高く評価する意見が支配的だった。とにかく、憂鬱なことの多い近来、こんなに爽快な事件は何年ぶりかだったのである。

2 アメリカに対して油断せず

今引用した意見のなかにもほの見えているが、中華民国には前々から、アメリカに対する強い反感が潜在していた。これはけっして、ニクソンの北京接近が始まってからのことではない。こう言うと、今までアメリカ一辺倒の国策の上にあぐらをかいて、安全な反米ごっこを楽しんできた日本人には意外に思われるかもしれないが、中華民国は過去二十何年、つねにアメリカに油断せず、警戒を怠らなかったと言える。

もちろん、一九四五年の日本降伏まで、中国人にとって、アメリカは唯一の希望の星、救い主ではあった。

当時、日本軍占領下の上海《シャンハイ》にいたある中国人は、その自伝のなかで、自分たちがどんなに首を長くして、アメリカ軍の到着を待ち焦がれたか、ピカピカに輝くアメリカの飛行機が龍華《ロンホア》飛行場に次々と着陸するのを見て、どんなに嬉しかったかを語っている。

しかし、勝利に酔いしれたアメリカ兵の規律の乱れは、たちまち中国人を失望させ、新聞には連日、アメリカ兵に輪姦された女学生の記事などがでかでかと報道されて、同じ戦勝国民であるはずの中国人をひどく憤激させた。

それは小さなことだったけれども、もっと重大な結果をもたらしたのは、アメリカのマーシャル元帥による国共合作の調停だった。一九四五年十二月から丸一年にわたったこの工作の初期、国民党軍はあらゆる点で共産党軍より優勢だったが、この一年間、国民党が調停を尊重して自制しているあいだ、共産党は着々と時をかせいで地歩を固め、やがて四九年に国民党が大陸から台湾へ追い出される原因をつくった。これはまったく、アメリカの言うことを聞いたばっかりに起こったことだ。少なくとも国民党側はそう感じたのである。

そればかりではない。一九四九年、トルーマン大統領は国民党の腐敗を非難し、台湾の帰属は中国の国内問題だとするという、あの有名な声明を発表し、国民党に完全に背を向けてしまった。ところが、そのすぐあとに朝鮮戦争が起こると、アメリカは第七艦隊を派遣して台湾海峡をパトロールさせ、台湾を確保する方針に切り換えたけれど、これは台湾の軍事基地としての価値を考慮しただけのことで、国民党を支持することになったわけではない。

私の親しい国民党員の友人によると、かつて（一九五五年）アメリカのバックアップによる蔣介石《しょうかいせき》暗殺計画があったという。それによると、アメリカは蔣介石を片付けることにし、某将軍（陸軍総司令・孫立人《そんりつじん》大将）を動かして、閲兵式に蔣介石が臨む機会に彼を暗殺し、いっきょに新政権を樹立する用意をした。当日、将軍の手兵《しゅへい》の砲口はぴたりと蔣介石の入場口に向いて狙いを定めていたが、事前に発覚してクーデターは不発に終わり、将軍も処刑（事実は軟禁）されたそうだ。

ニクソン訪中を予測

これ以来、表面はともあれ、アメリカと中華民国のあいだには、絶えず見えざる緊張が続いてきた。これがふたたび表面化したのが、一九六〇年の雷震《らいしん》事件である。雷震は『自由中国』という雑誌を発行して政府を批判した学者兼ジャーナリストで、国民党の高級幹部でもあったが、この年九月、突然逮捕され、スタッフの一人が中共のスパイだった（と称する）責任を問われて、懲役十年の刑に処せられた。

これは当時は、言論弾圧事件として国際的な抗議を呼んだが、うちうちささやかれたところでは、本当の理由は、雷震がアメリカ人に人気があり過ぎたからだという。つまり、CIAが蒋介石打倒後の後釜に予定していたからだというのである。真実はともあれ、そうした噂が容易に信じられる台湾の対米感情がどんなものか、見当がつくというものである。

また日本に根拠地を置いて、近頃まで活発に行なわれていた台湾独立運動も、アメリカの資金でまかなわれているんだと、台湾では多くの人が信じているようだ。

台湾独立運動といえば、台湾大学教授の彭明敏《ほうめいびん》は「台湾独立宣言」を発表して政府に逮捕され、軟禁されていたが、昨七〇年一月に台湾を脱出してスウェーデンに亡命し、今ではアメリカのコロンビア大学教授に納まっている。だいたい、戦時体制下で出入国の特別難しい台湾で、警戒の網をかいくぐって国外に脱出するのは至難のわざだから、アメリカの手助けがなければできなかったろうというのが定説だ。それにつけても思い出されるのが、ベトナムの故ゴ・ディンジェム大統領がアメリカの手で擁立される前、やはりコロンビア大学の教授になっていた故事である。

そこにもってきて、同じ昨年（一九七〇）の四月二十四日、訪米中の蔣経国《しょうけいこく》行政院副院長が、ニューヨークのプラザ・ホテルの入口で、二人の台湾独立派の青年に狙撃される事件が起こった。暗殺は未遂に終わったが、逮捕された二人の犯人は、翌々日にはアメリカの官憲からなんの処分も受けずに釈放されている。この事件も、中華民国の人々の目には、アメリカの差し金と映るのである。

そういうわけで、台湾へ行ってみると、アメリカ人は丁重な猜疑心《さいぎしん》で取り囲まれているような感じを受ける。現に台北では、彼らはほとんど全員、美軍顧問団（中国では「米」ではなく「美」でアメリカを表わす）のある、中山北路《チユンシヤンペイルー》の北端、基隆《キールン》河沿いの市街の片隅に押し込められていて、旧城中の繁華街の衡陽路《ヘンヤンルー》、重慶南路《チヨンチンナンルー》や西門町《シーメンディン》あたりにはほとんど見かけない。もっともわが日本人も、中山北路の国賓大飯店《アンバサダー・ホテル》周辺にへばりついて、旧城中には姿を現わさないようであるけれど。

そこへ、今度のニクソン訪中声明である。中華民国の人々は、ああ、ついに来るべきものが来たと思ったのである。台北市内でも最南端の木柵にある国立国際関係研究所は、大陸情報を分析する機関で、いわば対中共スパイ活動センターだが、そこで郭乾輝《かくかんき》副主任に聞いてみた。

「ニクソン訪中声明に対する反応はどうでしたか」

「昨年十二月のニクソン大統領の一般教書、二月の外交教書、またピンポン外交、貿易制限の緩和など、一連の兆候から、今回のような事態は充分予想していました。ただ、キッシンジャーの北京訪問は完全な不意打ちでした。これは探知できなかった。

しかし、あの事件のちょうど一カ月前、六月十五日の国家安全会議で蔣総統が演説をして、来たるべき国際情勢の大変動を予想して、独立不撓《ふとう》の精神を堅持するよう警告しています。おそらく最高指導部では、なんらかの情報を持っていたのでしょう」

この演説のテキストは、いろいろな人たちに引用されて、そのなかの「自尊心を保ち、みずからを強め、変動する情勢下に恐慌を起こすな」（荘敬自強、処変不驚）は合言葉になり、民心の動揺をいくらか緩和する作用をしたようであった。

以上は、国民党政府、ふつうには外省人の政権とされている側について述べたわけだが、外省人とはいちおう区別される本省人に眼を向けてみよう。本省人といえば、ふつうに言う台湾人のことで、これに対して、台湾以外の諸省の戸籍（こういうものがちゃんとある）に登録されている人々を、外省人と呼ぶ。

外省人は日本降伏後、ことに一九四九年以後に台湾に移住してきた人々と、その台湾で生まれた子供たち、それにそうした外省人と結婚して外省籍になった本省人の女性をも含むわけだが、これが千五百万近くの台湾の人口のうち、十分の一近くを占めている。

外省人と本省人というと、日本ではとかく外省人は新しい征服者で、本省人はその支配下に自由を奪われて苦しんでいるように、簡単に割り切って考えたがるが、現実はそんなに単純ではない。このことを理解してもらうには、廻り道だが台湾の歴史から説き起こす必要がある。

日本人そっくりの高山族

台湾島の先住民は、言うまでもなく高砂族《たかさご》（今は高山族、または山地同胞と呼ぶ）である。現在（一九七一年）の人口は約二十万近く、島の東海岸寄りの南北に伸びる山地に、多くの部族に分かれて住んでいる。言葉はインドネシア系だが、容貌や体格はまったく日本人そっくりである。台北市からバスで一時間ばかりの烏来《ウライ》や、飛行機で三十分ほどの花蓮《かれん》に行ってみると、あまりわれわれに似過ぎていて、気味が悪いくらいだ。私など、今まで親しみを感じていた中国系の台湾人に、急に違和感を覚えて困ったほどである。そのせいか、烏来の美少女たちが、もう三人も日本人のお嫁さんになっていったと聞かされた。われわれ日本人ももともとは高砂族で、それが半島文化の影響で今のように変わったのかもしれない、などと考えてしまう。

それはともかく、漢族が台湾に渡来したのは、ごく新しいことだ。おもしろいことに、オランダ人に呼ばれて、対岸の福建省《ふっけん》から移住してきたのである。オランダは、一六二四年に台湾を占領して台南に商館をつくり、高砂族を使って豊富にいた鹿をとっては、角や皮を日本に輸出した。今に伝わる日本の甲冑《かっちゅう》や太刀に使われた鹿の角や皮は、ほとんど台湾産である。こうして商業が盛んになると、植民地を維持するための食糧の調達に、農業の開発が必要になる。そこでオランダ人は、耕作できる土地の少ない福建から、貧困な農民を輸入した。こうして十七世紀になって初めて、漢人が台湾島西海岸沿いの平野部に定住するようになった。

ちょうどこの頃、シナ大陸では明《みん》朝の政府が倒れ、新たに進入してきた満洲族の清《しん》朝の支配を受けることになった。もともと東シナ海の海賊あがりで、日本人との混血児である鄭成功《ていせいこう》が、清朝への降伏を拒否し、一六六二年に台湾からオランダ人を追い払って、ここに独立王国をつくる。これが約二十年続いて、一六八三年に鄭成功の孫が清軍の台湾進攻にあって降伏し、ここに初めて台湾が大陸の政権の支配下に入ることになった。

とは言っても、台湾の統治はきわめて困難だった。台湾への移民の故郷である福建省自体が、シナのなかでももっとも開発の遅れた地方であり、シナ化の程度が低い。つまり中央の文化があまり浸透していない。第一、福建語はほかの漢語（いわゆる中国語）とは、ひどく違った言葉である。北方の言葉と異なって、漢字では書き表わせない。アモイ語の聖書は全部ローマ字書きだが、あれだけが正確に福建語を代表している（アモイ語は福建語の最大の方言）。その福建語からさらに分かれて土着化したのが、今のいわゆる台湾語である。

言語の困難のうえに、台湾人の社会には、鄭成功の残党の大小いくつもの秘密結社が根を張っていて、大陸からの統治に頑強に抵抗した。どだい自由を求めて新天地に渡ってきた連中だから、中央政府の支配下におとなしくしているわけがない。台湾には、反乱や暴動の絶え間がなく、清朝の歴代の皇帝はほとほと手を焼いたのである。

これが一八九五年の下関条約で、台湾を日本に割譲《かつじょう》することに清朝がやすやすと同意した原因でもあった。つまり、日本の支配下に入るまで、台湾はシナ化の程度が非常に低かったのである。

こうした地盤のうえに、日本の台湾統治の五十年が始まった。日本人は台湾人を「本島人」と呼んで露骨に差別し、政治的自由を許さず、安い労働力を利用できるだけ利用した（当時はそのように聞かされていた）。一方また日本語による学校教育を普及もさせた。それに、台湾人の社会構造には手を付けなかったから、比較的生活に余裕のある地主階級は、日本の学校に進んで医者や弁護士になったりして、台湾人の日本化は急速に進んだ。これは言い換えれば、台湾の近代化は日本文化を媒介にして進んだとも言える。

一方、大陸のほうでは、一九一一年の辛亥《しんがい》革命で、翌年清朝が倒れ、中華民国が成立しても、国内は軍閥の内戦に明け暮れて、近代化の推進に必要な平和がなかったから、大陸と台湾のあいだの文化の差はどんどん開くばかりだった。

それが一九四五年に日本が降伏して、台湾が中国に占領されることになったとき、これまで何もかも日本式になっていた台湾の社会が、急に中国式に改めなければならなくなって、大混乱を起こしたのは当然だった。もちろん台湾人は、国民党軍の進駐を歓呼して迎えたのだが、不幸にしてこの軍隊の素質が悪かったため、台湾人の期待はやがて幻滅へと変わった。そのうえ、多くの新しい法律や規則に台湾人が不慣れなので、中国官憲とのあいだに摩擦が絶えなかった。

そうしたテンションが爆発したのが、一九四七年二月二十八日に起こった二・二八事件である。

今の台湾省菸酒《えんしゅ》公売局、むかしの専売局は愛国西路と南昌路の角にあるが、その専売局の前の広場でヤミタバコを売っていた女性を警官がなぐったのが発端で、激昂した台湾人の群衆に軍隊が発砲、多数の死者を出した。これがまたたくうちに台湾全島に波及し、全面的な反乱となった。もちろんこれは、まもなく大陸から渡来した増援軍によって、容赦なく弾圧されたが、この事件が本省人と外省人のあいだの関係に深い傷を残したことは争えない。さっき言ったような、本省人が外省人の圧制下に苦しんでいるという日本人の観念は、たぶんにこの事件の印象から来ているように思われる。

3 国民党の台湾統治の功績

しかし、それはもう四半世紀も前のことである。二十数年のあいだには、二・二八事件の影響をまったく受けない世代が育ってくる。台湾で大学を出て社会に出てゆく人たち、大学に入れないで（試験地獄のすごさは日本の比ではない）軍隊に入る人たちは、みんな二・二八事件以後に生まれている。外省人の子弟も今では大部分、台湾で生まれ育って、大陸の話など昔話程度にしか思えない世代だ。したがって本省人対外省人、という簡単明瞭な図式は、もはや通用しなくなった。むしろ、今の台湾で線を引くとすれば、本省人対外省人ではなくて、古い世代対新しい世代ということになる。そして新しい世代の人々のあいだでは、省籍の違いはもはや問題にもならないように見受ける。台湾の人々にとって、国民党の統治は、不満がないことはないにしても、少なくとも日本の統治よりははるかにましなのである（当時は私もそう考えていた）。

国民党の台湾統治の功績としては、まず第一に教育の改善と普及をあげなければなるまい。日本時代の台北帝大は、中華民国に引き継がれて国立台湾大学となったが、引き揚げた日本人教授に代わって、世界的権威の中国人学者たちが乗り込んできて、教科内容はぐっと水準が上がったし、そのほかにも、多数の公立・私立の大学が、あるいは大陸から移転してきたり、あるいは新設され、高等教育は量においても向上した。また初等・中等教育でも、日本時代には台湾人は差別されて、日本人学校よりいちだん程度の落ちる公学校に通わされていたのが、一律に国民小学校で教育を受けられるようになった。また近年、義務教育が六年から九年に延長されて、国民中学校がどんどん新築されている。

教育の普及もさることながら、その教育がすべて国語《グオユイ》で行なわれていることが重要である。国語は、マンダリンとか、北京官話とか呼ばれている言葉で、中国北部の標準語だが、国民党はこれを台湾に持ち込んで着々と普及させた。一九四九年の大陸撤退当時、台湾の本省人はまったく日本語ばかりで話していたそうで、物の見方、考え方もすっかり日本式だった。これでは、中国人として生活するうえに具合が悪いので、日本語の使用は厳重に禁止された。私が初めて台湾を訪れたのは六〇年代の初めだったが、ある小さな劇団が公演中、役者が突然日本語の歌を歌い出し、観客が歓呼して唱和したので警察に処罰された事件を、新聞で読んだ覚えがある。

日本語の使用が禁止されたので、日本時代に衰えていた台湾語が息を吹き返し、今では年輩の台湾人同士はふつうに台湾語で話をするようになった。もっとも「チョット、マッテ」とか「ハヤク、シナサイ」など、ちょいちょい日本語の単語やフレーズが混じって、異様な感じがすることはする。

これに引き替え、国語の普及はそれほど簡単ではなかったが、義務教育の小学校で、子供たちは国語だけで教育を受けるので、この新しい世代が育つにつれて、国語の勢力は強まる一方である。今では、三十歳以下の若い本省人たちは、ほとんど国語だけで話し合っている。それに比べて、日本語教育を受けた四十歳以上の中・老年層は、いまだに国語が苦手である。この結果、家庭のなかでも、国語でものを考えて、台湾語では飯を食うとか、寝るとか、簡単な日常生活に関することしか表現できない若い世代と、日本語でものを考えて、下手くそな国語でたどたどしく表現するほかない親たちの世代とのあいだには、コミュニケーションの方法がない、という奇現象が起こっている。

親日感情を過大評価するな

だから中・老年の台湾人が、現在の台湾の社会状態に強い違和感を抱き、何かにつけてむかしを懐かしむのはわかるが、これがまた台湾に対する日本人の誤った認識の原因になっている。

つまり、台湾人は国民党の圧制を嫌って、日本時代のほうが良かったと思っている、という考え方だが、これはとんでもない思い違いだ。実際、日本の支配下に戻りたいなどと本当に思っている台湾人は、まず一人もあるまい。日本の台湾統治は、現地の人たちの感情を平気で踏みにじるような、ひどい人種差別が特徴だった。ある親日的な老台湾人が、私にこう語ったことがある。

「戦争の末期、台湾人も憲兵に採ることになったと聞いたとき、僕は本当に嬉しかった。これでやっと、日本人に平等に扱ってもらえるとね。どうせ、台湾人は憲兵になったって二等兵にしかなれまい。でも、それでいいんだ。憲兵になれるというだけでね。

ところが、発表されてみると、台湾人は正規の憲兵でなくて、憲兵補だという。これはあんまりだ。

そのとき僕は、日本を滅ぼさなくてはならない、と心に誓った」

台湾ロビーには気の毒だが、これが台湾人の対日感情の真相である。

それにもかかわらず、台湾人が日本の統治下に戻りたいと望んでいるような錯覚を持つ日本人が、いまだに絶えないのはなぜか。理由は簡単。台湾を訪れる日本人は、ほとんど国語《グオユイ》を話せない。となると、接触する相手は、四十歳以上の、戦前に日本語教育を受けた世代の台湾人に限られる。この世代は、前に言ったような事情で、自分の国の現状に違和感を覚えているうえ、東洋的礼儀として、客である日本人の耳に快いことしか言いたがらない。その結果、日本人の誤れる台湾観が生じるのだが、もし、そういう台湾観を土台にして、日本の庇護下に台湾の独立を、などという構想が出てくるとすると、どうにも困ったものである。

しかし、行政院（内閣）の魏景蒙《ぎけいもう》新聞局長が私に語ったように、台湾人は中国人以外の何者でもないし、藉《か》すにもう一世代の時を以てすれば、次の世代にはもう本省人・外省人の意識はなくなるはずだ。台湾人の親日感情を過大に評価するのは禁物である。中年以上の台湾人にとっても、日本よりは、同じ中国人の国民党の統治のほうが、いくらか不満はあっても、全体としては、ずっとましなのだから。

国語教育の普及に次いで、国民党の台湾統治の功績としては、土地改革をあげなくてはならない。もともと国民党の創立者、中華民国建国の父・孫文《そんぶん》の三民主義政策の一つに「平均地権」という考え方がある。地主が、不当な利益をむさぼることを防止する趣旨である。

国民党はこれを台湾で徹底的に実施した。そのやり方はじつに巧妙である。まず市街地では、地主に所有地の価格を申告させる。その際、不当に安く申告すれば、その値段で政府に買い上げられてしまう。といって申告を高くすれば、重い税金がどかっとかかってくる。だから、おのずと適正なところに落ち着くのだが、さらに、土地の値上がりが投機に利用されるのを防ぐため、売買の際の価格と申告価格の差額は、全部、税金で政府に吸い上げられてしまうしかけである。

一方、農地のほうは、不在地主の保有地は一戸三ヘクタールに限り、それを超える分は政府が債券で買い上げて、小作人に十年年賦で払い下げた。この結果、日本時代には少数の大地主が土地を独占し、農民の三九パーセントが小作人、土地の四九パーセントが小作地であったのが、小作人は一〇パーセント、小作地は八パーセントまで減少した。これが全人口の四二パーセントを占める農民の勤労意欲を高めたことはもちろん、これまでいやしめられていた農民に自尊心を与え、その社会的地位の向上を助けたことは目ざましい。

向上した生活水準

土地改革が一段落したので、次は農業現代化（近代化）の番である。農村復興聯合委員会（農復会と略する）で聞いた話では、農業人口を四二パーセントから二〇パーセントに減らすことを目標にして機械化を推進しているが、国産の耕耘機《こううんき》の値段は日本製の二倍なので、もっぱら輸入に頼らなければならない。機械化の推進力は、農民が自主的に結成している農会（農協のようなもの）だが、農会の経営はおおむねうまく行っていて、八千万元（約七億円）の預金を受けている農会もあり、全国の農会の資産を総計すれば、五十五億元（約五百億円）にものぼるということだった。

農民生活の安定に続く国民党の功績は、工業の振興による国民の生活水準の向上である。魏新聞局長の話では、一九四九年当時の最大の急務は、B24の爆撃で廃墟と化した台湾の都市の再建もさることながら、肥料と衣料品の調達がもっともたいへんだったという。

日本人は、台湾の産業を農業・林業・漁業に限り、工業の開発はひどく遅れていたから、終戦当時、日本からの輸入が止まって、食糧の確保にぜひ必要な肥料にこと欠くに至ったのは自然であった。輸入しようにも、アメリカは金塊でなければ受け取らない。幸い飛行機数台に積んで、大陸から持ってきた金塊があったので、それをはたいて肥料を買い入れ、やっと凌《しの》いだのだそうだ。

それ以後、工業の振興に努めた結果、今では化学肥料については充分自給自足できるようになったばかりか、総生産量の三六パーセントを輸出に振り向けることができるようになった。また衣料も豊富だ。私の見聞の範囲内でさえ、一九六〇年代の初めには、ぼろを着たはだしの子供が多かったが、今ではそういった風景は全然見られず、小ざっぱりとした清潔な服を着ている。しかも国産である。

食生活でも、むかしは肉を一年に三度くらいしか食べられなかった民衆が、今ではあらゆる旨いものを安く豊富に食べられるようになった。台北は行くたびに多くのスタイルのレストランが増え、連日連夜、満員の盛況だ。近頃は日本と同じ形式の喫茶店（珈琲屋《カフェイウー》）が流行して、若い人たちが夜遅くまで談笑している。さらに台湾独特の宵夜《シャオイエ》という、健康的なナイト・クラブもでき、午後九時半頃から夜半過ぎまで、お茶を飲みお粥を食べながらハモンド・オルガンの演奏などを娯しむこともできる。どこも若い男女でいっぱいで、服装も男はベル・ボトムズ、女はミニスカート（迷你裙《ミニチユン》）やホットパンツ（熱褲《ジエクー》）だから、言葉の違いを別にすれば、外国にいるとは思えない。

以上の三つ、教育の普及、土地改革、生活水準の向上は、みな国民党の治下に入ってからの現象なのだから、台湾人にとって、日本時代よりも今のほうが住み心地が良いのは当たり前だろう。

総統は皇帝なり

冒頭でもちょっと触れたが、日本では、本省人と外省人のあいだはうまく行っていない、だからアメリカが台湾から手を引くような事態になれば、本省人の反抗が表面化して、中華民国は内部から崩壊して自滅するだろうという観測がある。そしてその論拠として、六十万人近い常備軍の八〇パーセント以上が本省人であり、将校でも佐官クラス以下は本省人が多い。これが本質的には外省人の政権である国民党政府にとっての弱点だと言うのだ。

これについて黄杰《こうけつ》国防部長に率直に聞いてみた。

総統府の建物の裏口、白いヘルメットを目深《まぶか》にかぶった二人の若い憲兵が向かい合って、両手を背に廻してスマートに立っている玄関から案内されて二階に上がると、中庭に面した廻廊にはずうっと真っ赤なじゅうたんが敷いてある。部長室の隣の接客室でしばらく待つあいだに壁を見上げると、黄《こう》埔《ほ》軍官学校生徒を率いて北伐第一戦に臨む蔣介石の勇姿を描いた、大きな油絵がかかっている。

写真２　1971年８月、台北総統府で黄杰国防部長（左）をインタビュー

やがて扉が開いて、姿を現わした黄上将（大将）は、顔こそ精《せい》悍《かん》に陽焼けしているが、目つきのやさしい、親切そうな、痩せぎすのおじいさんだった。七十歳。湖南省の出身で、支那事変では日本軍と各地に戦って勇名を馳《は》せ、一昨年六月に蔣経国の跡を襲って国防部長になるまで、長らく台湾省主席を務めた。詩人・書家としても有名で、学者との交際を好み、「儒将（Confucian General）」のあだ名がある。署名入りの自分の詩集を、わざわざ贈られて恐縮した。

一時間以上も、あれこれと話を聞かせてもらったのだが、そのなかで私は、国軍五十五万の兵員の大部分が本省人である事実が、台湾防衛の弱点になりはしないかと聞いた。答えはこうである。

「一九四六年に中国軍が台湾に進駐したとき、日本軍に属する台湾兵が約千名いた。彼らは別々の部隊に編入されて、大陸へ送られて共産軍の討伐に参加したが、他省出身の兵士と同等に奮戦した。

また、一九五八年八月二十三日の金門の戦では、金門島の守備隊は全員本省人だったが、勇敢に戦って勝利を収めた。こうした例から見て、私は台湾兵の忠誠心に全幅《ぜんぷく》の信頼を置いている」

国軍の大部分が本省人から成っている事実は、中華民国の次期総統の問題とも深く関わってくる。

蔣介石総統は、この十月三十一日で満八十四歳の誕生日を迎える。精神はしっかりしたものだが、さすがに寄る年波《としなみ》で、近頃は健康がすぐれないと聞く。総統の地位は選挙制で、任期は六年、国民大会の投票で選ばれるのだが、次の国民大会は来年三月に召集される。これに、五たび蔣介石が出馬するかどうかに、内外の注目が集まっている。

そもそも総統という地位は、英語ではPresidentと訳されるけれど、アメリカの大統領のそれとは本質的に違う性質のものである。

アメリカの大統領は、それぞれ理論上は独立国である各州間の利害を調整するためにあり、本来、事務官であり、道徳的・宗教的権威の源泉ではない。

これに反して総統は、民衆の委託を受けた最高執政官であると同時に、民衆に行動の規範を与える責任をも負っている。だれに？　民衆に負っているのだ。このことはあとでも説明するが、この機能は伝統的に皇帝が持っていたものと同じで、皇帝に引退というものがないのと同様、生きている限り、また暴力で打倒されない限り、道徳の源泉たる総統はその職務を継続しなければならないのである。

だから私は、蔣総統はあえて五選に出馬するだろうと考えるが、いずれにもせよ、後継者の問題は、刻一刻差し迫ったものになってきている。

若い世代のチャンピオン

一九五〇年代から六〇年代の前半にかけて、蔣総統の後継者争いの本命と目《もく》されたのは陳誠《ちんせい》副総統兼行政院長だった。それに対してぐんぐん追い上げてきたのが、蔣総統の長男の蔣経国で、国防部育ちの利点をたくみに利用して軍隊の内部に勢力を張り、さらに国民党と競合する独自の組織、中国青年反共救国団をつくり上げて、その主任になった。

反共救国団というのは、ソ連のコムソモール（共産主義青年同盟）類似の組織で、その名のとおり、青年層、ことに本省人の青少年を吸収するのを目的とする。その発展は目ざましく、私の古い友人で陳誠派の国民党員が、「蔣経国の反共救国団は、勢力拡張には手段を選ばない。何か見どころのある人間と見ると、手をかえ品をかえて、執拗に入団勧誘にくる。こわいこわい」と語っていたのを思い出す。

やがて、一九六五年に蔣経国は国防部長に任じられ、押しも押されもせぬトップ・ランナーになった。陳誠は肝臓癌で亡くなった。蔣経国は軍隊と反共救国団の交流を促進し、さらに青少年を引き付けるために、青年育楽営を始めた。これは学生たちのために年二回、夏休みと冬休みに開かれるキャンプで、救国団と軍隊が共同スポンサーになり、青年たちはわずかな会費（実費の半額）を払うと参加できる。会期中は、兵営の見学や軍隊との交歓、ハイキングなどがあり、最後は楽しい男女うち混じってのピクニックで、ダンスや音楽のプログラムもあるらしい。

こうした活動を通して、蔣経国は若い世代に確固たる支持層を摑《つか》んだ。そして古い世代の、国民党の施政に今なお完全には順応しきれない本省人たちも、現在では蔣経国に希望を託すようになってきている。「蔣経国がうまくやってくれるだろう」という声をしばしば聞いた。

しかし、蔣経国が父を継いで第二代の総統に、ということになると、あまりに蔣王朝みたいになり過ぎるとして、いまだに孫文以来のアメリカ的自由主義者の多い国民党内、ことに古参の高級幹部からの抵抗が強くなることも予想される。

また、蔣経国は十数年もモスクワ暮らしをし、妻もソ連人だし、国民党内での経歴は短く、党内での地盤はあまり強固ではない。

ここで興味深いのは、大陸のプロレタリア文化大革命と時を同じくして、台湾で打ち出された中華文化復興運動である。この運動は、文革が中国の伝統文化を敵視し、破壊し尽くそうとする意図に対抗すると称して、蔣総統の指示のもとに開始されたと言われる。

しかし、実際の運動推進の中心は、ちょうど文革がそうだったように、反共救国団と軍隊である。国民党の高級幹部たちに、激しい攻撃の矢が注がれた。その結果、ここ二、三年のあいだに、政界・学界の勢力関係に大きな変動が生じ、過去二十数年、権勢をほしいままにしてきた幾人かの古顔が没落し、三十代、四十代の新しい世代が、第一線の責任ある地位におどり出てきた。反共救国団の活躍があまりに目ざましいので、どうも旧来の国民党の組織は、あまり振るわないのではないか、といった印象を受ける。

これはなんとなく、文革で紅衛兵の果たした役割を思わせるが、とにかく中華文化復興運動が、若い世代の擡頭《たいとう》を促す効果のあったことは争えない。そして、その若い世代のチャンピオンが蔣経国なのである。

それはともかく、紅衛兵と言えばすぐ思い出すのが『毛沢東語録』だろう。おもしろいことには、台湾にも毛語録そっくりのものがあるのだ。『蔣総統嘉言録』という三冊からなる黄色い表紙の小型本である。内容は蔣介石の著作や演説から教訓的な文句を選んで集めたものだが、これも中華文化復興運動の一環として読誦《とくしょう》されている。

たとえば、私がいつもたいへんお世話になる国立故宮《こきゅう》博物院では、毎日朝八時から三十分間、『嘉言録』の編者である国民党中央委員会の秦孝儀《しんこうぎ》副秘書長の講読に、全職員が参加していた。

もっとも、これはかならずしも『毛沢東語録』の真似とは言えない。シナの歴代の王朝では、皇帝が同様な教訓集を発行するのが例で、いちばん有名なのは、清朝の康熙《こうき》帝が著わし、その子の雍正《ようせい》帝が註釈を加えた『聖諭《せいゆ》広訓』である。そしてこうした教訓集は、毎月、日を定めて人民を集めて斉唱させたのだから、『嘉言録』や『語録』も、きわめてシナ的な現象と言えよう。

国民党政府のいわゆる「腐敗」

ここで、国民党政府のいわゆる「腐敗」の問題に触れることにしよう。先ほど言及した一九四九年のトルーマン声明のせいで、中華民国は道徳的に腐敗した国だと、大多数の日本人は思い込んでいるところがあるようだ。

台北に着いた日本人は、基隆河の北岸の、もと台湾神宮のあった丘の上にそびえている円山大飯店《グランドホテル》が総統夫人・宋美齢《そうびれい》の経営ですよと教えられると、かならずびっくりする。日本人の感覚では、皇后陛下がホテル業に乗り出して金儲けをするなんて、どうにも解《げ》せないわけである。

街に氾濫しているタクシーの裕隆号《ユールン》（ブルーバードのこと）も、やはり蔣夫人の資本の工場でノックダウンされていて、価格が日本の倍以上の一台百五十万円ほどもすると聞かされると、さてこそ、地位を悪用した不正なぼろ儲けに違いないと早合点する。また欣々客運《きんきんきやくうん》公司というバス会社は、蔣経国が軍人の資金を集めて設立したもので、欣々資本がほかにもレストランなど手広く経営していることなど、日本人はすぐ腐敗の証拠にしたがる。

しかしこの印象は、どうも日本と中国の社会慣習の違いから来るものらしい。というのは、日本では、つい近頃まで士農工商などと言って、商業活動を何か卑しいもののように感じていたし、今でもエコノミック・アニマルなどと自嘲したがるが、シナでは古来、職業による貴賤の差別などなく、公人が商売を兼業することには、なんの不思議もなかったのである。だいたい、皇帝にしてからが、金貸しをしたり、工場を直営したりして利潤をあげ、それを必要に応じて、民生の安定に投資するのは、ごくふつうのこととされていた。

しかし、もっと直接に日本人が憤慨するのは、コミッション（手数料）の問題だろう。台湾で仕事をしている日本人は、各種の許可を更新しにゆくたびに、係官にいくらか包まなくてはならない。日本人の感覚からすれば、これは収賄だ、腐敗だということになってしまう。しかしこれには、二つの考慮すべき点がある。

一つは、おそらく最初に袖の下を使ったのは日本人のほうで、何でもせっかちに待たずに済ませようとする結果、そうした習慣をつくってしまったのではないかということ。第二に、これには、世界に類のない、シナの伝統的な給与体系から来ている面もあるということである。

独特な給与体系

『食貨月刊』誌の主宰者・陶希聖《とうきせい》は、古くから日本の東洋史学界に名を知られた碩学《せきがく》で、また国民党の理論家でもある。陶先生の父親は、清《しん》末に河南《かなん》省の各地で知県（県知事）を務め、とくに盗賊退治に名声を馳せた人である。陶先生の直話によると、知県の俸給はごくわずかだったそうである。毎年末になると、省城（省政府）から俸給の支払い通知が来て、それには、お前の俸給からは何々の落《おち》度《ど》につきいくらいくら、何々の落度につきいくらいくらが差し引かれると書き出してある。そこで、知県はみずから省城に赴いて、自筆の受領証と引き換えに俸給を受け取るのだが、それが銀五両とか、六両とかいう少額である。

とてもこの俸給だけで暮らせるわけはないが、秘密は、まず現物給与にある。まず、官舎があるし、官舎に附属した菜園があって、野菜を自分でつくれる。

それから、米・薪《まき》・油・醤油・塩などは、県から定まった量だけ支給される。その他の必需品は、五割引きで市場で買える。それに、知県の最大の職務は税金の徴収だが、税金は粒銀で納入されるので、それを溶かして元宝《ユアンバオ》という銀塊にして政府に送る。その際、目減り分が法律で規定されていて、これは合法的に知県個人の収入になる。

言い換えれば、シナの伝統的な制度では、宿舎と食料品の現物給与が主体なので、ごくわずかの現金は、いわばおかずでも買うくらいしか支給されないのである。そして、地位を利用して収入を謀《はか》ることは、合法的な権利として公認されているのだ。さらに言えば、地位に伴う利権は、本来、給与の一部分と見なされるので、それによって人件費がおおいに節約になるわけである。

現在の台湾でも、この給与体系は根本的には同じである。

政府の官吏は官舎に住み、俸給としては、毎月わずかの現金とともに、米・塩・油などの引き換え券を支給される。この券を売って現金に換えるのは自由である。通勤手当を出す代わりに交通車というバスがある。各機関はそれぞれバスを何台も持っていて、毎日、朝の出勤時刻、昼、家へ帰って食事をする時刻、夕方の退庁時刻に、職員を無料で運ぶ。だから、台北市の旧城中の官庁街など、朝夕は、交通車の大群が右往左往して混雑を極める。

これはつまり、現金なしで生活できるシステムなのだが、だれしもお粥に醬油をかけてしのぐわけにもゆかず、衣料も買わねばならず、たまには友人と会食もしなければ人並みには暮らせない。そこで、地位を利用して収入を確保すべく、才覚を働かすことになる。

ある高名な日本の学者が、中華民国政府の招待で、台北へ講義にいった。政府は、運転手付きの乗用車を一台付けてくれた。日本式に考えて、公用の車だから、宿舎から大学の講義の行き帰りだけに使っていたら、運転手から文句が出た。
「なんで奥さんの買物などにも乗ってくれないのか」
「いや、私用に使ってはいけないと思ったから」
「あなたはわかっちゃいない。買物に使ってくれなければ、私はガソリンを闇で売って金を稼《かせ》げないじゃないか。だいたい政府は、私の横流し分をちゃんと計算に入れて、ガソリンを余分に支給してくれているのに」

この明快な論理には、さすがのシナ通の某博士もギャフンと言ったそうだ。

中国のやり方では、公共施設を利用して小銭を稼ぐのは、職員の当然の権利なのだが、公共施設のほうでも、ほとんど経費を要せずサービスを維持できるから、アルバイトはむしろ歓迎する。というよりは、職員のアルバイトなしには、公共サービス自体が成り立たないしくみなのだ。

たとえば、大は市会議事堂から、小は街の体育館に至るまで、それぞれ餐庁《ツアンテイン》（レストラン）がかならず附属しているが、これはその施設の直営なのでもなければ、業者に委託しているのでもない。その小使いたちが日銭稼ぎに料理をつくり、かつ住み込んでいるので、施設の経営者としては、最初に餐丁のスペースをとっておくだけで、小使いの月給を安く抑えても、サービスの低下を招く心配がなくて便利なのである。

だから、共有便所の裏手に人の住める設備があって、そこに便所の掃除係が住み込んでいるなんていう、日本ではとうてい考えられないような光景が出現する。食事時に便所の前を通ると、チャーハンでもつくるのか旨そうな匂いがして、シナ鍋の底をしゃもじで引っかく音を聞くのは、なんとも奇妙なものだ。

話がいささか落ちたが、コミッションを要求するほうとしては、それは正当な収入源なのだから、料金も払わずにサービスだけ受けようという日本人の心がけのほうが、よっぽどずうずうしいという理窟にもなろう。

4　「正統」とは何か

これでいわゆる腐敗の問題も、せっかちな日本人が考えるほど単純な話ではないことが、いくらかわかってもらえたと思う。そこで同じく、日本人にははなはだ理解しにくい、中国人独特の「正統」の観念についても説明しておく。

中華民国は今でも、全中国を代表する政権だ、という建前を崩していない。立法委員（国会議員）や国民大会代表（大統領選挙人）も、大陸の各省選出の人たちがそれぞれ台湾に揃っているし、辺疆の自治の世話をする蒙蔵《もうぞう》委員会もちゃんとある。もっとも、一九四九年以来死んだ人もあり、大陸に取り残された人もあり、台湾以外の省では改選ができないため、欠員が多いけれど。

これは日本人の目には、いかにも負け惜しみのように映《うつ》るかもしれない。ところが、中国人にとっては、至って当然のことなのだ。

つまり、中華民国が中国全体を、たとえ不完全にでも代表しているあいだは、台湾は中国の一部だが、台湾だけの政権だとみずから認めれば、その瞬間から中国人たることを放棄したことになって、中華民国の存在自体が無意味になり、したがって国家は崩壊してしまう。おわかりいただけるだろうか、この論理。この論理は、極端な現実主義者である日本人には、呑み込みにくいかもしれない。

政治組織と並んで、いやそれ以上に、文化の伝統の観念をもっとも重要だと考える中国人の独特の考え方が、論理の根底にあるのだ。

松山《しょうざん》空港の売店に並んでいるおみやげ品のなかに、各種のカラー・スライドがあり、近頃のものはなかなかできばえが良いが、その大半が故宮博物院の所蔵品を対象にしているのには、ちょっとびっくりする。

国立故宮博物院は言うまでもなく、台北市の北郊、士林《しりん》の蔣総統の私邸にほど近い、空気の澄んだ外双渓《がいそうけい》の山腹にそびえる美しい宮殿風の建物で、その厖大な所蔵品は、三カ月一ぺんの陳列替えの割合でゆくと、一巡するのに二十何年かかると言われる。

これらはすべて、北京の紫禁城《しきんじょう》内の清朝皇帝の宮中にあった宝物だが、一九三〇年代に日本軍が華北を脅かすようになって以来、莫大な努力を払って各地に転々と疎開し、日本降伏後、いったん南《ナン》京《キン》に帰ったが、一九四九年の大陸撤退の混乱のなかにも、とくに貴重な軍艦二隻を割《さ》いて台湾に輸送したものである。

博物院の所蔵品は、こうした執念のおかげで危く災禍を免れて保存されたシナ文化の精粋《せいすい》だが、これには、中国人の美術愛好心からだけでは説明し切れない政治的な理由がある。

すなわち、故宮博物院の所蔵品は、もとをただせば宋朝《そう》（九六〇～一二七六）の宮中にあったものだ。それが、元《げん》の世祖《せいそ》フビライ・ハーンの南宋征服で大都《だいと》（北京）に移り、元朝・明朝・清朝を経て中華民国に伝わった。だから、これを持っていることが、言い換えれば、国民党政権が取りも直さず、シナ王朝の直系の後継者であることを象徴するわけである。

日本語で伝統と言うと、すぐに茶の湯や生け花を連想し、とかく時代遅れの、早く脱却しなければいけないものと思うけれども、中国人にとっては、「伝統」はまったく異なったニュアンスを持った言葉である。文字どおり「正統を伝える」ことを意味するのだ。

「正統」とは、今、故宮博物院の宝物について言った、宋→元→明→清→民国という継承関係そのもののことであり、したがって、シナの政治的中心がどこにあるかを指し示す作用を持つのである。シナにおいては、政治的中心は、同時に道徳的中心である。つまり、正統の継承者は、道徳的な判断の基準を人民に与える機能を持っていて、古くは皇帝と呼ばれていたが、今では総統とか主席とか呼ばれるわけだ。

国共合作はありえない

それでは、どうして政治上の最高権力者が、道徳の審判係になりうるのか、という疑問が出るかもしれない。しかしこれは、シナの社会が完全な能力主義の世界だからである。年功序列制度でがんじがらめの日本の社会とは違って、シナでは、一人ひとりの持って生まれた能力以外に、地位の保証は何もない。ほんのちょっとの成功や失敗で、周囲の人々がいっせいに寄ってきたり背を向けたりし、そのつど地位が激しく上下する。

そういう国で、万人に承認される行動の基準、それによって人の成功、失敗を判断する尺度をつくろうとすれば、いちばん便利なのは、政治上の最高権力者に下駄を預けて、適当な道徳律を決めてもらうことだ。だから、さっき言及した『聖諭広訓』『蔣総統嘉言録』『毛沢東語録』のような御製教訓集が民衆に受け入れられるのだ。中国の社会の体質自体が、それを要求していると言える。日本人はともすれば、指導者のおせっかいと考えやすいが、そうではない。

中国人が、北京・台北いずれの政権にせよ、こちらが正統だと主張する場合には、かならずそちらの公定の道徳律をも受け入れることを意味する。したがって、わがほうが正義である、という言い方になるのは当然なのだ。

黄《こう》国防部長が私にこう語った。

「日本人もアメリカ人も、大陸には七億の人民がいるという事実から、ただちに結論を引き出そうとするけれども、七億の人間には七億の心がある。いわゆる文化大革命は、シナ文化を根底から破壊してしまい、その結果、一般の人民は、もはやどうしていいのかわからなくなっている。われわれの考え方では、文化が存続する限り、国家も存続しうる。文化の伝統が絶えれば、国家そのものが崩壊してしまう。

大陸では、シナ文化を清算して、それを共産主義で置き換えようとしたが、今ではその共産主義すら放棄され、毛沢東主義に堕《だ》してしまった。一方、台湾のわれわれは、シナ文化の伝統の維持に全力を傾注している。若い世代に、シナ文化を正しく承け継がせることによって、われわれは将来の大陸復帰に備えるのだ。その大陸復帰も、政治七割、軍事三割の方法で行く」

これをたんなる負け惜しみ、強がりとしか見られない人は、中国と中国人の理解が浅い。どうか、正統の観念、政治と道徳の密接な関連、文化の伝統をもっとも強力な武器とする考え方が、この黄部長の言葉に、はっきり表われていることに注目してほしい。

だから、国連の議席問題で危機に直面する中華民国政府が、わがほうが正統だ、道徳的には正義なのだと繰り返すのは、日本人の耳には、引かれ者の小唄と聞こえても、中国人にとっては根本的な問題なのだ。だから、二つの中国とか、国連の監視下に台湾の中立とかいう案が、北京・台北いずれにも受け入れられる見込みはまったくないのである。

なお、これに関連して、日本の一部でわけ知り顔に論議されている、第三次国共合作の可能性について触れておこう。

一口に言って、可能性はまるでない。

第一次国共合作は、一九二四年、広東《カントン》で北伐の準備をしていた孫文の呼びかけに応じて、共産党員がそれぞれ個人の資格で国民党に入党したのであって、対等の合併ではなかったし、翌年の孫文の死後、北伐の途中で両者は決定的に分裂して、それからは一九三六年の西安《せいあん》事件まで、十年近くも国共両党は惨烈《さんれつ》な殺し合いを演じ続けた。日本の侵略開始で、第二次国共合作は成りはしたけれども、和解はあくまで表面だけのことであり、抗日戦中にも両者の衝突は絶えなかった。

だから、日本降伏と同時に、公然たる内戦が再開されたのは当然である。この長い憎悪と怨恨の歴史の果て、今になって急に、国民党が共産党の腕に安心して身を任せられるはずがない。ことに台湾の外省人たちは、北京側から見れば、自分らの「正統」政府のもとで暮らすことを拒否した、道徳上も許すべからざる連中だ、ということになる。大陸復帰後にどんな扱いを受けることになるか、想像するまでもない。

それは外省人についてのことだが、台湾の人口の大部分を占める本省人には、なおさら国共合作を歓迎すべき理由がない。台湾に限らず、大陸外にいる中国人たちの大部分は、文化大革命の破壊性にとまどいを覚えたのだが、そのうえ大陸の生活水準がひどく低いことが知られ始めた。

それに反して、台湾側が急激に上昇して、豊かな生活をみんなで楽しめるようになり、日本に次いで、アジア第二位の平均所得を誇るようになると、現在の幸福を捨ててまで大陸と合体しようという熱意はあまり湧いてこない。結局、現状維持がいちばん望ましいということになってしまう。

第三次国共合作の可能性がないとすると、残る問題は、アメリカの態度である。つまり、アメリカがベトナム・スタイルのクーデターを台湾で演出して、本省人を中心とする軍事政権をつくろうと試みないか、ということだ。しかしこれも、蔣経国の軍隊掌握と若い世代の人気から見て、あまり成功の見込みはない。

今後の見通しとしては、予想もしない突発的な異変さえなければ、台湾は今までどおり、中華民国政府の統治下に存続するだろう。国連の議席をもし失うとしても、それはただちに国家としての生命の終わりではないし、中華人民共和国を承認した国と正式の国交は絶えるにしても、今まで中共自身がやってきたとおり、政経分離の商売を続ければ、経済的には生存できる。

現に、ここのところ中華民国の当面の努力目標は、アジア、アフリカ、ラテン・アメリカ諸国との経済合作で、いろいろの国と盛んに経済援助協定を結んでいる。これはそうした認識の表われである。

注目すべきことは、現在の中華民国がソ連に接近しようとしていることだ。黄国防部長が私に指摘したことだが、ソ連は今度インドと同盟を結んで、アフガニスタン、インド、セイロン（現スリランカ）を連ねる友好国のラインを確立した。シンガポールには、すでにソ連海軍が寄港するようになっている。あとは、日本、韓国、台湾、フィリピンを連ねることができれば、ソ連の中共包囲陣、いわゆるアジア集団保障体制が完成する。

この構想に対しては、中華民国は深い興味を示して、注視しているようである。中華民国は、日本財界のシベリア開発計画や、佐藤栄作首相の訪ソの見込みなどに期待を寄せ、日本の対ソ接近を強く希望している。国際関係研究所の郭《かく》副主任も、「私が日本の首相だったら、モスクワへ行って、アメリカと中共の両方を心配させてやるのだが」と冗談めかして言っていたものだ。

十年前の日本の状況

ソ連と中華民国の同盟が実現するかどうかは別として、台湾が外交の面で完全に孤立する事態が来ることは考えにくい。むしろ、台湾の直面する最大の危機は、国連問題ではなくて、ドルの下落と日本円の上昇である。米ドルの公定レートは、これまで一ドル四十元で、闇値《やみね》もせいぜい四十一元くらいだった。それがニクソン訪中声明で、いっきょに四十五元にはね上がった。

これは、ドルの高騰というよりは、新台幣の暴落を意味する。政府は通貨の信用回復のため、黄金を売り出したりしており、現在までのところ、恐慌状態は見られない。これに対して、日本円の人気は高い。公定レートは、米ドルを通じて換算して一元九円であり、闇値はさらに低くて一元十円だったのが、現在は一元八円に上がっている。これは、八月二十八日の変動相場制以前からである。

これまで台湾は、原料や半製品を日本から輸入して安い工賃で加工し、アメリカに完成品を輸出して、その代金でさらに日本から買う、というやり方で、経済成長をとげてきた。昨年（一九七〇年）の統計では、対米は、輸出五億七千九百万ドル、輸入四億六千三百万ドルで、一億千六百万ドルの出超、対日は、輸出二億三千六百万ドル、輸入五億八千二百万ドルで三億四千六百万ドルの入超となっている。そこへドルが下がり、円が上がったのだからたまらない。

これまで、過去十年間の小売物価の上昇率が、年平均わずか三・二パーセントだったのが、ダブル・パンチを食って物価が上がり始めている。すでにガソリンの値上がりで、タクシーの基本料金が四元（三十二円）から六元（四十八円）に上がり、値上がりしないディーゼルを使うバス（一区画一元五角、つまり十二円）のほうに客をとられてしまっている。

自動車やオートバイの部品も、一～二割から三～四割も値上がりした。またオーストラリアが米ドルを受け取らないとかで、バターが四十五元（三百六十円）から五十元（四百円）に上がったという。日本製の耕耘機の値段が、円の切り上げ分だけ上がれば、せっかくの農業現代化計画にも支障を来たすだろう。それに、円が一〇パーセント上がれば、台湾製品のコストもそれだけ上がり、さらにアメリカに輸出すれば、一〇パーセントの輸入課徴金がかかって、結局、台湾製品のアメリカ市場価格はこれまでより二〇パーセント近く高くなるわけだ。これは、台湾経済にとってまさに大打撃である。

台湾は、ちょうど十年前の日本の状況に似ている。あの頃、日本人は神武《じんむ》景気とやらを経験して、初めて繁栄とはどんなものかを知り初めたのだが、台北の街角に立って眺めていると、日本製、アメリカ製、ドイツ製、イギリス製、フランス製の色とりどりの自家用車が織るように往来して、マイ・カー時代が到来しつつあることを告げている。たとえ今、大不況が襲いかかっても、長いあいだつつましい生活に満足してきた台湾の人たちは、七〇年代の甘やかされた日本人よりは、ずっと容易にしのげるだろう。

浅薄な知識で判断するな

三週間の滞在を終えて、台北の松山国際空港で間断なく発着する、大阪行き、東京行き、マニラ行き、ソウル行き、香港行きのジェット旅客機の轟音を聞きながら思ったことは、台湾にはなお知るべきことのなんと多いことか、という平凡な事実であった。中国に関することはいちおうわかったつもりでいても、台湾に来るたびに新しい発見がある。ああ、そうだったのか、と目を開かれる思いをすることばかりである。

それにつけても、台湾の事情はもっともっと日本人に知られてしかるべきだ。戦前の台湾暮らしの経験のある人たちは、むかしなじみの台湾の面影ばかりを追い求めるし、団体サンは団体サンで、国賓大飯店のあたりばかりが台北だと思い込んでいる。こんな浅薄な知識で、台湾の将来を判断されてはたまらない。こういう手合いは、北京の天安門前のパレードを見物しただけで、中華人民共和国を理解したような気になって、とんだ見当違いをするのではあるまいか。

大陸にせよ台湾にせよ、われわれ日本人は、これからも長いあいだ近所づきあいをしてゆかねばならないのだから、ここは一つ慌てずに、中国人の理解に時間をかけたいものだ。

田中訪中を前に蔣経国が言うべきだったこと

＊本稿は、シンガポール生まれの華人貿易商という設定の陳図南《タントーラム》名で発表したものである。

日本人の尊敬をかちとる道

中華民国の蔣経国《しょうけいこく》行政院長（首相）の談話「中華民国断腸の記」（『文藝春秋』一九七二年十月号所収）を読んだ私は、正直に言って失望の念を禁じえなかった。

なにか変に思慮深くて、物わかりが良くて、どこといって強烈な印象を与えるような部分がない。すらすらと一気に読めるけれども、まるで直接問題に関係のない第三者か、国際関係の評論家が中日問題を論じているみたいで、一国の首相が民族の将来をかけて相手国民に告げる、といった気魄もすごみも感じられない。同盟国から断交されるかもしれないという瀬戸際で、「わたくしはこのところずっと中日問題に頭を悩ましています。自分の国のこともちろん心配ですが、実は自分のことよりも、そういう日本の将来が気にかかって仕方がないのです」と、のんびりしたことを言うのは親切のつもりかもしれないが、日本人の読者には、日本を子供扱いにした失礼な言いぐさと取られかねまい。国際情勢を分析して、北京《ペキン》との国交正常化が日本の利害にどう響いてくるかを諄々《じゅんじゅん》と説くのも結構だが、読者が期待したのはそんなことではあるまい。むしろここでは、台湾に在住する千五百万人の中国人の代表として、また一中国人として、日本に対して中国人が抱いてきた思いを憚《はばか》らず吐露するべきではなかったか。それがいかに日本人の痛いところを突く結果になったにもせよ、それこそが『文藝春秋』の読者に代表される日本の一般国民が求めていたものであり、またそれのみが日本人の尊敬をかちうる道であったのに。これが本当に蔣経国なのか。対日戦勝直後の乱脈を極めた上海《シャンハイ》で、経済管制副督導員として不当利得の取り締まりにすご腕を揮《ふる》い、継母宋美齢《そうびれい》の一族浙江《せっこう》宋氏財閥をすら震え上がらせた、あの颯爽《さつそう》たる蔣経国はどこへ行ってしまったんだ。

これが「断腸の記」を読んだ私の感想だった。

私はシンガポール人で、日本人でもなければ中国人でもない。清《しん》朝時代の末期に祖父が福建《ふっけん》省の郷里を離れて以来、私の一家はずっと南洋暮らしで、私自身もいまだかつて、中華民国の国民でも、中華人民共和国の国民でもあったことはなく、私にとって母国と言えば、生まれ育ったシンガポール以外にはない。しかしいくら私がシンガポール籍でも、華商（中国系）である限りは、私が教育を受けたアメリカでも、現に在住している日本でも、中国人と見なされ、いっしょに扱われてしまう。そんなわけで、大陸側にもせよ、台湾側にもせよ、中国で何か起こるたびに、私の接触する日本人たちから意見を求められる。あるいは私を見る目つきが違ってくる。これは少数派《マイノリティ》の運命でしょうのないことだけれど、私個人の身の上にぴんぴん響いてくる以上、私は中日問題に無関心ではいられない。

もちろん台湾に対する私の関心には、それ以上に血の繋がりの要素が強い。台湾省の住民の大部分は、私の一家と同様に、清朝時代に福建省から移住した人々の子孫で、現に私の親戚もいるし、友人もいる。その台湾と同じく福建系が多数を占めるシンガポールの出身者として、私は台湾の代表者である中華民国政府には、やはり立派に振る舞ってほしい。また血の繋がった者として、さすがに中国人は立派だと言われてほしい。これは私が北京政府を支持するか、それとも台北政府を支持するか、といったこととは関係はない。

台湾党人派の敗退

「中華民国断腸の記」をもっと詳しく批評する前に、中国問題に関する中華民国政府のこれまでの公式発言を振り返ってみよう。

一九四八年以来、もう二十四年間も総統（大統領）の職にある蔣介石《しょうかいせき》は、八十六歳の老齢のうえ最近は健康もすぐれず、引退の噂が飛び始めていたが、ニクソン訪中が引き起こした危機を乗り切るためには、やはり蔣介石を頭に戴いて指導部内の権力闘争の爆発を抑える必要があって、総統連任が春の国民大会で形式的に承認され、五月二十日に台北郊外の陽明山で就任式を挙げた。しかし第五期六年の任期が満ちるときには蔣介石は九十二歳になる勘定で、だれもまじめに蔣介石がそれまで生きていようなどとは思わない。だからこの総統連任は、長男の蔣経国が全権を掌握できるようになるまでの時間稼ぎの措置に決まっているが、その証拠に、厳家淦《げんかかん》副総統はこれまで兼任していた行政院長を辞任して、副院長（副首相）の蔣経国が代わって行政院長に指名された。

それで二十六日には立法院（国会）の同意で正式に任命、二十九日には新内閣成立となったが、この閣僚名簿は平均年齢が若いことと、徐慶松《じょけいしょう》副院長、林金生《りんきんせい》内政部長（内相）ら台湾人六人を含んでいることが目立った。もちろんこれは人心収攬《しゅうらん》策で、土着の台湾人と、老人支配にあきたりない青年層を摑《つか》むためだが、一方蔣経国直系は一人も入閣していない。しかしこれまで国民党政学系の代表として、蔣経国の最大の障害と見られていた張群《ちょうぐん》総統府秘書長が辞任したことは、党人派の敗退を示唆するものだった。

この頃の日本はまだ佐藤（栄作）首相の時代で、北京政府との国交樹立は、党内の反佐藤派や野党こそ騒ぎ立てていても、日本政府の正式の国策にはなっていなかった。だから蔣経国は、六月十三日の立法院院会（本会議）での施政方針説明では、次のように言っただけだった。

「外交面では今後、外来の衝撃がいかに大きかろうとも、われわれ中華民国は絶対に脅威を受けず、利の誘いを受け付けず、既定の立場と原則に基づいて永遠に民主集団の側に立ち、とことんまで奮闘する」

ここでは日本の名は現われないけれども、ニクソンの北京訪問が済んでしまっていた当時、次に来るべき「大きな外来の衝撃」が、中華民国に好意的な佐藤内閣の退陣と、それに伴う後継内閣の北京接近を意味していることはだれにも読み取れた。

低調な熱のない反応

果たせるかな、わずか四日後の六月十七日に佐藤首相は引退を表明し、北京・台北双方の関心は自民党総裁選のゆくえに集中した。台北は、佐藤の外交方針を受け継いで、大陸と外交関係は開いても、台湾との関係は尊重しようという福田赳夫に望みをかけていたが、その福田の勢力がじりじりと後退し、その代わりに、中日問題についてはあまり態度をはっきりさせない田中角栄が有力になってきた六月二十八日、蔣経国内閣の外交部長（外相）沈昌煥《しんしょうかん》は立法院外交委員会で、十三日の蔣報告を引用しつつ、

「わが国と国交関係を持たない民主国家とは、その国が中共を承認していても、できるだけ連繫を保ってゆきたい」

と言明している。

これは日本との断交、逆政経分離を念頭に置いたもののようだが、その一週間後、七月五日に田中が自民党総裁に当選、七日には田中新内閣が発足して、国交正常化への動きが急になり、ついに十八日には、野党の質問趣意書に対する答弁書の形式で「中華人民共和国政府が中国を代表する唯一正統政府であることを認め」かつ「復交三原則」を「理解」すると述べるところまで行った。

この重大な転換に対する蔣経国内閣の反応は、意外と低調な、熱のないものだった。すなわち二十日に沈外交部長が発表した声明には、

「日本政府首脳の最近の言論は、すでに実質的に日本歴年来の国際信義と条約義務尊重に関する誓約に違背《いはい》している。中共は日本に対し、一貫して侮辱的態度をとり、かつ積極的に浸透転覆活動を推進している。もし日本政府がこれと『国交樹立』を交渉するとすれば、日本の国際間における信用および中華民国との友好協力関係に重大影響を及ぼすことは必至である」

とあったが、このなかには「抗議」の語がどこにも見当たらない。自分が正統の政府ではないと言われたのに対する反応としては、奇異の感は免れない。

熱がないと言えば、七月二十三日の大平・孫平化《そんへいか》会談で、北京―東京の政府間の直接交渉が開かれたのを受けて蔣経国院長自身が発表した八月八日の談話も、あまり熱があるとは言えない。

「最近、日本政府首脳は、たびたび、中共といわゆる国交正常化を進めること、並びに日本が中共と国交正常化をした場合は、中華民国との外交関係を断絶することを表明した。日本の首相と外相は、また九月中に中共を訪問することを計画している。これは中華民国政府と国民に対するもっとも非友好的な態度である。中華民国政府は、これに対し、きびしく非難するものである」

ここでやっと「非難」の語が登場したけれども、日本政府の行動への対応策としては、「わが政府は、かならずあらゆる必要な措置をとって、国家主権と人民の利益を守り抜くものである」と言うだけで、きわめて抽象的、かつ防御一方である。日本にとってもっとも痛いはずの在台湾資産の凍結とか、日本船の寄港禁止、日航機の台北空港利用停止など、実質的な攻撃策をほのめかしもしていない。この談話を読んで本気で再考しようという日本人があろうとは思えない。

その後も事態は急激に進んで、八月十一日には第二回の大平・孫会談、十二日には姫鵬飛《きほうひ》外交部長の歓迎声明、十五日には田中・孫会談と、田中訪中が確定する。『文藝春秋』の一行に蔣経国が会見して「断腸の記」を語ったのは、このすぐあとの十八日だった。

中国人の言う原則とは

「断腸の記」で蔣経国は、まず戦後の日本に自分の父親の蔣総統がいかなる恩恵を施したかを列挙している。カイロ会議で天皇制の存廃を日本国民自身の決定にゆだねることを主張したこと、大陸に在った二百万の日本軍民を無事送還したこと、そのとき帰国者に食糧を支給したこと、日本の分割占領に反対したこと、賠償請求権を放棄したこと、などである。

こうして過去、しかも近い過去の友好関係を回顧したあと、蔣経国の話は一転して当面の事態に入るが、その議論はどこまでも現実の利害関係、損得勘定を離れない。——国際緊張は緩和したのではなく、西欧からアジアに移ったのだ。ソ連の海軍力は増大しているし、中ソ対立とは言っても、日本を敵視する中ソ友好同盟条約は生きている。日米安保条約のみならず、台湾の六十万の軍事力が日本を守っていることを忘れるな。アメリカは中共を承認していないし、西太平洋から撤退する意志もない。華日平和条約はサンフランシスコ平和条約と一連のものだ。中共承認によって日本の地位は低下するし、赤化の危険もある、云々。

それでも日本政府が北京と国交を開いたらどうするのか。

「中共との国交正常化のあかつきには、中華民国との国交がなくなるというような政策をとっておられることは、まことに痛心にたえません」

だからと言ってどうしようと言うのでもなく、

「わたしたちは原則に忠実な民族です。政経分離で結構ですなどと答えたら、わたしたちは歴史に顔向けができません。（中略）

それはわたしたちが報復するという意味ではありません。問題はわたしたちが報復するしないということを上回る問題です。政府がとやかくいわなくても、日本の裏切りはアジアの人々に大きな心の傷を残すことになるでしょう」

とまるきり消極的だ。

これによれば中華民国政府は「日本の裏切り」に対して「報復」する意志はなく、「とやかくいわない」ことは明らかになる。おそらくこれがこの談話の最大の眼目であり、主要なメッセージなのであって、これを先に引用した七月二十日の沈昌煥声明、八月八日の蔣経国談話の調子と思い合わせてみれば、台北が口先とはうらはらに、じつは日本の北京接近阻止にあまり熱意がないことがよくわかるだろう。

それはなぜか。六月二十八日の沈昌煥の言からうかがえるごとく、日本が中共を承認して国交関係がなくなっても「連繫を保ってゆ」くつもりだからである。つまり逆政経分離方式だが、蔣経国も中国人である。言葉に出してそう言ったのでは面子《メンツ》が立たない。だから「政経分離で結構ですなどと答え」ることはできないわけで、これが「原則に忠実な民族」たるゆえんである。

そもそも中国人にとって、「原則」とは言葉のうえで抵触さえしなければいいものであって、日本人の理解するように、実行のうえで守らなければならないものではけっしてない。このへんは私の日本の友人たちが理解しかねて、中国人にはついてゆけないとこぼす点なのだが、そのいい例は復交三原則である。その受け入れが国交正常化交渉の必須条件だったはずなのに、田中首相が「理解」する、つまり聞き置く、と言っただけで、周恩来《しゅうおんらい》は田中訪中を歓迎したではないか。つまり原則は原則、現実は現実なので、これは台湾海峡のどちら側でも変わらない真理である。

私の勘で言えば、田中首相は訪中の前に、北京との国交正常化が実質的には台湾にとって不利にならないことを充分保証したのだろう。だからこそ台北の政府は、国内向けの面子を保つためだけが目的の、お座なりな抗議しかしないのである。

日本国民に語るべきだった

「断腸の記」は、そういうわけで、無意味な言葉の煙幕のかげから、ちらりちらりと本心をさり気なくのぞかせた、きわめて中国的なしろものである。これは蔣経国が中国人であり、中国の政治家である以上、仕方のないことだろう。しかし日本在住の華人の一人として、少なくとも台湾の千五百万人の中国人の代表たる蔣経国には、この機会を利用して日本政府にではなく、日本国民の一人ひとりに語りかけてほしかった。また日本の読者もそれを期待したはずなのに、蔣経国の談話は徹頭徹尾、日本政府と中華民国政府の関係レベルに留まっていて、日本人と中国人とのあいだに横たわる感情の壁については、触れようとさえしていない。

台湾の新聞はまたじつに中国らしくて、日本の国内情勢については政府の国交正常化政策に反対する動きしか報道しないが、その紙面から受ける印象とは反対に、日本の国民大衆はだいたいにおいて、この問題に関しては田中首相を支持している。これは日本人が、過去の罪業のゆえに大陸の中国人から憎まれ恐れられていることを自覚しているからであり、これまで大国民であった経験のない日本人は、敵意を抱かれていると思うと落ち着かないからであり、なんとか中国人に良く思われて孤立の恐怖、不安から逃れたいからである。この心理があればこそ周恩来の働きかけが成功するのであって、蔣経国が日本の裏切りを非難するのは当たらない。それに大陸に共産党政権の成立を許したのは、ほかならぬ蔣経国の父・蔣介石の責任ではなかったか。

中華民国は今でこそ台湾一省の地方政権に成り下がったけれども、その建国の父・孫文《そんぶん》は、その長く滞在した私の故郷シンガポールの華人社会にも深い影響を残した。私の祖父も熱心な支持者になり、私は幼時よく孫文の逸話を聞かされたものだ。

南洋華僑が祖国解放の望みを托したその孫文は、一九一一年の革命で臨時大総統になったのもつかのま、自分の軍隊を持たない悲しさでたちまち政界の片隅に追いやられ、中国の各省は、倒れた清朝以上に腐敗した督軍どもが残暴を逞《たくま》しくして、中国人には救いがない。とうとう孫文は自分の軍隊をつくるためにソ連と手を結び、日本留学経験のある蔣介石をモスクワに派遣した。これが蔣介石の登場だったが、帰国した蔣介石はソ連人教官の援助で新しい軍隊を育て上げた。

　そして孫文が北京で病死すると、蔣介石は一九二六年、国民革命軍を率いて北伐を開始した。住民に迷惑をかけないという、中国としては破天荒の紀律厳正な国民革命軍は、ほとんど抵抗を受けずに江南の地を席捲し、中国人のみならず南洋華僑の熱狂は絶頂に達した。われわれは、とうとう中国にも明るい希望の陽が射し始めたと感じたのである。このときの蔣介石は、全中国人の英雄であり、渇仰の対象であった。

渇仰が失望に変わるとき

　それがたちまち苦《にが》い失望に変わる。国民党は分裂し、国共の内戦が始まる。上海を握った蔣介石は、孫文未亡人宋慶齢《そうけいれい》に求婚してはねつけられ、代わりに妹の宋美齢と結婚して浙江宋氏財閥を後ろ盾につける。蔣経国の母親は離縁され、蔣経国はまだ十六歳でモスクワへ留学にやられる。革命の大目的であったはずの三民主義（民主主義、民権主義、民生主義）の改革は棚上げになり、中国の近代化のために使われるべき資源と人命は、大規模な掃共作戦に浪費される。その間に日本の大きな黒い影が伸びてきて、東北（満洲）を取り、南モンゴルを取り、やがて華北五省を切り離そうとする。それでも蔣介石は、あくまで共産党の撲滅が先だとの態度を変えない。

　それが一九三六年の西安《せいあん》事件を契機として国共内戦が停止され、抗日統一戦線が結成されると、蔣介石の人気はふたたび沸騰した。あのときの大人たちの興奮は、まだ小さかった私でさえよく覚えているほどだし、私の周囲でも多くの華人青年が志願して抗日戦線に参加した。もし長男でなかったら、私の父もきっと志願していただろう。

しかしまことに中国的なことに、蔣介石の戦略は日本と戦わず、いずれアメリカが参戦して日本を破ってくれるのを辛抱強く待つことであった。そのため上海租界の外国人居留民の眼前で華々しい戦闘を演じた以外には抵抗らしい抵抗もせず、南京《ナンキン》から武漢、武漢から重慶へと退いたばかりではなく、直系以外の軍隊には満足に武器弾薬すら支給せず、日本軍に攻撃されても救援しようともしなかった。これはできるだけ自分の中央軍を温存して、日本敗退後の中共との内戦再開に備えるためだったが、こんなことで将軍たちの忠誠が確保できるわけもなく、重慶のある四川《しせん》省以外の各省はほとんど独立の形だった。それよりももっと重大なことに、保身にばかり情熱を傾けた蔣介石のもとで、国民は重税と悪性インフレにあえぎ、男子は誘拐《ゆうかい》同様にして兵隊にとられ、生きる道もない。この実情は南洋でも周知のことで、抗日戦が終わっても蔣政権が半年以上持つとはだれも思わなかった。

しかし蔣介石だけを責めるのは酷だろう。日本の貪欲残忍な侵略がなかったら、話はまったく違っていたかもしれない。蔣介石は一度ならず二度までも、中国国民と華僑の期待を裏切らないで済んだかもしれない。しかしそれならばそれで、蔣経国は、日本人よ、あなた方は大陸の中国人に対して罪を犯しただけではありませんよ、台湾にもあなた方の侵略の最初の犠牲になって、五十年もの長いあいだ差別待遇の屈辱に耐えてきた中国人たちがいるのですよ、と語りかけるべきではなかったか。

これが私の失望の理由である。

日台空路はこうして切れた

——大平外相がもたらした、北京も望まなかった断絶——

多事多端の一日

一九七四年四月二十日、私は用事で三日間滞在していた台北を離れ、空路、東京に帰ってきた。ちょうどその同じ日、北京《ペキン》では日本の小川平四郎大使と、中華人民共和国の姫鵬飛《きほうひ》外交部長が日中航空協定に署名し、東京では大平正芳外務大臣が談話を発表し、台北では中華民国政府がこれに抗議して、中華航空機と日本航空機の両国間の就航の停止を決定した。まさに多事多端の一日だったわけである。

今に始まったことではないが、わが国では新聞の報道サービスが悪いために、この四月の一日に起こったことの本質について、認識の混乱や誤解が広まっている。その一つは、これでもう、台湾へは飛行機で行けなくなった、または、香港《ホンコン》経由で遠回りして行くより方法がなくなった、という誤解である。どうも新聞が、意識してこういう感じを与えようとしたのか、あるいは新聞自体の認識が混乱していたのかもしれない。その一例が、四月二十二日の『朝日新聞』に載った、台北からの最終の日航七〇四便のパーサーの話で、乗客の一人が「これでもう台湾へ来れなくなるのかなあ」と言っていたのが記憶に残った、とある。

これはもちろん間違いで、これまで東京、大阪と台北間の航空路には世界各国の十航空会社が、週百三十五便も飛ばしていたのが、そのうちの日本航空と中華航空だけが業務を停止したのであって、日本国民も中華民国国民も、第三国の航空会社の飛行機でこれまでどおり往来できるわけである。このことは、日が経つに従って、だんだんに世の中の人にもわかってきたようだが、それにしても、いわゆる日台空路の断絶が、ショッキングなできごとであることには変わりはない。

断絶に追い込んだのは外相談話

誤解のその二は、日中航空協定の調印に抗議して、中華民国政府が日台空路を打ち切ったのだ、とすることである。じつを言うと台北は、日中航空協定自体にはちっとも反対していないのである。こう言うと奇異に思われるだろうが、論より証拠、四月二十日に中華民国の沈昌煥《しんしょうかん》外交部長が台北で発言した声明の全文を次に掲げるから、注意して読んでいただきたい。

「日本の田中内閣は、中共に媚びる政策を遂行するため、一九七二年九月二十九日、一方的に華日平和条約を破棄して中共と外交関係を結び、わが蒋総統が戦後寛大な政策でもって日本を救い、その復興を助けてきた恩義にそむいた。

わが政府は日本と断交後、アジア太平洋地区の安全、自由の擁護と共産侵略の拡大阻止ならびに日本国民のわが国に対する友情を顧慮し、引き続き両国民間の経済、文化関係を維持した。昨年、両国民間の往来は五十数万人に達し、経済、貿易、文化の交流も著しく伸展した。

しかるに、日本の田中内閣はわが国の善意を蔑視し、中共と航空協定を結ぶのを急ぐため、一方では中共の玩弄《がんろう》に甘んじ、その無理な要求に対して完全に屈服し、他方ではわが政府が再三表明してきた断乎《だんこ》たる公正な態度を無視して、ついに華日航空路線の現状を破壊してしまった。

それればかりか、大平が発表した無礼な談話のなかで、中華民国の国旗を認めず、わが国の尊厳と権益を重大に損ない、華日両国民が戦後力を合わせて打ち立てた友好関係をふたたび傷つけた。

わが政府は国家、民族の尊厳を擁護するため（傍点は筆者）、中共の威圧に屈服することによってわが国の権益を損なういかなる事情をも絶対に容認できない。よって次のとおり厳正に声明する。

中華民国政府は中華航空機の華日航空路線就航を即日停止することを決定した。国際慣例の相互原則により、日本航空機も同航空路線の就航を即日停止しなければならない。

同時に、中華民国の航空機は日本管轄の飛行情報区と防空識別圏の上を飛行しないし、日本の航空機も中華民国管轄の飛行情報区と防空識別圏の上を飛行することは許されない。

もし、日本の航空機が許可なしに中華民国の上記管轄区に侵入した場合、中華民国政府は国際民間航空の規定および自国の関係法規に基づいてこれを処理する。

日本政府が華日航空路線の現状を破棄したことによって生ずるいっさいの結果は、日本政府がその全責任を負うべきである」

この声明文を読んで気がつくことの一つは、「航空協定」の字面は、なるほど一回だけ出てくるけれど、それは田中内閣が中共の無理な要求に屈服する原因として触れられているだけで、協定それ自体を非難する語句は全然ない。これはもちろん偶然ではない。言葉の使い方に慎重な中国人、しかも外交官である沈外交部長のことだから、日中航空協定を非難しないことには、充分な理由と意味があるに決まっている。そして非難の対象になっているのは、「大平が発表した無礼な談話」なのであり、その談話が「中華民国の国旗を認め」ないことが、「わが国の尊厳と権益」に重大な損害を与えるから、「国家、民族の尊厳を擁護するため」、日台空路を停止する、というわけである。

つまり、日台空路を断絶に追い込んだのは、日中航空協定の調印なのではなくて、それに伴って発表された大平外相の談話なのであった。

この四月二十日の外相談話は五項目から成るが、同日付の『朝日新聞』夕刊によると、その第三、第四項目は次のような文章になっている。

「交渉はまったく始められていない」

「日台路線取り扱いの問題では日本政府は日台路線の維持が肝要と考え、中国の理解を求めることに極力努力した（傍点は筆者）。一方、日台路線の維持に当たっては新しい日中関係と矛盾しないことが大切である。日台路線についてはかつて存在した日台間の航空業務に関する交換公文が日中国交正常化の結果として失効した。政府としては民間取り決めを通じてこれを維持して行く方針だ。このことに関連して日本政府は中国政府に対して表明した見解として次のことを明らかにする。

日中航空運送協定は国家間の協定で、日台間は地域的民間航空往来である。日本政府としては日中両国の共同声明に基づき、同声明発表の日以降、台湾の航空機にある旗の標識をいわゆる国旗を示すものとして認めていないとし中華航空公司（台湾）を国家を代表する航空会社として認めていない」

この大平外相談話が出たのは、航空協定の調印と同時の、四月二十日午前十一時二十分のことだったが、それよりも以前の同日朝、私を台北の松山《しょうざん》空港に見送ってくれた行政院新聞局（内閣情報局）の人は、「いよいよ今日（空路が）切れるようですよ」と教えてくれた。そして午後四時になって、さっき引用した沈外交部長の声明が出たのである。

つまり台北では、大平談話が出る前から、その内容を知って、沈声明を準備して待っていたわけだが、これは言うまでもなく、例の公電暴露事件のせいである。四月十日、日華関係議員懇談会、青嵐会に属する自民党の藤尾正行代議士は記者会見を行ない、北京での日中航空協定交渉をめぐる公電、さらに「青天白日旗」「日華航路」の社名に関する大平外相の認識表明の文案の内容を詳細にすっぱ抜いた。進行中の外交交渉の内容が漏れるのは重大なことであって、ふつうならそれだけで交渉が打ち切りになって当たり前の、日本政府にとってはこの上ない大失態であったが、不思議なことに、この事件はそのまま、うやむやになってしまった。

それはともかく、このニュースを受けて沈外交部長が発表した翌十一日の談話には、「華日両国のいわゆる『民間航空協定』に関する交渉はまったく始められていない。（中略）わが国は台北、東京またはその他のいかなる地点においても、日本側のだれとも民間航空協定について話し合ったことはなく、すでに進展した、など、なおさらありえない」とあり、「日台路線の維持が肝要と考え」ていたとの大平外相の談話にもかかわらず、日本政府は当の相手の中華民国政府にはなんの相談もせず、もっぱら「中国（北京）の理解を求めることに極力努力」しただけだったのであることがうかがわれる。

これはじつに奇妙な外交のやり方で、こんな扱いを受けては、台北ならずとも憤慨するに決まっている。つまり台北が、自国の尊厳が損なわれた、と感じたのは、ろくろく連絡もしないでおいて、いきなり、さあ「青天白日旗」は国旗ではないと認めろ、お前のところは国家ではないと認めろ、と一方的に押し付けようとしたからである。

台北で私が会った政府のある高官が言ったことだが、今回のことは、二年前の日中国交樹立（台北から見れば華日断交）とは全然事情が違う、と言うのである。田中訪中のときには北京側が、台湾は自分の領土の一部だ、と主張し、日本側はその主張を、充分に理解し尊重する、言い換えれば、うけたまわっておきます、と言っただけだった。世界のなかには国交のない国同士という関係はいくらもあるが、とは言っても敵味方だというわけでは、かならずしもない。われわれ（台北）は、日本がその国益上、北京と国交を開かなければならない、というのは理解するし、むしろ同情する。だからわれわれとしては好意をもって、正式の国交関係をなくすだけに留めた。これは互いに相手の国益を損なわない、という了解のうえのことだった。ところが今度は違う。日本政府のほうから、お前のところは国家ではない、と言い出したのだ。国交がないのと、国家と認めないのとは、まったく別の話だ。ここのところが大平さんにはわかっているのだろうか云々。

まことにもっともな話で、私としては返す言葉がなかったのだが、あの大平談話のインパクトがどんなものになるかは、日本の外交当局も、まったく予想していなかったわけではないらしい。その証拠に、談話自体で「中国政府に対して表明した見解」だとわざわざ断り、また談話の発表後、外相は記者団の質問に答えて、台湾旗に対する見解は「台湾または第三国に向けられたものではない」と弁解している。これは台北に与える衝撃をいくらかでも和らげようとする配慮めいた感じを与える。しかし台北が空路断絶の挙に出るとは、まったく予想していなかったのであるらしい。

がらりと変わっていた台湾の内部事情

こうした読みの甘さと表裏するのが、台北との連絡のパイプがうまく通じていなかった事実である。沈外交部長の声明で事態の重大性をやっと認識した日本政府は、その三時間後の四月二十日午後七時、二階堂官房長官の談話をもって、「日台双方の共通の利益のため、一日も早く日台路線の運行停止を再考されんことを望む」と訴えたが、そのなかで「台北当局に対し理解を求めるべくあらゆる努力を試みてきた」と言っている。ところが実際はというと、交流協会（日本大使館に代わるもの）の板垣修理事長が、前後三回渡台して、亜東関係協会（中華民国大使館に代わるもの）の張研田《ちようけんでん》理事長と接触しただけで、お互いのランクが低いから、とても本格的な交渉や説得なぞできない。まず伝令程度である。そのほかには牛場信彦外務省顧問が四月七日から九日まで、日航の斎藤進専務が四月二日から六日まで台北を訪問しているが、前者は外交部によって「個人的な旅行にすぎず、華日航空路問題とはなんら関係がない」と片付けられ、後者は日本政府とは関係のない人だから、これまた問題にならなかった。つまるところ日本の外交担当者は、台北は放っておいても、とても日台空路を切る気遣いはないとたかをくって、その腹も確かめようともせず、ひたすら北京に向かって暴走したらしいのである。

しかしそれは表向きの話である。戦後これだけ長いあいだ、これだけ深い関係がある台湾とのあいだに、日華議員懇談会や青嵐会以外の自民党や政府の関係各省が、まったく信頼するに足るチャンネルを持っていなかったというのは、どうにも受け取れない話じゃないか。本当はどこか裏で交渉があったのではないか、と疑う人も多いだろう。ところが台湾の内部事情は、ここ二年のあいだにがらりと変わってしまったのである。

戦後の日本の政界の、いわゆる台湾ロビーと呼ばれる人々が交友関係にあったのは、何応欽《かおうきん》とか、張　群《ちようぐん》とか、谷正剛《こくせいごう》とか、蔣介石《しようかいせき》総統の側近が多かった。まあこれは当然のことと言ってよいが、蔣介石も今は八十八歳の高齢で、さすがに老衰の兆しがあり、健康もすぐれない。そのため一九七二年、蔣介石が五たび総統に選挙されると同時に、その長男の蔣経国《しょうけいこく》が指名されて行政院長（首相）となり、国政の実権は蔣経国の手中に移り、蔣介石は事実上の隠退生活に入り、その側近は全員ていよく棚上げされてしまった。

蔣経国の生母は、蔣介石の最初の夫人で、蔣介石はこの人と離婚して宋美齢《そうびれい》と結婚したのである（宋美齢には子供はない）。したがって蔣経国は浙江《せっこう》宋氏財閥と関係はない。そのうえ、母の離婚後すぐ、ソ連に留学させられ、十数年も滞在し、ソ連人を妻にめとった。帰国後はずっと国防畑を歩いてきて、国民党内には地盤を持たない。むしろ軍隊と、自分でつくり上げた中国青年反共救国団という、ソ連のコムソモール類似の組織とが蔣経国の手足なので、双方の組織を通じて台湾の本省人をがっちりと摑《つか》んでいる。そういう事情で、国民党の支配にあきたりない本省人のあいだに、蔣経国の人気は絶対的である。

そのうえ、蔣経国は台湾の各界の若返りに熱心で、大陸の文革に対抗して打ち出した「中華文化復興運動」によって、過去二十数年権勢をほしいままにしてきた古顔を打倒して、新しい世代で置き換え、行政院長に就任してからも、積極的に新人を登用している。その一つの結果は、本省人が大量に枢要な地位に進出したことで、閣僚の六人までが、日本の大学で教育を受けた優秀な本省人であり、それも内政部長、交通部長などの要職であり、台湾省主席も本省人である。その他、地方自治体の長も、大半が本省人となった。

こうした大きな変化が台湾で起こっているのに、日本側はこれに対応することができず、新しいコネクションを開拓せず、いまや過去の遺物となって現実の政治に関係のない、かつての大物ばかりにしがみついているために、日本からのパイプは、肝心の蔣経国行政院長を中心とする実力グループまで達せずに、途中で詰まってしまっているのではないか。しかもこの変化が、日本での田中内閣の出現と、日中国交樹立へのなだれ現象と時を同じくして起こったために、外務省その他の方面では、新しいチャンネルを開く努力をはばかったのではないか。もしそうだとしたら、日本の国益にとってたいへん不幸なことだと言わざるをえない。

北京は断絶を要求したか

さて、ここでもう一度、大平外相談話に戻る。この談話には「日本政府は日台路線の維持が肝要と考え、中国の理解を求めることに極力努力した」とあり、また二階堂官房長官の談話にも「日本政府としては日中航空協定締結後も日台路線が維持できるよう、できる限りの努力を惜しまなかった。日中航空協定交渉が一年数カ月という長期に及んだのもそのためだ」とある。

こうした表現をそのまま受け取れば、まるで日本政府は、日台空路はなんとかこのまま続けさせてください、と北京《ペキン》に懇願し、それに対して北京は、いや、それはだめだ、日中航空協定を成立させたければ、日台空路を切り捨てろ、と言い張ってすったもんだの末、ようやっと北京は条件付きでしぶしぶ日台空路の維持を呑んだが、今度は台北のほうが臍《へそ》を曲げて、日本の苦心のかいもなく、日台空路は切れてしまったような印象になる。しかし本当にそうだろうか。本当にそれが理由で、一年数カ月ものあいだ、日本と北京のあいだの話がまとまらなかったのだろうか。どうも違うような気がする。

それは北京の立場に立って考えてみればわかることである。日台空路は、台湾の将来になにがしか関わる問題である。北京は、今すぐどうしようという意志も能力もないながら、いずれは台湾を併合したいと思っている。少なくとも、台湾を解放する、と言い言いしている。

ところで台湾の運命を決定すべき要素はいくつもあるけれども、そのなかでも、もっとも大きな要素は、経済的・軍事的に台湾に強い影響力を持っている二つの大国、つまり日本とアメリカである。

この両国と北京の関係は、それぞれ微妙である。アメリカとは、北京は例のピンポン外交に始まって林彪《りんぴょう》を切り捨ててまでもニクソンと手を握り、両国の首都にそれぞれ連絡事務所を置くところまでこぎつけた。しかしその後、米中の関係改善は停頓状態に入って、いつになったら連絡事務所が大使館に格上げになるものやら、いっこうに見当もつかない。広州貿易見本市に招待されたアメリカ官吏にヴィザが出なくて、空しく香港で待ちくたびれたり、どうやらアメリカが現在以上に北京に歩み寄る気配はなさそうである。それにアメリカと台北の関係も近頃は良くなって、この四月で離任したマコノギー大使の後任に、国務省はただちにアンガー大使をバンコクから持ってきた。これはウォーターゲート事件の飛ばっちりで世界各地の大使の欠員がなかなか補充できない現在のワシントンとしてはまことに異例のことで、アメリカの銀行や大企業の急激な台湾進出を考え合わせれば、アメリカが近い将来、台湾をあっさり手放すつもりがないことは確かである。

こういう現状で、北京が台湾をいくらかでも自分のほうへ引き寄せようとするならば、ロジカルな方法は、日本の勢力、影響力が台湾でいっそう大きくなるように仕向けて、それによって日本ぐるみ台湾を抱き寄せることしかないはずである。ところが日台空路が切れるとなると、日本の台湾に対する影響力は弱まりこそすれ強まる気遣いはない。日本の影響力が弱まれば、必然的に台湾はアメリカに引き付けられてしまって、北京が台湾を解放する時期は永久に来ない恐れがある。それればかりか、日台間の間隙《かんげき》を利用して、ソ連が出てくる可能性もある。これは見やすい道理のはずだが、それにもかかわらず、北京は日台空路の断絶を強硬に要求したのだろうか。どうもそのへんが腑《ふ》に落ちないのである。日中航空協定の成立によって、東京—北京間の路線が開け、しかも東京—台北間の路線が、友好国である日本の手で維持されていること、これこそが北京の利益だろうではないか。

「なぜ直行便で来なかったのか」

ここで思い出すのが、新年早々の大平外相の北京訪問の経過である。この訪問が、まったく航空協定の早期妥結を目的としたものであったことは、当時の新聞が一致して報道したところであり、この機に行なわれた貿易協定の調印は副次的な意義しかなかった。この一部始終を、『朝日新聞』によって再現してみよう。

大平外相は一月二日、年末からひきこんだ風邪を押して、医師同伴で東京から香港に飛び、三日、香港と中国との境界線の深圳《しんせん》では、橋を渡ってかなりの距離を歩き、航空協定がまだできていない日中間の遠さをみずから味わった。記者団の「ここを歩く最後の外相にしなければ」との問いに「その通り」とうなずいた。

広州からは中国民航特別機で、その夜六時過ぎに北京空港に着き、姫鵬飛外交部長、韓念竜《かんねんりゅう》副部長らの出迎えを受けた。

四日、午前九時十分から人民大会堂の新疆庁で姫鵬飛との会談が始まり、国際情勢一般についての意見交換から、最近の中東情勢や石油危機についても話があった模様というから、日中航空協定に関する話にはまだ入らなかったのかもしれない。

ところがその午後になって、予想より早く急に周恩来《しゅうおんらい》総理との会談が実現した。周恩来は三時半、人民大会堂内の接見室前に姿を現わして、「こんにちは」と日本語で挨拶し、大平外相の同行記者団と在北京の日本人記者団とともに記念撮影をした。そのあとの雑談では、「われわれは一九一九年の五・四運動のときから孔子批判を始め、五十年以上になるが、まだ充分とは言えない。今その批判を深めている段階だ。日本の学者のなかにも、そのような中国の孔子批判をよく理解してくれる人がいると思う」と、なにやら意味ありげなことを言ったが、三時四十分、接見室で、大平外相と約三時間にわたる会談が始まった。

周恩来は会談の冒頭、外相に「なぜ直行便で来ずに、香港経由にしたのか」「香港まわりの長旅のためにカゼをひいたのではないか」などと冗談を混じえながら、大平外相の主目的である日中航空協定に触れ、早期締結への中国側の希望を示唆した。また外相が「特別機で来るほど重要人物でもないので」と答えると、周恩来は「そんなことはないでしょう。しかし、それならこちらから飛行機を回してもよかったのだ。一日節約すれば、一日よけいに会談が出来たのに。そのほうが石油も節約できたのに」と笑わせた。

この周・大平会談では、日中航空協定に関連して、協定締結交渉に入る前に、政治的課題である日台路線について、双方の原則的な立場が述べられた模様であるが、台湾機のシンボルマークなど微妙な問題については、それぞれの立場から食い違いがあり、その食い違いは、この日の会談でも解消のめどがつくまでには至らなかったようだった。

五日、これまた突然に、大平外相は中南海の毛沢東《もうたくとう》の自宅に招かれ、午前八時半から一時間十五分にわたって会見した。同席したのは周恩来のほかに、王洪文《おうこうぶん》党中央副主席らだったが、日本側は大平外相ただひとりだった。この日の夕方、午後六時半から、北京テレビのニュース番組は、この会見の模様を全国に伝えたが、毛沢東が先に大平外相に話しかけ、外相がしきりにうなずいている様子が映し出された。

ここでも毛沢東が何と言ったのかは、外相が昼食時に日本人記者団に語っているが、それによると、話題は航空協定問題に及び、「なぜ、直行便で来なかったのか」と毛沢東が言い、大平が「航空協定もできていないのに、直行便では来られません」と答えると、毛は「そんなに気を使わなくてもよかったのに」と述べた、という。このときに毛沢東が名高い書家・懐素の『自叙帖』を大平に贈ったことはよく知られている。

この飛び入りの毛・大平会談のため、姫鵬飛との会談は予定より遅れて、午前十時半からになったが、会談の雰囲気はこれを境にぐっと打ち解けたものになった、という。

この後さらに午後十一時半過ぎから、再度の周・大平会談が始まり、通訳と筆記要員のほかは余人を交じえずに、六日の未明まで続けられた。六日は六日で、また午前九時半から姫鵬飛との会談だから、外相稼業も楽ではないが、その日の午後三時半、大平外相は、今度は香港回りではなく、全日空の直行便で、北京を出発し、上海《シャンハイ》経由で羽田に帰ったのである。

まるで村会議員選挙の取引

このあわただしい一連の会談にあたって、大平外相の基本的な態度は、朝日の田所特派員が一月六日の紙上に書いているとおり、「術策めいたことは避けることにあった。中国首脳に日中関係緊密化への強い希望を率直に伝え（中略）懸案打解への道を見いだそうとするものだった。正攻法とも、大平氏一流の『地で行くよりない』との哲学に基づくものともいえよう」ということで、要するに、外交交渉とは言いがたい、「腹を割って話そう。はだかになって話し合えば、相手もその意気に感じて、譲れないところも譲ってくれるに違いない」といった浪花節的な感覚である。日中両大国の国益と運命をかけたこうした交渉に、村会議員選挙の取引のようなやり方を持ち込むのはどうかと思うが、その結果は果たして満足すべきものだったのだろうか。またなんであんなに航空協定を急いだのか。それによって、なんの利益があったのか。台北の面子《メンツ》をつぶして、日航だけでも週三十七便もの日台空路の運航停止に持ち込んだという大きな犠牲を払ってまで、せいぜい週一便程度の東京―上海―北京線を開設するというのは、いったいどういう計算なのだろうか。

そうした疑問はさて置いて、これを北京側から見た損得勘定を考えてみても、この結果が北京にとって満足すべきものだったとは、前にも言った台湾解放への長期の利害からしても、かならずしも考えられない。そのことは周恩来からも、毛沢東からも、かなりはっきりと暗示されている。

その暗示とは、繰り返し現われる「直行便」のテーマである。今一度、北京交渉の経過をたどれば、四日午前の姫鵬飛との第一回の会談では、少なくとも、大平訪中の主目的である日中航空協定については、ちっとも話が進まなかったらしい。これは大平一流の、地で行くよりないとの「哲学」で、さあ日台空路は現状のまま維持してよろしいと言え、と切り出したのに違いない。北京側としては、日台空路の維持に異議を唱えるどころか、むしろ内心ではそれを望んでいる。しかし姫鵬飛は中国人である。中国人の行動様式からすれば大平がこのことについて黙っていさえすれば、日台空路の問題を避けて通ることもできた。しかしいったん公式の会談の席上で、こう切り出されてしまえば致し方ない。本音はともあれ、建前上から、いや、それは困る、と言わざるをえない。とどのつまり、窮した姫鵬飛は、自分の直属上官の周恩来に引き継ぐよりほかに仕方がない。これが午後になって、急に周恩来が出馬した理由であろう。

その周・大平の第一回会談は、三時間もかかっていて、やはり難航した様子だが、姫鵬飛からすでに事態の報告を受けていた周恩来は、開口一番、「なぜ直行便で来なかったのか」と言い、さらに

「こちらから飛行機を回してもよかった」と言っている。一見さりげない冗談のようだが、この言葉の裏にあるのは、日中航空協定はなくてもいい、要は東京―北京間に実務的な空路が開ければいいわけで、北京としては日台空路を傷つけてまで、航空協定を締結しようとは望まない、という意志表示である。

しかし不幸にして、大平外相には周恩来の真意は汲み取れなかったらしく、またもや日台空路を認めろ、と迫ったのであろう。周恩来もやはり中国人である。いかに国務院総理であるとはいえ、ここで口に出してOKしたのでは面子が立たない。面子を失った中国人は死んだと同様である。ここまで追い込まれては、出口はただ一つ、毛沢東自身を引っ張り出して、なんらかの形で、日台空路は結構だ、との意志表示をしてもらうしかない。そこでとうとう、翌五日の早朝、毛・大平会談ということになる。

毛沢東としても困ったであろう。日台空路について、どんなジェスチャーをしたところで、それは台湾が独立国であることを事実上、おおやけに認めたことになる。しかしなんとかしなければならない。そこでわざわざ王洪文を会談に立ち合わせ、この今をときめく青年政治家＝文革派が、あとになって日台空路に関する妥協を非難できないようにしたのである。しかも毛沢東は、「なぜ、直行便で来なかったのか」と、周恩来がしたのとまったく同じ質問をし、さらに航空協定などに「気を使わなくてもよかったのに」と言っている。これが偶然の一致であるはずがない。

まさに一石三鳥

だいたい毛沢東が外相級の人間に会うのはまったく異例で、ほかにはアメリカのキッシンジャーとフランスのシューマンしかいないそうであるのに、姿を現わした。これは大平と何を話してもよろしい、という暗黙の意志表示なのであって、この直後にあった第二回の姫・大平会談で、姫鵬飛が目に見えて打ち解けたのは当然であった。やれやれ助かった、という思いだったに違いない。

こうして翌六日、大平外相は今度は「直行便」で北京空港から帰国の途についたのだが、思えば外相も罪なことをしたものである。一流の哲学か何か知らないが、思ったことを口に出す、という、およそ中国人なら思いも及ばないやり方で、姫鵬飛のみならず周恩来をも周章狼狽《ろうばい》させ、毛沢東や王洪文まで窮地に追い込み、心ならずも日台空路の維持に厳しい条件を付けさせることになってしまった。その結果が日台空路の運行停止で、東京と台北はもちろん、北京でさえ望まなかった事態である。

黙っていれば済んだことをわざわざ口に出して、いっきょにして東京、北京、台北の三者にそれぞれ損失を及ぼした外交交渉は、まさに一石三鳥と言うべきであろう。なんとたいした外交手腕ではないか。

鄧小平はついに「二つの中国」を認めた

戒厳令の朝――一九七九年十月、ソウル

ふと、何か大きな音で目が覚めた。ここは、ソウル市の中心部にある高層ホテルの十四階の一室。ごうごうという、トラックのエンジンにしては大き過ぎる騒音が、窓外《そうがい》を通り過ぎてゆく様子。はっと思い当たった。戦車だ。ベッドから飛び出して、窓のカーテンを一気に引き開けると、眼下の市庁前広場を、一台の黒い車らしいものが通る。長く前に突き出したもの、あれはたしかに大砲だ。戦車はそのまま方向を北に転じて、太平路をのぼり、正面の中央庁に向かう。それとともに一台のトラックと、二台のジープが現われて、市庁の入口に停《と》まり、二、三人の黒い影が降りる。しばらくしてまた一台、戦車が太平路を北上してゆく。

クーデターかな。それにしては動きが静かで、人影も少なく、ひっそりとした感じだ。時計を見る

と午前三時半。窓側に座ってじっと街を眺めていると、四時の外出禁止令解除の時刻になったら、今まで省エネルギーで街灯が消えて、真っ暗だったソウルの街が、ぱっと明るくなった。街灯がいっせいについたのだ。いよいよ奇妙だ。何かある。しかし、いつまでも腕組みをして窓から見おろしていては疲れるし、それにその後はこれといって動きもないので、ベッドに戻ってまた眠りに落ちた。朴正熙大統領暗殺のニュースを聞いて真相を知ったのは、午前九時のラジオである。

戒厳令下とはいっても、街を歩くと、なるほど新聞社の前には人々が群らがって、手書きの「特報」に見入っているし、そこここで立ち止まって号外を読む人々が多いが、べつに興奮の様子はなく、大声で話し合う光景も見られない。中央庁の前の光化門の両側に一台ずつと、向かいの合同庁舎の前に二台、戦車が止めてあったが、兵士の数は少なく、いやにひっそりとした戒厳令風景だった。そういえば、晴れ上がった青空も静まり返って、一機の飛行機も通らなかった。

さすがに政府関係者は忙しかったようで、約束していた国会の人が、やっと手が空《す》いて、ホテルに来たのは正午近くだった。いっしょに外に出ると、南大門路は、色とりどりの美しいチョゴリ、チマ姿の婦人たちが多く、土曜日で結婚式が集中する日だから、ということだった。韓国式レストランのオンドル部屋にあぐらをかいて、焼肉《プルゴギ》を食べながらの話でも、意外なことになったが、北からの軍事的脅威はない、ということでみんなの意見は一致している、という話だった。

実際、食糧の買い占めも見られず、物価も安定しているようだし、街には平日と変わらず、韓国製の国産車が溢れていて、すでに本格的なマイ・カー時代が到来していることを示している。朴正熙の韓国統治十八年の輝かしい成果として、安定したテクノクラット＝中産階級の厚い層が育ってきている。朴正熙の維新政治には、政府関係者のなかにも、あからさまに批判的な人々が多かったが、まさにその朴正熙のおかげで、朴正熙自身はいなくなっても、韓国の人々は、何ごともなかったように落ち着いていられるのだ。そう思わされた。

その韓国の人口は三千六百万人。このところ毎年、一〇パーセント以上の経済成長率を保ってぐんぐん日本を追い上げ、一九七八年の一人当たりGNPは千二百四十二ドルに達している。

中国から台湾への呼びかけ

これとせり合うのが台湾（中華民国）で、一〇パーセントを超える経済成長率を誇り、人口こそ千七百万人と、韓国の半分だが、経済発展の水準はほぼ同じである。この二国に比べて見劣りするのが中国（中華人民共和国）で、人口こそ台湾の五十倍を超えるのに、GNPは台湾の五倍、一人当たりGNPでは、台湾の千三百五十ドルに対して、中国は四百十ドルと、台湾の三分の一にも達しない。

ところが、日本・中国・韓国・台湾の相互関係はきわめて異常である。日本と中国のあいだには平和友好条約が発効して一年になるが、中国が政治的・経済的に弱体過ぎて、どうも交流がはかばかしくゆかない。それに引き替え、日本と台湾のあいだには、一九七二年以来、国交がないにもかかわらず、実質的な関係は年とともに密接になって、一九七八年の統計では、台湾を訪れた日本人は六十万人を超え、一年間に入国した外国人の半数を占めている。

中国と台湾が、国共内戦以来の仇敵《きゅうてき》であることは言うまでもなく、また中国と韓国も、朝鮮戦争以来の敵味方である。韓国と台湾は仲がいいが、日本と韓国は、朝鮮総督府三十六年の記憶のために、どうもぎくしゃくして、うまく行かないところがある。日本の安全保障と将来の発展のためには、これら韓国・中国・台湾の相互間の関係が安定することが、絶対に必要なことは言うまでもあるまい。

ところが最近になって、中国と台湾の関係に、注目すべき動きが現われてきた。それは中国から台湾に呼びかけている、関係改善の試みである。これは中国の国内政治における、鄧小平《とうしようへい》の動きと密接に関連している。

ことの起こりは、一九七八年八月、日中平和友好条約が調印されたことである。この条約の正文には、「両締約国は、そのいずれも、アジア・太平洋地域においてもまたは他のいずれの地域においても覇権《はけん》を求めるべきではなく、また、このような覇権を樹立しようとする他のいかなる国または国の集団による試みにも反対することを表明する」という第二条、いわゆる覇権条項が含まれていた。中国の現代政治の用語では、「覇権」とはソ連を意味する。つまりこれは、反ソ条項と受け取られても仕方がない特性を持っていた。

ところで中ソの対立は、一九五九年、ソ連が中国に原爆製造の技術を供与することを拒否して以来の歴史があり、毛沢東《もうたくとう》時代以来の中国共産党の正統思想が、反ソなのである。それに、一九七六年の毛沢東の死と四人組の失脚以来、二度目の復活を果たしつつあった鄧小平は、かつての中ソ論争時代の中国側の代表選手であった。だから、東隣の超大国、日本との平和友好条約に、反ソと解釈される条項を入れさせることに成功したことは、明らかに鄧小平の個人的な成功であり、鄧小平の政治的な立場を強化する効果があった。

中国の選んだ道

ところが、この日中平和友好条約は、一方において、アメリカのカーター大統領を刺戟して、米中国交樹立を急がせることにもなった。九月のキャンプ・デーヴィッド会談で、すったもんだの末、エジプトとイスラエルのあいだに和平の約束を取り付けたカーター大統領は、その余勢をかって、それまで延び延びになっていた米中国交樹立をいっきょに実現しようとして、中国のワシントン連絡事務所主任の柴沢民《さいたくみん》に、直接、次の三つの条件を申し入れた。

一、アメリカは台湾に引き続き武器を売却する。

二、アメリカは台湾問題の平和的な方式による解決を公式に声明する。中国はこれに反対しない。

三、中国は、アメリカが台湾に非公式代表を置くことに同意する。

つまり、台湾の独立を中国は事実上承認しろ、というのである。ところが、その年の二月の第五期全国人民代表大会の第一回会議で採択された中華人民共和国憲法の前文には、「台湾は中国の神聖な領土である。われわれはかならず台湾を解放し、祖国統一の大業を成し遂げねばならない」と明記してある。それとまっこうから抵触《ていしょく》する三条件を呑まなければ、アメリカとの国交は開けない。つまり、この世界一の強国に、中華人民共和国政府は承認してもらえないのである。この矛盾を、北京はどうやって解決したか。その解決は、なんとも中国的としか言いようのないものであった。

つまり、「祖国統一」が、「台湾の独立承認」を意味することにすればいいのである。「統一」というのは、合体して単一の国家になることだ、としか考えられない正直なわれわれ日本人には信じがたいことだが、これがまさに中国の選んだ道であった。そのことはこれから説明する。

さて、日中平和友好条約の反ソ的な性質は、ソ連を刺戟して、十一月三日、モスクワでブレジネフとレ・ズアンとのあいだに、ソ連・ベトナム友好協力条約が調印された。この条約の第六条には、「当事国の一方が攻撃の対象となるかその恐れが生じた場合、両国は脅威を取り除き平和と安全を確保するための有効かつ適切な手段を講じるためただちに協議する」とあって、日中平和友好条約に対するソ連のしっぺ返しであることは明らかだった。

この中国を仮想敵とする軍事同盟に対して、北京の反応は早かった。翌々五日、汪東興《おうとうこう》党中央副主席を団長とする中国代表団がカンボジアの首都プノンペンに入り、八日までポル・ポト政府と協議を続けた。

汪東興は毛沢東の古くからのボディ・ガードで、江青《こうせい》が延安《えんあん》で毛沢東に接近する以前からの側近である。毛沢東の死後、その親衛隊だった八三四一部隊を指揮して江青ら四人組を倒したクーデターの主役は汪東興で、そのため華国鋒《かこくほう》とは同盟関係にあった。このクーデターを支持したもう一人の党最高幹部が、人民解放軍の大長老の葉剣英《ようけんえい》だった。葉剣英はそのむかし、広州の黄埔《こうほ》軍官学校の教官だった時代に、政府部副主任の周恩来《しゅうおんらい》の紹介で入党している。そのためもあって、葉剣英は周恩来の生前、ずっと周恩来を支持していた。その周恩来が一九七六年一月に死んでから、周恩来路線の継承者であった鄧小平は行動の自由を失い、四月の天安門事件の責任を負わされて失脚し、華国鋒が代わって党中央第一副主席・国務院副総理の地位を獲得したのであった。

こうした因縁があったから、四人組追放のあとの政局を担当する能力のある唯一の人間として、葉剣英が鄧小平を再復活させようとしても、華国鋒は汪東興と組んで懸命に抵抗した。

しかし鄧小平は、軍人のあいだに支持者が多く、ことに国共内戦の時代の人民解放軍の四つの野戦軍のうち、プロレタリア文化大革命で覇権を握った林彪《りんぴょう》の第四野戦軍系の軍人たちが一九七一年の林彪事件で勢力を失ってからは、第二野戦軍系が代わって有力になった。第二野戦軍は鄧小平がずっと政治委員を務めていたので、現在の人民解放軍の高級幹部には鄧小平の旧部下が多い。こうした軍人たちに支えられて、一九七七年七月、鄧小平は、党中央副主席・政治局常務委員・中央軍事委員会副主席・人民解放軍総参謀長・国務院副総理として復職を果たした。

しかし、天安門事件を反革命と決めつけた一九七六年四月の政治局決議はそのまま残っている。しかも、当時の鄧小平の罷免《ひめん》は毛沢東《もうたくとう》が裁可したものだったから、鄧小平が中国の再建に活躍しようとすれば、まず毛沢東の権威に真っ向から挑戦し、これを打ち破らなければならない。ところが、天安門事件が反革命でなくなると、そのおかげで国務院副総理の地位に就《つ》けた華国鋒は職を失うことになりかねない。さらに、天安門広場の流血の大弾圧の責任者である汪東興にとって、これは絶対に許すことはできない。

こうして、対立を内部に含んだまま、しばらくは平静が続き、一九七八年の八月に至って、日中平和友好条約が調印されて、鄧小平ラインの外交政策の成功を中外《ちゅうがい》に示し、これが均衡を破ったのである。

ここで、話はもとに戻る。日中平和友好条約に対する反応として、ソ越友好協力条約ができ、さらにそれに対する北京の反応として、汪東興がプノンペンに乗り込んだが、それまで汪東興はあまり外国へ行ったことはない。

常識から言っても、首都を不用意に離れて外国に行くと、留守のあいだに政敵が何をするかわからない。このとき汪東興が北京を離れたのは、ちょうど鄧小平が以前から予定されていたタイ、マレーシア、シンガポール三国歴訪の旅に出るのと同時だった。相手も北京にいないというので油断したのだろう。しかし、二人の党中央副主席が同時に海外にあるというのは、きわめて異例の事態だった。おそらく鄧小平は、何かの工作をしていったので、その証拠に、十一月十四日、鄧小平がバンコクから北京に帰るのと同時に、異変の最初の兆候が現われた。この日、北京の王府井《ワンフーチン》の人民日報本社の壁に、党中央理論誌『紅旗』を批判する壁新聞が掲げられたのである。

『紅旗』は華国鋒・汪東興の勢力圏内にあると考えられているが、この十一月十四日の壁新聞は、当時進行中だった「実践は真理を検証する唯一の基準である」キャンペーンに『紅旗』が加わらず、沈黙していることを非難し、党中央に処置を求めたものであった。

このキャンペーンは、これより先、六月二日に、鄧小平が全軍政治工作会議における講話で打ち出した「実事求是《じつじきゅうぜ》」のスローガンで始まった。そうは名指しでは言わなかったが、毛沢東の言葉でも、事実に適用できるかどうかで評価しろ、盲信してはいけない、ということである。これは天安門事件の再評価と、自分の名誉の完全な回復をねらう鄧小平の攻勢であった。

またこの時期が、カーター大統領の申し入れた米中国交樹立のための三条件の受諾、つまり台湾独立の承認を北京が決意した時期と一致している。

鄧小平のサイン

カーターの三条件の受け入れは、中国にとって苦痛なことだったに違いない。アメリカが台湾に武器の売却を続け、台湾に非公式とはいっても純然たる政府代表を置いて関係を継続するということから考えれば、「台湾問題の平和的解決」というのは、けっして平和な手段で台湾を中国に併合する、という意味ではありえない。その反対で、台湾は中国の一部ではないと認め、台北の国民党政権を独立国の政府と見なして講和を結べ、という意味でなければならない。

これはそのままでは、北京の面子《メンツ》に関わる問題である。しかし、現実的に見て、中国には台湾を併合する実力は、政治的にも、軍事的にも、経済的にもありはしない。

むしろここは、名を捨てて実をとり、アメリカとの正式の国交を手に入れておけば、中国側での担当者である鄧小平の威信は飛躍的に増大し、これを切り札にして、天安門事件の再評価が達成できる。

こう考えた鄧小平は、黄華《こうか》外交部長を通じて、アメリカのウッドコック北京連絡事務所長に、三条件の受諾を伝えさせ、それと引き換えに、一月一日付で国交を樹立する、という具体的な期日を引き出した。これが十一月十四日の壁新聞の『紅旗』批判の背景であった。

このときには、すでに舞台裏では勝負は決まっていた。翌十五日には、一九五六年の「百家争鳴、百花斉放《せいほう》」運動のあとで右派分子として差別・虐待されてきた十数万人の解放を中央委員会が決定したことが報ぜられた。同日の『光明日報』は、文革の発端となった姚文元《ようぶんげん》の論文「新編歴史劇〝海瑞《かいずい》罷官《ひかん》〟を評す」を批判する論文を載せ、また北京市党委員会は「天安門事件の大衆の行動はまったく革命的なものであった」と発表した。そうなると、華国鋒・汪東興陣営のほうが反革命だ、ということになるわけである。

十九日には、毛沢東の誤りを名指しで批判する壁新聞が北京に現われ、二十日には、新たに出版される『天安門詩抄』の題字を華国鋒が書いたことが知れて、華国鋒が鄧小平に屈服したことが明らかになった。締めくくりとして、二十一、二十二日の両日、『人民日報』は「天安門事件の真相」を連載して、鄧小平の名誉が完全に回復したことを示した。

この二十二日にはまた、文革派の紀登奎《きとうけい》が北京軍区第一政治委員のポストを失い、鄧小平に忠実な秦基偉《しんきい》が代わりに昇格したことが判明した。これはかつて鄧小平の旧部下でありながら、文革派に接近していた陳錫聯《ちんしやくれん》北京軍区司令員が実権を失ったことを意味する。これで、北京の党・政府・軍の実権は、ことごとく鄧小平の手中に帰したわけである。

そこで鄧小平は、台湾の独立を保証するサインを、ワシントンに向けて送り始めた。まず十一月二十七日、アメリカ人のコラムニスト、ロバート・ノヴァクらに鄧小平は「本土との統合後も、台湾は非共産経済・社会体制を維持できよう」と語り、また二十九日にはフリーランス記者A・T・スティールに「台湾を中国本土に再統一する場合は、台湾の生活水準をそのままの状態で保持する考えだ。さらに台湾の異なった政治体制を考慮に入れた取り決めを行ないたい」と語った。台湾の政治・社会・経済を現行のままにするのでは、「統一」は無意味である。つまり統一はありえないということを、こうした表現で言っているので、「取り決め」は、北京と台北のあいだの平和条約でしかありえない。カーター大統領はこれに満足した。そして十二月十五日、米中国交樹立の発表となった。

そのときの共同声明には、「合衆国は中華人民共和国政府が中国の唯一の合法政府であることを承認する」とはあったが、すぐそれに続けて「合衆国の人民は、台湾の人民と文化、商業その他の非公式な関係を維持する」と言い、人民共和国政府の支配が台湾に及ばないことを公言している。

またアメリカ政府の声明は、「一九七九年一月一日に、アメリカ合衆国は、台湾に対し、外交関係を終了させること、およびアメリカ合衆国と中華民国とのあいだの相互防衛条約が、同条約の規定に従い終了されることを通告する」と言っているが、問題の相互防衛条約の規定によれば、失効は通告の一年後になるから、一九七九年十二月三十一日までは、この条約は有効だ、というおもしろいことになる。

しかも、アメリカは台湾に武器の売却を継続する意向を変えなかった。この点について、同日の記者会見で華国鋒は、「アメリカ側は交渉の際、正常化後アメリカが引き続き台湾に防禦的な兵器を限定的に売却する意向を示した。これについて、われわれは絶対に同意しなかった」とは言ったものの、そのすぐあとで「言い換えれば、われわれのあいだには異なる見解があり、食い違いがあるが、われわれはなおコミュニケに到達したのである」と言っている。まったくお座なりの「不同意」であり、どうぞおやりなさい、と言うのに等しい。

しかもアメリカ側は、一九七九年中、つまり相互防衛条約がまだ有効なあいだは実際の兵器売却は差し控えるが、一九八〇年に入ったらすぐ再開するつもりであることを、公然と表明している。だから、「台湾は中国の一部である」というのも、たんに言葉の上だけのことである。

事実上の二つの中国論

これを承《う》けて、十二月十八日から二十二日まで開かれた第十一期中央委員会第三回総会で、華国鋒・汪東興・紀登奎・呉徳《ごとく》・陳錫聯の文革派は、それぞれ自己批判を行ない、鄧小平に全面降伏をし、党中央のキー・ポストはすべて鄧小平派によって占められた。その翌日、二十三日に発表された総会コミュニケは、台湾問題についてこう言っている。

「総会は、中米関係正常化に伴い、わが国の神聖な領土台湾が祖国の懐に戻り、統一の大業を実現する展望がより近くわれわれの前に開けた、と見なす。総会は、台湾同胞、香港《ホンコン》・澳門《マカオ》同胞、海外の華僑同胞が、国を愛する者は一家のものという精神にのっとり、共に祖国統一と祖国建設の事業のために引き続き寄与することを歓迎する」

まことに巧妙な言い回しで、「より近く」なったのは「統一」ではなく、統一への「展望」であることに注意されたい。しかもその次の文では、台湾を香港・マカオ、および海外の華僑と同列に置いている。香港もマカオも、中国が条約によって正式に割譲した土地で、中国はこれまで一度も返還を要求していない。それどころか、香港もマカオも、中国にとって外貨収入の貴重な窓口で、この両地なくしては、中国経済は非常に困るだろう。だから、これらの「同胞」に求めるのは、「祖国建設」への寄与のほうなので、「祖国統一」はほんの付けたりである。つまり中国は、台湾が将来、香港やマカオと同じ機能を果たすことを期待しているのだ。

それでも、誤解されるといけないと思ったのだろう。今度は壁新聞という手を使った。すなわち、十二月二十七日までに北京市内に貼り出された壁新聞は、北京大学の夏訓健《かくんけん》の名義で、同大学の党委員会を通じて鄧小平副総理に送付した提案と称しているから、鄧小平の意を承けて書いたものに違いない。それには、一カ月も前の鄧小平の台湾問題に関する談話に全面の賛意を表明し、さらに統一後の中央政府の路線として、蔣経国先生を全国人民代表大会常務委員会副委員長の第三位から第五位、兼台湾省革命委員会主任とし、現在の台湾の軍政当局者を一律に相当の職務に就ける。農村では土地改革を行なわず、いきなり人民公社制度を持ち込まない。社会主義改造の際も資産を没収しない。私企業は買い上げ補償する方式で改造を進める。日本・米国は台北に領事館を設けてもよい、などと提案している。

このうち、蔣経国総統に敬称をつけていることが注目されるが、全人代うんぬんというのは、その常務委員長が中国の国家元首に当たるからで、これは台湾の元首として認める、という意味である。その証拠に、台湾省長に当たる革命委員会主任を兼任することにしている。そして、国民党政権を温存し、農村には人民公社を持ち込まず、私有財産を保護するというのはともかくとして、傑作なのは日米領事館のくだりである。これではせっかく民間レヴェルに下がった日本やアメリカと台湾との関係が、ふたたび政府間レヴェルに戻ってしまうことになる。つまりこれは、台湾と正式の国交を再開してもいい、という意味なのである。

さて年が明けて、一月一日の米中国交樹立が発効した日、全国人民代表大会常務委員会、すなわち中国政府の最高機関は、「台湾同胞に告げる書」を発表した。これは日本の新聞では、愛国者は祖国復帰を急げと台湾同胞に訴えたもの、という受け取り方だったが、まったくの誤認である。これは中華人民共和国政府から、中華民国政府への、国交樹立の申し入れなのである。その証拠に、この文書は台湾人民への呼びかけだけでなく、「台湾当局」への呼びかけも含んでいる。

「われわれは千七百万の台湾人民に希望を寄せ、台湾当局にも希望を寄せている。台湾当局は一貫して一つの中国の立場を堅持し、台湾の独立に反対してきた。これこそわれわれの共通の立場であり、協力の基礎である。われわれは、国を愛する者は一家の者と一貫して主張している。祖国の統一には一人ひとりが責任がある。台湾当局が民族の利益を重んじ、祖国統一実現の事業に貴い貢献をするよう希望する」

しかし「祖国統一」とは言っても、「台湾当局」に直接呼びかけるからには、さっさと解体して併合されてしまえ、といった要求はできないはずで、それが両国政府のあいだの和平交渉の意味である。そのことは、次の節が示している。

「中国政府はすでに、今日から金門《きんもん》など諸島に対する砲撃を止めるよう、人民解放軍に命じている。台湾海峡には今なお双方の軍事的対峙が存在しているが、これは人為的な緊張状態をつくり出すだけである。われわれは双方のあらゆる分野の往来と接触に必要な前提と安全な環境をつくり出すため、まず中華人民共和国政府と台湾当局の協議を通じてこのような軍事的対峙状態をなくすべきである、と考える」

そして同じ中国系の二つの国家として交流しようというのである。

「長年の隔絶により、大陸と台湾の同胞は互いに理解に欠け、双方にさまざまな不便をもたらしている。遠く海外に住む多くの華僑同胞は帰国して観光し、肉親と団欒《だんらん》することができる。なぜ目と鼻の先の大陸と台湾の同胞が自由に往き来することができないのか。われわれは、こうした垣根が存在する理由はない、と考える。われわれは、双方ができるだけ早く航路を開設し、郵便をやりとりして、双方の同胞が直接に接触し、互いに通信し、肉親や友人を訪れ、観光し、学術・文化・体育・工芸の交流を進めることに役立たせるよう希望する」

ここでも台湾を海外華僑と同列に扱っているが、こうした交流を希望する理由は、「祖国建設」にそれが有効だからである。

「台湾と祖国大陸は、経済的にもともと一体であった。この数十年のあいだ、経済的連係は不幸にして中断した。今、祖国の建設はめざましい勢いで発展しており、またわれわれは台湾の経済が日とともに栄えることを望んでいる。われわれのあいだで、貿易を発展させ、有無《うむ》相通じさせ、経済交流を進めるのが至当である。これは双方にとって必要であり、いかなる側にも利こそあれ害はない」

ここに至って、台湾は「祖国」の枠外に出てしまい、しかも双方のあいだの「経済交流」について語っている。これは二つの独立国同士の関係でしかありえない。これによって「祖国統一」は、じつは台湾独立の承認と中台和平、友好を意味することがわかる。こうして北京は憲法の前文の規定に触れずに、事実上の二つの中国論を説いているのである。

独自の政府と独自の軍隊

鄧小平はこうして、カーターとの約束を果たしたわけだが、それにとどまらず、さらに一連の発言でこのことを明示する。一月五日のアメリカ人記者団との会見で、次のように語っている。

「われわれは多種多様な方法で台湾当局、とくに蔣経国先生と祖国統一の問題について話し合うことになろう。私個人としては、今年この念願を実現したい。私の健康状態からすれば、少なくともあと十年は生きられるであろうが、それでは遅過ぎる」

ここで「今年」と言っているのは、米台相互防衛条約が有効なうちに、という意味であり、台湾の独立承認を実現できるのは自分だけだ、というつもりであろう。

続いて一月九日には、アメリカ上院議員代表団との会見で、鄧小平は、「祖国復帰のため台湾の武装解除は必要でなく、統一後も保安部隊を維持できる。台湾人民が希望するあいだ、完全な自治権を行使し、将来も台湾当局は現在持っている権限を維持できる」と語っている。軍隊を維持し、完全な自治権を行使するというのは、独立国ということである。

その後、鄧小平は一月二十九日から二月四日までアメリカを公式訪問したが、三十日の上院の指導者たちとの私的な会見では、鄧小平は、「われわれはもう『台湾を解放する』という表現を使わない」「台湾の政治体制は今のままでよい。社会体制も変えなくてよい。独自の軍隊を持ってよい。しかし青天白日旗は降ろしてもらう。中国の国旗を掲げろとは言わない」と言っている。

ここで鄧小平は、「祖国統一」は「台湾解放」という意味ではなく、台湾に独自の政府と独自の軍隊を認めることだ、とはっきり言っている。しかも、またまた傑作は国旗のくだりで、青天白日旗を降ろせと言っておきながら、五星紅旗を掲げなくてもいいと言うのでは、つまりは青天白日旗を降ろさなくてもいいという意味だ。五星紅旗は台湾を代表しない、ということになるからである。

その証拠は、二月四日付の『人民日報』に現われた。この日『人民日報』はカラー写真で「祖国の宝島――台湾」を特集したが、それはもっぱら異国的な風景が主で、漢族はほとんど出ず、高砂族《たかさご》の少女たちが多く写っていた。そのなかの一枚「花蓮《かれん》のアミ族の踊り」には右手の奥に、小さいながら青天白日旗が八本、鮮明に見えていた。これが編集部の手落ちであるはずがない。台湾は外国だ、というはっきりした表示なのである。これに対する公開質問状が七日、北京の西長安街に貼り出され、「建国三十年にして前代未聞の珍事。中央は台湾政策を百八十度転換したのか」と慨嘆したが、まさにそのとおりなのである。

この『人民日報』の特集以前にも、すでに中国国民に対して、台湾を外国と見なすようにする目的をもって、教育的な手を打っていたようで、年末には中央テレビ局がドキュメンタリー番組「台湾風光」を放映したというが、一月二十八日の旧正月には、北京の対外貿易部の責任者は、大陸と台湾が貿易する場合、その商品には関税を課さない、対外貿易部がこの方面の業務を担当する、という談話を発表した。また民用航空総局長は、中国民航は台湾・大陸間の航空路開設の用意があると表明、郵電部長は、郵便物交換と電信電話利用について台湾と協議する用意があると表明、文化部長は、台湾の文芸界代表を北京に派遣するよう呼びかけ、また大陸と台湾が共同で映画を製作することを歓迎する、と言った。

さらに、『人民日報』と同じように、大陸の多くの新聞は、「祖国の宝島――台湾」というコラムを設け、旧正月には中央人民放送局は台湾の歌謡を放送し、北京在住の台湾人千余人は台湾映画「母を尋ねて十七年」を鑑賞したというが、これらはすべて、台湾が大陸とは違う文化を持つという実感を中国人に与えるためだったと思われる。

当然ながら、台北はこうした北京からのモーションに対して懐疑的で、孫運璿《そんうんせん》行政院長は一月十二日、声明を発表して、中共に、マルクス・レーニン主義を排除して世界革命を放棄し、共産党独裁を廃して民権の自由を保障し、人民公社制を止めて大衆に財産を返却せよ、と呼びかけた。北京の受け入れ不可能な条件を付けたつもりだろうが、時日が経つにつれ、台北側にも、北京が台湾併合の企図をすでに放棄したことがわかってきたのだろう。七月十九日には蔣彦士《しょうげんし》外交部長は、「今後、留学生や観光客、および会議などで海外へ出かける台湾在住者は、海外で中国大陸の人民や中国共産党幹部と出会った場合、自主的に彼らと接触し、台湾の優れた実情を伝えて理解を求めてよい」

と語った。これは中華民国政府が、初めて自国民と人民共和国国民との接触を公式に承認したことなので、その意義は大きい。

これとともに、中華民国籍の人々の大陸への里帰りもひそかに実施され始めたようで、八月四日、葉剣英全国人民代表大会常務委員長、すなわち人民共和国の国家元首は、北京の人民大会堂で、アメリカから帰省した蔣匀田《しょういんでん》中華民国総統府国策顧問と会見し、副委員長の鄧穎超《とうえいちょう》と史良《しりょう》らも同席し、葉剣英は蔣匀田のために宴会を催した。その模様は翌日の『人民日報』で大々的に報道されたので、当惑した台北は蔣匀田の総統府国策顧問を解任した。この事件は、葉剣英自身が出てきて、蔣経国を対等の国家の元首として扱う姿勢を示したものだった。

「中華民国」という国号

ところで、先に言ったように、鄧小平は一九七八年十一月から翌年二月にかけて、事実上、蔣経国総統の独立国の元首としての地位を認め、中国国民党の台湾統治を認め、国民党軍の存続を認め、アメリカの兵器の台湾への売却を認め、資本主義経済の先進国としての台湾の国際的地位を認め、青天白日旗を台湾の国旗として認めてしまった。

そうなると、残るのは「中華民国」という国号の問題だけになる。ところがこれにも、北京は事実上、譲歩したのである。

七月十八日の新華社の報道によると、射言《しゃげん》中国航空公司香港駐在事務所支配人は、同社の記者に語って、中国は香港から広州・昆明《こんめい》・臨滄《りんそう》を経て中国・ビルマ国境に至る国際航空線の通過を認め、同時に広州の白雲《はくうん》空港を香港行きの各国航空会社の飛行機の予備着陸空港に指定したと発表し、さらに、「台湾の中華航空公司が、この航空路と予備の白雲空港の使用を申請するなら、許可されるであろう。台湾は中国の一省であり、台湾同胞はわれわれの血を分けた同胞である。外国の航空会社に許可することを、同胞に許可するのは当然である」と、こともなげに言った。

ここで「中国の一省」とか、「血を分けた同胞」とかにごまかされてはならない。重大なことは、「中華航空」という中華民国のフラッグ・キャリアー（代表的な航空会社）の名称を北京の代表が受け入れた、という事実である。

国名問題はこれで一歩、解決に近づいたが、次の一歩は、中国のオリンピック参加問題に関連してきた。すなわち十月二十五日、日本の名古屋で開かれていた国際オリンピック委員会（ＩＯＣ）理事会は決議を発表したが、それは次のとおりであった。
一、中華人民共和国の呼称は、中国オリンピック委員会とし、中華人民共和国の国旗、国歌を使用する。

一、台北のNOCの呼称は中国・台北オリンピック委員会とし、旗および歌、表章は現在使用中のものと異なり、かつIOC理事会が承認するものを使用する。
これはまさに、「二つの中国」そのものだが、これに対して北京NOCの宋中《そうちゅう》総務主事は、

「中国オリンピック委員会は全中国の代表として、中国・台北オリンピック委員会は中国の一地方機構としてIOCに承認される。この決議は中国と台湾の全中国のスポーツマンのオリンピック参加に役立つものである」

と満足の意を表明した。ここではまだ、「中国の一地方」と呼んではいるものの、事実上は、台湾が中国NOCの管理下に入らないことを受け入れたわけである。

一方、台北NOCの丁善理《ていぜんり》副委員長は、

「IOCが中国問題に努力していることは理解している。しかし、新しい勧告案に対する態度は保留する。もっと詳しく研究する必要がある。その大事なところは独立性を持った二つのNOCができ、その二つのNOCが独立管轄区域を持っている点だ。また、それぞれに単独にオリンピック運動に参加できることだ」

と語り、やはり「二つの中国」を原則的に受け入れている。

ここまで来ると、少なくとも北京は、「中華民国」の国号を台湾に認める用意があることが読み取れる。台北がどう反応するかは別だが、これほどまでに北京が台北との国交樹立に熱心なのには理由がある。大陸の経済が破局に近づき、それを防ぐのに必死な北京としては、なんとしても台北の経済

協力を取り付けたいのである。

中国の経済状況の悪さを、中央が初めて公式に認めたのは、六月十八日から七月一日まで北京で開かれた、第五期全国人民代表大会第二回会議においてであった。華国鋒はその「政府活動報告」で、次のように率直に語っている。

「今、われわれの直面している際立った問題は、わが国農業の成長が工業の成長に追いつかず、時には人口増加による需要を満たすことさえ難しいということである。軽工業と紡績工業の多くの重要製品は、量が足りず、質が悪く、品種も少なく、市場の需要を充分にまかなってはいない。石炭、石油、電力および交通運輸業の発展は、比較的に速いが、やはり国民経済発展の需要には追いついていない。各工業部門の内部とその相互のあいだにも、いろいろと不調和の面がある。基本建設では、同時に着工したプロジェクトがあまりに多過ぎたため多くの工事は長いあいだ新しい生産能力を形成できないでいる。わが国の経済管理体制と企業管理体制にはいちじるしい欠陥があるため、従業員、企業、地方、中央各部門の積極性の発揮はひどくさまたげられており、労働力、設備、流動資金の使用効率の向上もひどくさまたげられている。全国の重点的企業のおもな工業製品の質の指標と原材料の消費指標のうち、史上最高の水準まで回復していないものは、それぞれ四三パーセントと五五パーセントに達している。また、二四パーセントの国営工業企業は、程度の差こそあれ赤字を出している」

繁栄の三角形と中国

そうしたお先真っ暗な状態だから、鄧小平の「四つの現代化」政策の実施を三年間延期して、「国民経済の調整、改革、整頓、向上に全力をあげることが必要」なのである。この新政策は陳雲《ちんうん》のラインのようで、その証拠に、会議の最終日、陳雲、薄一波《はくいっぱ》、姚依林《よういりん》が国防院副総理に任命されている。

さらにこの会議に彭真《ほうしん》が提出した七つの法律案の一つは「中外合資経営企業法」であって、これは外国の投資を受け入れて、企業を外国資本と共同で経営することを可能にするためのもので、これに基づいて中国国際信託投資公司が発足し、もと実業家の栄毅仁《えいきじん》がその責任者になった。

栄毅仁の言うところでは、すでに「外国の商工界の友人、華僑、香港、マカオ同胞」と幅広く接触しているとのことで、台湾資本も当然、その対象になるはずである。

さらに七月三十日、全国人民代表大会常務委員会は、外国投資管理委員会と輸出入管理委員会の設置を決定し、谷牧《こくぼく》副総理が両委員会の主任を兼任することになった。谷牧はさっそく、九月一日から十二日間にわたって日本を訪問、一兆一千億円と言われる巨額の借款《しゃっかん》を日本から取り付けようとして懸命になったが、日本側はあまり気が進まないようである。

ところで、日本からの借款というと、すぐ思い出すのは、一九一七（大正六）年一月から翌年の九月にかけて、北京の黎元洪《れいげんこう》・馮国璋《ふうこくしょう》・徐世昌《じょせいしょう》政権が西原亀三の斡旋で総額一億四千万円を受け入れた、いわゆる西原借款である。当時の北京政府は、日本の借款に支えられて孫文《そんぶん》の国民革命に抵抗し、日本の要請でシベリアに共同出兵し、ついに山東省の旧ドイツ権益の日本への譲渡をめぐって、一九一九年の五・四運動を引き起こした。現在の北京政府は、実力の衰弱をカバーするために、日本から巨額の借款を引き出そうとしているのである。なにか奇妙な気分である。

ここで、話を最初に戻す。現在の東アジアを大局から眺めると、頂上に日本があり、その下に韓国と台湾が肩を並べて、世界経済の一角に輝かしい繁栄の三角形を形成している。さらにはるか下に、中国大陸の貧困で混乱した経済が広がっているという図式になる。日本の産業構造が転換して、高級な産業に重点が移るに従って、中級の産業は次々と韓国・台湾の領分になってゆく。韓国も台湾も、生活水準の上昇につれて、物価も人件費も高騰している。両国が卒業した低級の産業は、どこへ行くのか。結局は、中国大陸しかない。

現在の北京の台北接近の意欲の強さから見て、中国もそうした将来の東アジアにおける国際分業を見通しているのだろう。そうすると、「東京—ソウル—台北—北京枢軸」ができて、その基礎の上に日本の安全保障を築くということになるかもしれない。

なんだか三、四十年前に、似たような共栄圏があったような記憶があるが、今度はその実現に熱心なのは、われわれ日本人ではなくて中国人のほうだというのは、どうも薄気味の悪いことである。

国民党と台湾人と『美麗島』事件

蒋経国《しょうけいこく》の足場固め

一九四九年十二月、中華民国国民政府は、人民解放軍の進撃を逃れて成都から台北に移り、翌年三月、蒋介石《しょうかいせき》は、国共交渉のあいだ辞していた総統の任に復し、陳誠《ちんせい》を行政院長に任命した。それからほとんど十四年、陳誠は、外には台湾の中国帰属を国際法上は未決定とするアメリカ以下の連合軍の冷遇に耐え、内には一九四七年の二・二八事件の流血の大弾圧によって極度に悪化した台湾人の反国民党感情に面して、営々として荒廃した台湾経済の再建に努力した。陳誠は腐敗した国民政府のなかで唯一の清廉な人物と言われ、その施策のうちもっとも成功したものは、国父孫文《そんぶん》の平均地権学説を実行に移した農地改革であって、全省の農地の八〇パーセントを自作化した。これがその後の台湾の経済成長の基礎をつくったのであって、農村の経営が安定する一方、都市に流出する労働力を利用した工業化が可能になった。

陳誠は、健康上の理由のため、一九六三年十二月、行政院長の職を辞し、その二年後に世を去った。代わって行政院長に任じたのは厳家淦《げんかかん》である。陳誠の在世中、その人脈は全省を蔽い、威名並ぶ者もなかった。陳誠の死とともに、陳誠系に代わって、急激に勢力を伸ばし始めたのが蔣経国である。

蔣経国は一九一〇年三月十八日、蔣介石の長男として、浙江省《せっこうしょう》奉化《ほうか》県に生まれた。母は蔣介石の最初の妻陳潔如《ちんけつじょ》であった。一九二五年、蔣経国は十六歳でモスクワの孫逸仙《そんいっせん》大学に留学した。これは浙江宋財閥と手を結ぶため、陳潔如と離婚して宋美齢《そうびれい》と再婚した蔣介石によって、体《てい》よく追いやられたのだと言われる。その後、一九二九年、他の中国人留学生とともに、蔣経国はシベリアに放逐され、七年あまりコルホーズや工場で働かされた。この十余年のソ連生活中に、蔣経国はロシア婦人と結婚している。

一九三七年の春、第二次国共合作が成るとともに帰国、支那事変・大東亜戦争の期間を通じて江西省の行政を担当した。戦争末期の一九四四年には青年軍訓練総監部政治部主任に、また戦後の一九四五年から四七年にかけて東北外交特派員に任じてソ連極東軍との交渉に当たっているが、ここまでは蔣経国の失意時代である。

蔣経国が初めて政治の檜《ひのき》舞台に登場したのは一九四八年八月、法幣の大暴落を救うための通貨改革に際して、上海《シャンハイ》地区経済管制副督導員に任じたときで、蔣経国は浙江宋氏財閥系の不正官吏・商人を片っぱしから投獄、処刑して勇名を馳せた。国民政府が台北に移ってからは、国防部総政治部主任の地位を占めたが、この職こそのちの蔣経国の勢力の基盤を築いたものである。ソ連共産党のモデルに従って組織された中華民国と中国国民党の制度では、総政治部主任は国軍内部の党組織を一手に掌握し、参謀総長、三軍司令官といえどもその同意なくしては何一つ命令できない。蔣経国はこの地位を利用して、着々と軍の内部に自己の人脈を扶植し、親米派の軍人を排除していった。その一方、行政院の内部に国軍退除役官兵輔導委員会をつくってその主任委員となり、復員軍人の資金を集めて救済事業を行ない、また各種の事業に投資した。現在、台湾には「欣欣《きんきん》」の名を冠する企業が多いが、これらはみな蔣経国系の軍人資本の経営である。こうして台湾の利権を独占していた宋美齢系の資本に対抗したのである。

また蔣経国は、台湾人、ことに青少年層に勢力を伸ばした。そのために設立したのが中国青年反共救国団である。それはソ連のコムソモールそっくりの組織で、国民党と張り合って勢力拡張に手段を選ばず、台湾人であれ外省人《がいしょうじん》であれ、何か見どころのある人間と見ると、手をかえ品をかえて執拗に入団を勧誘する一方、新しい人材を養成して、来たるべき蔣経国時代に備えた。そのためには軍と救国団の交流を促進し、青少年を引き付けるためのプログラムとして、青年育楽営というものを始めた。これは学生・生徒のために年二回、夏休みと冬休みに開かれるキャンプで、救国団と軍が共同スポンサーとなり、青年たちはわずかな会費（実費の半額）を払うだけで参加できる。会期中は金門《きんもん》・馬祖《まそ》前線の見学や短期入営、軍隊との交歓、ハイキングなどがあり、最後は男子女子打ち混じっての楽しいピクニックで、ほかにダンスや音楽のプログラムもあり、また奨学金の支給も行なっている。

こうして蒋経国は、二・二八事件以後に育ってきた若い世代を支持層に摑《つか》み、また国民党の統治に反感を抱く年長の台湾人たちをも引き付けた。国民党内に地盤を持たない蒋経国は、軍の内部の特務組織と、中国青年反共救国団の基盤の上に、自分の勢力を築き上げていったのである。

台湾人候補の圧勝

ひと頃は蒋介石の後継者は、陳誠副総統・兼行政院長という見方がもっぱらであった。しかし一九六五年、陳誠の死とともに、蒋経国の時代が始まった。この年、蒋経国は厳行政院長のもとで国防部長に就任して兵権を握り、四年後の一九六九年には行政院副院長に昇任して行政の実権を手中にした。

一九六九年といえば、大陸ではプロレタリア文化大革命が結着して、中共九全大会が林彪《りんぴょう》を毛沢《もうたく》東《とう》の後継者に選んだ年である。この年、台湾では、文革によく似た、中華文化復興運動というものが打ち出された。ちょうど文革の主役が、共産党員でない紅衛兵と人民解放軍であったように、中華文化復興運動推進の中心は、蒋経国系の中国青年反共救国団と軍隊であった。定年退職制度のない台湾で、二十年間、特権的地位を独占してきた学界・文化界・言論界の大物たちと、その背後の国民党の高級幹部たちは、長いあいだ頭を圧さえられ続けてきた若い世代からの激しい攻勢にさらされて、ある者は没落し、ある者は勢力を失って、政界・学界の勢力関係に大きな変動が起こった。

一九七一年七月十六日、ワシントンと北京《ペキン》において、ニクソン米国大統領の大陸訪問が発表された。一九五〇年の朝鮮戦争以来、米国の保護と黙認のもとに台湾を統治してきた国民党は、重大な危機に直面した。続いて十月二十五日、国連総会は中華民国を除名した。翌一九七二年の二月、ニクソンが訪中して上海コミュニケが発表される。その五月、蔣介石は八十六歳にして、五たび中華民国総統に就任した。副総統には厳家淦《げんかかん》が昇任し、蔣経国は行政院長に任命された。こうしていよいよ蔣経国は中華民国の全権を握った。張群《ちょうぐん》ら蔣介石の側近は、いずれも影響力を失って閑職に棚上げされた。その九月、日本の田中角栄総理大臣が北京を訪問して日中国交樹立を声明し、中華民国と日本の国交は断絶した。

蔣経国行政院長の政策の一つは、この難局を乗り切るために台湾人の協力を取り付けることで、閣僚名簿は副院長の徐慶松《じょけいしょう》、内政部長の林金生《りんきんせい》を初めとして六名の台湾人を含み、そのほとんどが日本内地の大学を卒業したエリート中のエリートであった。また台湾人のほうも、四半世紀前の二・二八事件の流血の怨恨も、近年の経済成長と生活水準の上昇で薄らぎかけており、また大陸における文革の混乱と貧困の窮状を目《ま》の当たりにして、共産党の統治下に台湾が陥ることを恐れていたから、台湾の直面する危険を防ぐため、中華民国に協力したのである。

一九七五年四月五日、蔣介石は八十九歳で死んだ。後任には厳家淦が昇任し、蔣介石の任期六年の残りを一九七八年まで務めた。

この間、蔣経国行政院長は、経済成長に伴う消費力の増大がもたらした台湾人の政治上の発言権の要求に応えるため、中央民意代表立法権を持つ立法委員と、総統選挙権を持つ国民大会代表の台湾人定員を増やし、また地方自治体の首長や地方議会への台湾人の進出の機会を与えた。その機会が一九七七年十一月十九日に行なわれた、台湾全省と台北市での統一地方選挙であったが、八〇パーセントを超える投票率で台湾人の候補が圧勝し、外省人の候補は軒並み落選した。台湾人の候補の過半数は国民党員だったが、いずれも政界に出るためやむをえず入党した人たちで、国民党の擁護にはあまり熱心ではなかった。一方、党外人士（無党無派とも言う。要するに反国民党）の台湾人の候補は全員当選した。

中壢《ちゅうれき》事件の衝撃

その翌日、中壢事件が起こった。中壢市は桃園《とうえん》の中正国際機場（空港）の東方の山中の田舎町だが、ここの投票所で選挙の当日、無筆の老人が、立会人の国民党員の小学校長に代筆を頼んだところ、老人が言った候補とは違う国民党員の候補の名を書き入れたという（編集部注―二人の老人の投票用紙を、立会人の国民党員の小学校長が、親指につけた赤い印肉でわざと汚し、無効票にした、という説もある）。それで選挙の結果が発表されると、国民党に対する台湾人の勝利に興奮した群衆が、中壢の警察署の前に集まって、小学校長を選挙違反のかどで逮捕するよう要求し、署長が拒絶すると、暴動を起こして乱入、警官は制服を脱ぎ捨てて裏口から逃走した。群衆は台湾万歳を叫んで消防車を先頭に練り歩き、町はまったく台湾人の手に落ちた。台湾警備総司令部は武装兵をトラックに乗せて鎮圧に送り込んだが、市民が「お前たちも台湾人じゃないか。台湾人が台湾人を撃つのか。銃を捨てて下りてこい」と呼びかけると、兵士たちは本当に銃を放り出してトラックから跳び下り、市民と協力してトラックを顚覆《てんぷく》させ炎上させた。この暴動は結局、まもなく鎮圧されたが、国民党と外省人の受けた衝撃は大きかった。この事件は、二・二八事件以来初めて、三十年ぶりに台湾人が国民党の統治に公然と反抗の気勢を示したものであり、二・二八事件当時と違って、もはや大陸にも海外にも本拠というもののない国民党にとって、圧倒的多数の台湾人の抑制のために、やはり大多数が台湾人の将兵から成る軍に依存しなければならないという事態の自覚は、きわめて深刻な不安を呼び起こすものであった。

一九七八年五月、蔣経国はいよいよ中華民国第六期総統に就任し、行政院長の後任には孫運璿《そんうんせん》（山東省人、エンジニア）を任命した。閣僚には、やはり六名の台湾人が名を連ねた。副院長徐慶松（台北帝大卒）、政務委員高玉樹《こうぎょくじゅ》（早大専修科卒）、政務委員陳奇禄《ちんきろく》（東京帝大卒）、政務委員張豊緒《ちょうほうしょ》（台湾大学卒）、内政部長邱創煥《きゅうそうかん》（政治大学卒）、交通部長林金生（東京帝大卒）がこれである。そのほか台湾省政府主席には林洋港《りんようこう》（台湾大学卒）、台北市長には李登輝《りとうき》（コーネル大学卒）が任命されているが、いずれも日本時代に教育を受け、日本語に堪能な人々である。なお副総統には謝東閔《しゃとうびん》が就任したが、この人は台湾人ではあるが、大陸に行って上海の東呉大学、広州の中山大学に学び、抗日戦中は蔣介石側の陣営にあって台湾国民党中央委員会に在職、戦後になって台湾に帰り、国民政府の役職を歴任し、一九五二年の中国青年反共救国団の設立以後はその副主任を兼任、また台湾省議会の副議長を六年、議長を九年務め、一九七二年の六月以来、台湾省政府主席の地位にあった、国民党に従順な台湾人である。

さて、一九七七年十一月の統一選挙で選出された台湾省議員たちには無党無派の台湾人が多く、この人たちがこれまで国民党の一党専制のもとで抑圧されてきた民意を代表して、痛烈な腐敗の暴露と糾弾を行なったので、台湾省議会はにわかに注目を集め、それを通じて台湾人の政治意識が目覚め、社会制度の民主化の要求が高まり出した。続いて一九七八年十二月二十三日には、台湾人のために定員が増加された中央民意代表（国民大会代表と立法委員）の選挙が実施されることになり、党外人士たちは勇躍して選挙運動に突入した。ところが投票日直前の十二月十五日になって、米国と中華人民共和国は、翌年一月一日より相互のあいだに国交を樹立することを発表した。選挙はただちに停止され、沈昌煥《しんしょうかん》外交部長は責任をとって辞任、後任には蔣経国の右腕と言われる蔣彦士《しょうげんし》総統府秘書長が任命された。

余登発《よとうはつ》の逮捕

米中国交樹立が国民党に与えた衝撃はたいへんなものであった。諸般の情勢から見て、米国が遅かれ早かれ北京政権を承認するだろうということは、国際的には既定の事実とされ、ただその時期が問題になっていたにすぎなかった。それにもかかわらず、一九七八年八月頃から台北では、ワシントンはけっして北京を承認しないだろうという、楽観的な観測が流れていた。これは不思議なことだったが、おそらく原因は、国連脱退後、中華民国と国交のある国の数がどんどん減少したため、一方においては信頼できる情報源も少なくなって情報の質も落ち、他方では行き場のない古手の外交官が多数、外交部顧問となって、時代遅れのむかしの知識で国際情勢に判断を下し、それが影響したということであろう。とにかく外交部の茫然自失ぶりは深刻なもので、役人はみな後難《こうなん》を恐れて役所に寄りつかず、米国大使館から届けられた断交に関する書類は開封する者もなく、担当係官室の机上に放置されたままで、年を越えてから蔣彦士が招いた台湾大学の国際法専攻の老教授が、英語のうまい大学院学生数名を連れてきて翻訳に取りかかり、やっと情勢の分析ができるようになったという。

この米中国交樹立は、カーター米国大統領が、当時の北京の権力闘争で勝利を収めつつあった鄧《とう》小平《しょうへい》と取引して、北京が台北政権を独立国の政府として事実上承認し、米国が台北政権に防衛用の武器の供給を継続することを承認することを代償として実現したものであり、北京は早速、一月一日付で「台湾同胞に告げる書」を全国人民代表大会常務委員会の名義で発表して、公式に大陸・台湾間の講和と国交の樹立を呼びかけたが、混乱した蔣経国政権は、これは中共の統一戦線陰謀である、絶対にその手には乗らない、交渉には応じない、と繰り返すばかりであった。

この時期の台北の反応の典型を示すのが、一九七九年一月二十一日の余登発の逮捕である。すなわち台湾警備総司令部は、この日、前高雄県長余登発とその息子余瑞言《よずいげん》を反乱罪の容疑で逮捕し、二十四日から軍事裁判にかけた。余登発は無党無派の台湾人立法委員黃信介《こうしんかい》の南部における有力な支持者で、高雄県長黃友仁《こうゆうじん》はその女婿《むすめむこ》、また同じく無党無派の桃園県長許信良《きょしんりょう》もその縁者であったから、これが台湾人の民主運動の圧殺をねらったでっち上げなことは明白であった。裁判には反乱の主謀者と称する余登発の別の女婿のならず者、呉春発《ごしゅんはつ》が被告の一人として出廷し、自分は東京の中国大使館で軍事訓練を受け、華国鋒《かこくほう》の直接の指示を受けて台湾に潜入、台湾自由民国革命委員会主席の名義で、余登発に高雄台南地区最高指揮司令の辞令を渡し、中央民意代表選挙の日を期して南部一帯に反乱を起こそうと計画した、と陳述した。しかしテレビで放映されたこの裁判で呉春発の演技があまりに拙劣で嘘が見え透き、せっかくの宣伝が逆効果になったので、四月十六日、警備総司令部は余登発を有期徒刑八年、余瑞言を同じく二年・執行猶予一年に処すと判決、国防部に上訴されたが、五月二十八日、国防部も上訴を却下して原判決を支持した。しかし警備総司令部に積極的に協力した呉春発は、この日の早朝、銃殺された。口を封じたのであろう。

この言論弾圧に対し、全省の台湾人党外人士は団結して抗議活動を展開した。ところが台湾省政府は二月四日、許信良桃園県長が休暇を取らずに余登発救援デモに参加したとして監察院に審査を請求、これに対抗して五月二十六日、許信良の誕生日に二万の群衆が中壢市に集まって抗議大会を開き、警備総司令部の妨害工作も無効に終わった。六月二十九日、許信良は休職二年の処分を受けた。

『美麗島《びれいとう》』事件の経緯

こうした民主運動の盛り上がりと歩調を合わせて、党外人士の言い分を伝える定期刊行物が現われ始めた。これは米中国交樹立で自信を失い、今後の取るべき進路に迷った蔣経国政権が、広く意見を聴取するために言論統制をいくぶん緩めたためで、短期間ではあったが、台湾では前例のない言論の自由化時代が出現した。その第一が立法委員康寧祥《こうねいしょう》の発行する『八十年代』で、六月に第一巻第一期を出し、その第二が立法委員黃信介の発行する『美麗島』で、八月に第一巻第一期を出している。

康寧祥の慎重な人柄と、黄信介の戦闘的な人柄を反映して、『八十年代』はやや硬く地味で、『美麗島』はどちらかと言えば派手で活気があった。いずれも台湾人読者に歓迎されたが、なかでも記録的な成功を収めたのが『美麗島』である。

台湾人の政治意識が昂揚して民主運動が盛況を呈したのは、皮肉なことに国民党の統治の成功そのものが原因である。もともと漢字に書けない福建《ふっけん》語を話していて、日本語しか読み書きできなかった台湾人に、国民党は中国人意識を植え付けるために国語《グオユイ》の使用を強制し、三十余年を経てようやくだれもが中国文が読めるようになった。さらに国民党の経済政策のおかげで一般の生活水準が上がり、ことに日本の農協に倣《なら》った農会の成功で、農民の生活に余裕ができて、知識欲の満足を求めるようになった。そこへ米中国交樹立で、台湾人は国民党に劣らず危機意識を抱いた。このとき黄信介の右腕と言われた切れ者の美麗島雑誌社総経理施明徳《しめいとく》は、これまで党外人士の刊行物を郵送すると、一カ月も着かなかったり、半分くらいも行方不明になってしまうのに鑑《かんが》み、地方の都市に服務処（サービスセンター）をそれぞれ設立して読者に直売する方法を採った。これが図に当たって、『美麗島』は台北市よりもむしろ中南部の農村地帯に怒濤《どとう》のように普及し、十万部という驚異的な発行部数に達した。台湾の人口はわずか一千七百万人だから、国民党に批判的な言論がどれだけ広く深く台湾人のあいだに浸透したかが察せられる。

これと並行して、「溝通」という試みがあった。これは国民党と党外人士とのあいだの風通しを良くし、誤解を防ぐために、無党派の言論界の長老呉三連《ごさんれん》（東京商大卒）が主宰して、国民党中央政策委員会副秘書長梁粛戎《りょうしゅくじゅう》・関中《かんちゅう》を招き、毎回違った党外人士に引き合わせて話し合う会で、九月から十月にかけて四回開かれた。これには陳誠の息子が協力したと言われる。

　ところが党外組織の地方浸透に恐怖した警備総司令部は、手をかえ品をかえて集会を妨害し始め、この頃から正体不明の壮漢が美麗島社の服務処を襲って暴行傷害を加える事件が頻発する。そして十二月十日の高雄事件に発展するのである。

　この日は世界人権デーであったが、黄信介が中心となって高雄市中の公園で民主運動集会が開かれることになった。ところが当日になって警備総司令部は集会許可を撤回した。黄信介の交渉で許可が出たが（編集部注―この集会は事前許可を得ていなかったという説もある）、群衆が公園に向かうと、入口を警官隊が固めている。引き返して市の中心街の十字路に十万人が集まって演説が行なわれ、散会したところへ、四方から警官隊を前面に立てた軍隊が押してきて、群衆とのあいだに衝突が起こり、警官の負傷者百五十数名を出した。これは警備総司令部の計画的な挑発であったが、党外人士たちは衝突以前に引き揚げてしまい、その場にいなかった。ところが数日後、大規模な逮捕が始まり、黄信介は立法院開会中にもかかわらず逮捕された。施明徳は顔の整形手術を受けて潜行を続けたが、一九八〇年一月八日に至って逮捕された。このとき逮捕された台湾人の民主運動家は八十名を超えた。『八十年代』と『美麗島』は停刊になり、溝通は吹っ飛んでしまった。

　いまや蒋経国は七十歳を超え、その政権は難しいところにさしかかっている。抑圧を緩めれば台湾人の民主運動は再発するし、といって抑圧を強めれば、かならず台湾人の政治意識を高めて爆発の危険を招く。台湾人が共産党の統治を望まないのは確かだが、果たして蔣経国は国民党の体質を改革して、台湾人と融和を保ってゆけるだろうか。

第Ⅲ部　台湾の命運を握るもの

――一九八〇～九〇年代の情勢分析――

李登輝の登場と「台湾人の台湾」への道

はじめに

私は、今年（一九九三）五月二十一日から二十九日までの九日間、台湾を訪問した。国民党系の新聞で、台湾で最大の発行部数を誇る『聯合報《れんごうほう》』が主催する二つの学会に招待されたのである。この学会の主催者は、国立台湾大学の教授で、私と二十七年もつきあいがある老朋友《ラオポンヨウ》である。一九四九年に大陸から逃げてきた外省人《がいしょうじん》で、故蔣経国《しょうけいこく》総統の直系の部下であった。

一方、私は本省人《ほんしょうじん》、つまり台湾人にも、古くからの友人がいる。その一人はやはり台湾大学の教授で、民進党の幹部である。その人とも二十年のつきあいがある。

そのため、台湾訪問に先立ち、二人の友人には事情を話し、招待してくれた友人には、「今度は学会に出席するだけではなく、あなたの同僚の野党のリーダーとも話をすることになっている」という了解を得ておいた。

訪問してみると、台湾は興味深い状況になっていた。日本の新聞、その他のマスコミの解説ではまったくわからない情報が多く入手できたので、それを記したいと思う。

今年に入ってから、台湾では二つ続けて重要なできごとがあった。一つは、二月二十六日に郝柏村《かくはくそん》行政院長が辞任して、翌二十七日に連戦《れんせん》が台湾人、つまり本省人として行政院長になったことである。大統領にあたる総統は、すでに台湾人の李登輝《りとうき》がなっていたので、総統と行政院長が台湾人という組み合わせが、台湾史上初めて誕生したことになる。

いま一つは、四月末にシンガポールで、台湾と中国の民間団体のトップ会談が開催された。台湾の代表は海峡交流基金会理事長の辜振甫《こしんほ》で、日本の経団連に当たる台湾の工商協進会の理事長でもある。中国側の代表は海峡両岸関係協会会長の汪道涵《おうどうかん》である。この二人が会談した。これは大陸の正規の代表と台湾の正規の代表が、初めて直接交渉したという画期的なできごとであった。

台湾人のルーツは日本

台湾の歴史には、大きな転機となる三つの重大事件があった。

一つは、もちろん一八九五年（明治二十八）に、台湾が日本に割譲されたことである。実質的には、台湾の歴史はこのときから始まる。

台湾が初めて記録に登場するのは、紀元前一世紀のことである。「楽浪《らくろう》の海中に倭人あり、分かれて百余国となる。歳時をもって来たりて献見す」という有名な記載がある『漢書』の「地理志」には、「会稽《かいけい》の東冶《とうや》（今の福州市あたり）の海外に東鯷人《とうていじん》という人たちがいる」と記されている。「東鯷人」とは、台湾の原住民のことであり、この記載は、その存在が知られたことを示しているにすぎない。もちろん漢人は当時の台湾には居住しておらず、また台湾はシナの一部でもなかった。

一六二四年、オランダ人が最初に今の台南を占領するが、台南に「タイオワン」という高砂《たかさご》族の集落があったので、それが全島の名前として用いられるようになる。その二、五年後には、スペイン人が北部の基隆《キールン》と淡水《たんすい》を占領する。このようにして、台湾の歴史が始まった。最初に台湾を開拓したのはヨーロッパ人であり、漢人ではなかったのである。

その後、シナでは明《みん》朝が滅びて、満洲族の清《しん》朝が一六四四年に東北方から入っている。明朝の残存勢力（南明）に従った海賊の鄭成功《ていせいこう》が、一六六二年に金門《きんもん》島から進撃して、台南を占領しオランダ人を追い出した。以後二十年以上にわたって、鄭氏は台湾を根拠地として独立国を維持する。これが、漢人が台湾に住み着いた最初である。

清朝は一六八一年までに大陸を制覇し、一六八三年に台湾に進攻して、鄭氏の最後の王を降伏させる。しかし、これで台湾がシナの一部になったわけではない。清朝は漢人の国家ではない。シナだけを統治していたのでもない。モンゴルも、満洲も、中央アジアも、チベットも統治した帝国である。シナはその帝国の一部にすぎなかった。

しかも、清朝は台湾に漢人が渡航することを厳禁した。なぜならば、海賊の巣窟になるからである。

それでも、密かに渡航する者は跡を絶たなかった。それがみんな、身寄りのない、ならず者だったため、三年に一度の小叛乱、五年に一度の大叛乱と言われるくらい、叛乱、暴動、騒動の多い、非常に治安の悪いところであった。もちろん清朝は、台湾を統治するつもりは少しもなく、ただ安全保障上、占領していたのである。

ところが、十九世紀後半になって、牡丹社《ぼたんしゃ》事件が起こる。琉球人が台湾南部に漂着して、牡丹社という集落の高砂族に首を狩られた。言葉が通じないので、収穫を祈るお祀りに使うため、首を狩ってもいいだろうと考えたのだ。明治政府が清朝に責任を問うたところ、「台湾は化外《かがい》の地であって、それらの民はわが国の領民ではない」と言われたので、西郷従道《さいごうつぐみち》が一八七四年に牡丹社を征伐するという事件が起こった。

その十年後の一八八四年、ベトナムの帰属をめぐって清仏戦争が起こり、同年、フランス艦隊が台湾を攻撃する事態となる。それで清朝は初めて、台湾が戦略的に重要であるということに気づいたのである。その直後の一八八五年に台湾巡撫を設置し、一八八七年に福建《ふっけん》台湾巡撫と改称し、台湾を積極的に開拓することにした。しかし、時すでに遅く、日清戦争となって、一八九五年に台湾は日本に割譲されてしまう。

日本に割譲されたとき、日本の接収部隊が基隆に上陸しようとしたが、台湾は大混乱の状態で、抵抗が予想された。当時は台北が台湾の中心であったが、清朝の兵士が略奪、暴行を働いてひどい状態になっていたのである。むしろ一刻も早く日本軍に入城してもらったほうが、事態を収拾できると考えた台北の商人である辜顕栄《こけんえい》が、決死の覚悟で基隆まで日本軍を迎えにゆき、「台北は悲惨な状態になっている。一刻も早く上陸して入城してほしい」と要請した。最初はスパイかと疑われて厳重に取り調べられたが、誠意をもって説得したことで信用され、日本軍は上陸して、台北に無血入城することができた。この功績で、辜顕栄は日本時代に着々と昇進して、昭和九年(一九三四)には貴族院の勅選議員になった。その息子が前述の辜振甫である。

満洲人の清朝から日本が割譲を受けたとき、台湾は非常に未開な状態であった。字が読める人間がほとんどいない。台北という町はあっても、下水道もなく、糞便たれ流しで、病気がはやっており、不衛生この上なく汚く混乱していた。漢人の入植集落間の武力闘争(械闘《かいとう》)も絶え間なかった。そのうえ土匪《どひ》が横行する状態で、日本軍はその討伐に七年を要した。最終的に治安を確立し、衛生状態を改善し、教育を施し、五十年間に台湾は中国本土よりも早く近代化した。台湾人は、精神的に完全に日本人になりきっていた。ただ残念なことに、日本人は台湾人を最後まで心の底から信用してはいなかった。

この五十年間の日本による台湾統治は、最近になって、台湾の現状を決定づけていることが明らかになってきている。あえて言うと、台湾のルーツは日本にあるのであって、シナにはないのである。

シナでは、一九一一年に辛亥《しんがい》革命が起こった。日本式の軍事訓練を受けた軍隊が叛乱を起こして、翌年の一九一二年二月、清朝が政権を投げ出した。その後、袁世凱《えんせいがい》が大総統の中華民国ができるが、実態は軍閥の寄せ集めであり、シナの近代化は台湾よりも、はるかに遅れて始まった。

台湾はつねに、衛生状態、教育水準、産業など、あらゆる点で、文化の発達がシナに先んじていた。大正時代には、経済も非常に発展して、生活水準も高くなった。

台湾人は本来、中国語を話さない。高砂族を別にすると、シナ本土から移住してきた人たちは、話す言葉によって二つに大別される。一つは「福佬《ホクロー》」と言われる福建語を話す人たち、もう一つは客家《ハッカ》語を話す人たちである。鄧小平《とうしょうへい》も客家だが、中国ではたいへん勤勉な人たちである。客家のもう一つの特徴は、山から山へと移り歩いて、北方から南下してきたということである。福建語も、客家語も標準中国語とは異なる。しかも客家語と福建語は互いに通じない。日本時代になって、日本語が普及すると、台湾人同士では日本語で用がたせるようになった。

「狗《いぬ》はいなくなったが、豚が来た」

一九四五年（昭和二十）八月、日本が連合国に降伏した。台湾は、ヤルタ協定によって、中国軍、つまり国民政府軍が接収することになっていた。これは台湾を領有することとは異なる。

台湾の日本軍の降伏を受けるのは、アメリカ軍ではなく、国民政府軍であった。ところが国民党が重慶《じゅうけい》から南京《ナンキン》に移るのに手間取り、台湾の接収を行なう余裕などない状態であった。結局、八月十五日に日本が降伏したにもかかわらず、中国軍が基隆に上陸し、台北に入城して、当時の台湾総督・安藤利吉からの台湾の接収を正式に完了したのは十月二十五日である。降伏から台湾接収まで、二カ月以上要した。

しかも台湾に上陸した軍隊は、福建軍の雑軍であり、蔣介石《しょうかいせき》の中央軍ではなかった。中国の特徴であるが、軍隊は国軍ではなく、地方ごとの軍隊であり、事実上の軍閥である。今の人民解放軍にも、そういう体質が色濃く残っている。このとき、陳儀《ちんぎ》という大将が、蔣介石が派遣した福建軍とともに、台湾省行政長官となってやってきた。陳儀は日本の陸軍士官学校と陸軍大学を出た軍人である。

接収後の台湾はたいへんな事態になった。台湾は当時、大東亜戦争の第一線であり、台湾人の少年航空兵も大勢いた。もちろんふつうの台湾人の軍人もおり、それが一度に復員してきたのである。彼らには職も、食べる物も、着る物もなかった。街はB24に爆撃されて産業は壊滅し、悲惨な状態になっていた。そこに入ってきた陳儀の率いる国民政府軍は、台湾人を最初から反逆者と見なした。五十年間も日本人であった台湾人を信用せず、中国人と見なさなかったのである。直木賞を受賞した邱《きゆう》永漢《えいかん》の出世作に「濁水渓《だくすいけい》」という小説があるが、このときの惨状が生々しく描かれている。

陳儀は台湾銀行券を大量に発行したため、猛烈なインフレとなった。中国人は台湾人のように、日本化された経験がないから、秩序などまったく重んじなかった。略奪、暴行、強姦、殺人の巷《ちまた》となって、治安は悪く、生活は苦しくなった。当初、にわかづくりの青天白日旗を持って、「万歳、万歳」と中国軍を迎えた台湾人たちは、半年も経たないうちにすっかり幻滅してしまい、陰で「狗（日本人）はいなくなったが、豚（中国人）が来た」と言うようになった。台湾人が、自分たちを中国人だとは感じなくなったのである。

二・二八事件

おりしも一九四七年二月に、二・二八事件が起こった。事件の概要は以下のとおりである。二十七日、台北市の専売局の前の広場で、女性が上海《シャンハイ》からいくらでも入ってきていたヤミ煙草を売っていた。ヤミ煙草を取り締まる警官が、その女性を殴った。群衆が激昂して、警官を袋だたきにしそうになったため、警官はピストルを抜いて発砲したところ、死者が出た。これをきっかけに大暴動となり、二十八日には、数万の群衆が総督府を取り囲んだ。陳儀は、愚かにも総統府の二階の窓から機関銃を掃射した。そのために数十人の死者が出て、暴動は全島に波及してしまった。台湾人は、鋤、鍬など手当たり次第に持って、外省人と見れば襲いかかった。

当時の台湾人はまだ法治国民の意識があったので、南京の蔣介石に対して「陳儀を処罰して秩序を回復してほしい」と請願書を出した。蔣介石は、それに答えて「厳重に調査して責任者を処罰する」と声明を出しながら、精鋭の中国軍を送り込んだ。中央軍は基隆に上陸するやいなや出迎えた台湾人に発砲し、目につく台湾人をことごとく殺した。続いて台北を占領して、大がかりな逮捕が始まった。

そのとき、日本の警察から引き継いだ書類のなかに、台湾人の独立運動家のリストが大量にあった。そのなかには高等教育を受けた知識人で、目をつけられていた人たちのリストもあった。国民政府軍はそのリストに従って、次々に身柄を拘束し、銃殺してしまった。日本化した台湾人をたたき直すためである。

二・二八事件の行方不明者は、最近まで、二万人とも、三万人とも、五万人とも言われていた。ごく最近、私の親友の一人が中心になって、民間で調査を行なった。いろいろな方法で推計した結果、約一万九千人が拉致されて殺害されたことが、ほぼ判明した。ただし国民党は、自分たちの押さえている記録はいっさい公開しないので、まだ確定数ではない。しかし、これによって、台湾人社会の指導的な人たちは一掃されてしまったのである。

台湾の帰属は、今でも未定

二・二八事件当時、まだ大陸では国共内戦の決着はついていなかった。日に日に国民党の形勢は悪くなり、一九四九年十月に北京《ペキン》で中華人民共和国の建国が宣言された。

国民政府は南京が陥落したので、広州、さらには重慶へと退却していった。最後は重慶にもいられなくなり、台北に落ち延びた。台北に国民政府が移ったのは、十二月末のことである。

当時のアメリカ大統領トルーマンは、国民政府を腐敗と無能のため見限っていた。マーシャル元帥の国共内戦の調停も成果がなかったので、トルーマンは「もう国民政府など知らない」と声明を出した。その結果、朝鮮戦争になってしまった。「アメリカの防衛ラインのなかには、韓半島と台湾は含まれない」と声明したからである。そこに金日成がつけ込んで、スターリンと毛沢東《もうたくとう》から武器と人員の供与を受けて、一九五〇年六月二十五日に朝鮮戦争が始まった。

トルーマンはただちに第七艦隊に命じて台湾海峡を遊弋《ゆうよく》させ、台湾が社会主義国の手に落ちることを防ごうとする。このとき、アメリカ政府ははっきり、「これは蔣介石の国民党政権を維持するためではない。台湾の人民を保護するためである」と言っている。これは非常に重要なことである。

ここで一つ付け加えると、サンフランシスコ講和会議で、日本は台湾に対するあらゆる権利を放棄するが、ただし、台湾の帰属は未定である。つまりどこの国に返還したかということが、条約には記されていないのである。そのため、今に至るまで、アメリカ政府は「台湾の帰属は、いまだ国際法上決定していない」と言っているのである。このことがのちの国際政治に影響を与えることになる。

実権は蔣経国に

このような情勢になって、蔣介石の権威は地に落ちてしまった。この危機のなか、台湾内部では、二つの勢力が対立する。陳誠《ちんせい》の勢力と、蔣介石の長男である蔣経国の勢力である。

蔣介石は浙江省《せっこうしょう》奉化県《ほうかけん》出身で、故郷で陳潔如《ちんけつじょ》という女性と結婚していた。ところが、国民革命軍を率いて北伐で上海《シャンハイ》を占領したときに、宋美齢《そうびれい》と結婚する。宋美齢はアメリカ育ちの浙江財閥の娘で、中国語より英語のほうがうまいという人である。陳潔如とは離婚したことになっているが、本当に離婚手続きをとったかは曖昧である。ただ田舎のほうに送り返しただけかもしれない。蔣介石は宋美齢と新たに結婚式を挙げ、上海で暮らし始めた。

陳潔如から生まれた子供が、蔣経国である。宋美齢と結婚した蔣介石にとっては、蔣経国は余計者であった。そのために、蔣介石は蔣経国をモスクワに留学させた。のちにスターリンの大粛清が始まったときには、蒋経国もシベリア送りとなり、たいへん苦労した。また留学中にロシア人の女性と結婚し、そのあいだには、蒋孝文《こうぶん》、蒋孝武《こうぶ》、蒋孝勇《こうゆう》という三人の息子がいる。

陳誠はアメリカ的な思想を持った、近代的で清廉《せいれん》潔白な人だったようである。陳誠は副総統と行政院長を兼任して、権勢並ぶ者がなかった。

それに対して蒋経国は御曹司である。邪魔者扱いしてモスクワに留学させたこともあったが、蒋介石は蒋経国を長男として大事にした。最初は、国防部の政治作戦部主任に任命する。国民政府軍はソ連軍と同じ構造を持っていた。元来、広州の黄埔《こうほ》軍官学校で、ソ連人の教官が訓練して基礎をつくった軍隊であるので、政治委員が全権を握っていて、いかなる命令でも、政治委員が副署しなければ発効しないというシステムになっている。蒋経国は、軍隊のなかの国民党組織をとりしきる役になり、着々と国民政府軍のなかに勢力を伸ばしていった。同時に、胡耀邦《こようほう》が出た共産主義青年団（ピオネール）とそっくりな中国青年反共救国団を組織して、台湾人青年を組織することに力を入れた。

陳誠と蒋経国の勢力争いは陰惨を極め、結局、陳誠が健康を害して、一九六三年末、行政院長を辞任し、蒋経国が一九六五年に国防部長（大臣）になった。その直後に、陳誠は肝臓癌で死去した。それ以後、蒋経国の独裁に近い状態が進展していった。

一九七五年、蒋介石が死去し、副総統であった厳家淦《げんかかん》が昇格して総統となったが、実権は行政院長である蒋経国が握っていた。

蒋経国が行政院長になったのは一九七二年のことである。その前年にニクソン訪中の表明があり、中国ではその余波で林彪《りんぴょう》事件が起こり、林彪が失脚して死ぬ。また国連の創立国の一つであるにもかかわらず、国民政府が国連から追放されて、代わりに中華人民共和国が国連の議席を占め、安全保障理事会の常任理事国になるという、最悪の事態であった。

そういう非常に困難な時期に、蔣経国は行政院長になった。この時期、台湾人は、「蔣経国がいるから、台湾人の気持ちもわかるし、なんとかやってくれるのではないか」と期待していた。

「日中国交正常化」で、台湾と日本との国交も断絶してしまった。蔣介石が死去した一九七五年は、台湾の歴史の転機となった。蔣経国が行政院長から総統になるのは、それから三年後の国民代表による選挙のときである。

一九八〇年頃の蔣経国は身体が弱り、気力もしだいに衰えていっていた。それに代わって、急速に勢力を伸ばしてきたのは、国防部の総政治作戦部主任の王昇《おうしょう》であった。王昇は自分の息のかかった人間を各大学に強引に派遣して、哲学科の教授に任命した。哲学科は思想教育を担当する部門である。また、あらゆる企業や警察、県庁などの組織にも、自分の部下を強引に送り込んでいた。

この頃、王昇がまもなくクーデターを起こして蔣経国を打倒し、自分が総統になるだろうという観測が広く流れていた。

ところが三年後の一九八三年三月六日から九日にかけて、台湾で、中共軍の侵攻を想定した三軍合同の大演習が挙行され、九日にすべてを監督した王昇が報告のため、蔣経国の執務室に行ったところ、蔣経国は、執務室のドアを閉めさせて、「おまえはクビだ」と申し渡した。王昇が自分の執務室に帰ってみると、電話線がすべて切られていた。一種のクーデターである。その後、王昇はパラグアイ大使に左遷されて、政治の表舞台から姿を消した。

それと同時に、国民党の金銭に絡むスキャンダルが続々と明らかになってきた。いずれのスキャンダルにも王昇が絡んでいたからである。台湾の政治とはこういうものである。

蔣経国の不安

蔣経国は、国民党員の台湾人を意識的に登用するようになった。またごく慎重にではあるが、自由化に着手した。蔣経国は一九八八年に死去するが、一九八四、八五年頃から、しだいに自信をなくしていたようである。死去する三年ほど前になると、蔣経国が外に出れば、沿道に台湾人が集まって、「馬鹿野郎!」と怒鳴ったり、車に石を投げたりするようになってきた。蔣経国は、「自分は台湾人の人心を摑《つか》んでいる」と自負していたが、この頃から、露骨に蔣経国を罵倒する風潮が広がり始めた。そのため蔣経国は自信をなくしてしまい、自分の一家の前途に非常に危惧《きぐ》の念を抱いた。それで、蔣経国は台湾人の李登輝を重用するようになったのである。以上は、このたび台湾に行った際に、信頼できる筋から聞いた話である。

今の台湾の急速な変化は、李登輝が総統になったことで加速したのであるが、ここでなぜ蔣経国が李登輝を副総統にして、自分の後継者に指名したかを考えなければならない。

李登輝は客家系の台湾人で、台北出身である。日本統治時代に京都帝国大学に進学したが、二年生のときに大東亜戦争が終結した。彼は国立台湾大学（旧台北帝大）に入り直して卒業した。卒業後しばらく大学にとどまり講師を務めた。その後、アメリカのアイオワ州立大学に留学し、農業経済学で修士学位を取得した。帰国後、一九五七年からは中国農業復興委員会に研究職として勤務した。この委員会はアメリカの資金でつくられたもので、四つ葉のクローバー運動（アメリカ農務省が組織した農村青少年の生活改善運動、四Hクラブ）のような、農村の復興に資金を出して新しい農村の指導者を養成する組織である。一九六五年には再度アメリカに留学し、コーネル大学で農業経済学で博士学位を取得した。そして帰国後、母校の台湾大学の教授に就任した。

私は、李登輝と直接会って話したことがある。副総統に指名された一九八四年のことである。学会で台北に行き、終了後、台湾南部を旅行したときに、台中市の東方にある中興新村の台湾省政府で、台湾省政府主席の李登輝に会ったのである。彼は、英語で滔々と台湾経済の建設案を述べたが、非常にしっかりした英語だった。その後の宴席では、今度はじつにきれいな日本語で話をした。私の妻も京都大学出身だったので、先輩後輩としてとても親切にしてくれた。私はそのときに、李登輝は非常にまじめで、人物のできた人であり、信頼できると感じた。

前述したように、政界に出る前、李登輝は国立台湾大学の教授であった。台湾の特殊事情かもしれないが、国立台湾大学の教授は、台湾ではあらゆる昇進のチャンネルの登竜門である。彼は教授を務めたあと台北市長に任命され、台北市長から台湾省主席、さらに副総統へと昇進していった。

今回の訪台で聞いたところによると、自分の家族の前途を危惧した蔣経国は、異常に李登輝を可愛がったそうである。ある逸話によると、蔣経国が髭《ひげ》を剃っているところに李登輝が来たので、「よく来た。何かやりたいが何もない。これでも持ってゆくか」と言って、自分が使っていたシェーバーを渡したというのである。いかに親密な関係だったかがわかる。これは李登輝自身が語った話らしい。

なぜ李登輝をこれほど可愛がったのかに関連して、もう一つの謎がある。なぜ蔣経国は、自分の一家に跡を譲らなかったのかということである。一九八四年に蔣経国が総統に再任された直後に、江南暗殺事件が起こった。江南というのは、本名は劉宜良《りゅうぎりょう》という江蘇《こうそ》省出身、アメリカのカリフォルニア在住の作家で、『蔣経国伝』を書いた。そのなかで蔣経国のことを暴露したのである。蔣経国はたいへん怒ったと考えられる。その年の十月に、カリフォルニアの自宅で、江南はピストルで射殺された。FBIが調査すると、台湾の竹聯幇《ちくれんバン》というヤクザ組織の陳啓礼《ちんけいれい》がやったことがわかった。陳啓礼は用心深く、犯行前に自分がこういう犯行を企てるに至った次第を、カセット・テープに吹き込んで、部下に渡していた。

事件後、陳啓礼は逃亡したが、部下が捕まってカセット・テープをFBIに提出した。その内容は、「国防部の情報局長である汪希苓《おうきれい》中将が直接、陳啓礼に命令した」というものであった。しかも、その部下たちが証言したところによると、汪希苓中将に命令したのが、蔣経国の次男、蔣孝武であった。当時、蔣孝武は国家安全保障会議執行秘書、事実上の秘書長の任にあった。

アメリカは憤慨した。上院の外交委員会で問題になって、台湾に対して責任者の処罰を要求した。台湾の国民政府は、結局、命令した汪希苓と、実行した陳啓礼を銃殺にした。そして蔣孝武を匿《かくま》い通した。プリンスを引き渡すわけにゆかないのは当たり前である。しかしこれで、蔣孝武は、アメリカでお尋ね者になってしまった。

翌年八月、蔣経国は『タイム』の記者のインタビューに答えて、「次の総統には蔣一族を候補に立てない」と言明した。蔣経国は自分の長男も次男も、後継者にできなくなってしまったのである。長男の蔣孝文は身体障害者であるため、蔣経国は自分の長男も次男も、後継者にできなくなってしまったのである。また実業界で活躍していた三男の蔣孝勇が、一九八五年以降、総統官邸に赴き、蔣経国の執務を手助けするようになったが、ほとんど政治経験がなく、三十代と、後継者にするには若過ぎた。このように絶望していた蔣経国は、李登輝を後継者にするしかなかった。

（編集部注――一九八八年に李登輝が総統に昇格すると、蔣孝勇は国民党中央委員会委員に選出されたが、その直後に海外研修を希望して出国し、カナダに移住した。）

李登輝の総統就任を妨害した国民党保守派

蔣経国は一九八八年一月、ボロボロになって死去し、自動的に台湾人の李登輝が副総統から総統に昇格したことになっているが、内情は複雑だったらしい。蔣経国が死んだとき、国民党権力の中核である中央常務委員会はパニック状態となり、大陸から中国共産党が攻めてくるのではないか、台湾人が決起して、自分たちを皆殺しにするのではないかと思ったのである。

李登輝はそれまで、ほとんど実力はなかったが、急遽《きゅうきょ》、後任総統にすることに中央常務委員会も同意した。総統にはなったが、党内に基盤がなかったため、李登輝の立場は非常に弱かった。国民党員だが、学者出身で、日本の教育を受けている。軍にも基盤がない。だから国民党の保守派は、安全だと考えたのである。

ところが、恐れていた中国共産党の攻撃も、台湾人の暴動もなかった。安堵した国民党の中枢は、台湾人を総統にしたのでは、将来いいことはない、李登輝を打倒して、別にだれかを総統に立てようと考えた。この謀議の中心人物は三人いて、その一人が蔣経国の弟、つまり蔣介石の次男の蔣《しょう》緯《い》国《こく》である。彼は今年（一九九三）の二月まで国家安全会議秘書長だった。

じつは蔣緯国とも、私は昨年会っている。モンゴルとチベットは中国の一部であるという前提で、それを統治する蒙蔵《もうぞう》委員会という機関が、行政院（内閣）のなかに設置されている。この機関は清朝の理藩院《りはんいん》という機関を改編したものである。その蒙蔵委員会が中心になって、昨年五月に台北で学会を開催し、世界中の著名なモンゴル学者を招待した。かつてのモンゴル人民共和国、現在のモンゴル国からも多数の学者が招待されていた。

会議の内容はきわめて低調であったが、宴会は豪華であった。おしなべて台湾の会議は、宴会が主である。会議を口実にして、だれを招待するかが重要なのであり、招待された者の顔ぶれの組み合わせによって、政治的な力関係が決定する。したがって、会議を怠けて欠席することは許されても、宴会を欠席することは許されない。

その国際会議の開会式後の最初の晩に歓迎会があり、私が日本代表として演説するように指名された。私は、「ソ連の崩壊に伴って、現在、東アジアでは非常に大きな変化が起ころうとしている。私の個人的な意見であるが、日本は、北はモンゴル、南は中華民国と提携して、来たるべき大きな変化に当たらなければならないと考える」と英語で演説した。すると、主催者の蒙蔵委員会委員長のモンゴル人が非常によろこんで、公衆の面前で私を抱きしめたのである。

閉会式には、まったく予定されていなかった蔣緯国が姿を現わした。彼は当時七十六歳であったが、背筋が伸びて姿勢が良く、声にも張りがあって、じつに巧みな英語で演説を行なった。その後、宴会が開かれた。中国の宴会は、原則としてメイン・テーブルはないが、蔣緯国のためにメイン・テーブルが設けられ、そこに私も座らされた。見ると、ナイフもフォークもすべて金であった。

蔣緯国は私の一つおいた隣の席に座った。そして私と蔣緯国のあいだに座ったのが、私のドイツ留学時代の先生で、ボン大学の名誉教授のオーストリア人、ハイシヒであった。ハイシヒが蔣緯国に、「私の学生の一人が、蔣緯国さんについて博士論文を書いた。あなたは宋美齢さんの息子ではなく、日本人のお母さんから生まれたという結論だった」と、話しかけたのである。テーブルを囲んでいたみんなは、どうなることかと、一瞬冷や汗をかいた。すると、蔣緯国は笑みを浮かべ、"That's very interesting. Please, send me a copy."（それはとても興味深い。私にその論文を送ってください）と応じ、否定しなかった。これは漢人の話し方では、「そのとおりだ」と言っているのと同じである。それから蔣緯国は、ヒトラー時代のドイツに留学してミュンヘンの陸軍士官学校に入った話をし、「第二次世界大戦が始まった一週間後に、マイ・マザーが私をアメリカに移して、ウエストポイントの陸軍士官学校に入れた」と言った。マイ・マザーとは宋美齢のことで、宋美齢が私の母だと暗に言ったのである。それは嘘であるが、蔣緯国の出現は私の演説に対する国民党側のサインだったようである。

　蔣緯国は李登輝が総統になったあと、首謀者として李登輝打倒を企んだ。それに協力したのが、国民党中央委員会秘書長、つまり国民党の幹事長の李煥《りかん》である。もう一人は、まったくの軍人で、陸軍総司令、参謀総長を歴任した郝柏村《かくはくそん》である。この三人が団結して、林洋港《りんようこう》を担ぎ出そうとした。

　林洋港は、もともと台湾省議会の議員で、地方選挙に南投《なんとう》県から立候補して当選した。当選後、国民党はすぐに彼を中央の官僚に抜擢し、林洋港は台北市長、台湾省主席、行政院副院長、司法院長（最高裁判所長官）と、次々に昇進した。李登輝より少し年上で、国民政府で働いている台湾人の国民党員のなかでは、序列が最上位だとされている。三人は彼を擁立するつもりだった。現に林洋港は、「真心をもって要請されれば、総統に立候補してもいい」とその年に声明している。その頃に、林洋港擁立の隠謀が進行していたことがわかる。

　一九九〇年三月、李登輝が正式に国民代表大会の投票で、総統に選出された。しかし、そのとき李登輝は、政治的な取引で郝柏村を行政院長に任命しなければならなかった。郝柏村は頑迷な保守派の軍人で、世界の大勢などまったくわからないし、台湾人はみな反逆者だと思っているような人物である。その郝柏村を行政院長に任命しなければならないところまで、李登輝は追い詰められていたのである。

最初の仕事は、「老表」の全員引退

しかし李登輝は、学者あがりにしてはたいへん政治的な手腕があった。まず、一九九〇年六月から七月にかけて国是《こくぜ》会議を開催し、各界の代表を呼んで、中華民国が今後どうすべきか、自由に討論させた。

ところが、これが非常に巧妙に仕組まれており、台湾人の独立論者や野党系の人物は、注意深く会議のメンバーからは除いてあった。これが李登輝のしたたかなところである。大陸系の人たちと保守派が大部分であり、彼らが国是会議に出席していろいろ意見を言った。結局、李登輝は一カ月間、言いたいことを言わせておいて、そのなかから自分の気に入ったことだけ拾い上げたのである。

台湾には三種類の民意代表がある。第一に重要なのが国民大会代表であり、これには総統の選出権と憲法の改正権がある。次に立法委員（国会議員）、監察委員と続く。監察委員は日本にない制度であり、法案の調査権と国政調査権を持っている。

李登輝が総統就任当時の国民大会代表、立法委員、監察委員の大部分は、大陸で選出された人々で占められていた。これは一九四六年に、南京にまだ国民政府があったときに、中華民国憲法を制定し、その翌年に全国で投票して、国民大会代表・立法委員・監察委員を選挙した。ところが二年後に、大陸が中国共産党に席捲されてしまい、彼らの一部は大陸に残って中華人民共和国の建国に参加した。残りは国民政府に従って台湾に逃げてきた。この人たちが、大陸は共産党の支配下にあって改選できないことを理由に、四十数年間、その地位に居座ったのである。

台湾人は彼らを「老賊」（年をとった泥棒）、あるいは「老表」（老いぼれ代表）と呼んでいた。「老表」の本当の意味はヤクザであり、台湾人は彼らを大陸ヤクザと呼んで嫌っていたのである。彼らの平均年齢は八十歳を超えていた。耄碌《もうろく》した人たちがずっと居座って、国民大会でも立法院でも絶対多数を占めるという状態が続き、台湾人にはわずか数票しかなかった。

こういう非常に不自由な状態が長いあいだ続いていた。さすがに蔣介石を継いだ蔣経国は、このままではいけないと考え、改選のたびに数度にわたり徐々に、目立たないように、台湾人への割り当てを増やしていった。すると、国民党以外の人たち（「党外」の人たち）が当選し始めた。「党外」とは野党のことである。その当時は国民党一党独裁で、国民党以外の政党は、中国青年党のようなまったくの傀儡《かいらい》政党が少しあるくらいで、新しい政党の創立は許可されていなかった。

一九九〇年の国是会議の結果、李登輝は、「一九四七年以来の議員たちを、翌年の年末までに引退させる」という非常に重大な決定を行なった。これはわれわれから見ると当たり前のようだが、中国人の論理からするとたいへんなことで、中華民国の性格を変えてしまうことであった。

これまで、国民党、つまり中華民国国民政府は、法的には中国全体の正統政府であると主張してきた。すなわち、「台湾を統治しているのは、台湾が中国の一部であるからだ。だから台湾を統治する正当な権利がある」という主張である。したがって「老表」の議員たちを全員引退させてしまうと、大陸との法理論的な繋がりがなくなって、「台湾は、台湾に住んでいる人たちの台湾である」ということになってしまう。李登輝は、この決定を非常に巧みに通してしまった。保守だけで固まっている国是会議でも、そういうたいへんな決定を通してしまったのである。

それが実現して、一昨年（一九九二）十二月に、大陸で選出された議員全員が引退した。紛糾したようだが、説得と世論の批判により、本省人も外省人も、いくらなんでも現状維持は無理だということになった。投票にも出てこられないような耄碌した議員ばかりだったので、徹底的な抵抗はできなかったのである。

『美麗島《びれいとう》』高雄事件

一九九一年の暮れに、国民大会代表の選挙がまずあった。その前に、野党の民主進歩党が結成されていた。民主進歩党は、「台湾共和国憲法」の草案をすでに十月に決めており、台湾独立という路線で選挙を戦った。その結果は、予想に反して、国民党が圧倒的な勝利を収めた。民主進歩党は、二三・九パーセントの票しかとれなかった。当時の日本の新聞を見ても、一致して、「台湾人は安定を求めた。民進党のような過激路線は受け入れられなかった」と解説していた。ところが、今回、現地で聞いてみたところによると、どうもそうではなかった。野党不振の原因は、一九七九年十二月の『美麗島』高雄事件の報道を、選挙直前に国民党が解禁して、国民を脅したからであると言われていた。

台湾にはテレビネットワークが三局あり、三局すべてを国民党が支配している。一つは国民党の中央委員会のチャンネル、一つは国防部のチャンネル、もう一つは台湾省政府のチャンネルだと思われるので、すべて国民党と軍の系統である。特務機関がテレビ局をすべて管理している。したがって、ひどいもので、選挙のたびに国民党の候補者の政見は長々と放映されるが、野党候補者は名前すら出てこない。どんなに大規模なデモがあってもすべて黙殺される。これは徹底している。

新聞も、ごく小規模なものを除くと、すべて国民党の管轄下にある。実際の台湾情勢は、完全にメディアからシャットアウトされている。台湾に行って新聞を読んだり、テレビを見たりすると、じつに変な気分になる。実際に街で見る現実と、報道とが遊離しているのである。いまだにそれが続いている。ところが、急に、高雄事件の報道を解禁したのである。テレビ局は三局とも、朝から晩まで、高雄事件のニュース映像で埋め尽くされていた。

一九七九年の『美麗島』高雄事件とは、『美麗島』という雑誌の発行部数が伸びたために、国民党の特務が恐れて起こした事件である。蔣経国が総統になってから、それまであまり台湾人を締め付け過ぎたからというので、新しい雑誌の発行をいっさい禁止していたのを、登録するだけで発行できるようにした。これが一九七九年三月で、それを機に発刊されたのが『美麗島』である。美麗島は、台湾を意味するFormosaの訳である。これが台湾で発行された最初の政治雑誌の一つであった。

これが猛烈な勢いで部数を伸ばした。当時の台湾の人口が一千七百万人であるにもかかわらず、『美麗島』の発行部数は十万部に達していた。ほとんどだれもが読んでいると言えるような部数である。主筆・発行人の黄信介《こうしんかい》は、台湾人の国民党外の立法委員（のちに民進党主席）である。彼は部数を伸ばすために、たいへん巧みな戦術を考えた。郵便で雑誌を発送すると、途中で半分はなくなってしまう。郵便局も国民党がコントロールしていたからで、どこにも届かない、どこに行っても買えないということになる。それで、地方都市にサービス・センターをつくって直接売ることにしたのである。台北では締め付けが厳しかったが、中部・南部の農村地帯では爆発的な売れ行きとなり、だれでも『美麗島』を読んでいるような状態であった。『美麗島』は国民政府の数十年にわたる悪政を糾弾した。国民政府は腐敗し切っていたので、横領や不正融資は日常茶飯事であった。警察自体の犯罪も至るところで起こっており、信用できなかった。それで本当のことが書いてある雑誌として、爆発的に発行部数を伸ばしていったのである。それを国民党の右派が恐怖した。

この事件は、台湾警備総司令部――二・二八事件のときにできた台湾人を監視する機関――が企んだものである。当時、十二月十日の世界人権デーに『美麗島』グループが高雄の街の公園で演説会をやることになっていた。しかし、あらかじめ許可が出ていたのに、当日になって警察がだめだと言ったのである。黄信介立法委員が交渉して、結局、許可されることになった（編集部注―事前許可を得ていなかったという説もある）。

ところが公園に行ってみると、入口を警察が固めていて入ることができない。そこで急遽《きゅうきょ》、場所を高雄の目抜き通りに移した。これは最初から計画されていたらしいが、演説が終わり散会したら、突然、四方の道から完全武装の警官隊が押し寄せてきて、解散しようとしていた群衆を目抜き通りの真ん中に追い詰めてしまった。警官隊の先頭には、暴動鎮圧車が数十台あった。だいたい台湾人のそういう運動は平和的で暴力を振るうことはないのであるが、このときに限って、見慣れない、台湾語を話さない壮漢が五人、十人と組になって、群衆のそこかしこにいた。彼らが「ヤレ！」と叫んで、警官隊に殴りかかったのである。

それが合図であった。警官隊が群衆に殴りかかって、たちまちに阿鼻叫喚《あびきょうかん》の巷ができた。たいへんな流血の惨事であった。死者は出なかったが、警官の負傷者だけで百五十数名と言われる大事件になった。警察の発表では民衆には一人の負傷者もなかったというが、そんなはずはない。美麗島社の調査では、五百人以上の負傷者が出たということである。

これは明らかに、二・二八事件の再現を狙った陰謀である。『美麗島』の黄信介社長以下は、みんなそのまま帰宅したが、数日して、大検挙が始まった。『美麗島』の関係者だけではなく、何も関係がなくても、国民党員ではない台湾人のおもだった人間が、八十人以上連行されて拘留された。これによって結局、黄信介は懲役十四年という重い判決を受けた。当時は戒厳令下であるから、軍事法廷で裁かれたのである。

皮肉なことに、その間の二・二八事件の記念日に、逮捕された一人、林義雄《りんぎゆう》という人の留守宅で、年老いた母親と幼い双子の娘が刺し殺され、その上の娘が重傷を負うという事件が起こった。これは非常に不思議な事件である。叛乱罪で裁判が行なわれている大事件の被告の留守宅は、二十四時間体制で警察が監視している。しかも、犯行が起こったのは正午から午後一時までの日中であるにもかかわらず、まったく手がかりがない。それで、警察の捜査も打ち切られた。実際には警官がやったに決まっている。二・二八事件の記念日に、見せしめとして台湾人を恐怖に陥れようとしたのである。

李登輝総統を助ける民進党

今の台湾の情勢は非常に興味深く、国民党のなかが、主流派と反主流派の二つにはっきりと分かれている。主流派は李登輝派であり、反主流派を代表するのが郝柏村、李煥、蔣緯国の三人である。この二派が、台湾の国民党のなかで真っ向から対立している。

そのほかに、民主進歩党がある。民主進歩党は一九九一年末の選挙で二三・九パーセントしか得票できなかった。これは前述したように、『美麗島』事件のニュース映像が、次々に流されたために、台湾人が恐怖心を抱いたからである。ところが、昨年(一九九二)十二月の立法委員選挙では、民進党が躍進して三六パーセントを得票した。これで完全に、民進党が立法院のキャスティング・ボートを握ることになった。

しかも、国民党は内部で分裂している。主流派の李登輝派と民進党は、じつはしっかりと提携している。いまや李登輝総統のところに、民進党の幹部が自由に出入りできる。李登輝総統自身も、民進党の幹部の自宅を訪問するほどだ。昨年までは考えられないような情勢になっている。そして総統は、党内での闘争のために、どういう手を打ったらいいか、常時、民進党に個人的に助言を求めている。

私の友人などは、「先日も、草案を徹夜で書いて持っていった。ところがあまり急いだもので、コピーをとるのを忘れて、そのまま渡してしまった。帰ってきてから、記憶をたどって再構成しなければならなかった」と私に語った。

つまり、国民党主席の李登輝総統が、民進党の力を当てにするようになったのである。

もう一つ興味深いことは、国民党内部でも、国民党に忠実だった少壮官僚が、「自分の上の局長クラスに頭の古い保守派が居座っていて、それが無能でどうしようもない。彼らをなんとかするためにお願いします」と言って、民進党に情報を提供し、見返りに民進党系の新聞で叩いてもらうことが、いまや大流行であるという。その最たるものは、今年一月末の郝柏村行政院長の辞任である。ずいぶん長いあいだにわたって、李登輝総統と郝柏村行政院長との対決が続き、決着がつかなかった。総統が、「行政院長を罷免《ひめん》する」と言い渡したが、行政院長は憲法には明確な規定がないことを盾にとって、辞任しない。どういうことかというと、一九四六年につくられた中華民国憲法では、当時、総統になるのは蔣介石に決まっていた。蔣介石があまり強権を振るい過ぎるといけないので、牽制《けんせい》する意味で、「総統の命令は、行政院長の副署がなければ発効しない」という規定を入れておいたのである。それを持ち出して、「総統が行政院長を罷免すると命令しても、行政院長が副署しなければ、発効しない」というのである。ずいぶん乱暴な理屈である。

結局、私の親友である民進党の幹部、鄭欽仁《ていきんじん》が、『台湾公論報』という新聞に激烈な論説を書いて、郝柏村をファシストと非難し、憲法の理念に従って辞職せよと迫った。それが一月二十九日に出た。翌日、郝柏村行政院長は辞職した。民進党が李登輝を助けた一例である。

こうなると、決め手になるのは軍である。李煥国民党秘書長は、李登輝に近づこうとする軍の将官を次々に退職させていった。李登輝が軍に手をつけられないようにしようとしたのである。ところが、今年になってから、李登輝が私の友人に、「軍はだいたい掌握した。もう大丈夫だ。軍のクーデターはありえない」と告げたという。ただし、どうしたかは、言わなかったそうである。

最後に残るのは、国民党中央常務委員会委員である。今年十二月に地方選挙が予定されている。この地方選挙で、民進党は五〇パーセント以上取ってみせると、自信満々である。地方選挙では、伝統的に民進党が強い。国民党はいつも劣勢である。しかも国民党から当選した地方の首長も、ほとんどが台湾人である。外省人の地方首長はほとんど残っていない。したがって、今度は民進党の圧勝に終わるであろうと言われている。

その前に、国民党の第十四回全国代表大会（十四全大会）が開かれる。十三全大会が今から八年ほど前に開かれたので、久しぶりの党大会である。ここで中央委員会が改選される。それに従って、中央常務委員会も改選される。

今、民進党は国民党批判を差し控えている。なぜかというと、民進党が国民党を批判すると、すべて李登輝総統の責任になってしまう。そうすると、国民党のなかの非主流派、つまり保守派の思うつぼだからである。

一つの中国、一つの台湾

国民党の十四全大会で、新しい世代が勝つという見込みが、しだいに立ってきた。これは何を意味するのかというと、明らかに台湾独立である。これは、今後のアジアの政局を全面的に変えると思われる要素である。つまり、民進党はもともと台湾独立、台湾共和国の樹立を党是《とうぜ》としている。いまやどこの選挙でも、中南部では台湾独立を訴えない候補者は当選できない状態である。国民党員でも、そうなっている。数年前までは考えられない状況である。

今年（一九九三）四月に、李登輝総統は任期六年のうち、前半の三年が終わった。郝柏村が辞めて、台湾人の連戦《れんせん》が行政院長になった。そこで李登輝は演説して、「次の中華民国の目標は国連再加盟だ」と言った。つまり李登輝は尻尾を摑《つか》まれないように、はっきりとは言わないが、暗々裏に民進党の主張に同調しているのである。そしてリパブリック・オブ・タイワンに変われば、まったく新しい国家として、百七十何番目かの国連加盟国になる可能性が出てくる。

じつは、民進党はすでに、膨大な資金を動かせる立場にある。民進党が演説会をすると、ふつう一枚千元で食事券を出す。一元が日本円で五円なので、五千円となるが、台湾の物価から考えると、一万円くらいの感覚である。それで夕食会に参加して、料理を食べながら演説を聴くパーティーを開く。どこでどういう会を開いても、すぐ満員になる盛況ぶりで、切符はすぐ売り切れて会場は満杯になる。

先日、南部であったパーティーでは、一千二百五十テーブルを用意した。一テーブル十人〜十二人座れるから、一万五千人近い人が参加したことになる。それでも足りなくて、弁当をとりあえず一千食調達したが、演説をする側には回ってこず、空腹だったという。壇上から見たら、こんな大群衆は見たこともない、ともかく会場の奥が見えないくらい、ぎっしり人が集まって演説を聴く、という状況だったという。

国民党のコントロールしているテレビでは、いっさいそういう演説会を中継しないが、いまや台中や高雄ではケーブル・テレビが普及し始め、すでに数千世帯が持っている。これは選挙になると、野党の候補者の演説を昼夜ぶっ通しで中継する。またビデオが普及したので、演説の模様を映したビデオを販売する。これも非常に効果がある。企業も、国民党がこれまでどおり寄付を要求するとうるさいから出すが、かならず同時に、民進党にもお金が回ってくる。したがって、民進党は資金が非常に潤沢になった。

今、民進党は「本土化」ということをやっている。「本土化」は「台湾化」に等しい言葉である。それには二つの内容があり、一つは、「台湾が台湾たる所以《ゆえん》は原住民がいるからだ」ということで、原住民すなわち高砂族を重視している。これまで高砂族は、日本時代にも国民政府時代にも、余計者扱いされて、あまり重んじられなかった。民進党は党是のなかに、「原住民の利益擁護」を打ち出したのである。そして高砂語を文字として教育し、環境問題にも取り組んでいる。

もう一つは、福建語と客家語を漢字で書く試みを行なっている。福建語も客家語も漢字では書けない。漢字にない言葉が多過ぎるからだ。これまで台湾人も、意見を発表するときには中国語でするしかなかった。それでは、結局「本土化」「台湾化」にはならない。中国語をいつまでも国語にしておくわけにはゆかないということで、台湾語をつくり出そうと、新しい漢字をいろいろ発明して当てて、台湾語を書く試みをしている。また各大学に、台湾に関する教科を開設する運動が起こっている。実際に設置したところもある。つまり、シナ史ではなく台湾史である。今までの歴史のなかでは、台湾はシナ史の一部としてしか出てこず、ほとんど何も教えられていなかった。

台湾史の教科書をつくる。台湾語教育ということで、客家語や福建語で読み書きする運動を行なう。高砂文化を大事に保存し、発展させる。これらの運動は「われわれは台湾人であって、中国人ではない」ということである。これを「一中一台」と言う。一つの中国と一つの台湾という意味である。

今まで、国民党の公式の立場は、「中国は一つ」ということであった。これは大陸の共産党もそう言っている。台湾海峡の両側の住民は同じ中国人であり、台湾も中国の一部ということである。

ただ争点となっていたのは、北京の中華人民共和国政府が正統の中国の政府なのか、台北の中華民国政府が正統の中国の政府なのかという一点だけであった。台湾が中国の一部であり、台湾人が中国人であることは、共産党も国民党もまったく意見が一致している。

ところが、アメリカは以前から、「台湾は台湾人民のものである」と言っている。台湾人民とは「現に台湾に住んでいる人」という意味である。そこが微妙に違うところである。

「一中一台」では、中国は中国、台湾は台湾となる。「われわれは台湾人である」というのは、本省人、つまり一九四五年以前から台湾に住んできた人たちが言い出しているだけではない。いまや外省人、つまり蔣介石といっしょに大陸から逃げてきた人たちのあいだにも、台湾独立運動が起こっている。世代が代わって、ほとんどが台湾で生まれたか、育った世代になっているからである。

もっとも目立った例として、ヴェネチア映画祭で金獅子賞を受賞した侯孝賢《こうこうけん》監督の映画「悲情城《ひじょうじょう》市」がある。昭和天皇の終戦の詔勅の放送が流れているシーンから始まる映画で、基隆（キールン）の街外れのヤクザの一家を描いた作品である。侯孝賢監督は外省人である。しかし、彼の描く世界は、完全に台湾人の世界であり、日本語が自由に飛び交う世界である。

心配は、中国の武力侵攻

そういう人たちが出てきて、「われわれは台湾人である。台湾は台湾人のものである」と言い出して、いまやそれが滔々たる勢いになってきている。このまま行くと台湾共和国ができてしまう。そうなったら、どういう影響を中国、日本、アメリカに及ぼすか、たいへん興味深い。

アメリカは、台湾人が自分で決断したことならば支持するだろう。ただ、今のクリントン政権は定見がないので、国務省がそう思っても、大統領がどう決断するかはわからない。

第二に、中国は猛烈に反対するであろう。今、台湾の人がいちばん心配しているのは、中国が武力をもって台湾を征服することである。

もう一つの心配は、台湾内部の国民党右派、つまり非主流派が北京と話をつけたがっていることである。蔣緯国はつい先頃アメリカに行って、ニューヨークで中華人民共和国の国連代表部と接触している。これは秘密だったが、ばれないはずがない。彼が帰ってきて、李登輝総統にアメリカ旅行の報告に行ったところ、李登輝は面と向かって、「君はアメリカで悪いことをしただろう」と難詰したという。いまや国民党右派は、共産党と提携することに非常に熱心である。つまり台湾人が恐いからである。蔣緯国がニューヨークで話したことは、要するに、台湾をそっくりそのまま中国共産党に売り渡す算段だったであろう。

中国は今、見た目は猛烈に経済成長を遂げているように見えるが、これはトリックであり、じつは非常に弱体化している。インフレがあり、農民が流動化している。四川《しせん》では暴動も起こった。インフラに投資がまったくなく、完全にバブルである。国策として、国家機関に属する人たちが、自分で勝手に金儲けすることが奨励されている。その結果、官庁の事務はことごとく滞って、ふつうの行政サービスが受けられなくなっている。国家がぼろぼろになっているということである。

「開放経済」とは、みんなで金儲けしようということなのである。ふつうわれわれ日本人が考えると、資本主義開放経済ということになる。ところが中国ではそうではない。中国共産党が開放経済と言う場合は、みんなが勝手に金儲けすることを公認したことを意味する。表面上、猛烈な勢いでGNPが伸びているように見えるが、ほとんどが香港、あるいは香港経由で台湾の資本が入っているからである。また沿海各省のキャッチボールであり、いわば花見酒経済である。このまま行くとインフレが進んで、たいへんな事態になる。中国大陸は弱体化しているのである。

また、最近、中国は大軍区、複数の省を管轄する大規模な軍事組織を解体して、各省ごとの小さな軍事組織に再編した。これは明らかに、江沢民《こうたくみん》・李鵬《りほう》体制を維持するために、軍の力をそぐことを意図している。その結果、軍の力はたしかに落ちた。南沙諸島への進出など、別の要素もあるが、大軍区の解体は軍の力を弱め、懐柔する政策の表われである。

前述した辜振甫《こしんほ》と汪道涵《おうどうかん》のシンガポールにおける会談について、日本の新聞は、これでいよいよ台湾と中国がいっしょになる、という受け取り方をしたが、実際の意味はまったく正反対である。まず場所がシンガポールだったということが重要だ。シンガポールは、いわばリー・クワンユーの王国である。七五~八〇パーセントを華人が占める国家である。しかも世界中が注目する場で、双方の公式代表が、対等に接触した点に意義がある。

これまで鄧小平《とうしょうへい》は、台湾に呼びかけるにあたって、けっして台湾を対等に扱ってこなかった。つまり中国の一地方政府として「一国両制」、つまり台湾省では資本主義、大陸では共産主義という体制を継続しようということであった。つまり中華人民共和国の一省として、自治を認めるという立場だった。ところがシンガポール会談では、初めて対等の立場であることを認めたのである。これは、台湾の独立を尊重するというジェスチャーである。

これで、中国が台湾を一方的に併合する可能性はなくなったと、私は考える。しかし、国民党右派、蔣緯国の陰謀がどうなるかに関しては、まだわからない。

台湾共和国ができたら、おそらく初代の大統領には李登輝がなるだろう。民進党も、李登輝以外に代わる人はいないと言っている。李登輝が大統領になってくれさえすれば、台湾は幸せになると、ふつうの主婦ですら言っている。したがって、国民党右派が勢力を復活することはないと考えられる。

ただ一つだけ心配なことがある。中国大陸からの密航者が、近年飛躍的に増加しているのだ。捕まって送還されただけでも、数千人にのぼっている。夜のうちに老朽船でこぎ着けて、海岸の林のなかに駆け込んで隠れるという手口で入ってくる。密入国に成功した者は、五千人以上だろうと言われている。懸念されるのは、密航者のかなりの部分が、人民解放軍の兵士ではないかと言われていることである。さらに、大陸から漁船に乗せて密輸される武器の量が、飛躍的に増えている。一個連隊分の火力が充分なくらい武器が密輸されている。したがって、北京からの命令一下、武器を持って決起する懸念がないわけではない。しかし、日に日にその可能性は低くなっていると思われる。

結論──最も親日的な国に対する日本の立場

台湾共和国ができたら日本はどうすべきか。日本はサンフランシスコ平和条約の結果、台湾の帰属について発言できない立場である。また日中国交樹立の結果、台湾とは国交がなくなり、日本政府の公式見解は、「台湾は中国の一部である」ということである。この見解は、今の国民党、共産党、双方の主張とも一致する。

ところが中国大陸のほうが「台湾は中国の一部である」と主張し続けても、台湾人が「自分たちは中国人ではない」と言い出したらどうするのか。国連に加入したいと申し出た場合、日本はどういう立場をとるのか。よほど覚悟して取り組まなければならない。

台湾独立の実現、これはほとんど既定路線を走っているようなものであり、李登輝の残り三年の任期のうちに具体化すると考える。そのとき、日本はいったいどうするのか。日中関係も見直さなければならない。

台湾で非常に心を打たれるのは、日本語が猛烈な勢いで息を吹き返していることである。台湾人が会話に日本語を使うことがふつうになった。長いあいだ台湾人は、公衆のなかでは、日本語はもちろん台湾語も使わないように気をつけていた。なぜなら、叛逆者と見なされて過酷な弾圧を受けるからである。ところが、今では台湾語を大声で話すし、そのなかに日本語を混ぜるのがふつうになってきた。日本語ができることを若い人たちは誇りにして、堂々と話すようになってきた。

そして、国民党の統治下にあって、台湾では芸術と美しいものが弾圧されてきたが、いまや台湾人はむかしの穏やかな心を取り戻したと言っている。何が戻ってきたかというと、茶道、華道と日本語の練習である。何もかも日本調である。つまり中国色を払拭して本土化を進めるという場合の本土化とは、じつは日本化なのである。五十年の日本の遺産は、それほど根深いのである。

台湾共和国ができると、世界でもっとも親日的な国ができることになる。そのときに、日本はどういう立場をとるのか。われわれは考えておく必要がある。

高揚する「一つの中国、一つの台湾」論

新党の結成

昨年（一九九三）夏から、今年正月までの台湾情勢を分析し、一九九三年十二月十日付で台湾の複数の民間団体が連名で発表した「両国両制、和平共存——台湾人民の台湾と中国との関係に対する基本主張」の内容を紹介しながら、今後の台湾情勢について、私の見通しを示したい。

一九九三年八月に、台湾を統治している中国国民党の第十四回全国代表大会が開催された。十一月の統一地方首長選挙の前、秋頃に開催されるだろうという話だったが、実際には八月に繰り上げて召集された。

それに一週間先立つ八月十日に、台北で約三十人の人々が、国民党を脱党して新しい政党の設立を宣言した。趙少康《ちょうしょうこう》という若い立法委員が新党の代表である。立法委員とは、台湾における国会にあ

たる立法院（国会には二種あり、そのうちの立法機関）の代議士である。今回脱党した三十人のなかには、六人の立法委員が含まれている。いずれも旧国民党員であり、新しく結成した党の名称を、「新党」とした。これは明らかに細川護熙《ほそかわもりひろ》の「日本新党」を意識している。

新党は、李登輝《りとうき》総統が主席である国民党の腐敗を糾弾するという姿勢をとっている。もっとも、この立法委員六人は、いずれもいわゆる外省人《がいしょうじん》、つまり一九四九年に国民党政府が大陸を追われて台湾に逃げてきたときに、いっしょに渡ってきた人たち、あるいは台湾に渡ってきた両親から生まれた人たちである。この脱党騒ぎの背景には、現在の中国国民党が急速に変質していることがある。

国民党政府が逃げてきてから、すでに四十数年が経っている。一九四六年に中華民国憲法が南京《ナンキン》でつくられ、翌年中華民国政府が組織されたが、当時からの国民党員はしだいに死んで少なくなってきた。それに代わって新たに入党する国民党員は、その人たちの子供の世代、すなわち、台湾で少年時代から育った人、あるいは台湾に来てから生まれた人たちである。さらにそれよりも多いのが、台湾出身の台湾人の国民党員である。

李登輝自身も、台湾出身の台湾人である。戦前に京都帝国大学に入学し、戦後、台北帝国大学の後身である国立台湾大学に編入して卒業した人で、日本時代の教育を受けた紳士である。そういう人が、蔣介石《しょうかいせき》の息子の蔣経国《しょうけいこく》の死後、総統に昇進してから、堰《せき》を切ったように国民党の台湾化を進めている。これによって、台湾人が次々にいろいろなレベルに進出するという現象が起こっている。

秋に予定されていた第十四回全国代表大会では、まず国民党の中央委員の改選が行なわれることになっていた。改選すると、台湾人の李登輝総統の勢力がいちだんと強くなる。国民党の李登輝派のことを主流派と言い、外省人、つまりもとからの国民党員の一派を非主流派と言う。非主流派が本当に少数派に追い落とされることは明白であった。八月に国民党大会が開かれることになったとき、この趙少康ら六名の立法委員が、国民党を割って出た。

ただし、国民党にとって、これはたいした問題ではなかった。少なくとも李登輝の主流派にとっては、うるさい外省人系が党外に出てくれたと言える。それよりも問題は、国民党の中央常務委員会に巣くっている外省人、つまり本来の蔣介石系の国民党の高級幹部が、この新党結成にどう反応するかということであった。彼らが呼応すれば、国民党の分裂という事態になる。結局、国民党の元老たちは一人も新党には呼応しなかった。

なぜかというと、中国国民党は一九四九年以来、台湾のあらゆる利権をすべて独占してきた。台湾の富は、すなわち国民党のものである。ソ連におけるソ連共産党、中華人民共和国における中国共産党のごとく、国民党員は国家と党の区別がない人たちなので、国民党を割って外に出ると、不利なことばかりであることを理解していたのである。出たとたんに衣食の道が断たれることが、明々白々である。結局、若手の立法委員六人のほかには、呼応する動きは出なかった。

国民党第十四回大会

離党事件に国民党の元老が呼応しなかったことで、勝負はついていた。八月十六日から、第十四回全国代表大会が始まり、かねて予想されていたとおり、李登輝が国民党中央委員会主席に再選された。

これまで、国民党中央委員会には、副主席という役職はなかった。しかし、新党結成の余波であるが、今後の党運営のために、李登輝は、非主流派をあまり冷遇すべきではない、と思ったのだろう。副主席という役職をつくって、これに非主流派の中心人物、前行政院長（総理大臣）の郝柏村《かくはくそん》を充てる案を提出した。

この案は李登輝派、つまり主流派から提出された。ところが、李登輝派のなかにもいろいろな潮流があり、そのなかでも急進的な台湾化グループが騒ぎ出した。

この郝柏村は、国防部参謀総長、国防相を経験した最古参の軍人であり、考えが非常に古くて頑固で、台湾内部のことしか見えないという評判の人である。そういう人を副主席にして、何かのときに李登輝の妨害をされては困るということで、副主席を置くかどうか、党大会の投票にかけられることになった。すると、党規約の改正に必要な三分の二以上の賛成が得られず、否決された。

そこで、李登輝は発言を求めて、「今は党内の結束がもっとも重要である。そのためには副主席を置く必要がある。私は四人の副主席を置こうと思う。賛成の人は拍手してくれ」と提案し、超規約的手続きであるが、拍手多数で副主席四名を置くことを強引に通してしまった。

第一副主席は副総統の李元簇《りげんぞく》。この人は湖南《こなん》省の人、つまり外省人だが、李登輝に忠実だと評判の人物である。第二副主席が問題の郝柏村。この人は今（一九九四年）、総統府顧問である。第三副主席は、司法院長（最高裁判所長官）の林洋港《りんようこう》。この人は非主流派と言うべきか、中間派と言うべきか、微妙な立場にある。台湾人でもっとも高い地位に昇った人で、李登輝よりも一足先に、台北市長、台湾省主席を経験している。またこの人は、李登輝が一九九〇年に総統に再選されたとき、郝柏村ら国民党の古参が中心となってクーデターを計画し、李登輝を追放して代わりに擁立しようとした人物である。林洋港には、そのときに総統の地位に興味を示し、推薦されれば受けると言明した前科がある。したがって、この人は本省人《ほんしょうじん》ではあるが、非主流派に分類しなければならない。第四副主席が、行政院長の連戦《れんせん》である。祖父が連雅堂《れんがどう》という有名な詩人で、日本時代に台湾史を初めて書いた人として有名である。ただし、連戦は台湾生まれではなく、陝西《せんせい》省西安《せいあん》の生まれである。その点が微妙だが、戸籍の上では台湾人である。この人も李登輝総統に忠実な人とされている。

このように非主流派から二名、主流派から二名、計四名の副主席を選んだのである。

「中国国民党」から「台湾国民党」へ

党大会が終わったあと、中央委員会委員が選出された。新たに選出された中央委員は八割が主流派の台湾人である。これでもまだ台湾人の占める割合は低い。というのも、台湾の人口は二千百万人で、その一割が外省人とされている。したがって、中央委員の九割が台湾人でもよいのだが、まだ八割である。それにしても、圧倒的に台湾人が優勢となり、主流派の勢いが強まった。

これをもとに、党大会閉会の翌々日から開かれた中央委員会第一回全体会議で、中央常務委員三十一名が選出された。中央常務委員会は国民党の組織であるが、事実上台湾の政治を動かす本当の権力中枢である。この党大会までの中国国民党の中央委員会は、非主流派の外省人の元老たちが圧倒的な力を握っていて、李登輝が台湾の前途に関して新しい政策をとろうとするたびに、妨害をしていた。

今度は、李登輝が勢いに乗って中央常務委員を改選し、結局そのうち二十六名が主流派、つまり李登輝派であり、非主流派は二名だけになってしまった。この非主流派二名のうち一名は、国民党中央委員会の秘書長の李煥《りかん》であり、一九九〇年に李登輝を追い落として林洋港を擁立しようとした張本人である。もう一人は関中《かんちゅう》という人である。そして残りの三名が中間派である。これによって、李登輝は完全に国民党を掌握すると同時に、中国国民党が実質的に台湾国民党になった。

このような劇的な変化が一九九三年八月に起こった。

「一つの中国」から「二つの中国」へ

この動きを北京《ペキン》は注意深く見ていたのだと思う。八月三十一日に北京の国務院は「台湾問題と中国の統一」と題する白書を発表した。その内容については後述するが、表面上は、以下のように記している。

台湾は歴史的に見て、中国の固有の領土である。台湾は、中国がつねに統治し、主権を行使してきた。しかも、いまや世界の百五十七カ国が中国と国交を結ぶにあたって、台湾は中国の一部であると承認している（この部分には問題がある）。また統一の方策として、「一国両制」（一つの国家で二つの制度）、つまり、台湾を中国に統一しても、中国大陸は社会主義制度、台湾は中国の一部として、そこでは資本主義制度を行なう。さらに台湾には、地方軍として軍隊の保有を認める。そういう基本的な原則のもとで、大陸と台湾のあいだの人間の往来、物資の流通、郵便の交換など、いわゆる「三通」を実施しよう、と。

結論から言うと、この報告書は、台湾統一は不可能だと、暗々裏に示している。

それから一九九三年の秋になって、APEC《エイペック》(アジア太平洋経済協力閣僚会議)がシアトルで開催された。このAPECは、日本の通産省が提唱してつくった組織である。これまでアメリカは、APECに対して猜疑《さいぎ》の目を持って見ていた。日本が大東亜共栄圏の再現を企んでいる、アメリカの極東における影響力削減を狙っている、というわけである。マレーシアのマハティール首相が、アメリカよりも日本のほうが大事だ、などと言ったりしたように、アメリカにそう思わせるだけの理由もあった。

クリントン大統領が就任すると、APECをアメリカのアジア・太平洋地域に対する経済政策の窓口として注目するようになり、このたびアメリカのシアトルで開催することになった。そこで問題となったのは、台湾がだれを代表にするかということであった。台湾はメンバーなので、参加を拒否することはできない。このあたりが微妙なところだったが、北京からは中国代表として江沢民《こうたくみん》総書記・国家主席が出席することになった。クリントンの考えは、国際会議であるので、うまくゆけば李登輝総統を代表として参加させることが可能ではないか、ということだったと思われる。もちろん、北京は、それでは江沢民は出席しない、と猛烈に反対した。それではなんにもならない。

そこで結局、クリントン大統領は李登輝総統に正式の招待状を出しておいて、陰で出席を辞退するように働きかけた。これによってアメリカは、両方に正式に招待状を出すという実績をつくったのである。台北はみずからの考えで、総統は出席できないからと、蕭万長《しょうまんちょう》経済建設委員会主任（経済建設委員会は行政院のなかにあり、主任は閣僚クラス）を派遣した。結局、ＡＰＥＣには何も実質的な成果はなかった。しかし、見方を変えると、アメリカのシアトルで開かれ、北京と台北の両方の代表が参加したこと自体に意味があった。

ＡＰＥＣでは、蕭万長主任がクリントン大統領に個別の会談を申し入れた。当然、それはできないということで断ったが、レセプションのときに江沢民総書記とクリントン大統領が握手をしたあとで、蕭万長がクリントンに歩み寄って挨拶して、李登輝総統の親書を江沢民の目の前で手渡したのである。そしてクリントンはそれを受け取った。アメリカと台湾は、できる限界のところまでやったのである。これが十一月十八日から二十日にかけてのことである。

ＡＰＥＣの会議が終了した後、シアトルで江沢民は記者会見を開いて、珍しく率直に話をした。そのなかで、台湾は中華人民共和国の一つの省であると、わざわざ言った。台湾問題は中国の国内問題であるという、いつもの主張である。

そのすぐあとで、今度は台湾代表団の江丙坤《こうへいこん》経済部長（通産大臣に当たる）が、江沢民の発言に反駁《はんばく》して、「台湾は中華人民共和国の一省ではない。将来的には一つの中国であるが、当面、中華民国は、台湾海峡を挟んで二つの中国で行く」と発言した。

これはじつに破天荒なことである。これまで中華民国政府は、一貫して一つの中国を主張してきた。

台湾は中国の固有の領土の一部であり、台湾は中国である、同じ中国のなかに二つの政権が対峙《たいじ》しているが、正統の政権は台北に避難している中華民国政府ただ一つである、だから中華民国政府には中国を統一する任務がある、中華人民共和国は叛逆者である、という言い方を通してきた。「二つの中国」は、台湾では禁句であった。それをこともあろうに、閣僚がアメリカで発言したのである。それが十一月二十日のことであった。

不思議なことに、そのとき、北京はまったく反応しなかった。そして一週間後の十一月二十七日に、突然『人民日報』など各紙が、いっせいに江丙坤発言を非難する論説を掲げた。ここに重要な意味がある。似たようなタイムラグは文化大革命当時にもあって、『人民日報』ほか各紙の論調の分析に非常に役立った。

江丙坤発言は二十日の時点では、中国国内でまったく報道されなかった。一週間も経ってから、わざわざキャンペーンを始めたのは、この間に、台湾の中華民国政府が「二つの中国」論をとったということを、中国人民に周知徹底させる必要性を認めたからである。もちろん表面上は、中国は一つであり、二つの中国はけしからん、と非難したのであるが、非難することによって、台湾の動きを大陸全体に知らせたのである。ここでは、なぜ中国人民に周知させたのかが重要である。

台湾の統一地方首長選挙

この十一月二十七日には、いろいろなことが起こった。台湾の統一地方首長選挙が行なわれた。投票率は七〇パーセントを超えた。いかに選挙民の注意を引き付けたかがわかる。その結果は、表面上、以前とほとんどなんの変化もなかった。選挙前は、地方首長のうち国民党員が十五人、民進党員が七人、無所属が一人であったが、選挙後は、国民党員が十五人、民進党員が六人（一人減）、無所属が二人（そのうちの一人は趙少康らがつくった新党の推薦）であった。

この選挙結果を日本の新聞などは、台湾は民進党のような過激な台湾独立論を避け、国民党統治の安全を選んだ、と解説したが、それは当選人数だけを見た分析にすぎない。

得票率の内訳を見ると、国民党が四七・三パーセントに下がっている。過半数を割ったのである。同時に、民進党が四一・二パーセントを獲得して、得票率ではほとんど差がなくなった。一年前の一九九二年十二月に行なわれた立法委員選挙の民進党の得票率、三六パーセントと比べても、躍進したことがわかる。しかし、民進党の許信良《きょしんりょう》主席は、過半数を獲得できなかったら辞任する、と言っていたので、責任をとって辞任した。ただ、民進党が負けたわけではなかった。

むしろ、なぜ国民党が四七・三パーセントも得票できたかのほうが重要である。それは、李登輝総統が自分で地方を遊説して歩いたからである。そして李登輝は、事実上「二つの中国」論を主張したに相違ない。「二つの中国」論とは、国民党が今までの方針を変えて、もはや中国との統一を目指さないということである。そうでなかったら、四七・三パーセントも得票できるはずがない。李登輝総統と国民党主流派は、民進党の主張とほとんど同じところまで歩み寄っているのである。

民進党は、「台湾共和国」樹立による台湾独立路線である。しかし、一昨年の立法委員選挙のときから少しトーン・ダウンして、台湾独立とまでは言わなくなり、「一中一台」つまり「一つの中国、一つの台湾」ということを主張するようになった。これは「二つの中国」とも、「台湾独立」とも微妙に違う。

「二つの中国」と「一中一台」というところで、国民党と民進党が歩み寄っているのである。だからこそ、李登輝がキャンペーンをして、国民党も得票率を大幅に落とさずに済んだ。

事実上、決裂した中英協議――香港《ホンコン》問題

同じ十一月二十七日、台湾問題に切実な影響を与える香港問題に、大きな変化が起こった。かねてから香港のバッテン総督が進めていた、香港の立法制度の民主化案をめぐる問題である。簡単に言うと、一つの選挙区から一つの議席、つまり小選挙区制にし、あわせて香港政庁が任命する議席数を激減させることである。

三年後の一九九七年に迫った香港の中国返還に備えて、その前に香港の民主政治の機構をつくり上げて、香港人が香港を治める「港人治港」というスローガンを実現してしまおうとしている。というのも、返還後五十年間は香港の制度に中国は手をつけない、ということが公約になっているからだ。しかし、中国がそんな公約を守るはずがないことは、イギリス人もわかっている。返還の翌日から、そんなことはすべて無視するに決まっている。その前に、一日でも早く民主政治の機構をつくってしまえば、自由と民主主義を圧殺したのは中国だ、という実績をつくることができるからである。

この実施について、北京とのあいだで香港総督府は粘り強い交渉を続けた。いったん歩み寄るかに見えたものの、結局十一月二十七日に決裂してしまった。もちろん決裂とは表現していないが、今後、協議を再開する予定がない。そこで、バッテン総督はそのまま改正案を、香港の議会に提案してしまった。

ここで注意しなければならないのは、香港問題は鄧小平《とうしょうへい》が一人で管轄しており、中国共産党も中国政府も口を出すことができない、という根強い噂である。今年八月で鄧小平は九十歳になるが、一九九七年の香港返還のときには、いちばん先に自分が香港の土を踏みたいと公言している。歳をとるに従って、焦ってきているらしい。

この中英協議の決裂について、バッテン総督は、なぜこのように妥当な案を拒否するのかわからない、反対するなら理由を公表しろ、と迫った。すると中国側は嘲笑して、理由を言う必要はない、と言った。なぜ理由を言う必要がないのか、じつに奇妙である。要するに、政府関係者も言えないということは、鄧小平がいっさいの妥協を拒否しており、外交担当者は妥協したくてもできない、ということなのだ。

このことは、台湾問題にも直接、関係してくる。香港の民主化案が決裂したあとで、中国側は、こうなった以上、一九九七年の返還の期日にかまっていられなくなるかもしれない、と公言して脅している。鄧小平がその気になったら、今にでも接収するぞ、という恫喝《どうかつ》である。鄧小平が生きているうちに香港を取り返したいのだから、当然といえば当然だ。こういう事態になってくると、台湾と中国のあいだの問題にも、暗い影を投げかけることになる。鄧小平が急ぐのもわかるが、鄧小平はなぜ香港にそんなに固執するのか。鄧小平の地位と、香港、台湾との関係が密接に繫がっているからである。このことについては、結論で述べる。

台北で開かれた実務協議の決裂

昨年（一九九三）四月に、シンガポールで、台湾側の窓口である海峡交流基金会理事長の辜振甫《こしんほ》と、大陸側の窓口である海峡両岸関係協会会長の汪道涵《おうどうかん》が会談して、初めて台北と北京とのあいだで直接交渉を行なうチャンネルが開け、海峡交流基金会と海峡両岸関係協会のあいだで実務協議を行なうことになった。

第一回の実務協議は八月に北京で、第二回は十一月に廈門《アモイ》で開催された。そして第三回の実務協議が台北で行なわれたが、決裂してしまった。

台湾側は、政治的な問題については交渉しないと、前もって念を押していたが、北京側はもちろんそんなことには拘束されない。あらかじめ決まっていた議題は三つあった。

第一に、密航中国人をどういう手続きで送還するか、ということである。数千人という単位で、台湾海峡を渡って台湾に潜入してくる中国人が増加している。彼らを捕まえしだい追い返しているが、その問題である。

第二に、台湾と中国の漁船の安全操業問題である。同じ漁場で操業しているので、常時衝突が起こっている。

第三が、ハイジャック犯の取り扱いである。昨年、ハイジャックされて大陸から台湾に飛んできた航空機は、たいへんな数にのぼった。東北を初め、あらゆるところから国内線の旅客機がハイジャックされて台北に到着した。少なくとも毎月一回はあった。平均で九日に一回、多いときには月に五回くらい続けてハイジャックがあった。この管轄権が、じつは重大な問題であった。台湾はこの機会をとらえて、大陸と対等の国家としての実質を獲得しようと狙っているのである。それで、ハイジャック防止条約に基づいて、台湾で裁判を行ない処罰しようとしている。それは中国側からすると、中国の一地方政府にすぎない中華民国政府の越権行為だということになる。したがって、有無を言わさず送還して、大陸で裁判にかけなくてはならない。百歩譲って台湾で裁判をしても、服役するのは中国に送還されてからにするというのが、中国側の絶対に譲れない主張である。

ところが台湾側は、こんなにハイジャックが頻発するのはおかしい、と疑っている。中国側の安全管理に問題があるか、あるいはすべてヤラセである疑いがある、と台湾の国防部長が立法院で答弁している。いろいろな方角から、いろいろな機種の航空機が、さまざまな経路を通って台湾に侵入してくるのは、台湾の防空体制を試している可能性がある、というのである。あるいは台湾側の、ためにする宣伝かもしれない。結局、このハイジャックに関することで、台北で初めて開かれた第三回の実務協議が決裂してしまった。

同時に台湾のいろいろなメディアで、台湾が大陸で行なっている投資の安全性について、さまざまな暗い話が流布し始めた。投資関連の労働問題が、大陸では非常に起こりやすいのである。

もちろん、台湾側にも問題がある。台湾人もある意味では中国人なので、大陸に投資する場合、日本人のように立派な設備をつくり、五年、十年かけて技術が根付くようにして、十年以内に黒字になればいい、というような調子ではない。台湾人が大陸に投資するときは、パッと出ていって、簡単な工場を建てて安い機械を置き、非熟練労働者を極端に安い賃金で一日十六時間くらい働かせて、一年以内に利潤をあげる、というやり方だ。そして、すぐに引き上げてしまう。

中国に投資されている外資の八〇パーセントは、香港と台湾の資本だと言われている。そのうち台湾資本は、実際には香港経由で投資されているのがほとんどだ。ところが、どういうことになっているのか詳細はわからないが、これまでの投資のやり方がうまくゆかなくなり、このまま台湾が大陸に投資し続けると危ない、と中華民国政府は言い出している。

「大陸政策」から「南進政策」へ

そのようななか、十二月三十日から一月五日まで、連戦行政院長が、国交のないマレーシア、シンガポールを訪問した。どこでも国賓待遇で、政府要人と会談して帰ってきた。今朝（一九九四年一月十九日）の新聞によると、二月十日から始まる旧正月に、今度は李登輝総統が、マレーシア、シンガポールだけではなく、インドネシア、フィリピン、タイを加えた東南アジア五カ国を歴訪するという。私的な旅行だと言っているが、もちろん私的であるわけがない。

旅行することが決まったということは、それぞれの国がビザを出したということである。ふつうならば、これらの国々は中華人民共和国と国交があるので、中華民国総統にビザを発給するのは躊躇《ちゆうちよ》するはずだが、いずれの国もすべて受け入れている。

台湾のこうした動きを「南進政策」と言う。今後は「大陸政策」ではなく、「南進政策」を行なう、台湾の将来を大陸に賭けるのは危険だ、これから投資は東南アジア五カ国にする、ということである。国民党政府もそう考えるようになった。台湾はこの五カ国のほか、ベトナムにも投資しようと、機をうかがっている。そういう展開になってきた。

李登輝の今後のプログラム

李登輝総統は、すでに国民党中央委員会全体会議で、任期の六年を繰り上げて総統選挙が実施できる、憲法改正の同意を取り付けている。また総統選挙も、これまでの国民代表大会による間接選挙から、一般の直接選挙に制度が改正されている。

李登輝はあと二年間任期があるが、その前に繰り上げ選挙を行なうつもりだ。可能ならば、今年（一九九四）中に総統選挙を行ないたいのではなかろうか。そうなると、これまでの間接選挙で選ばれた総統と異なり、民主的に選出された本当の民主国家における人民の意思の代表である、と主張できる。このことと「二つの中国」論とはきわめて密接に繋がっている。

昨年の春から、李登輝総統は「国連再加盟」を打ち出している。そのとき、李登輝は総統の任期が三年残っていたので、この三年以内に国連再加盟を実現する、と公約した。今のところ表面上、中華民国は国連の創立国の一員なので、新規加盟ではなくて、復帰しても法規上の問題はない、と称している。問題があるのはわかりきったことであるが、中国的な二枚舌を使っているのである。

「一つの中国」論から「二つの中国」論に切り換えて、しかもその実質は、民進党の言う「一中一台」(「一つの中国、一つの台湾」)という主張に限りなく歩み寄っている。

このようにして李登輝は、新しい国民党を率いて、新しい台湾民衆、つまり台湾で生まれて台湾で育った台湾人の民主的な代表として、国連に加盟を申請しようとしているのである。そして現状では、国連に加盟できないまでも、その前段階として、国際機関のメンバーに加わってゆく、というプログラムを組んでいる。

「両国両制、和平共存」

昨年(一九九三)八月三十一日に北京の国務院が発表した白書「台湾問題と中国の統一」に対して、十二月十日に台湾の民間団体が「両国両制、和平共存」という文書を発表した。これは北京の白書に対する逐条《ちくじょう》反駁という形をとっている。その文書には、台湾教授協会を筆頭に、多くの組織が名を連ねている。そのなかには、外省人台湾独立促進会や台湾原住民族権益促進会など、目新しい組織名もある。

この文書は、導入部分で、「白書は、台湾の併呑に執着する立場に立って、台湾の歴史を改竄《かいざん》し、国際法と国連条約を歪曲し、台湾人民の利益と願望を蔑視して、国際的な耳目を誤導するものである」と指弾して、以下、八章にわたって、「台湾は台湾であって、中国の一部ではない」ことを主張している。

第一章「歴史上の台・中関係」では、清《しん》朝の雍正《ようせい》帝の「台湾は古来、中国に属さず、我が父、康熙《こうき》帝が初めて征服して版図《はんと》に加えたものである」という言葉を引用している。台湾が清朝の領土の一部になったかどうかも問題であるが、ここで重要なことは、清朝はシナではないということである。

欧米人も日本人も混同しているが、清朝は満洲人の国家である。しかも、清朝時代の二百六十数年間を通じて、清朝は一種の連邦であった。満洲、モンゴル、シナ、チベット、新疆《しんきょう》が、連邦を構成する単位である。そして満洲人、漢人、モンゴル人、チベット人、それに新疆のいわゆるウイグル人に、それぞれ適用する別個の法典があり、それに基づき別々に統治されていた。

しかも、漢人が帝国全体の統治に関与したという事実はない。帝国を統治していたのは満洲人である。したがって、日清戦争で日本が戦った相手は清帝国であり、中国ではなかった。日本に割譲される前の清朝時代の台湾は、満洲人の領土であった。つまり日清戦争は、日中戦争ではない。そのことを現在の中国人は故意にぼかしている。

また第一章は、以下の歴史的事実をとくに指摘している。清朝は、漢人の台湾渡航を禁止して、非常に厳しく取り締まっていた。なぜかというと、清朝が台湾に軍事基地を置いたのは、台湾海峡に頻繁に出没する海賊を取り締まるためであり、禁を破って台湾に渡航した漢人はかならず治安を乱す、と考えたからである。清朝は台湾を統治するつもりがまったくなかった。さらに、清朝政府が、漢人の台湾渡航を許可したのは、西郷従道《さいごうつぐみち》が台湾出兵を行なった翌年（一八七五）である。したがって、漢人が台湾に自由に渡航できたのは、下関条約で割譲されるまでの二十年だけである。

結局、台湾が清朝ではなく、大陸の政権に統治されていた時期は、戦後のたった四年しかない。すなわち一九四五年十月二十五日に、国民政府軍が当時の台湾総督・安藤利吉大将から台湾引き渡しを受けたときから、一九四九年に国民党政府が大陸を失って台湾に亡命してくるまでの四年間だけなのである。それ以後、国民党政府は台湾だけを支配してきた。

さらに、この第一章では、台湾人民が、つねに外来勢力に統治されてきたことが強調されている。最初に台湾を開発したのはオランダ人であり、次に清朝に支配され、その後に日本に支配された。日本の支配から解放されたと思ったら、今度は国民党政府に支配された。しかも国民党政府は、植民地を支配する体制によって台湾を支配した。さらに一九四七年に二・二八事件を引き起こして、台湾人民の大虐殺を行なった。

なお、台湾人民の定義も行なっている。第一に、もとから居住していた原住民の高砂族《たかさご》、第二に、大陸から渡来した福建《ふっけん》系の台湾人、第三に、広東《カントン》省東部から渡来した客家《ハッカ》人、第四に、一九四九年に大陸から避難してきた漢人、要するに、今の台湾に住んでいる人々すべてを、台湾人民と定義している。

このような歴史的事実を踏まえ、第二章では「国民党は植民政権の本質を脱しがたい」と指摘している。国民党はアメリカ大統領トルーマンに見放されていたが、アメリカの防衛線がグアム島の線まで後退したあと、朝鮮戦争が起こった。そこで、アメリカは軍事上の必要から台湾海峡に第七艦隊を派遣したのであって、そのとき、アメリカがはっきり言ったように、これは台湾人民の保護のためであり、国民党政府のためではない。しかしながら、国民党政府は台湾人民に基礎を置いていない植民政権にもかかわらず、そのことを覆い隠してマッカーシズムに迎合し、台湾人民を残酷に弾圧した、これが国民党の本質だ、というわけである。

第三章では、「国民党は外交の失敗に最大の責任を負うべきである」と指摘する。というのも、国民党は「一つの中国」論に固執して、自分たちが中国大陸を統治する唯一の政権であり、全世界に散らばっている華僑も含めて、中国人全体の代表である、という主張を貫き通し、一九七一年のニクソン・ショックという大失敗をしたからである。

当時、アメリカは一国両議席とし、中華人民共和国と並んで中華民国の国連における議席を残そうと努力した。ところが、蔣介石が頑固で、断乎として共産党とは同席しないと言い張って、国民党はみすみす国連の議席を失うことになった。その後、世界中の国が北京と国交を樹立しようとするたびに、台北との関係を維持しようと努力したが、そのつど断乎として「一つの中国」論で反対した。そのために結局、現在のような苦境に陥ったと主張する。

第四章では、「われわれは断乎として、中国が台湾に対して提示する『基本方針』に反対する」と主張する。前述したように、中国の白書が提起した基本方針は「一国両制」、つまり一つの国家に二つの制度ということである。これは、台湾は古来、シナの一部であるという間違った前提に基づいて、海峡両岸の人民はいずれも統一を熱望している、という虚構を喧伝《けんでん》しているにすぎず、統一を熱望しているのは国民党であり、台湾人民はいまだかつてそんなことは言っていない、という主張である。

第五章「台湾が国際法上に有すべき地位」では、国連の人権宣言を引用して、国家の領土の保全と人権の保護は、そこに住んでいる人間の意志によって決定されるべきであるので、台湾は事実上、独立した国家であり、台湾人民の意志を無視して台湾の地位を決めることはできない、と主張する。どういうことかというと、中国が白書において、世界百五十七カ国が、台湾は中国の固有の領土の一部だと承認している、と記しているのは、まったくの虚偽だ、ということである。つまり北京が、台湾は自国の領土だ、と主張していることに対して、「承認する recognize」と言った国は一国もなく、すべての国が「留意する take note」と言っているだけである。台湾が中国の固有の領土だと言った国は一つもない。これは事実である。また国連の原則に基づけば、他人が勝手に決めることはできない。

また、この第五章は、以下の点も指摘している。第二次世界大戦の末期、一九四五年当時、台湾の地位について第一に発言権があったのは日本であった。その日本はサンフランシスコ平和条約で、はっきり台湾に対するあらゆる権利を放棄する、と明記している。それと同様に、朝鮮に対するあらゆる権利も放棄する、と記しているが、朝鮮については「日本国は朝鮮の独立を承認し」と明記されている。しかし、台湾の権利をどこが継承するかについては、何も書かれていない。そうすると、自動的に台湾の帰属に関するあらゆる権利は台湾人民に帰属するはずであり、中国には帰属しない、ということになる。

さらにもう一点、第五章は指摘している。国共内戦時代に、中国共産党とは別の組織として、台湾共産党があり、毛沢東《もうたくとう》自身がエドガー・スノウにはっきりと、台湾と朝鮮の人民の独立と民族自決について、われわれは賛成し援助する、と言っている。つまり、毛沢東も台湾を中国の一部だと思っていなかったのである。

日本はすでに台湾に対する権利を放棄したので、今後、帰属について発言する立場にない。しかも、サンフランシスコ平和条約発効の日に調印された、台北とのあいだの日華平和条約でも、台湾の帰属について一言も触れていない。したがってその後、田中角栄首相と大平正芳外相が北京を訪問し、台湾は中国の固有の領土の一部である、と承認しても、日本に、そのことについて発言する権利はもともとなく、国際法上、なんの根拠もない。

第六章「両岸の経済交流が引き起こす危機」は、核心に触れる内容である。ここで突然、高踏的な話から現実的な話になり、台湾海峡を挟んで経済交流を自由化した場合、台湾の市場が破滅することを論じている。第一に、低賃金労働力が大陸から一気に流入してくることは目に見えており、労働賃金が劇的に低下し、労働者の生活水準が下がる。第二に、大陸で生産される安価な商品が台湾市場にあふれ、台湾が世界経済のなかで立ちゆかなくなる、という見通しを示している。したがって、「二つの中国」でもまだ、手ぬるいのである。

第七章では、「独立・民主が台湾のただ一つの活路である」と主張している。台湾が民族自決により、台湾人は台湾人であり、中国人ではない、という決断を下し、民主的な手続きで台湾人の民意を代表した、と世界に向かって言える組織、国家をつくることのみが、唯一の生き残る道である、と説いている。非常に説得力がある。

第八章「台湾には各種の国際組織に加入する充分な資格がある」では、李登輝が提案している国連再加盟を一蹴し、再加盟は不可能であり、中国の議席を二つに分けることができないことは、わかりきった話だ、と指摘する。一方、台湾共和国という名前で新たに加盟を申請すれば、これを拒否する理由を、他の国は表立って言えないだろう、と論じる。台湾はすでに、世界第三位の外貨保有国であり、永年にわたって発展途上国援助を行なってきた実績があり、非常に大きな存在になっているからである。

最後の結語では、以下のように論じている。まず「白書は、繰り返し『中華民族』をスローガンとしているが、『中華民族』という言葉が含意する漢人ショーヴィニズムは、過去においては中華民国漢人政府の統一のために利用され、今日においては中華人民共和国漢人政府の統一のために利用されている」と、同じ中華民族なのだから統一されなければならない、という主張に反駁《はんばく》している。

続いて、「今後、国民党政府が、もし引き続き『中華民族』なる虚妄の感情をもって台湾人民を欺《ぎ》瞞《まん》するならば、台湾はいつでも中国に併呑される危機に陥る可能性がある。そこでわれらは台湾人民の利益の立場に立って、台湾の各党派に緊急に呼びかけたい。『至急、学校教育とマスコミの改革を通じて、台湾人民の主体意識を樹立すべし』」と主張している。自分たちは中国人ではなく、台湾人なのだ、と腹を決める必要があり、それは緊急を要する、ということである。

最後は、「要するに、台湾人民には台湾の前途を決定し、自己の生活方式を選択する権利がある」と締めくくっている。とにかく、台湾人が自分たちの高い生活水準を守り、自由を享受しようと思ったら、台湾共和国しかない、自分たちはもはや中国人ではないのだ、と腹を決めなければならない、ということである。これは、シンガポールのリー・クワンユーの政権と同じ論理である。

これからの見通しと、鄧小平の立場

最後に、今後の見通しを示しておきたい。李登輝自身も腹のなかでは、じつは「一中一台」に賛成している。しかし国民党を率いてきた以上、いっきょに「一中一台」に切り換えるわけにはゆかない。そのことは、この「両国両制」という文書でも、同情をもって記している。しかし、はっきりと「中国は一つ」というスローガンを正式に放棄しない限り危険であり、早急に表明しなければならない、あるいは「二つの中国」ではまだ手ぬるい、ということを強調している。

このように、台湾の内情はどんどん進んでおり、この文書もたんなる民進党の宣伝文書というものではなく、かなり本質を突いている。

中国国務院の白書は、台湾が中国でなくなるのは間近であることを認識したうえで、アリバイを立てるために出した文書だと、私は思っている。

もう一つおもしろいことは、今年（一九九四）正月に羽田《はた》孜《つとむ》外務大臣が北京を訪問したときに、李《り》鵬《ほう》首相と会談した。そのとき、台湾問題は議題に上がっていなかったが、突然、李鵬が、台湾は中国の不可分の領土の一部であるので、もし日本に台湾と国交を回復するような動きがあったら、たいへん危険だ、とわざわざ発言した。これはマスコミ報道に載せることを目的にしている。それに対して羽田外務大臣は、新生党に関する限りは閣僚級の台湾訪問の意図はない、と返事をした。これには二重にバインド（束縛）がかかっている。連立八党ではなく、新生党についてしか言及していない。また閣僚級と言っており、次官級とは言っていない。羽田外務大臣がどのような意図で発言したか、私も確信をもって言えないが、少なくとも中国側は、日本もじつは既定方針は台湾の独立を認めることになっている、と受け取ったに相違ない。中国も、それは避けられない、と考えていると思われる。

最後に、鄧小平が香港の回収に性急になっているのはなぜか、を考えてみたい。

鄧小平が一九七八年に米中国交樹立を取り付けるための条件の一つが、台湾の独立を認めることだった。これによって、日本とアメリカの支持を取り付けて、鄧小平政権は今まで持ってきた。したがって、鄧小平の立場からすると、少なくとも自分の目の黒いうちは、台湾を回収することはできない。それは目に見えている。いまや中華人民共和国は経済的に動揺しているし、政府がどれだけ持つかわからない。そこで鄧小平は、少なくとも台湾を放棄する代わりに、香港だけは目の黒いうちに回収したい、と思っているのだろう。

李登輝の深謀、江沢民の焦燥

「馬関条約一百年」国際学術研討会

一九九五年四月十五日から十七日まで三日間、台北で、「馬関条約一百年——台湾命運的回顧和展望」という国際学術研討会が開催された。「馬関」「研討会」とは、それぞれ中国語で「下関」「シンポジウム」のことである。そこへ私は日本の代表の一人として招待された。

なぜ四月にこのシンポジウムが開催されたかというと、一百年前の一八九五年（明治二十八）四月十七日が、下関条約の調印の日だからである。清《しん》朝の代表の李鴻章《りこうしょう》と日本の代表の伊藤博文のあいだで調印されたこの条約で、清朝から日本へ台湾の割譲が取り決められた。

台湾の現代史はこの日に始まった、と言ってもよい。下関条約一百年を振り返るということは、現代の台湾人にとって、自分のルーツを問う、つまり台湾とはいかなる国であるのか、台湾人とはだれであるのか、台湾はこれからどこに行こうとしているのか、どこに進路を定めたらよいのか、を問うことである。

このシンポジウムを企画したのは、私の古くからの親友で、東京大学に留学して博士号を取得した、国立台湾大学史学科の鄭欽仁《ていきんじん》教授である。彼は非常に優秀な研究者であると同時に、清朝時代に台湾出身において科挙の及第者（進士）を初めて出した、台湾でも屈指の名家の出身である。実際に今でも、台湾北部の新竹《しんちく》という街に行くと、街の中心部はすべて鄭教授の家の土地であり、そこには有名な土地の神様の社《やしろ》がある。県政府の敷地も、表通りも、自分の庭園の一部というくらい、街すべてを持っていた、非常に富裕な家柄である。今は零落して、「まったくお金がない。税金ばかり多くて困る」と言っていた。それでも、いかにも清朝時代の資産家だとわかる大邸宅が残っていて、歴史的建造物に指定され、名所になっている。

現在、台湾には政府与党の中国国民党（以下、国民党）と、民主進歩党（以下、民進党）という野党がある。彼は民進党のブレーンで、大学で教えながら民進党の政策策定に奔走している。

その鄭教授から今年（一九九五）一月に電話がかかってきて、「下関条約百年を記念するシンポジウムを台北で開催することになったから、日本代表として出席してほしい。ついては論文を発表してほしい」という話があった。私は台湾が大好きなので、出席すると即答した。

その後、目論見書《もくろみ》が届いたが、それによると主催者は、台湾で三番目に大きい自由時報社という新聞社で、そこで発行する『自由時報』（リバティ・タイムス）は、発行部数七十万部である。なお、台湾でいちばん大きい新聞は『聯合報《れんごうほう》』であり、その次が『中国時報』（チャイナ・タイムス）である。『聯合報』と『中国時報』はいずれも外省人《がいしょうじん》、つまり大陸から戦後に渡ってきた国民党系の新聞社である。したがって、代々台湾に住んでいる台湾人の立場よりも、支配者である国民党の立場の擁護に汲々《きゅうきゅう》としており、報道は規制されている。しかし、この『自由時報』は名前のとおり自由であり、台湾の一般人の利害や感情を代弁している。その意味では、非常に影響力が大きい新聞である。そこがスポンサーになって、学術シンポジウムが開かれることになったのである。

出席してみると、たいへんな盛会であった。台北の中心部には「国際会議中心《センター》」という大きな会議場が新しくできていて、あらゆる設備が完備されていた。ホテル・グランド・ハイアット・タイペイの隣にあり、そのあいだにはワールド・トレード・センターがある。今の新しい台北を象徴する活気のある場所である。その会場でシンポジウムは開催された。このシンポジウムの出席者は台湾人だけかと思っていたが、日本からは椎名素夫《しいなもとお》参議院議員や、京都外国語大学の台湾研究者である中川昌郎教授が来ていた。元駐タイ大使の岡崎久彦さんも出席する予定で、ペーパーも提出していたが、間際になって差し支えができて出席できなかった。

アメリカからは国務省の高官が二人来ていた。一人は駐北京《ペキン》アメリカ大使であったジェームス・リリー、もう一人は広州総領事であったマーク・ブラットで、二人とも中国語が巧く、大陸に派遣される前に台湾に長期駐在していた外交官で、中国問題・台湾問題について国務省きってのベテランである。そのほか、台湾で活躍している台湾人の研究者はもちろん、日本、アメリカ、カナダ、オーストラリアなど国外で活躍している、台湾人の研究者もかなり出席していた。

台湾人のアイデンティティは、日本時代につくられた

私がこのシンポジウムに出席して感じたことが一つある。私はそれまでにも、台湾で開催された国際会議には数多く出席していたが、例外なく主催者は外省人であった。つまり、一九四九年、中国共産党が大陸で勝利したことに伴って、台湾に逃げてきた中国人たちが主催した会議だった。もちろん今回の会議も中国語で行なわれたが、それまでの会議の雰囲気が異常にとげとげしかったということに、出席して気づいた。これは、中国人がとくにとげとげしいのではなく、台湾人が和《なご》やかであると言ったほうが正しいかもしれない。

今回のシンポジウムで目立ったことの第一は、発表の用語が台湾なまりの中国語だったということである。これは、中国語を知らない人が聴いてもわかるくらい違う。台湾人だから台湾語で発表すればいい、と思ったが、戦後五十年間、中国語教育を受けているので、台湾語で難しい議論をすることに慣れていないのである。これは台湾のアイデンティティの問題にも関係してくるが、発表しようとすると、結局、中国語で、しかも努力して発音しても、カタカナ書きの英語のような発音になってしまう。それが愛嬌があるように聞こえる。

また日本から出席した台湾人の研究者のなかに、わざわざ台湾語で発表した人が一人、二人いた。それでもみんな、ちゃんとわかる。厳密に言うと、台湾語は福建《ふっけん》語の一種であり、多少変化している

が、台湾海峡を挟んだ向かいの福建省で使われていた言葉が移ってきたものである。

台湾には別にもう一つ、中国系の人が話す客家語《ハッカ》がある。今の総統の李登輝《りとうき》は客家人である。客家語はまったく台湾語と異なる。いずれにしろ、客家語も台湾語も漢字では書けないという特徴がある。強《し》いて書こうとすると、ローマ字で書くしかない。漢字の当てはまらない言葉が多過ぎるし、文法もずいぶん違う。結局、台湾語は中国語ではない。しかし、台湾語の教育は日本時代にも行なわれなかったし、国民党時代になっても行なわれたことがない。台湾語で発表すると、人口のかなりの部分を占める客家人には、まったくわからないという問題が起こる。なお、李登輝総統は台湾語がよくできる。このような言語事情のため、みんな台湾なまりの中国語で発表することになる。

しかし、中国人主催の会議と非常に違うと思ったのは、前述したように、雰囲気が和やかなことである。中国人がおおやけの場で発表するときは、恐い顔をして、背をしっかり伸ばし腕を振り回して、大声で話す。内容はたいしたことはなく、ごく当たり前のことなので、背中を丸め顔色を和《やわ》らげて小声で話しても同じなのだが、発表となると突然このようになる。あれは中国語の特殊性を表わしているようにも思うが、台湾人にはそれがない。

私は出席を承諾したときに、台湾の日本割譲百年を記念するというのだから、日本の帝国主義と植民地統治を糾弾する会議だろうと覚悟した。それでもいいから、出席して堂々と胸を張って、日本の帝国主義を正当化してやろうと思ったのだが、完全に意表を突かれてしまった。日本の統治を多かれ少なかれ、評価する発表ばかりだったのである。

つまり、台湾では、日本時代の評価が今、急速に変わりつつある。たとえば、多くの発表者が繰り返し、日本時代は法律の適用がきわめて公平だったと指摘した。日本時代の台湾では、日本内地の法律をそのまま施行しなかった。台湾総督府が台湾関係法をつくって公布し、台湾総督の下に台湾法院という特別な組織をつくって施行した。

台湾が日本に併合されたとき、台湾の民度というか、文化程度は非常に低かった。衛生状態も劣悪だった。台湾人同士でも、もともと共通の言葉がなく、町村間の仲が悪かった。それぞれの村や町は、本土の同じ村から移住してきた人たちで構成されている。その町村間で武力闘争が絶えなかった。匪賊も多いし、阿片《アヘン》の吸引が蔓延《まんえん》していた。女性は纏足《てんそく》していた。そういうことが、日本人には野蛮な風俗に見えたのである。

当時の台湾は、実際に非常に貧乏なところで、台湾の人はお米が食べられなかった。われわれの世代は台湾特産の蓬萊《ほうらい》米を知っているので、台湾で米が食べられなかったとは信じられないが、実際にむかしの台湾には里芋しか食べるものがなく、台湾人は空腹に耐えていたという。

また台湾には、産業らしい産業がまったくなかった。茶畑が開発され、お茶が輸出されるようになるのは、日本統治下の大正時代もかなりあとになってからである。日本人が苦心して蓬萊米を開発して、米作を奨励したので、米が食べられるようになった。サトウキビの栽培は、日本がキューバから苗を輸入して、植え付けて盛んにした。このように今の台湾の研究者たちは、日本は台湾を開発して、なんとか内地と同じ水準まで持ってゆき、そして台湾人を日本国民として平等に扱おうと努力した、と認識している。

聞くところによると、ある大事件が起こったとき、日本の内務大臣や台湾総督が台湾法院に圧力をかけてきて、その首謀者をことごとく厳重に処断するよう指示した。しかしそのとき、台湾法院は頑として司法権の独立を主張し、全員に無罪を宣告したという。

これがどういう事件だったのか、私にはよくわからないが、それを台湾人は今でもよく覚えていて、繰り返し「日本人は非常に公平であった。法律を守った」と言うのである。

経済的な面でも、日本の植民地統治は、世界の帝国主義のなかでも例のない統治であった。というのも、植民地への技術移転をたいへん積極的に行なったからである。資本を投下し現地で産業を興そうと、非常に努力した。砂糖も、じつはキューバ産を買えば、はるかに安く輸入できたにもかかわらず、台湾経済を維持するために、二割増しで台湾の砂糖を買っていた、ということも指摘された。これらはすべて、台湾人の学者が指摘したことである。私としては、それを聴いて、日本統治がいかに良かったかがわかり、たいへん気を良くした。

みなはそこまで口に出して言う勇気はないが、本音は、台湾人のアイデンティティと台湾文化は日本時代につくられたのであり、それ以前の清朝時代ではなかったと言いたいのである。

しかし彼らは、「日本は五十年間台湾を統治したが、台湾人を日本人にすることには失敗した」とも言う。これはどういう意味かというと、「国民党は五十年間台湾を統治したが、台湾人を中国人にすることはできなかった」という下の句が続くのである。要するに、台湾人は台湾人であるということだ。今までとは一転して、どの発表の底流にも、そのことが流れていた。

会議の最中、四月十六日の日曜日に台北で大規模なデモが行なわれた。これは鄭欽仁が組織委員長になって企画したものである。デモのスローガンは「中国よ、さようなら」（告別中国）であった。一万五千人、あるいは五万人が集まったというが、どちらも主催者側発表である。鄭欽仁がそのデモを歩道橋の上から見たところ、末尾が見えなかったというから、かなり大規模なデモである。沿道の市民は拍手で迎えて、飛び入りで参加する人が次々に出てきて、デモ隊の列は伸びる一方だったそうである。あるいは、出発のとき一万五千人だったデモが、最終的に五万人になったのかもしれない。一日中、歩き回っていたようである。

その同じ日、日本の新聞には出なかったが、下関の街でも、民進党の国会議員がやってきて指揮をとり、在日台湾人が同じスローガンを掲げたデモを行なったという。

「経営大台湾、建立新中原」

シンポジウムの最終日、四月十七日の月曜日、出席者三十数名が台北の総統府に呼ばれて、二階の接見室で李登輝《りとうき》総統にお目にかかった。私は李登輝には、以前、台湾省主席だったときに、お目にかかっている。

京都帝国大学の農学部に在学中、終戦を迎えた李登輝は、国立台湾大学に入り直して卒業した。卒業後しばらく大学にとどまり、講師を務めた。その後、アメリカのアイオワ州立大学に留学し、農業経済学で修士学位を取得した。帰国後、アメリカの援助でつくられた中国農業復興委員会に、一九五七年から研究職として勤務した。一九六五年には再度アメリカに留学して、コーネル大学で農業経済学の博士学位を取得した。とくに専攻したのは、経済発展の理論であり、著作もたくさんある。

台湾に帰って、国立台湾大学の教授になった。その教授のときに台北市長に任命され、以後、台湾省主席、蔣経国《しょうけいこく》総統の副総統を歴任、蔣経国が死去すると総統に昇格した、という経歴の人である。英語には少しなまりがあるが、まったくなまりのない素晴らしい日本語を話す。

総統府の接見室で、李登輝総統はスピーチを読み上げた。

最初のほうは決まり文句で、「われわれは、みな知っている。百年前の今日、清朝政府は日清戦争に負けた結果、一枚の紙切れで台湾を日本に割譲した。じつに国をはずかしめる下関条約によって、台湾と澎湖《ほうこ》諸島を日本に割譲した。台湾の歴史はそれから、いちだんの苦難と悲しみに満ちた困難な道を歩んだのである」という文言であった。これを読むと日本が非難されている気がするが、もっと重要なのは後段であり、「台湾の人民は心に大陸を思っているといえども、しかし、捨てられた悲憤の感情を忘れることはできない」と言った。これは非常に中国的な言い方であるが、「捨てられた」と言っているのだ。残念だというのではなく、「中国はわれわれを見放した。だからわれわれは長いあいだ、中国から切り離されて暮らしてきたのだ」ということを、こういう言い方で表現したのである。

最後に、「私は近年、力を尽くして憲法の改革を推進してきた。そして生命共同体の理念を唱え、全国民の努力と意識を凝集して『大台湾を経営し、新中原を建立《こんりゅう》する』という構想を完成し、中華民国の台湾にあるも、ふたたび斬新なる時代をつくり出すことを思っている」と結んだ。「経営大台湾」と「建立新中原」は対句《ついく》である。「新中原」とは要するに中国のことである。これは明らかに二つの中国、あるいは一つの中国と一つの台湾ということを表現している。

ここで注釈すると、中国国民党は台湾に移ってから李登輝の代までは、「台湾は中国の不可分の一部である。そして台湾と大陸は一つの中国である。それを統治する合法的な政府、正統政府は中華民国政府しかない」とずっと主張してきた。われわれ日本人から見ると、こうした主張はほとんど自殺行為である。今ただちに、中国共産党に併合されても文句を言えない主張であるが、それには理由がある。

つまり、台湾の国際法上の帰属がいまだに決まっていないのである。中国の一部かどうか、はっきりしていない。とくにアメリカ国務省はそういう立場をとり続けている。したがって、台湾で中国国民党が統治権を行使しようとすると、「台湾は中国の一部である」と主張するしかないのである。「台湾は台湾、中国は中国」と言ったとたんに、国民党は行くところがなくなる。

このような複雑な事情があって、国民党は「一つの中国」を主張し続けた。これは北京の中国共産党の政府にとっても、非常に都合が良いことで、「台湾は中国の不可分の領土の一部である。台湾は中国の一部なのだから、国民党の台北にある政府は、中国の一省、一地方政府の政権にすぎない。だから外交関係を持つことは許されない」という論理になる。これが台湾を袋小路に追い詰めた最大の原因である。

国連の議席を中華民国が失ったとき、アメリカの国務省は中国の議席を二つにして、北京と台北の両方に議席を残そうと、おおいに努力したそうである。それがほとんど成功するところまで行ったのであるが、蔣介石《しょうかいせき》が「共産党と同席することはできない」と拒否したので、今日のような状況になった。このような経緯があるので、国民党は「一つの中国」を主張し続けるしかなかったのである。

一九九三年にシアトルでAPEC《エイペック》（アジア太平洋経済協力閣僚会議）があったときに、台湾から行った経済部長の蕭万長《しょうまんちょう》は、「中華民国は最終的には一つの中国を目指すが、段階的に二つの中国で行く」と語った。

不思議なことに、このとき北京はまったく反応しなかった。ところが、その後、一週間ほどして突然、大反対キャンペーンを始めた。つまり、その間、扱いを考えていたと思われるが、結局「台湾が二つの中国を考えているのはけしからん」と言い始めた。ところが、「二つの中国」でも、野党、民進党は、「これでは手ぬるい。自分たちは中国人ではない。台湾人だ」と言いたい。たとえば、華人が主流をなしているシンガポールのシンガポール人は、「われわれはシンガポール人である。チャイニーズではない」と主張し続けている。それと同じ論理で、「祖先は中国から来たかもしれないが、われわれはタイワニーズである」と主張したいのである。そうしないと、いつ大陸から併合されてしまうかわからない。

またそう主張しないと、国際社会でますます孤立してゆく。中国の一部であると主張していれば、中国の正統の政府は北京であると、だれでも考える。台湾にある政府が正統だとはだれも考えてくれない。そうすると行き詰まってしまうので、台湾は台湾、中国は中国、これを「一中一台」と言うが、民進党はこう主張し続けている。李登輝は国民党の総裁であるが、近頃は限りなく「一中一台」に近づいている。今のこの「経営大台湾、建立新中原」という表現は、「二つの中国」と「一中一台」のほぼ中間である。

李登輝が声明を読み終わったあと、早速、質問が出た。「今のは二つの中国か」という質問に対して、「いやまったくそういう意味ではない。やはり一つの中国である」と、平然と答えた。そこはやはり中国的である。つまり、どういうふうにもとれる表現を、だんだんと拡張していって、真意を問われたら「いや、今までとまったく変わらない」と答えて、解釈の幅をしだいに広げてゆく。明らかに、台湾に新しい国をつくる、しかもそれを中国とは呼ばずに「中原」と呼んでいるところに新しさがある。

巧妙な李登輝総統の手法

李登輝は、一九九〇年に初めて国民代表大会の選挙の洗礼を受けて、正式に総統に選出された。それまでの二年間は、蔣経国総統の跡を継いだ暫定政権であった。

総統に選出されてからすぐに始めたのが、「国是《こくぜ》会議」という国の方針を決める会議である。これを選挙のその年、一九九〇年六月から七月にかけて延々と行なった。出席者の資格を問わず、意見のある人はだれでも出席しなさいということで、台湾人だけではなく、海外の華僑からも代表を招いて、言いたいことを言わせた。みな一定の方向性もない言いたい放題を言って、まとめようもない会議だった。それが李登輝の手法であった。会議が終わったら、たいへん有益であったと言って、そのなかで自分の気に入る意見だけを採用し、着々と改革を始めたのである。

最初にやったのは、一九四七年に国民政府が大陸の南京《ナンキン》にあったときに選出された国会議員が、台湾に移ってもそのまま居座っていたが、彼らを引退させることであった。みな耄碌《もうろく》しており、会議があるときに担架で担がれてくる者もいる状態で、台湾人は非常に嫌っていた。

国会に当たるものが二つあり、一つは国民代表大会、もう一つは立法院である。国民代表大会には、総統の選出権と憲法の議決権がある。

翌一九九一年の年末までに、大陸選出の議員をすべて引退させることに決めた。たいへんな抵抗を受けたが、最後は高額の年金と引き替えに辞めさせた。その空席をすべて、現地の台湾選出の議員で埋めたのである。これは、中華民国の性格を完全に変える措置であった。同時に、非常事態宣言に関する「動員戡乱《かんらん》時期臨時条款《じょうかん》」という憲法の追加条項を廃止した。

一方で、大陸のほうから、こういった動きに対する「二つの中国」であるという非難を受けないようにするためだと考えられるが、国家統一委員会を設置して、そこで「国家統一綱領」を採択した。つまり、中国と台湾がどういうふうにして統一するかという方針を決めたのである。ところがその内容は、そこに至る手続きの面で、北京と台北が対等の立場で交渉することを前提にしている。じつに老獪《ろうかい》である。

北京は、これをはねつけると国家統一を拒否したことになるので、はねつけられない。そうしておいて、福建省の対岸の金門《きんもん》島と馬祖《まそ》島の戒厳令を解除し、初めて選挙干渉のない自由な選挙を行なった。そして野党、民進党が、一九九二年十二月の立法委員選挙で三六パーセントを得票するという躍進を遂げた。国民党の権力独占が、ここでほころびを見せたのである。

それから海峡交流基金会を設立し、日本の貴族院議員だった辜顕栄《こけんえい》の子息で、たいへん日本語がうまい日本派、台湾の経団連（工商協進会）の理事長である辜振甫《こしんほ》を、海峡交流基金会の理事長にした。中国側でも同じような海峡両岸関係協会ができて、その長である上海《シャンハイ》財閥の汪道涵《おうどうかん》が、辜振甫と一九九三年に第一回の会談をシンガポールで開いた。これは統一のための会談ではない。台湾と大陸の経済的な交流を促進し、徐々に敵対関係のレベルを下げてゆくのが目的の会談である。

このとき、紛糾した末に、いちおう共同コミュニケができた。ただし、それは年が記されておらず、月日だけが記された奇妙な文書であった。なぜならば、台湾側の公式文書だと「中華民国何年」と書かなければならないし、大陸側の公式文書では西暦で書かなければならず、そこのあいだで折り合いがつかなかったからである。そして今後も、事務レベルの協議を続けることが決まった。結局、事務レベルの協議が三回開かれたが、ことごとく決裂した。

しかし、決裂したことはそんなに重要な問題ではない。こういうチャンネルがつくられ、一定期間、維持されたほうが重要である。日本人の考えでは、何も合意に達しない協議は失敗ということになるが、中国人や台湾人からすると、協議が開かれたこと自体が成功である。決裂しようがかまわない。話し合っているさなかは、軍事力を用いて解決するわけにはゆかないからである。

その後、一九九四年三月末に、浙江《せっこう》省の千島湖で、台湾人の旅行客二十四人が遊覧船の一室に押し込められて焼き殺されるという大事件が起きた。

扱いをめぐって、台北と北京が険悪な対立状態になった。台湾は、警察か人民解放軍が計画的にやったのではないかと疑った。その証拠に、現場にいっさい台湾側関係者を立ち入らせず、報道管制を敷き、捜査結果も公表しなかった。しかも死体を見せず、急いで荼毘《だび》に付して骨しか見せなかった。最終的には、三人の凶漢が犯行に及んだことが発表されたが、台湾側はいまだに疑っている。

このような凶悪犯罪があるようでは、安心して大陸旅行もできないため、一時大陸への旅行を制限し、投資も制限することになった。その後、制限は解除されたが、この事件を契機として、一般の台湾人の大陸に対する感情が劇的に変化した。

それまでは、父祖の地は懐かしいということで、みな多くのお土産や現金を持って郷里に帰り、親戚に贈り物をしていたが、すぐに嫌気がさした。中国人は非常にドライで、金持ちの親戚が遠くからきたのだから、もっとよこせということになる。「彼らにあれだけ持っていって、私にはなぜこれだけしかない」となり、要求がはなはだしい。

ところが、台湾人は五十年の日本の統治のおかげで、日本人に似てしまい、柔和な雰囲気で交流したい人たちばかりなので、中国人が居丈高に「もっと金銭をよこせ」と言うことに衝撃を受けた。そのため「もう大陸には二度と行きたくない」とこぼす人もずいぶんいた。
ちょうどそのような状況で、この事件が起きたために、いっぺんに大陸熱が冷めたのである。

「江八点」と「李六条」

今年（一九九五）一月三十一日、北京の江沢民《こうたくみん》総書記が「対台湾政策講話」を発表した。これは、台湾情勢が次々に変わってゆくことを踏まえてのことである。それまで北京では、国民党と話をつけて台湾を併合しようと考えていたが、国民党が着々と民主化を進めてしまい、さらに、基本的に反国民党であり台湾人の政党である民進党が、躍進したからである。

この民進党に対しては、台湾の経済界の支持が非常に強い。台湾の経済界は、土着の台湾人がほとんど完全に握っている。外省人、すなわち大陸から来た人が握っているのは、政治・軍事・警察方面であり、経済活動をやって稼いでいるのは、土着の台湾人である。

こういう情勢では、国民党も台湾人の意向、野党の意向を無視できないことになり、北京のほうもアプローチが変わってきた。それが集約的に表われているのが、江沢民の八カ条の「対台湾政策講話」である。これを「江八点」、あるいは「江八条」と言う。

第一点は、一つの中国の原則を堅持する。台湾独立を図るいかなる言論、行動にも断乎《だんこ》反対する。

第二点は、台湾と外国が、民間の経済・文化関係を発展させることに異議を挟まない。しかし、二つの中国および「一中一台」を目的とした国際生存空間拡大の活動には反対する、というものである。

この国際生存空間拡大とは、近年、李登輝総統が精力的にやってきた東南アジア四カ国歴訪を指している。これは休日外交と言い、旧正月の休暇を利用して、私人の資格で遊びにゆくと称して、フィリピン、タイ、インドネシア、マレーシアで、それぞれの国の元首や首相と会見した。それぞれゴルフ・コースや別荘で会っているが、ほとんど公式訪問と同じで国賓待遇を受けている。いずれも北京を承認している国ばかりである。このようにして着々と成果をあげている。これに対して、江沢民が強い焦燥感を覚えているのである。

第三点は、海峡両岸の平和統一交渉を進める。両岸の各党派・団体の代表者の参加を認めるとあり、今までのように、台湾当局という名前で呼んでいる中華民国と、中華人民共和国との話し合いではない。

第四点は、平和統一実現に努力する。中国人は中国人を攻撃しない。これまで北京のほうでは「台湾問題の解決に武力を行使しない」という約束を繰り返し声明しているが、それについて弁解がある。武力行使の放棄を約束しないのは、台湾同胞に対してではなく、外国勢力の中国統一への干渉や、台湾独立の陰謀に対処するためである。つまり、台湾独立を阻止するために中国が武力を行使するとすれば、それはアメリカか日本に対してだということである。たいへん高姿勢のように聞こえるが、本当はそうではなく、事実上、武力行使を取り下げたのである。しかも、たんに取り下げたと言わずに、過激な姿勢を取りつつ取り下げたのである。

第五点は、二十一世紀の世界経済の発展に向けて、両岸の経済交流を強力に発展させる。経済交流は積極的に行なうということである。

第六点は、台湾同胞の生活方式と台湾の主人という願いを尊重して、いっさいの正当な権益を保護する。ここに至って、しだいに弱腰になってくる。

最後に、台湾指導者が適切な身分で訪問することを歓迎し、われわれも台湾訪問を望んでいる。中国人の事業は中国人のものであり、いかなる国際的な助けもいらない、と結んでいる。つまり李登輝総統に北京を訪問してもらいたいというのである。

台湾のほうでは、この江沢民の講話に対して最初は否定的で、またいつものようなことを言っているという反応だったが、李登輝は眼光鋭く、このなかの微妙な変化を読み取った。ただちに国家統一委員会に諮問《しもん》して、この「江八点」の内容を慎重に検討するよう指示し、四月になって、国家統一委員会で李登輝が演説をし「李六条」と言われる反対提案をした。

第一条は「台湾と中国の両岸分裂の現実の上に立ち、中国統一を追求する」。これは「江八点」の第一条に応じた形式的なものである。

第二条は「中華文化を基礎に交流を強化する」。お互いに共通の文化の伝統を持っている国だから、と言っているのであり、両方が国であることを露《あら》わに表現している。

第三条は「経済貿易交流を増進し、相互補完関係を発展させる」。これからも経済交流をおおいにやろうということである。

第四条は「平等な立場で国際組織に参加し、指導者同士が自然な形で会談する」。これは、李登輝が第一の公約にしている国連再加盟を念頭に置いている。その前段階として、今年（一九九五）秋にAPECが日本で開かれるが、それに自分と江沢民がともに出席して、そこで話がしたいということである。会談が具体化すると、日本は困った立場に追い込まれることになる。

第五条は「平和的な方法で、いっさいの紛争を解決する」。

第六条は「香港《ホンコン》、マカオの繁栄をともに維持し、民主化を推進する」。これは痛烈な皮肉である。香港ではバッテン総督が、一九九七年の香港の中国返還に先立って、香港のさまざまな機構の民主化を進めている。それに対して北京は「民主的な香港人に香港を統治されてはたまらない」と考え、断乎拒否の姿勢を貫いている。

北京は「一国両制」、つまり「香港は香港のやり方で、併合されてから五十年間は同じ制度を維持する」と、最初は表明していたが、今ではしだいに後退している。返還後、北京が約束を守って香港の制度に手をつけないと信じる人は、香港にはいない。返還後ただちに取るものは取ってしまい、他の中国の省・自治区と同じような共産党の統治を施行するだろうということを、だれも疑わない。

それに対する皮肉として、「香港で一国両制を守らなければ、われわれにも考えがある」と言っているのである。

これが「李六条」である。李総統との謁見のときに出た冗談で、「李六条」を台湾語で発音すると「お前が摑《つか》んで放さない」という意味になるそうである。これは確固たる主張であるという洒落《しやれ》になるらしい。

謁見の場で「李六条」についてさまざまな質問が出た。大陸系の人が二人いたので、彼らにわからないようにしようとしたからだと思うが、台湾人の出席者が台湾語で質問を始めた。李登輝はよくしゃべる人で、当初、謁見が予定されていたのは三十分間だったが、一時間二十分にわたってしゃべりまくった。感心したのは、李登輝は客家人で福建語系の台湾語は不得意だと思っていたのだが、じつに流暢《りゅうちょう》にきれいな発音で話した。よほど努力したと思われる。その代わり、中国語はお世辞にも上手とは言えない。台湾語による質疑応答だったため、私にはほとんど聞き取れなかったが、私の背後に、英語と中国語と日本語と台湾語ができる高位の外交官が座っていて、後ろから耳元でささやいてくれた。そのおかげで、よくしゃべるけれども、あまり内容のない話をしていることがわかった。

台湾人が中国人かどうかはわからないが、少なくとも、このような社交がたいへんうまい点では中国文化の下にあると思った。

台湾が中国の領土だったことは一度もない

最後に私が報告した論文の内容を紹介しておく。私の論文の題名は「台湾の歴史的アイデンティティと清朝の本質」である。そのなかで、台湾が台湾になったのは、すなわち台湾に住んでいる人たちが台湾人という一つのまとまったアイデンティティを持つようになったのは、一八九五年四月十七日、清朝から日本が台湾の割譲を受けて統治を始めてからである、ということを論じている。

ふつう、台湾はシナの一部だったものを、日本がシナとの戦争である日清戦争に勝って奪い取った、それを五十年後に、大東亜戦争に負けて中国に返還した、と思われている。

しかし、これはまったくの誤解である。台湾がシナの領土だったことは一度もない。日清戦争の当時、日本が台湾の割譲を受ける前に、台湾を領有、あるいは支配していたのは清朝である。清朝はシナではない。清朝は一六三六年、満洲の瀋陽《しんよう》において成立した王朝である。

初代の君主はヌルハチで、その息子のホンタイジが清朝を建国した。当時、シナを支配していたのは、明《みん》朝という漢人の王朝であった。満洲人たちはシナを支配している明朝と交渉して、平和な関係を築いて貿易や交流をし、安定した状態に入りたいと願っていたが、明朝のほうは敵視政策を止めなかった。

やがて西隣のモンゴル高原で、元《げん》朝直系の末裔《まつえい》リンダン・ハーンという君主がモンゴル人を率いてチベットへ遠征する途中、甘粛省《かんしゅくしょう》の草原で死去し、モンゴル高原に権力の空白ができた。そこに満洲軍が東方から侵入して、ゴビ沙漠以南の南モンゴルを制圧したのである。

南モンゴルのチンギス・ハーンの子孫の王侯たちは、一六三六年に瀋陽に集まり、満洲人の君主のホンタイジを自分たちのハーンに推戴《すいたい》する儀式を挙行した。モンゴル古来の伝統のクリルタイである。その前に、ホンタイジはリンダン・ハーンの遺児から、元朝の皇帝が使っていた玉璽《ぎょくじ》を入手していた。

この玉璽に象徴される元朝の正統の支配権は、これによって正式にチンギス・ハーンの子孫から、満洲人の君主、ホンタイジに譲り渡されたのである。

そこでホンタイジは、あらためて皇帝の位について、大清《だいしん》という国号を立てた。これが清朝の建国である。したがって清朝は、満洲人とモンゴル人の同盟によって成立した王朝である。しかも、シナに入る前に成立していた王朝である。

それから八年経って、一六四四年に北京で明朝の皇帝が自殺し皇統が絶えてしまった。明朝の遺臣たちは、瀋陽で新たに清朝の皇帝となったホンタイジに使いを出した。ところが、ホンタイジはすでに死去していた。そこで、その息子の当時七歳だった順治帝《じゅんち》が北京に入って、明朝の皇帝の玉座に座った。

以上のように、清朝はもともとシナの外で成立した王朝であり、のちに明朝からシナを引き継いだという関係である。

清朝はその後、ゴビ沙漠以北の北モンゴルを併合し、チベットを征服し、中央アジアの遊牧帝国ジューンガル部族を滅ぼし、その地を領有して大清帝国ができた。したがって、大清帝国はけっして中華帝国ではない。しかも清朝一代を通じて、漢人は帝国の統治に関与できなかった。

帝国の第一公用語は満洲語であった。日本語によく似た言語である。第二、第三の公用語はモンゴル語と漢語であり、この三つの公用語はつねに併用されていた。

清朝の皇帝は、部族制度である満洲人に対しては部族連合会議の議長である。モンゴル人に対してはチンギス・ハーン以来の大ハーンである。漢人に対しては秦《しん》の始皇帝《しこうてい》以来の皇帝であり、チベット人に対してはチベット仏教の保護者であり、新疆《しんきょう》にいる今のウイグル人の祖先のイスラム教徒に対してはジューンガル帝国の後継者として、統治権を行使する立場にあった。

このように、一人の清朝皇帝がいくつもの役割を兼ねていたのである。これはオーストリア・ハンガリー帝国のようなものである。つまり、オーストリア皇帝とハンガリー王が同一人物で、そのもとに、それぞれ別の統治機構が存在した、それと同じような関係であった。

清朝時代を通じて、漢人はシナだけに押し込められていた。シナの統治・行政に関しては、科挙の試験に及第すると役人になって統治に参加できるが、それ以外の帝国全体の統治には漢人は参加できなかった。それは満洲人やモンゴル人の仕事であった。このことが意外と知られていない。

では、十七世紀後半の台湾はどのような状況だったのであろうか。台湾は明朝の残党の鄭成功《ていせいこう》が亡命政権をつくって、それから三代のあいだ独立国であった。

それを清朝の康熙《こうき》帝が征服して、その地に守備隊を置いた。しかし、これは台湾をシナの一部として統治したことを意味しない。ただ安全保障上、占領していたのである。

要約すると、清朝の時代、シナは植民地の一つだった。けっしてシナが清朝だったわけではなく、清朝が中華帝国だったわけでもない。

台湾の帰属は、今でも決まっていない

ところが、十九世紀半ばになり、この情勢は急変する。今の新疆でイスラム教徒の大叛乱が起きた。さらに西方のコーカンドからヤアクーブ・ベグという英雄が進出してきて、そこにイスラム王国をつくった。新疆は完全に清朝の手から離れた。

この情勢下、清朝では新疆を放棄して、イスラム教徒に任せようという意見もあった。しかしそれに対して、当時、太平天国の乱を鎮圧した左宗棠《さそうとう》という漢人の将軍が、「新疆を失えば、次はモンゴルを失うことになる。モンゴルを失えば、北京は守れない」と強硬に主張した。清朝がモンゴルと満洲の連合帝国だから、このように訴えたのである。そして左宗棠は、配下の湖南人の漢人義勇兵を率いて新疆に出撃し、結局四年にわたる作戦の末、一八七七年、ヤアクーブ・ベグのイスラム王国を滅ぼして、新疆を清朝に回復した。

大叛乱が起きるまで、清朝は新疆を現地のイスラム教徒の自治に任せていた。しかし、今後も自治に任せたのではイスラム教徒の叛乱を防ぐことはできない、と左宗棠が主張して、シナと同じ内地にしてしまおうということになり、一八八四年、新疆省が設置された。これは、清朝の性格を根本から変える大事件であった。清朝はそれまで、満洲人とモンゴル人が連合してシナを統治し、他の種族の元首を兼ねる形をとっていたが、ここで、満洲人と漢人を一体にした満漢一家の国民国家に切り替えよう、ということになったのである。

国民国家は、十八世紀末のフランス革命と、アメリカ独立で初めて発生したもので、一つの国土、一つの国語、一つの国民が国家をつくるという観念である。これが十九世紀の半ば過ぎ、一八四八年の市民革命から急速に世界の主流になりつつあった。シナでも例外ではなかった。

国民国家になると、防衛力が格段に上がる。つまり、軍隊の動員が非常に容易になる。国民軍は、それまでの傭兵隊や専門の軍隊よりもはるかに強い。そのために防衛上の必要から、国民国家化が全世界の主流になったのである。近代化とは、産業革命などによる経済的な変化ではなく、むしろ軍事力増強の要請によって起こった国民国家化である。

清朝もその典型的な例で、少数の満洲人と多数の漢人がアイデンティファイすることによって、満漢一家の国民国家に切り替えようとしたのである。

国民国家化への道は、今でも続いている。中華人民共和国は、チベット人をことごとく中国人化しようとしている。チベット語を禁止し、中国語でしか教育しない。これは内モンゴル自治区でも同様である。教育をモンゴル語では行なわずに、中国語で行なっている。そのため内モンゴル自治区のモンゴル人が急速にモンゴル語を忘れつつある。意識も中国人になりつつある。新疆ウイグル自治区にも大量の漢人を入植させて、漢人のほうが土着のウイグル人よりも数が多いという状態に持ってゆこうと、着々と計画を進めている。これが国民国家化である。その国民国家化が、新疆省が設置された十九世紀後半に始まったのである。

その時期に、日本はちょうど開国した。一八七一年（明治四）に「日清修好条規」を締結して、初めて清朝と日本のあいだに国交が開かれた。満洲人が漢人に同盟の相手を切り替え、清朝とシナの区別が急速に消滅しつつあった時期に日本が開国したので、日本人はどうしても清朝はシナだったと考えてしまう。だから清朝の領土だった台湾が、シナの領土だったと錯覚するのは理解できるが、事実はそうではなかった。清朝のシナ化はそのときに着手されたばかりであった。

なお、日本人は大東亜戦争に負けたあとも、台湾を中国には返還していない。サンフランシスコ平和条約の条文には、朝鮮に関しては、「日本国は朝鮮の独立を承認し、朝鮮に対するすべての権利、権原および請求権を放棄する」と規定しているが、台湾については「日本は台湾に対するすべての権利、権原および請求権を放棄する」としか規定されていない。

ということは、日本に関する限り、日本は台湾を放棄しただけである。どこにも返還していない。台湾はもともと清朝から譲渡されたものであり、返還するとなると、満洲人に返還しなければならないが、満洲人の国家はすでにない。そのため、条文からも明確なように、日本は台湾を放棄したが、中国には返還していないのである。日本は中国から台湾を奪ったのでもなく、中国に返還したのでもない。これが私の論文の眼目であった。

のちに知ったことだが、平和条約は、当時、アメリカ国務省がとった立場を反映したもので、別に吉田茂が先見の明があって、そうなったわけではない。今でも、アメリカ国務省は「台湾の帰属は国際法上決まっていない」という立場をとっている。将来、台湾の人民が自主的に決定すれば、台湾の帰属はそのときに初めて決まることになる。中華民国はただ、一九四五年十月二十五日に、最後の日本の台湾総督、安藤利吉大将から降伏を受け入れて、行政を引き継いだだけで、国際法上、占領がそのまま続いているだけである。

このことを私が発表すると、台湾人からは拍手喝采であった。もちろん台湾人は知っていることであるが、日本人がそういうことを認識しているということで、非常に勇気づけられたのだと思う。

なお、国民国家は現在の世界の趨勢《すうせい》であって、国民国家以外の国家というものは考えられない。国連加盟国は、実質はともあれ、建前上すべてが、一つの国土、一つの国語、一つの国民という観念によって成り立っている国民国家である。だから国連は、ユナイテッド・ネイションズなのである。このように国民国家の時代ではあるが、国民国家にも適正なサイズ、適当な条件がある。

台湾はその点で、人口から考えても国土から考えても、国民国家としてきわめて適正な規模である。日本時代には日本語が台湾人全体の共通語だったし、今は国語《グオユイ》（中華民国で採用されている標準中国語）が台湾人全体の共通語である。だから一つの国語はある。

発表の最後に「日本語や中国語を植民地統治の遺産だと言ってあまり感情的に嫌わず、あなた方も台湾なまりでもよいので国語で国民統一をすべきです。台湾は国民国家として成功する充分な条件を備えています。それに比べて、大陸はあまりにも国土が広過ぎる。それを構成する民族の歴史・文化があまりにも違い過ぎる。その記憶はなかなか消せないから、国民国家は無理だ。これからも大陸ではいろいろな困難が起きるでしょう。しかし、台湾の前途は洋々たるものがあります」と結論を述べた。

おわりに――アジアの大変動にどう対処するか

今年（一九九五）秋、大阪で開催されるＡＰＥＣに李登輝総統が出席することは、台湾側から見れば充分権利がある。中華民国はチャイニーズ・タイペイという名前で一九九一年からＡＰＥＣに参加している。チャイニーズ・タイペイの出席を拒否する理由は、広島のアジア大会と同じように大義名分がない。結局、日本の外務省は、外交関係がないので具合が悪いが、八方手を尽くして、思いとどまってもらうよう頼むしかない、という情けない状態である。自発的に出席を見合わせていただくしかない。

台湾としては、李登輝総統が自分が出るつもりだと言っておいて、実際には、広島のアジア大会には行政院副院長が出席したように、かつもう一段格上げをして行政院長が出る、というところまで行けば大成功である。台湾は、オブザーバーではなく、他の各国首脳と対等に話ができる立場にある。台湾も加盟国であるので、代表の出席をいっさい拒否するわけにはゆかない。いかなるレベルにせよ、代表の出席を認めなければならないし、出席するからには、平等の立場で議事に参加させなければならない。それだけでも、台湾にとってはたいへんな外交上の得点になる。おそらく、そのあたりが狙い目であろう（編集部注―実際には総統特使として辜振甫が出席）。

それよりも、台湾内部で事態が進展すると、国際的な影響が大きい。台湾をめぐって情勢が次々に変化している。しかも香港の地位の変化と連動しており、無視できなくなりつつある。

台湾は来年（一九九六）三月に、総統と副総統を直接選挙することになった。憲法改正も決まった。これにより、これまで国民代表大会による間接選挙で選出されていた総統が、初めて国民の直接選挙で選出されることになる。これで台湾の民主化は完成する。立候補を表明している人は複数いるが、今のところ、李登輝が出馬すれば当選する、と考えられている。

今、李登輝は国民党の総統であるが、選挙によって国民の総統となる。そうすると国際的な認知を得ることができる。そのときに、台湾共和国という国名に変える、あるいは国連に議席を要求するようになっても、説得力が出てくる。

台湾の人民の意志によって、台湾という国家が誕生するかもしれない。すると、日本にとっては非常に困ったことになる。日中友好を日本の対アジア政策の基軸に据えていると、台湾独立は日中友好と正面からぶつかることになる。

そのとき日本はどうすべきか。正式な外交関係を復活することはもちろん問題外である。しかし非公式の関係は、これまで以上に強化しなければならない。アメリカでは最近、各省の長官以外、次官以下ならば、自由に中華民国の代表と会ってもよいことになった。これに対して北京は猛烈な抗議をしたが、結局それきり腰砕けになった。日本がそこまで行けるかどうかは難しいかもしれないが、少なくとも各省の次官か審議官クラスが台湾の関係省庁と接触できるくらいにしておかなければ、困ったことになるであろう。いつまでも民間外交だけでは、どうにもならない。

たとえば、一九九四年四月二十六日に名古屋空港で起きた中華航空機事故のような場合、連絡がとれない。緊急事態が起きたときに、手の打ちようがないことになる。あのときは結局、台湾の交通部長が日本の運輸大臣と国会のなかで直接会って陳謝した。台湾が起こした不始末であるが、双方の国務大臣クラスが日本の国会内で直接会って言葉を交わした、という外交上の実績を、台湾はつくることになった。

このように、台湾は着々と実績を積み重ねてきている。こちらもそれに応じて、徐々に交渉のレベルアップを図らなければならないであろう。そうしないと、台湾で民主化が完成して情勢が急激に変化し出したときに、日本は非常に困った立場になるのではなかろうか。

もう一つ、日本には困った問題がある。アメリカの国防総省が最近、東アジア戦略報告を発表した。そのなかで「日米安全保障条約をアメリカの対アジア戦略の中心に据える」と宣言した。また、今でもアメリカは、台湾を中国に併合させない、という根本方針で一貫している。そのためにも民主化に声援を送っている。ということは、もし台湾をめぐって極東で緊急事態が起こった場合、在日米軍が出動しなければならない。そのときに日本は在日米軍の出動を支援できるだろうか。もし台湾海峡をめぐって事件が起こった場合、米軍が出動して鎮圧に当たることになり、日本がこれを支援すれば、日中関係は破綻《はたん》する。支援しなければ日米関係が破綻する。

その場合、中国内部の権力闘争を注視することが重要だ。権力を握ろうとする者が、かつて鄧小平がやったように、台湾の独立を認めることと引き替えに、日本やアメリカから支持を取り付ける動きに出る可能性は充分にある。あのとき鄧小平は、台湾の独立を認め、中華民国と相互承認するそぶりを見せて、カーター大統領の支持を取り付けたのである。それによって党内闘争に勝って、そのお礼に中越戦争まで演出した。アメリカに代わってベトナムを「懲罰《ちょうばつ》」したのである。

今、アジアの不安定要因が三つある。一つは北朝鮮の動向。もう一つは中国の南沙諸島への進出。これは軍事拡張で目にあまる問題である。三つ目は台湾の将来。

この三つの問題が相互に連動している、非常に複雑な状況である。別々の問題ではない。これは日本の安全保障にとってもゆゆしき事態である。

今後、いったいどうなるのであろうか。台湾の総統直接選挙に続いて、再来年には香港が返還される。その間には鄧小平の寿命の問題もある。大きな変動がいずれ起こることは避けられない。そのときになって慌てないように、考えておかなければならない。

総統選挙直前になぜ中国は軍事威嚇を強行したのか

――総統直接選挙と台湾海峡危機――

台湾海峡の軍事的緊張

一九七九年十二月に起こった『美麗島《びれいとう》』高雄事件の分析に始まる私の台湾研究の総括として、台湾問題の位置づけを論じたいと思う。

今日、一九九六年五月二十日に、台北では李登輝《りとうき》の総統就任式が行なわれる。三月二十三日に行なわれた台湾の総統選挙は、全世界を巻き込んだ大騒動になってしまった。その前後二週間ほどは、新聞もテレビも台湾で埋め尽くされた。台湾がこれほどニュースの全面に取り上げられたのは、一九四九年に国民党が大陸を追われて台湾へ逃げてきて以来、初めてのことではないかと思う。

それまで台湾というのは世界の片田舎も片田舎、そこで起こることはコップのなかの嵐で、一歩海外に踏み出したら、世界情勢になんの影響もないような存在だった。この十年間にわたって台湾は、貿易黒字が世界で日本と一、二を争うほど高い国なのに、そのことすら一般にはまったく認識されていなかった。台湾の経済力はじつに恐るべきものなのに、政治力・軍事力の面では影響力がまったくなかった。

ところが突然、台湾で行なわれた総統選挙が、米中関係、日米関係、日中関係、この三角関係全体の性格を変えるような問題になってしまった。今になってみると、それまで台湾が軽視されてきたのが嘘のようである。三月二十三日の直前まで台湾の重要性が認識されていなかった。

私は以前から再三「台湾の総統選挙はアジアのこれからの運命を決める問題だ」と言ってきたが、そのとおりになった。橋本龍太郎総理大臣は、同じ人とは思えないくらい、にわかに極東有事の際の法制の見直しに熱心に取り組み始めた。このことは言うまでもなく、ワシントンとペンタゴンにおいて情勢判断がすっかり変わったことを意味する。

結論から言うと、中国の脅威に対抗し、日米枢軸で台湾を守るという体制が、じつはでき上がっている。今度、台湾の駐日経済文化代表処（大使館に相当）の処長に、文官の林金茎《りんきんけい》に代わって荘銘耀《そうめいよう》という前海軍総司令が就任することになった。この人は台湾人で初めての海軍の将官である。外省人《がいしょうじん》ではない。軍人が事実上の大使に就任して日本に来るということは、東京と台北のあいだに軍事的な結び付きを構築する必要を、東京と台北の両方が認めたことを明らかに意味する。これは、マスコミが「台湾問題は中国の内政問題だ」と言っていたことが、はるかむかしの話になってしまったという何よりの証拠の一つである。

中国式の表現は日本人にはわからない

それでも、マスコミの事態の受け取り方は、やはり長いあいだの習慣から抜け切れない。今朝の『読売新聞』は、今日、李登輝が総統就任式で発表する予定の就任演説のなかで、対中政策について「われわれは台湾独立の路線を採択する必要もなければ、そうする可能性もない。対話と意思疎通を進めてこそ国家統一の問題を解決し、中華民族の共同の福祉を求めることができる」と述べていると報道し、「中国が警戒する台湾独立については明確に否定した」と解説している。

しかし、李登輝総統の演説の意味するところは正反対である。つまり、今となっては台湾独立は是か否か言う必要はないということである。これではっきり、台湾は事実上の独立の存在になってしまったのであり、中国もどうすることもできない。だから、わざわざ台湾独立という声明を出す必要もない、これからは対等の国家として大陸とのあいだの関係を調整してゆく、しかも民族は同じなのだから話はつくはずだ、という意味である。李登輝はじつに老獪《ろうかい》に、独立と言わずに「もう、独立問題は過去のことだ」と言ったのである。

こういった中国式の表現は日本のマスコミがもっとも苦手とするところで、まったく正反対の意味に取り違えることが、これまで中国問題を分析する際に繰り返されてきた。プロレタリア文化大革命時代から、中国から伝わってくる情報や香港《ホンコン》を通して伝わってくる情報の解説を、日本のマスコミはことごとく間違ってきた。

いちばん典型的な例は、一九七一年の林彪《りんぴょう》事件である。当時、党中央委員会第一副主席として毛《もう》沢東《たくとう》の忠実な戦友であり後継者であると党規約に規定されていた林彪が、飛行機で脱出し、モンゴルで墜落して死んだという大事件である。一年後に発表されたところによると、林彪が毛沢東を暗殺しようとしたということであるが、いまだに本当かどうかわからない。とにかく林彪が消え失せた。

その後、大陸では批林批孔《ひりんひこう》と言って、林彪批判と孔子批判がセットになって強力に推進された。この林彪批判は理解できる。ただ、それと孔子批判がなぜセットになっているか、ということが根本的な問題なのである。日本のマスコミは、最初から放棄してまったく解説しようとしなかった。当時は儒教を否定しているのだという素直な見方から、いや周恩来《しゅうおんらい》は読書人の子弟だから周恩来批判だ、というもっともらしい解説まで流布していた。

これらはすべて間違っていた。孔子批判は広東《カントン》にある中山大学の教授、楊栄国《ようえいこく》が発表した論文から出発している。原文を入手して読んでみると、毛沢東《もうたくとう》批判であることは明らかであった。孔子と記している部分はすべて毛沢東のことである。毛沢東の人民公社運動など、あらゆる政策を、すべて孔子の業績になぞらえて攻撃していたのである。

このように元《もと》のテキストをちゃんと読めばはっきりわかるようなことでも、日本のマスコミや中国通の人たちがまったく反対の意味にとっている例が無数にある。これは、日本人にはわけのわからない、中国人独特の言葉の使い方による。中国人の言葉遣いは、じつに熟練しており、一定の修辞法があって、何か表現したいときには直接そのものを指して言わない。どっちにでもとれるように、しかも、中国人のレベルの高い人が見れば、はっきり意味がわかるように、それでいて尻尾を摑《つか》まれないような表現が飛び交うわけである。

現在、大陸では北京《ペキン》と上海《シャンハイ》のあいだ、北京と広州のあいだで熾烈《しれつ》な権力闘争が相変わらず続いている。その結果、いろいろと奇妙なことが起こっている。その一つの表われが、三月の台湾の総統選挙をめぐる台湾海峡の軍事的緊張である。あれはまったく中国の内政問題であった。だから「台湾問題は中国の内政問題である」と北京は繰り返し表明しているが、たいへん正直な告白であり、台湾は関係なかった。中国内部の問題であった。じつは、そういったパターンがこれまで何度も繰り返されている。

中華人民共和国ができて以来、対外問題のように見える事件は、ことごとく国内問題であるというパターンが続いている。

じつは、台湾海峡の軍事的緊張も最近の一例であるが、中国人は、外に向かって拳を振り上げるポーズをとることが国際的にどういう影響を持つか、ということにはまったく無頓着であり、最初から考えてもいない。このことが、日本人にもアメリカ人にも理解できない。あれは国内向けのジェスチャーだということは、現代中国史を分析するときに、けっして忘れてはならない視点である。今回も鮮やかにそれが立証された。

総統直接選挙が中国に与えた影響

三月二十三日に台湾の総統直接選挙が行なわれた。それまでの中華民国総統選挙は、国民代表という人たちがいちおう選挙されて、その人たちが国民代表大会を開き、そこで投票をして総統と副総統を選出するという間接選挙であった。実際には、国民代表の人選を国民党が適当にできたので、結果は最初からわかっていた。

したがって国民党以外から候補は出ない。統一候補しか出ないようになっていたので、事実上、国民党が総統を選出していたわけである。ところが李登輝が憲法を改正し、国民代表大会から総統の選挙権を取り上げて、一般の直接選挙に変えた。三月二十三日はその第一回選挙であった。この動きが昨年、明らかになったときに、私は、これはたいへんな国際問題になる、という見通しをいろいろなところで発表したが、まさにそのとおりになった。

台湾のなかの論調では、中国五千年の歴史のなかで国家元首を国民が直接選んだのはこれが初めてだ、つまり中国五千年の専制の伝統を断ち切った、という表現をしている。シナに本当に五千年の歴史があるのか、台湾が中国の一部かどうかは、じつはたいへん問題の存在するところであるが、それは別として、そういう表現をしている。

これは、台湾が独立し中国に戻ってこないと北京が憂慮する、というような問題ではない。じつは、中華人民共和国指導部にとって大打撃なのである。つまり、同じ中国人の台湾で国家のリーダーを人民が選ぶという前例ができ、それが成功したということになると、第二次天安門事件以来、中国に根強く潜行している民主化運動が追い風を受けることになり、今後ますます中国共産党の一党専制が難しくなってゆくということである。これは、まったく直接的な影響である。

そうなると今の江沢民《こうたくみん》体制の基礎も揺らいでくる。これまで中国共産党の上層部で行なわれてきたパワー・ポリティックスのルールが変わるわけである。これは今の指導部にとってはたいへんな脅威になる。これも非常に直接的な影響である。

そういうことを抜きにして、一歩後ろに下がって全体を大きく眺めてみると、これは、すべて鄧《とう》小平《しょうへい》時代が実質的に終わったということの表われである。

ニクソン訪中受け入れの背景

鄧小平時代は一九七八年に始まった。少し時代をさかのぼって、鄧小平が再登場してからのことを振り返ってみるとよくわかる。一九六六年にプロレタリア文化大革命を毛沢東は発動した。草の根の党組織を使って党の執行部を破壊するという激しい運動であった。それで毛沢東が全権を握った。そのために、中国共産党の組織が上から下まで完全に破壊されてしまい、中国はもはや統治不可能になっていた。

一九七一年に毛沢東がニクソン訪中を受け入れたのは、劇的な歴史の転換点であった。なぜニクソン訪中を受け入れたかというと、当時の見通しでは、中国はこのままでは破滅の淵に直進することが、あまりにも明らかだったからだ。行政能力もなくなったし、生産はどん底、食糧も極端に不足し、飢餓が全土に広がり、国家として統一を保てそうもない状態で、共産党の統治がこのまま続かないことははっきりしていた。

そうなると、当時、アメリカはベトナム戦争の真っ最中であったが、中国にとって盟友である北ベトナムを裏切ってでもアメリカと手を結ぶしか中国共産党が生き残る方法はない、ということはあまりにも明らかであった。それで一九七一年にニクソン訪中の発表ということになったのである。それに反対だったからだと思うが、人民解放軍の総帥《そうすい》である林彪《りんぴょう》が毛沢東《もうたくとう》の暗殺を企てて失敗し、国外に逃亡して死んだ、と言われる大事件がその年の九月に起こった。それに引き続き、一九七二年に日中国交樹立ということになり、田中角栄総理大臣が北京を訪問した。

今の中国の開放政策の原点は、ニクソン訪中の発表、林彪事件、田中訪中にある。その時点で中国はお先真っ暗で、中国共産党が今後、中国を統治してゆける見込みがほとんどないという状況だった。日本とアメリカにアプローチして手を握る以外、生き残る道はないということだったのである。それから今日まで基調は全然変わっていない。中国はいまだに、日本とアメリカとの友好関係なしには、経済的に生き残れない状態である。

二十一世紀は中国の世紀だというアメリカや日本の予測があるが、そんなことはまったくナンセンスである。中国は、日本やアメリカと対立していたらやってゆけない状態である。しかも、資本の導入という点について見れば、じつは台湾資本が七割を占めている。現在、大陸に投資されている在外資本は、いろいろな経路を通って偽装しているが、事実上は台湾資本である。したがって台湾との関係が悪くなることは、中国にとって致命的である。

今の中国の好景気と見えるものは、たしかに高度成長だが、出発点があまりに低いからパーセントで計算すると大きなだけの話であって、レベルは非常に低い。しかも、台湾資本は一種の華僑資本なので、蒸発しやすいというか、逃げ足が速い。ちょっとでも儲からなくなったり情勢が不安になると、さっさと引き揚げてよそに行ってしまう。最近、台湾資本は大陸を避けてベトナムに集中している。そういったことが簡単に短期間で起こる。これが本当の経済情勢で、表面に出ていることとまったく異なる。

一九七六年一月に、周恩来が死んだ。このとき周恩来は国務院総理であった。その下で副総理だったのが鄧小平である。当時、鄧小平は拘束されて、事実上、軟禁状態にあった。

その後、四月に第一次天安門事件が起こった。天安門広場にある英雄記念碑に周恩来を偲《しの》ぶ人たちが多数集まって花輪を置いたのであるが、これを大弾圧して、誇張かもしれないが、広場がくるぶしの深さまで血の池になったと言われた大虐殺があった。第二次天安門事件よりもっと大きな衝撃であった。鄧小平はその責任をすべて背負わされて、副総理を解任され、華国鋒《かこくほう》がそれに代わったのが七六年四月である。

その九月に毛沢東が死んで、十月には毛沢東の後継者と見なされた四人組が逮捕され、華国鋒が全権を握り党中央主席になった。いよいよそのあたりから、鄧小平復活のステージが整えられてゆく。

アメリカの北京政府承認は、台湾独立と交換条件

その一九七六年の十一月、アメリカでジミー・カーターが大統領に当選した。その頃、軍の最長老、葉剣英《ようけんえい》元帥がバックアップして、華国鋒では心細い、鄧小平を復活させよう、という動きが水面下で進行していたらしい。しかし、党中央政治局決議があって、第一次天安門事件は反革命・反党運動であるという定義がされていたので、その全責任を負わされた鄧小平を復活させるのはたいへん難しかったのであるが、結局、翌一九七七年七月に突然、鄧小平が党中央委員会副主席、政治局常務委員、党中央軍事委員会副主席、人民解放軍総参謀長、国務院副総理として復活する。これは、中国の事実上のリーダーになったということである。

翌一九七八年八月、日中平和友好条約の調印という大事件があった。その翌月、ジミー・カーター大統領はキャンプ・デーヴィッドにイスラエル首相メナヘム・ベギンとエジプト大統領アンワル・サダトを招いて、歴史的な和解を成立させた。本当に信じられないほどの大成功だったが、じつはこれが今、イスラエルで起こっている問題のすべての出発点でもある。

中東問題を解決したカーターは引き続き、キャンプ・デーヴィッド合意と同じような合意を北京と台北のあいだに成功させようとして、中国のワシントン連絡事務所主任の柴沢民《さいたくみん》に直接申し入れをした。その申し入れが、今回の台湾海峡問題の出発点である。

そのとき申し入れた三つの条件は次のとおりである。

一、アメリカは台湾に引き続き武器を売却する。
二、アメリカは台湾問題の平和的な方式による解決を公式に表明する。中国はこれに反対しない。
三、中国は、アメリカが台湾に非公式代表を置くことに同意する。

要するに、台湾は独立のままに保つ、それを中国は事実上承認しろ、ということで、つまり、台湾を手放せ、あきらめろ、ということだった。こういう三つの条件を呑んだら、ワシントンは北京政権を承認してもいい、ということである。

当時、華国鋒をヘッドとする北京の文革派と鄧小平とのあいだでは熾烈《しれつ》な闘争が続いていた。ところが、中華人民共和国憲法の前文には、すでに「台湾は中国の神聖な領土である。われわれはかならず台湾を解放し、祖国統一の大義を成し遂げなければならない」と明記されている。

この明文と、事実上、台湾を放棄する、台湾の独立を認める、ということとをどうやって調和させるかが大問題であった。そこで、鄧小平はいかにも中国人らしい妙案を持ち出した。それが、「祖国統一というのは台湾の独立を認めることだ」という解釈である。

つまり、統一とは、台北と北京とのあいだに平和的な関係を樹立して自由に往復できるようにすることであって、かならずしも政治的な統一、つまり、台湾が中華人民共和国の一省になるということではない、という解釈である。だから、単一の国家にならなくてもいい、ということである。これからのち中国が出すいろいろな文書や声明のなかに出てくる統一とは、そういう意味である。台湾の独立を事実上認めるから、台湾のほうも独立と言わないでくれ、独立とさえ言わなければそれでいい、そうすれば北京のほうも統一しようという努力を止める、ということなのである。

これは、中国式の言葉・文字の使い方である。言葉は言葉、文字は文字で、つじつまが合っていなければならないが、それと現実がどう対応するかは、まったく別の問題なのである。つまり、事実上の独立であれば文句はないが、言葉に出してはいけない、という了解のもとに、鄧小平はアメリカが出した三つの条件を呑んだのである。

そのサインは、十一月初め頃、ワシントンに届いた。ワシントンでは、ブレジンスキー大統領補佐官が、アメリカの条件を満足させるような返答が北京から届いた、とカーター大統領に報告している。

その直後の十一月半ばに鄧小平は、事実上、北京の全権を握った。華国鋒以下の文革派は全員、全面降伏したのである。世界最大の強国が後ろ盾についた鄧小平に、文革派も抵抗できなかった。実際、この提案を拒否してアメリカとの関係改善を進めなかったら、自力更生は問題外で、経済破綻《はたん》は避けられない情勢だったので、結局、文革派は追い詰められて全面降伏したのである。十二月半ばに開かれた中央常務委員会で、華国鋒、汪東興《おうとうこう》以下の文革派の政治局常務委員たち全員が自己批判を発表した。これは本当に劇的だった。

一九七八年十二月十五日、ワシントンと北京で米中共同声明が発表され、アメリカ合衆国は「一九七九年一月一日から中華人民共和国を承認する」と言って、国交を樹立することになった。以上が鄧小平が権力を握ったそもそもの経緯である。

つまり、鄧小平の権力はアメリカとの良好な関係――ということは日本との良好な関係も意味する

——に基づいているのである。つまり、鄧小平のバックは日本とアメリカなのである。このことをしっかり押さえておくべきである。

鄧小平が送った台湾独立のサイン

鄧小平は、自分が送ったサインが本物であることを、アメリカに対して何度も証文を出し直さなければならなかった。つまり、漠然とヒントを与えただけでは、カーターもブレジンスキーも満足しなかったのである。「もっとはっきりとしたサインを出せ」と言われ、それに応えて次から次へと鄧小平は不思議な手を繰り出した。

第一に、一九七九年一月一日付で全国人民代表大会常務委員会——当時は国家主席がなかったので、常務委員会委員長が中国の元首だった——が「台湾同胞に告げる書」を発表し、台湾人民と、台湾当局つまり中華民国政府に、自由な往来の再開を呼びかけた。これが祖国統一である。繰り返すが、祖国統一とは政治的に統合することではない。たんに大陸と台湾の関係を平和なものにするということである。

米中国交樹立のときの共同声明のなかには「合衆国の人民は、台湾の人民と、文化、商業、その他の非公式な関係を維持する」と書かれており、アメリカと台湾の関係は変わらない、ということをわざわざ念を押している。しかも、台湾に武器を売却し続けるということも、また念を押している。

そのことを華国鋒も認めていて、「アメリカ側は交渉の際、正常化後、引き続き台湾に防衛的な兵器を限定的に売却する意向を示した。これについて、われわれは絶対に同意しなかった。しかし、言い換えれば、われわれの相手には異なる見解があり、食い違いがあるが、われわれはなお共同声明に到達した」と発言している。ということは、同意しないけれども、どうぞおやりください、ということである。同意しないということは、同意したということなのである。これが中国型の言い回しの特徴である。同意していないのだから、あとで反対派に攻撃されても尻尾は摑まれない。しかし、事実上、同意しているのである。

鄧小平は、その後、一月末から二月初めにかけてアメリカを公式訪問し、上院の外交委員会で上院議員たちと懇親会を開いている。そこで「われわれはもう、台湾を解放するという表現は使わない。台湾の政治体制は今のままでよい。社会体制を変えなくてもよい。独自の軍隊を持ってもよい。しかし、青天白日旗は降ろしてもらう。中国の国旗を揚げろとは言わない」と言っている。青天白日旗を降ろしてもらうけれども、五星紅旗は揚げなくてもいいというのは、要するに、青天白日旗を降ろさなくてもいいということである。

しかも、それだけではまだ誤解されるかもしれない、と思ったのだろう。二月四日付の『人民日報』に「祖国の宝島——台湾」という特集を掲載した。これはカラー写真を使った特集で、そのなかにはほとんど漢族らしい人間は写っておらず、原住民ばかり写っている。しかも、「花蓮《かれん》のアミ族の踊り」という写真には、右手の奥のほうにはっきりと青天白日旗が八本立っているのが見える。これは中華人民共和国建国以来の珍事である。

漢族らしい人が写っている写真を使わなかったことに、重要な意味がある。つまり、台湾は異国である、という印象を強調したのである。大陸と同じ人たちが圧倒的多数を占めているという印象を、わざと避けたのである。

もう一つ、アメリカに対するサービスとして忘れてはならないのは、それと同時に鄧小平が発動した中越戦争である。アメリカで鄧小平は私的に「アメリカの仇を討ってやる」と言ったそうである。人民解放軍を動員してベトナムに攻撃をかけた。鄧小平は人民解放軍がうまく機能しないだろうと思っていたが、実際にうまく機能しなかった。この作戦は大失敗だった。鄧小平は人民解放軍を厳しく叱責したらしく、将軍たちは面目を失った。つまり、この中越戦争すら国内問題なのである。鄧小平はこのようにして、軍に対する統制力を強化していったのである。

その後、いよいよ六月に全国人民代表大会で新しい政策として「四つの現代化」政策が採択された。これで鄧小平の全権掌握が完成した。華国鋒は国務院総理というものの、ほとんどなんの権力もない浮き上がった存在になってしまった。

その翌年の一九八〇年五月、華国鋒総理が日本を訪問した。このとき鄧小平はわざわざ「華国鋒は元首ではないが、せめて元首扱いはしてくれ。宮中での晩餐会もちゃんとやってくれ」と日本の外務省に申し入れた。外務省は前例を曲げて華国鋒を迎賓館に泊め、宮中の晩餐会もやった。鄧小平は華国鋒に花道をつくったのである。それで華国鋒は地位にしがみつく気力がなくなって、十月に辞任した。

教科書検定問題の背景

華国鋒に代わって鄧小平系の趙紫陽《ちょうしよう》副総理が昇格し、国務院総理になった。ここまではうまく行ったが、またもやアメリカの情勢が変わった。翌月の一九八〇年十一月にアメリカで大統領選挙があって、ジミー・カーターが落選し、代わってロナルド・レーガンが当選したのである。

レーガンは最初から台湾に同情的で、米中国交樹立のときに台湾とのあいだが公式には国交断絶になったことを非常に残念に思っていた。それで、当選するとすぐ側近に調査させて、自分が一月に就任したら、ただちに台湾との関係を元の国交関係に昇格させるつもりだった。

ところが、それができないことがその後わかってきたので、レーガンは「では、ジミー・カーターのときに約束したけれど、これまで実行されていなかった台湾に対する武器輸出を再開しよう」と言い出した。

そうこうするうちに、一九八二年五月三十一日から六月五日まで、趙紫陽国務院総理が日本を訪問した。これは日中国交樹立十周年の記念だった。そのときの『人民日報』、国営テレビの訪日報道は、異常を極めたすごいものであった。『人民日報』は「趙紫陽と東京・京都」という特集を組んで、連日カラー写真で日本の風光を背景にした趙紫陽の写真を掲載した。しかも、彼はそれまで人民服を着ていたが、このときから急にワイシャツ、ネクタイ、背広姿、つまり日本式の服装をして、東京や京都を背景にして写ったのである。国営テレビでも、趙紫陽が地下鉄に乗って日本人に話しかけるという演出までして、毎晩のニュースで特集を組んで放映した。そのときの中国のムードは親日一辺倒で、「われわれは今に日本のようになるのだ」というスローガンであふれていた。

ところが、同じ六月の二十六日に教科書検定問題が起こった。これは周知のように、文部省が世界史教科書の検定で、原稿にあった「侵略」という表現を「進出」と書き直させるように指導したと、日本の新聞各社がいっせいに報道した事件である。

しかし、これはまったく事実無根で、そういう教科書は一つも見つからなかった。あの当時、文部省は「調査したが、そういう教科書はない」と国会で報告したのだが、検定は悪いことなのだから、そうしていないはずがない、ただの言い逃れだろうと日本の新聞は聞く耳を持たず、そのときは事実として報道されてしまった。ところが、あとでいくら調査しても一例も見つからなかったのである。

問題は、これを中国がどう受け止めたかである。同日付の新華社の東京電はこの報道を配信したが、配信先は北京に駐在している外国の通信社だけだった。六月三十日になって『人民日報』ただ一紙がコメント抜きで新華社電を引用して報道しただけで、そのときの対応はきわめて冷めていた。

ところが、それから一カ月も経った七月二十日になって『人民日報』が「この教訓はしっかりと覚えておくべきだ」という評論を発表した。これは非常に不思議なことである。これが、教科書問題の発端である。

そういうことが公式に北京で問題になったのであれば、中国の外交部がただちに日本の外務省に抗議してしかるべきであるが、どうも外交部はそうすることに抵抗したらしい。それからまた一週間経った二十六日になって、やっと肖向前《しょうこうぜん》外交部第一アジア局長が、北京在住の渡辺幸治公使を呼び寄せて抗議した。これは公式抗議の第一号で、文書ではなく口頭による低いレベルの抗議であった。この抗議がなされるまでのあいだに、北京の内部で権力闘争が始まったことは明らかである。

その後、いよいよ主役が姿を現わした。八月二日に人民解放軍の機関誌『解放軍報』が「軍国主義の論理を警戒しよう」という論評を発表し、そのなかで「日本は中国に対する再侵略を計画している。その下心はまったく変わっていない」と全面的な非難を展開した。これで教科書問題の主役がだれだかはっきりした。私は当時すぐに気づいたが、主役は人民解放軍の長老たちだったのである。

その四日後、中国共産党第十一期中央委員会第七回全体会議（七中全会）が、全国人民代表大会の開催を決定した。そこでは党規約の改正案が上程されることになった。それまで党首だった党中央主席を廃止し、総書記が党首になり、元首として国家主席をつくるということが提案されることになったが、それらは些末《さまつ》な議案であり、いちばん重要なことは「党中央軍事委員会を廃止しない」という項目である。

党中央軍事委員会（当初は党中央革命軍事委員会）は、長征中に毛沢東が周恩来に代わってとったパワー・シート（権力の座）である。それ以後、毛沢東はずっと主席と呼ばれているが、それは党中央軍事委員会の主席のことである。人民解放軍は元来、軍閥の寄せ集めであり、党中央軍事委員会主席というのは軍閥の長老たちの会議の議長である。中国には、これ以上に強力な権力機構はない。党中央政治局ですら、事実上、党中央軍事委員会よりは下級である。

鄧小平は、「四つの現代化」のなかで軍の比重を下げようとしたのである。軍は文革以来、至るところに力を伸ばしてきて、軍の意向を無視しては何一つ決められないような状態だったが、これを骨抜きにしてゆくための仕上げとして、鄧小平は党中央軍事委員会を廃止して国家軍事委員会に移管する、という案を持っていた。それに対する軍の長老たちの抵抗が教科書問題の原因である。

つまり、鄧小平の権力基盤が親日・親米であることは、だれでも知っていたのである。そこで、日中国交十周年で親日ムードに沸き返っているときに「日本の文部省はけしからん。日本はいまだに軍国主義で、中国を征服しようとしている」と言って、鄧小平の権力基盤を揺り動かそうとしたのである。そういう言いがかりをつけられたときに、それは本当ではないと言ったところで、弁解すればするほど立場が弱くなる。

北京では最初は軍に抵抗したが、その後、雪崩《なだれ》をうって軍に降伏し、強硬路線に同調し出した。その間にも不思議なことがあり、中国の教育部が、そのさなかに小川平二文部大臣を招待している。事情を知らずに招待したらしい。そして、しばらくあとに「今の情勢では小川大臣に来てもらっても何もできないから、来ないでくれ」という断りが入った。つまり、教育部も軍門に降ったのだ。

こうして八月から九月にかけて、人民解放軍が勝利したことがはっきりしたと同時に、教科書問題はパタッと終わってしまった。いっさいその後、教科書問題に関する日本攻撃は中国のメディアに現われなくなった。これはあまりにも露骨だったが、教科書問題で日本との友好関係を傷つけることは、中国の権力闘争のなかでは取るに足らないことだった。むしろ、日本との友好関係を武器にしている鄧小平に譲歩させるためには、日本を攻撃するのがいちばん手っ取り早かった。

こういうことで、日本もアメリカも絶えず煮え湯を飲まされ続けているが、中国側は、日本やアメリカがどう受け取るかということにはまったく無関心で、すべて他の中国人を対象にした行動なのである。

中国人の処世術

今回の台湾海峡の軍事演習も同じパターンである。あのときミサイルが四発発射され、一発が基隆《キールン》港の沖合、三発が高雄《たかお》港の沖合に撃ち込まれた。それから、対岸の福建《ふっけん》省で陸・海・空軍をあげた上陸演習を行なった。秘密裡にやればいいものを、わざわざメディア・イベントとして演出したのである。中央のお偉い方々が次々と軍服を着て前線を訪れ、兵士たちを鼓舞激励した。すべてショーである。こうしたことをしたらアメリカを刺激することは、米中国交樹立のときの経緯からしてわかりきったことで、アメリカから見ると明らかな約束違反である。

しかし中国の内部では、自分の競争相手を打倒するためには、そんなことにはかまっていられない。相手を打倒するのに台湾問題は格好の口実だったのである。昨年(一九九五)、李登輝がアメリカに行くのをアメリカが許したのはけしからん、と中国は非難したが、アメリカにしてみれば、これは言いがかりである。アメリカ政府当局者は李登輝に接触していない。李登輝は私的に母校コーネル大学の同窓会に出席し、そこで講演しただけである。しかも講演のなかで、少なくとも表面上、政治的なことは何も話していない。

もちろん、李登輝もしたたかで、何も言わなくても、そこに姿を現わすだけで効果がある、ということを知っていて、やったのである。

北京が台湾問題を取り上げると、台湾に対する効果よりも、むしろアメリカとの関係を破壊することは目に見えているが、そんなことは権力闘争のためにはかまっていられないのである。

台湾の総統選挙当時、アメリカでも日本でも、いったい中国はどういうつもりで軍事的圧力をかけるのか、と訝《いぶか》しんだ。私が見た論評のなかで唯一筋道が通っていたのは、劉賓雁《りゅうひんがん》というアメリカに亡命した中国人ジャーナリストのものである。ほかの論評とまったく異なり、彼は「これは江沢民が急に強硬派になったわけではない。彼もこんなことはやりたくないのだが、中国では、強硬な態度をとらない者は弱虫だと見なされる。弱腰は非常に危険なのだ。これをやらせているのは軍だ。軍がやる限り、だれだってついてゆかざるをえない。そうしないと、身に危険が及ぶからだ」と言った。アメリカのテレビで話したのだが、これがいちばん的を射ていると思う。

江沢民は、軍服を着て人民解放軍の基地を訪れ演説をぶったりしたが、そもそも党書記が軍服を着るのは本末転倒である。人民解放軍の伝統では、党が軍を指揮するのであって、軍は党に絶対服従のはずである。それにもかかわらず、党が軍に頭を下げるという形をとらざるをえない。いかに江沢民の権力基盤が脆弱《ぜいじゃく》であるかを表わしている。

それというのも理由は簡単で、鄧小平が死にかけているからである。もう自力では起き上がれないようになった。お手洗いに行くのにも、人の助けを借りなければできない。これまでは自分のところに届く報告書を虫眼鏡で読んでいたが、それもできなくなったという。したがって、呼吸はしているが死んだも同然といった状態である。

そうすると、中国のポリティックスの原理がいろいろな効果を及ぼす。一つは、鄧小平がたとえ意識がなくても呼吸しているあいだは、だれも行動がとれないということである。死なないうちに、鄧小平の同意を得ないで行動を起こすと、中国では自分を弱い立場に置くことになる。

中国人の行動様式を的確に説明できる「vulnerability《ヴァルネラビリティ》」という言葉がある。直訳すれば「傷つけられやすさの度合」である。中国人の処世術というのは、人に弱みをなるべく握られないようにすることである。中国では、人に実力で勝つのは危険なことである。実力で直接の相手に勝てても、「あいつは乱暴なことをした」と他の人間に対して弱みをさらすことになるからである。

中国人の処世術はじつに窮屈で、鄧小平の承諾を得ないで行動を起こすことは、たとえ承諾を与えることができないほど弱っていても、彼が生きている限り、それは自分を傷つけられやすくすることで、たいへん危険なのである。だから、だれも身動きできない。したがって、今はすべての人が麻痺状態である。それが中国人の行動様式の一つである。

実を捨てて名をとる中国人

前述したように、鄧小平がジミー・カーターとの約束で採用した、祖国統一は台湾の独立を意味するという解釈は、けっして言葉にしていない。事実において、前後の文脈からわかるようにしてあっただけである。したがって、祖国統一はいまだに、名目上は中華人民共和国の最大の目標である。

そうすると、祖国統一のための行動はとることができる。何も議論しないうちに解釈が変わっているのである。したがって、政治力によって統一できないなら軍事力によって統一しよう、と人民解放軍が言い出しても不思議ではない。そうすれば人民解放軍の株が上がって、近い将来、鄧小平が死んだあとで権力闘争で有利な立場に立てるのである。

大義名分があるので、江沢民も李鵬《りほう》も、それ以外のだれも、それを制止できない。もし制止したら、祖国統一を妨害したことになって、自分の弱みを示すことになる。そんなことをしたらワシントンとの関係を破壊し、日本との関係を破壊して、中国にとって不利になることはみなわかっているのだが、それでも阻止できない。

今、北京の政治用語で、台湾の独立を認めるようなことを言葉に出すことを、「歴史の罪人になる」と言っている。歴史の罪人というのは、言葉に出して台湾独立を認めることである。口に出したらおしまいなので、だれも口に出さない。

台湾海峡の軍事演習は、いかにも江沢民が率いる北京の指導部が軍事力で威嚇《いかく》して、李登輝の総統当選を阻止しようとしたかのように見えたが、そんなことは最初から考えていないし、目的ではなかった。ただ、近い将来、北京の内部で起こるであろう権力闘争、鄧小平の権力継承争いのときに、軍の地位を確固たるものにして、発言力を大きくしようとしたにすぎなかったのである。

その証拠に、大騒ぎのさなかにおもしろいニュースがあった。三月二十三日の総統選挙の前の十四日に、アメリカ国防総省の副報道官が「公私にわたる中国との対話を通じて、中国が台湾に対して、いかなる軍事的行動をもとる意志がないという保証を、アメリカは中国から得ている」と発表したのである。しかも名目上は、中国の大規模な軍事演習は二十三日の総統選挙の当日まで続くことになっていたが、実際にはその前の二十日で打ち切られている。

つまり、中国の人民解放軍は、充分ショーが成功したのだから、これ以上、本格的にカネのかかる演習を続ける意志がなかったのである。軍事的緊張とはいっても見せかけだったのである。

しかし、当の李登輝総統にとって、中国からの軍事威嚇は望外の幸いであった。選挙前の票読みでは、得票率はよくて四九パーセント、四八パーセントくらいではないかというのが一般の予測であったが、ふたを開けると五四パーセントであった。次点になった独立派の民進党の彭明敏《ほうめいびん》候補が二一・一パーセントだったが、彼から大量の票が李登輝に流れたのである。李登輝は結局、過半数をとって、押しも押されもしない台湾人民の民意の代表になったのである。中国の軍事演習は、台湾のほうからすると、江沢民はじつに寛大にも李登輝が過半数をとることを援助してくれた、という評価になる。しかし、これはもちろん北京が意図したことでもなければ、威嚇によって李登輝の票が減ると思ったわけでもない。

今後も北京は、公式にはつねに台湾統一の意図を表明し、日本、アメリカ、それ以外の国に対しても、台湾と公式の関係を持つことには、言葉で介入して止めさせようとするだろう。「台湾は中国の一省で、独立国ではない」という立場を堅持して、ありとあらゆるところで台湾の対外接触を妨害するだろう。これは間違いない。

しかし、ゆくゆく台湾を中華人民共和国に併合しようと思っているわけではない。ただし、そういう努力を続けなかったら、あるいは、そういう行動をとる機会があるのに行動しなかったら、その人間の落ち度になるのである。これがヴァルネラビリティである。中国人は言葉で縛られてしまって、それ以外の行動はとれない。中国人はいつでも実を捨てて名をとる人たちなのである。

中国人は実利的だと言われるが、じつは正反対であり、中国人はつねに言葉をとる。ただ、中国人が言葉で表現することは、けっして本心を表現したものではない。しかも、何か目立ったことを言葉で表現するときには、かならず行動をもって、それが本気でないことをそれとなく告げ知らせる。したがって、言葉以外の兆候を注意深く読まないと判断を誤ることになる。

中国人の政治力学から見ると、今回の台湾海峡の軍事緊張という演出は、ごく筋の通ったことであった。しかし、それを日本やアメリカなどの常識的な見方をする人間から見ると、中国人のやることはまったく理解できない、そんなことをしてもなんの得にもならないのに、ということになる。それでアメリカや日本は、中国の前途をかならず読み誤ってしまう。

これからの問題には、台湾問題がどうなるか、中国の前途はどうなるか、という二つが絡まってくる。それに今、北朝鮮問題、南沙諸島問題、鄧小平が死にかけていることまで関係してきて、東アジアの情勢は風雲急としか言いようがない事態になってきた。しかし、これはすべて中国人の政治的な行動様式が招いたことである。

ワシントンでも東京でも、中国の意図を読み誤って警戒心が高まり、その結果、日米同盟の重要性が再評価されて、日本の防衛にとってはこれ以上はないという状況になってきた。クリントン大統領は、これまでアジアにまったく関心がなかった。元来、クリントンは国内政治家である。州の政治にしか関わったことがなく、全国規模の政治には、大統領選挙まで関わったことがない人である。ましてや国際問題については、なんの知識も考えもない人だったが、その人が一所懸命勉強して、だんだんアジアに対して認識を持ち始めてきたときに、この問題が起こって、いっぺんに認識が改まったのである。

今、沖縄駐留米軍は、いつでも出動して中国や北朝鮮を叩けるような体制を取り始めている。そのために、日本の自衛隊に有効な後方支援をやってくれということで、緊密な体制をつくることになった。いよいよ、ワシントン―東京枢軸が、北京―平壌枢軸に対して闘いを挑むというか、contain《コンテイン》ment《メント》（封じ込め）政策を思わせるような情勢になってきたのである。

つまり、アメリカのペンタゴンと国務省が、アメリカにとっても日本にとっても――東アジアだけではなく、イランの核兵器問題にまで中国がかんでいるので中東問題でも――中国が潜在的な軍事的脅威の源であるという認識に到達してしまったのである。もちろんこれは、人民解放軍が軍事演習を企画したときに考えてもいなかったことであるが、結果はこういうことになってしまった。

いまや台湾問題は、国際社会のなかで最大の懸案事項の一つになり、たんなる中国の国内問題ではなくなった。だれがどう考えても、国内問題だと言えるような段階ではなくなってしまったのである。三月二十三日を境にして、アジアの情勢は百八十度変わり、元はどうだったのか思い出すのも難しい状況になっている。

つねに二股をかける中国人の本心

もう一つ、中国人の行動を判断するときに考慮しなければならないことがある。それは、中国人にも本心がないわけではないが、けっして割り切れたものではない、ということである。

私が一九七〇年代の初めに台北に行ったとき、当時、内政部長だった台湾人の林金生《りんきんせい》から言われた言葉がある。この人は日本式の教育を受けた生粋の台湾人で、のちに国民党の秘書長になって引退した人物である。その林金生が私に「われわれ中国人はなにごとも白でも黒でもない。日本人はなんでも白か黒。こっちでなければあっち、あっちでなければこっちというように、その中間がない。われわれ中国人は、どんな問題についても、本心は一割が白、一割が黒、八割がその中間の灰色なのだ」と言った。これは私が、いろいろな疑問を解く鍵になった。そう考えてみると、いろいろなことが理解できた。

つまり中国人は、ギリギリ最後のところに追い詰められるまで、二股をかけているのである。だから、台湾の本土統一という北京のスローガンにしても、九割がたは実現しないだろうと思っているが、主張し続けていれば、万が一、何かの関係で転がり込んでこないでもない。少しばかりの可能性でも、ドアを開けておこうということである。完全に統一を放棄すると、まず第一に、国内的に危険であり、第二に、本当にそういうことが起こったときに身動きがとれないからである。

そうなると、結局、中国人の本心がどうかということ事態が、たいへん難しい問題になってくる。われわれが考えているような意味での本心はない。言葉の上では、一つの原則を断乎主張し続ける。周恩来がかつて言った、「われわれ中国人は原則を重んじる民族です」というのは、そういうことである。原則を重んじるということは、原則は原則である、現実は現実である、ということである。このような、われわれからすると不可解な人々が中国人で、その中国人が地球上の全人口の二三パーセントを占めているというのが、恐るべき現実である。

繰り返すが、中国を論じる場合、自覚しておいたほうがよい以下のような三つの原則がある。

一、中国人の行動はヴァルネラビリティという物差しで判断するのがよい。

二、中国人にとって、言葉は言葉、行動は行動、現実は現実で、別である。

三、本心というものは、かならず二股以上である。

これが中国の政治的風土のなかでは常識であるが、言葉は言葉、現実は現実なので、そのこと自体がけっして文字になることもなければ、言葉として口にのぼることもないのである。私がそういうことを言うと、中国人は断乎として否定するだろうが、それが事実である。

今回の台湾の総統直接選挙をめぐる極東の軍事的緊張の正体は、そういうものだったということである。中国人の動機と、日本人、アメリカ人の解釈とはまったく食い違っている。そもそも国際的緊張や戦争は誤解によって起こるものであり、支那事変も誤解によって起こったわけだから、中国人の行動様式は誤解を生むという点で、危険である。

その意味で、ワシントン—東京枢軸を敏速につくったペンタゴンの判断は正しい。

つまり、誤解されやすいことをやって、それが国外に及ぼす影響にまったく無頓着なのが、中国の政治の特徴である。これは、将来、台湾海峡問題以上に取り返しがつかないことを引き起こす可能性が非常に高いということである。その意味で、中国はやはり軍事的脅威である。そういう厄介な隣人を抱えているのが、われわれ日本人の宿命なのである。

台湾をめぐるコラム三題

台湾民主国とは何か

東アジアで最初の共和国が台湾に誕生してから、今年（一九七八）で八十三年になる。台湾に拠った鄭成功《ていせいこう》の末裔《まつえい》が清《しん》朝に屈服したのは一六八三年のことだったが、それから二百年間、台湾の漢人系移住民は、大陸からの支配に反抗を続け、「三年に一小叛乱、五年に一大叛乱」と言われるほどで、清朝政府は台湾を厄介者扱いしていた。ところが十九世紀の末になって、日本の西郷従道《さいごうつぐみち》の台湾遠征（一八七四年）以来、諸外国が台湾の戦略上の価値に目をつけ出したので、清朝政府もやっと一八八五年に台湾省を設置して開発に乗り出した。しかしたった十年で、一八九五年、日清戦争に敗れた清朝は、台湾を日本に譲り渡すことに同意してしまった。

清朝政府からなんの相談もなく、自分たちの頭越しに日本領にされた台湾の土着の有力者たちは激《げっ》昂《こう》した。彼らは清朝に見切りをつけて、台湾を独立国とし、諸外国の援助を期待しつつ、自分たちの力で日本に抵抗する決意を固めた。清朝の台湾省長官の唐景崧《とうけいしょう》を抑留して総統（大統領）に選挙し、藍地に黄虎の国旗を制定し、内閣と議院を組織した。大将軍（総司令官）には、大陸から来ていた増援部隊の指揮官の劉永福《りゅうえいふく》が任命された。こうして一八九五年五月二十五日、台北を首都とする台湾民主国という、東アジアでは最初の共和国が出現した。

その四日後、北部の海岸に北白川宮能久《よしひさ》親王の指揮下の近衛師団が上陸し、台北はたちまち落城して、唐総統は大陸に逃亡した。台湾民主国政府は台南に再組織された。日本軍は住民の勇敢なゲリラ戦に多大の損害を出し、前進は四カ月もさまたげられた。やがて南部に伏見宮貞愛《さだなる》親王の混成第四旅団と乃木希典《のぎまれすけ》の第二師団が上陸して、台南が三方から包囲されると、劉大将軍も大陸に逃亡し、台湾民主国は百四十八日で消滅した。こうして抗日は失敗に終わったが、清国軍の戦意のなさに引き替え、台湾人は後ろ盾もなく、海外からの精神的援助さえないまま、巨大な武力を持つ敵の侵略に対して、ほとんど素手で勇敢に戦って郷土を守ろうとした。現在の台湾をめぐる国際情勢は当時とはまったく異なるが、台湾民主国が示した愛郷心のゆくえを見守りたい。

（一九七八年十二月記）

高砂族の今

一九四五年の日本の降伏で、五十年の日本の台湾統治の歴史が終わったとき、それまで高砂族《たかさご》と呼ばれていた台湾の先住民の人々は、新たな台湾の支配者となった中国人によって、まず「高山族」、次いで「山地同胞」、略して「山胞」と呼ばれるようになった。しかし高砂族は、山地にばかりいるのではない。むかしから平地に住んでいて、今は漢化して一般の台湾人と区別がつかなくなった高砂族も多い。それで「平地山胞」という名称が発明されて、山地に住む「山地山胞」に対することになったが、これは「平地の山地同胞」「山地の山地同胞」という意味だから、矛盾していてなんともおかしい。

去年（一九七九）の暮れから今年の正月にかけて、台北の学会に出席したついでに、現地の学者の方の案内で、北部台湾の桃園《とうえん》台地の客家《ハッカ》地帯を一周する機会があった。現在の台湾人の大多数は福建《ふっけん》省からの移住民の子孫だが、客家は広東《カントン》省から移住した少数民族で、漢人系ではあるが、一般の台湾人とは違う言葉を話す。中国革命の父の孫文《そんぶん》も、鄧小平《とうしょうへい》も葉剣英《ようけんえい》も客家である。桃園台地は昨年の二月に開港した国際空港のあるところで、かつて台湾の開拓時代に、客家が福建人との戦争に負けて追い込まれた、地味の悪い貧困地帯である。それでも現在の台湾経済の高度成長の余沢はこの桃園台地にも及んで、どの客家の町も村も、人々の生活は豊かなようであった。

ある小さな町でのこと、案内役のW教授が、たしかこのへんだったが、と言いながら、裏通りの狭い道を行きつ戻りつ探し求めたが、なかなか見つからない。やっと尋ねあてたのは、大きな新築のコンクリートの二階建てのかげに隠れた古い煉瓦造りの家で、正面入口の左右に「課館」と大きな字が刻んである。W教授の説明によると、この町はもと高砂族の部落だったのだが、漢人の入植者に首長が土地を貸して地代を取っていた、その首長の家がこの「課館」だと言う。その前の新築の二階に上がると、大きな祭壇があって、清《しん》朝時代からの歴代の首長の漢名を彫りつけた立派な位牌と、町の祭りに担ぎ出される古い御神体の、「大王」と呼ばれる木の鉢が安置してあった。しばらくして、日本人のような整った容貌のお婆さんが杖をついて姿を現わした。首長家の血統の最後のお姫さまだそうで、「私は台北の日本人の家に二十年おって、女学校に通ったよ。七十八歳だよ」ときれいな発音の日本語で話し、歴代のご先祖が清朝政府から授けられた印章を見せてくれた。

この町にはもう、部族の人はほかにひとりも残っていないのだそうである。

その夜は山中の尼寺に泊まって精進料理に舌鼓《したつづみ》を打ち、翌日は地元の県会議員さんの歓待を受けて、また別の小さな町のレストランで夕食をふるまわれたが、ここではエレクトーンの生演奏があって、小さなステージに代わる代わる若い女の子が上がって、日本の歌謡曲を次々と日本語で歌いまくる。日本語の歌は法律で禁止されているはずだが、カセットテープが大量に出回っているために、警察も取り締まりようがないのだという。あの女の子たちは何だ、と聞いたら、台北では「経理《ジンリー》」と呼んで、時間決めでお酌をするのだ、お好きなのを呼んであげましょう、と言って、まもなく山口百恵そっくりな、色の白い小柄な美少女が私の隣に来て座った。若いのに日本語がうまい。台北から来た、と言う。しばらくたあいのないむだ話をして別れ、外に出て開いたばかりの夜店をひやかしながら紹興酒の酔いをさましていたら、主人役の台湾人が、あの子たちは高砂族ですよ、眼を見ればわかりますよ、とささやいた。

そう言えば、日本で活躍している台湾出身のタレントにも高砂族が多い、と台北のある政府高官から聞かされたことがある。そのときも、漢人のような顔をしていても、私が見ればわかる、と自信をこめて断言されたっけ、と思いながら、さすがに冷たい台湾の冬の夜風を頰に感じた。

（一九八〇年三月記）

台湾の尼寺訪問記

五月末は台湾では梅雨の真っ最中だ。片側四車線の高速道路を南へ南へと突っ走る乗用車のフロントグラスには、ときおり雨粒が激しくぶつかっては、すぐまたぱらぱらとなる。運転席でハンドルを握るのは、大柄で陽気な陳夫人ミドリさん、助手席に座るのは小柄で可愛い鄭夫人エミさんである。お二人は絶えず台湾語でにぎやかに話し合っているが、ところどころで日本語になる。お二人は大の仲良しで、御主人はいずれも国立台湾大学の教授。今日はこれから台北市の南方一時間半の、ある地方都市の、鄭教授のお祖母さんが自分の隠棲《いんせい》のために建立した、鄭家所有の尼寺に私と妻を案内しようと、エミさんが運転のうまいミドリさんを誘って、連れていってくれるところである。

ミドリさんは「台僑」だという。ミドリさんのお祖父さんはパナマ帽の取引で産を成した富豪で、終戦後、一家を挙げて日本に帰化した。それでミドリさん自身も神戸で生まれ、小学校も中学校も東京の中華学校、大学も東京の私立大学だった。台湾大学の農学部の陳教授と結婚した現在も、日本国籍を持っているという。「わたしにとって日本は外国じゃないわ。いつでも気が向いたら、空港に行って飛行機に乗るだけで行けるんだもの。国内と同じよ」とおっしゃる。旦那さんの陳教授も裕福ら

写真３　鄭氏家廟（新竹市）

写真４　エミさんとミドリさん

しく、「うちの先生は温泉が好きだから、台北に住宅があるのに、北投に温泉付きの家を買ったの。息子に住まわせて、台北の大学に通うために車を買ってやったのよ」という話である。

車は高速道路を下りて、目指す地方都市に入った。ミドリさんが窓の外を指して、「ほら、ここから先はみんな鄭家の庭園だったの。日本人が来て、没収して県庁を建てて、市の中心街にしたの。それから鄭家の没落が始まったのよ」と遠慮ないことを言う。現在の地方政府の建物の向かいに、「鄭氏家廟」と「進士第」という額の掛かった反り屋根の古雅な建物が残っている。煉瓦の壁のあいだの狭い路地を入ってゆくと、両側にはそれぞれ小さな中庭を囲んだ長屋風の家が奥へ奥へと際限なく連らなっているが、人の住む気配はない。碑文によると、この大邸宅は清《しん》朝の咸豊《かんぽう》四年（一八五四）の建築で、今は文化財に指定されている。修理は鄭家の負担で、金がかかって仕方がないという。聞くところによると、鄭教授の高祖父は、科挙の試験に及第して台湾最初の進士となった人であった。

車は中心街を通り抜けて、「浄業院」と題した門に入る。二十年ほど前に建ったという大きなお堂に入ったら、小柄な若々しい尼さんが出てきてエミさんと私たちに挨拶する。「もう古希は過ぎました」と言うが、円い頭の剃りあとは青々として、白髪らしいものは見当たらない。きれいな日本語で語るところでは、昭和十三年（一九三八）、十六歳で日本に修行に渡り、出発の前日に得度《とくど》して髪を下ろした。小さいときから菜食を守っていたので、船中では食べるものがなかった。名古屋の仏教女学校で、日本人の立派な先生に大事にしてもらい、戦争中も不自由はなかった。戦後、台湾に帰ってこの尼寺に住んで、僧侶たるものは社会福祉に貢献せよという先生の教えで、小規模ながら幼稚園を経営している。「菜食は体にいいですよ。昆布をたくさん食べれば白髪にはなりません」と言う。エミさんが新婚当時、この本堂の隣の古い家に住んでいたとき、身の回りの世話をしたのがこの尼さんだったという。エミさんが若い尼さんたちを呼んで、衣料品などを分けている。庭の奥にはむかし、未婚のお嬢さんたちが手芸に日を暮らしたという建物が、崩れかかって残っている。

この都市でいちばんの名所は、町の守護神を祭った城隍廟《じょうこうびょう》である。城隍廟の周辺の道路は車で混み合って、駐車の場所がなかなか見つからない。やっとのことでかなり離れたところに車を止めて、雨のなかを歩いて廟まで来ると、門前はアーケード風の飲食店街で、台湾名物のベビー・オイスターのお好み焼きや、油で煮た肉饅頭や、いか団子のスープや、焼きビーフンを並べ、もうもうと湯気を立てて、にぎやかに客を呼び込んでいる。そのなかの細い通路を抜けて門を入ると、御本尊の城隍様の祭壇の上に掛かっている額は鄭教授の先祖の筆跡であった。ここで鄭教授の亡兄の未亡人、すなわちエミさんの義理のお姉さんにお目にかかった。御主人が亡くなられてから、この廟の会長を務めておられるということだ。中心街のこのあたりは、すべて鄭家の土地らしい。つくづく思ったのだが、鄭家のような地方の名家に嫁いだエミさんはたいへんだ。台北に住んではいても、しばしばこの町に帰って、大家族の監督と不動産の差配をしなければならない。新時代の台湾を代表して颯爽《さっそう》と活躍している鄭教授には、こうした氏族の長としての一面もあるのだと思った。

（一九九三年十一月）

第Ⅳ部　近隣諸国の歴史と社会

近隣諸国は安保継続を望んでいる

外交に関する三つの常識

日本と近隣諸国との関係を論ずるに当たって、わかりきったことながら、すべての前提となる三つの常識がある。

第一に、外交について理想を持ってはいけない。この相手国との外交関係はどうあるべきか、などと考えるのは禁物で、国際関係がいろいろの要因によって動かされ、絶えず微妙に変化し続ける生き物である以上、安定した国際関係などというものは、どだいあるわけがない。

ましてや友好を外交の至上目標として、あらゆる犠牲を払っても友好関係を維持しようとする、いわゆる平和外交など愚劣の極みであり、時と場合によっては、相手国の神経を逆撫《さかな》でするほうが外交手段としては有効なこともありうる。その極端な例が、今度の第四次中東戦争（一九七三年）で、あれによってエジプトはイスラエルと同じ外交交渉のテーブルにつくことができたわけである。

もちろん日本は近隣諸国との外交の手段として、自己の武力を直接行使するわけにはゆかないが、要は「平和外交」とか「国連中心外交」とかいうのは、お題目として唱えるのは結構だが、みずからそうした原則にしばられてはならぬということなのである。

第二に、外交で問題とするべきは、そのときそのときの状況下で、何がなしえるか、であって、何をなすべきか、ではない。

だいたいが外交路線の選択の幅はきわめて狭いのが原則であって、いつも選択肢がいくつもあるわけではない。たとえば日本の安全保障にとって有利な相手国はアメリカしかなく、他のどの国と結んだとて目的は達せられそうもない。もう一つ例をあげれば、中華人民共和国の経済にとって有利な取引先は日本しかなく、中国にしてみれば、たとえ日本の行動が気に入らなくとも、日本を排除して、アメリカやソ連やＥＥＣによってその空隙《くうげき》を埋めようとしても、それはできる相談ではない。

つまりどんな国にしても、外交の大方針は、地政学的な条件によって、好むと好まざるとにかかわらず決定されているのであって、外交の役割は、その枠の内での調整でしかないのである。

第三に、よく言われることだが、外交は内政の延長、どころか内政そのものなのである。言い換えれば、一国の外交の論理は、その内政の論理そのままなのであって、内政が国ごとに異なる社会や文化によって規定される以上、外交を律する原理も国によって同じではない。

つまり外交とか国際関係は、けっしてすべての国々が同じルールで演ずるゲームではなく、一見よく似た動きであっても、それぞれの国にはそれぞれの理由と意味があるのである。日本の田中角栄首相が北京《ペキン》を訪問するのと、アメリカのニクソン大統領やフランスのポンピドゥー大統領が同じことをするのとでは、それぞれの動機はまったく違い、内政へのひびき方も、その結果もまったく違うではないか。

さらに「日中復交」について言えば、日本では政権が比較的安定しているために、あれほど大きな外交上の変化と見なされる事件でさえ、それが日本の内政に与える影響はわずかであるが、中国のように弱みのある政権にとっては、これは死活問題とさえ言ってよかった。一般に、大国ほど内政によって外交が動かされやすく、逆に外交が内政に影響を及ぼす度合が少ないものである。

対立・抗争の関係にある近隣諸国

以上の三つの常識を前提として、日本と近隣諸国の関係の現状と将来の見通しを考えてみよう。日本の近隣諸国とは何々か。いわく、大韓民国（韓国）、朝鮮民主主義人民共和国（北朝鮮）、ソビエト社会主義共和国連邦（ソ連）、中華民国（台湾）、中華人民共和国（中国）。

このリストを一見してすぐ気がつくことは、韓国と台湾が親密なのを例外として、あとはすべて、多かれ少なかれ、対立・抗争の関係にある国々であることである。

すなわち、分断国家である韓国と北朝鮮、中国と台湾は言うに及ばず、社会主義国同士のソ連と中国、中国と北朝鮮の関係が非常に悪く、友邦というよりは、むしろ敵性国家と見なしたほうが実際に近いことはよく知られているし、ソ連と北朝鮮の関係も、あまり密接ではない。

こうした緊張関係の網の目の張りめぐらされた真っ只中に位置する、しかも世界有数の巨大な経済力と、同じく大きな人口を持つ日本が、ほんのちょっと外交姿勢を変えただけでも、極東の緊張のバランスが破れて、日本の近隣諸国の内政に深刻な影響を与えることになるのは当たり前である。それなのに、日本の外交には、こうした極東の特殊性に対する認識があまりあるようには思われない。

そこで、以下に日本の近隣諸国の内部事情が、いかにそれぞれの外交を規制しているかを、ざっと見てゆこう。

もっとも重要な韓半島の安定

日本が自己の安全を保障し、極東の平和を維持しようとすれば、日本とソ連、ソ連と中国、中国と日本のスリーウェイ・バランスを保たなければならないが、その間にあってもっとも重要なのが韓半島の安定である。

この半島が全体としてソ連の手に落ちれば、日本も中国も危険な状況になるし、日本が韓半島全体を制圧すれば、ソ連も中国も脅威を受ける。中国の支配下に入れば、ソ連も日本も黙ってはいないだろう。そうした不運な位置にあるのが韓半島なのだが、この地域は現在二つに分裂し、同じ民族の国家ながら、心底から憎悪と恐怖と猜疑《さいぎ》をもって対立している。

これは韓民族自身にとっては、どうにもやりきれない悲劇なのだが、韓半島の外では、口でこそそうは言わないが、南北統一を願う国は一つもない。日本もソ連も中国も、むしろ分断の現状を内心では歓迎し、南北統一が成功しないことを願っている。理由は簡単、韓民族が統一に成功すれば、極東のバランスが破れて緊張が極度に強くなり、戦争の危険が大きくなるからである。

これはちょうど、ヨーロッパにおいて、東西両ドイツをそれぞれ独立の一国家と認めて、ベルリン問題を解決し、それぞれ別に国連に加盟させて、永久に統一しないことを保証したために、緊張が解けて平和の永続の見通しが立ったことと同じことである。

その韓半島では、北朝鮮のソ連、中国に対する関係は微妙である。金日成は「主体」、すなわちソ連からも中国からも独立の自主路線を強調しているが、これは無理もない。

よく知られているように、金日成は満洲国の間島《かんとう》地方（今の中国の吉林省延辺《えんぺん》朝鮮族自治州）の出身で、独自の抗日パルチザン運動を指導し、日本の討伐を受けてハバロフスクに逃がれ、ソ連軍に従って北朝鮮にやってきたと言われる人間である。

その金日成が権力を確保するまでには、モスクワ帰りのソ連派、中国帰りの中共派、朴憲永ら国内派の三者と戦ってこれらをことごとく打倒し、粛清することが必要であった。そのうちでも朝鮮戦争のときの中国の「抗美援朝志願軍」と、それに後援された中共派の横暴ははなはだしく、金日成一派のみならず、北朝鮮人民大衆の対中国感情は、いまだにきわめて悪い。当然、中国側も北朝鮮に対しては打ち解けず、文化大革命の際には中国軍が北朝鮮国境に集結して威圧を加えたほどである。その後、文革の終結とともに、中国と北朝鮮の関係は平和共存に戻った。

そういうわけで、金日成は、少しでもソ連や中国に甘い顔を見せれば、ただちに国内にソ連派や中国派が台頭して不安が起こることをよく知っている。

しかし同時に、韓国と対立している限り、ソ連・中国と離れるわけにはゆかない。しかもソ連からは技術を受け入れ、中国からは食糧、工業原料、エネルギー源、ことに大慶《たいけい》油田からパイプラインで送られる石油を輸入しなければならない。また工業製品の輸出先としても、両国の市場は不可欠である。

こういう北朝鮮の立場は、中ソ関係が競争状態にあってしかも対立がそう深刻でないときには「主体」でうまくかじを取れるが、中ソ対立が激化すれば動きが取れず、逆に中ソが一体化してしまえばまた身動きの余地のなくなる性質のものである。

それだからこそ、北朝鮮は、韓国の呼びかけに応じて南北会談を開いたのであり、その狙いは日本との関係改善にある。日本との関係が良くなれば、中ソに対してふたたび「主体」性を回復し、経済の行き詰まりを打開することも可能になる。

そしてそのためには、韓半島でふたたび事を起こさないことを、日本に納得させ、安心させる必要があった。その目的は、韓国の朴正熙政権とのあいだに交渉を開いたこと自体によって、みごとに達せられた。これによって相手の存在を事実上承認し、半島統一の企図を放棄したことを明らかに示したのである。

目的を達した以上、南との対話が進み過ぎて本論に入り、実際には不可能な統一への無用な希望を国民に抱かせて動揺させないうちに、うやむやに会談を中断させる必要があったのであって、事実、進展もしなければ決裂もしない状態である。

これは韓国の側から見ても同じで、日本の投資と援助を必要とはするが、といって完全に日本の支配下に入ってはなんにもならない。そのためには北と対話を開き、これによって分裂の現状の固定化を保証して日本を安心させる一方、ソ連ともチャンネルを開いて、いくらかでも日本を牽制する途《みち》を残しておくことが必要なのである。

しかし国内でも共産主義との対決の姿勢を放棄するわけにはゆかない。そんなことをしたら、北朝鮮、ソ連に対する行動の自由を失ってみずからを危険にさらし、極東のバランスを破って、かえって平和を脅かすことになる。

国内の言論を自由化して、再統一が錦の御旗になったら危ういのである。金大中事件は、まさに起こるべくして起こったのである。

戦争にはならない中ソ両国

ところで、北朝鮮の行動を規制している中ソの対立関係は、一時は国境における両国軍隊の武力衝突や、新疆《しんきょう》・チベットにおける土着民の反中ゲリラ闘争に対するソ連の半ば公然たる支援にまで発展し、現在ではやや収まったものの、国連で両国代表が悪罵《あくば》の応酬をするのは恒例みたいになっている。

日本とその近隣の二大国、ソ連と中国とに対する関係を規制する要因としては、韓半島の状況に次いでは、この中ソ対立が大きいことは言うまでもないが、その本質は日本では少しも理解されていない。

これはまったく中国側が、その国内事情からあおり立て、それにソ連側が反撥しているだけのことで、要は口先の争いであり、けっして戦争に導くような、本格的な衝突にまで発展する気遣いはない、と言える。

中国側の内部事情とは、主として「正統」をモスクワに取られないようにする必要である。この「正統」の観念は、古くからシナ社会の基本原理だったもので、日本人のように均質社会に住んでいるものには理解しがたいが、要するにこういうことである。

中国は典型的な多民族国家で、漢族同士のあいだでも、出身の省が違えば言語が通じない。そのうえ日本人のような、「何々一家」といった集団帰属意識が弱くて身分の観念がなく、個人はみな平等で地位が変動しやすく、縦の命令系統がはっきりしない。

こういう社会で、個人と個人の意志の衝突を調停して秩序を保とうとすれば、だれか局外者、第三者に判定を預けるしか方法がない。こうして人為的に、現実のシナ社会の利害関係から超越した人格として選ばれるレフェリーが「天子」であり、そのガイドラインが「正統」である。今の中国では毛《もう》沢東《たくとう》と毛沢東思想がこれに当たる。

ところが困ったことに、毛沢東思想はマルクス・レーニン主義の中国版だ、ということになっているから、レーニンの衣鉢《いはつ》を継ぐソ連共産党のほうが、正統性については中国共産党より上である。だから中国の内政上に対立が起こり、毛沢東が一方を是と裁定を下しても、他方はさらに上位の権威を求めてモスクワの支持を取り付けようとすることになる。

毛沢東は中国人だが、ソ連人は外国人で、それゆえいっそう局外者だから、中国人の論理で行けば、その裁定は毛沢東のよりさらに公平であり、権威があることになる。何かあるたびに、われがちにモスクワに駆けつけて介入を求めるのでは、中国の独立は保てないし、それに実際、チェコ事件に見られるごとく、ソ連は干渉好きでもあり、中国共産党や人民解放軍の幹部には、ソ連留学組が多くて、ソ連となんらかの繋がりを持ちやすい。

こうした悪影響を防ぐためには、ソ連を悪者にして、中国人同士が内政上にソ連の後ろ盾を利用しにくくするしかない。

日本との国交回復が文革派を弱める

中ソ対立がやかましく言われる第二の理由としては、周恩来《しゅうおんらい》ら実務派と江青《こうせい》ら文革派のあいだの陰にこもった激しい闘争がある。

周恩来らは早くから、中国の経済が巨大な人口の膨張に追いつかず、このままでは悲惨な破局が来ることを見通し、これを救うためには日本の資本と技術を大量に導入するしかないことを悟っていた。その結果は戦前の状態への逆戻りになるかもしれない。しかし背に腹は代えられない。文革派によって破壊された対日本関係を改善するには、その日本を安全保障条約によって抑えているアメリカに接近しなければならない。

ベトナム戦争のさなかに対米接近をやるには、ベトナム戦争以上の脅威が別に何かなければならない。ソ連との関係が緊張して危険になればなるほど、周恩来らとしてはアメリカと手を握りやすく、しかも反ソを旗印とする文革派としては、表立って非難しにくい。

この戦法はみごとに功を奏して、文革派は沈黙し、ニクソンも田中もつつがなく北京、上海《シャンハイ》を訪問した。

こうして周恩来は、干渉の恐れのない局外者である二大外国の支持を取り付けた形になって、文革で失墜した中央政府の威信もいくらか回復したし、もっと重要なことに、文革派からその根拠地であった上海を奪取することに成功したのである。

上海は世界最大級の人口を持つ都市であり、その経済力は文革の資金源として大きな政治的な意味があったのだが、周恩来は「日中復交」に成功したことによって、伝統的に対日貿易で繁栄した上海の好意をひきつけ、さらに上海の実務を担当する若い王洪文《おうこうぶん》（満洲帝国の出身）を一気に中央政治局入りさせ、しかも自分と肩を並べるその副主席・常務委員の数に加えた。

これによって王洪文は、それまで上海の権力者だった江青、張春橋《ちょうしゅんきょう》、姚文元《ようぶんげん》ら文革派よりも序列が上になり、文革派が上海を失ったことが明らかになった。

このことは広州の実権者だった林彪《りんぴょう》の失脚と横死とよい対照で、まさに対外貿易、ことにその最大部分を占める対日貿易の利権が、広州を去って上海に移ろうとしていることを示している。また王洪文といっしょに十全大会で中央委員に選出された面々には、日本留学組や東北出身者が多く、党内での知日派の台頭が目立っている。

そういうわけで、いくら周恩来が、十全大会の政治報告で日本の北方領土返還要求に同情してみせたり、ソ連軍百三十万が中国北境に展開していると叫んだりしても、それはどうせ方便にすぎず、本当にソ連を憎んでいるわけでも、戦争の危険を感じているわけでもない。

第一、ソ連軍の侵入の恐れがあるなら、林彪事件以来、一年以上も国防部長を初めとする重要な軍職を空席にしたまま、人民解放軍の弱体化をかえりみず、林彪派軍幹部の大規模な粛清工作を今なお推進しているはずがない。ソ連との戦争の危険がないことを確信している証拠である。

対立を歓迎するソ連軍部

そんなわけで、日本がいくらシベリア開発に積極的に参加しようが何しようが、中国の感情を傷つける気遣いはまずない。

もっともソ連のほうにもいくらか対立を歓迎する向きもあって、それは軍部である。軍部はソ連社会ではきわめつきの特権階級だが、ヨーロッパで東西両ドイツが互いの存在を認め合い、ドイツの再統一の悪夢から解放されると、自分の存在理由が弱くなり、仕事が少なくなって勲功を立てて昇進する機会もない。そこで中国との国境沿いの小さないざこざを誇大に報告して、予算をより多く獲得しようとする。これは軍隊もやはり官僚組織だからである。

しかしソ連軍百三十万が、中国軍百万と国境を挾んで睨《にら》み合っているなどというのはまったくの捏《ねつ》造《ぞう》で、いくら周恩来がそう言ったとて、常識から言っても信ずべき限りでない。

だいたい中ソ・中モ国境は、例外なく人煙まれな荒野の連続で、この地帯に大軍を常駐させたら、戦闘はなくとも、尨大な物資の補給だけで出費がひどくて、両国ともたまったものではない。ソ連側では要地だけにいくらかのミサイル部隊や機甲師団が駐屯している程度で、中国側にしても同様と思われる。

ここで反問があるかもしれない。しかし、アメリカ筋の情報では、ソ連の常備軍百六十四個師団のうち、少なくとも完全武装の四十八個師団が中国国境に展開し、空軍の半分近くと多数のミサイルに支援されているというではないか、と。

指摘しておかなければならないのは、国務省にとっては、中ソ対立が続くことが望ましく、それによってソ連の行動をチェックするのがキッシンジャー世界戦略の不可欠の一部なことである。だからこうした未確認情報を流して中ソ対立をあおっているのであって、こんな話にまどわされる必要はない。

台湾の現状維持が中ソ両国の希望

ところで中ソ対立の一環として、ソ連は盛んに台湾にジェスチャーを送って、中国を逆にチェックしようとしている。

そこでその中国と台湾との関係はというと、ニクソン訪中のときの米中共同コミュニケの言い回しが与えた印象とは正反対に、当時キッシンジャーが明言したとおり、中国は台湾の「解放」を望んではいないし、またそれが可能だとも思ってはいない。アメリカとしても、近年ますます巨額の投資をしている台湾を手放す理由も必要もない。

中国としては、日本にふたたび支配されないように用心しながら、その経済力の進出を受け入れようという時期にある。

そこへ台湾が「祖国に復帰」すれば、日本文化の系列下にある台湾人の大集団を取り込んで、日本の影響力が強くなり過ぎることは自明の理で、そうなったらもう取り返しはつかない。

台湾人のほうでも、せっかく経済の高度成長を果たして、やっとアジアでは日本に次ぐ高い生活水準を楽しめるようになった矢先、ふたたび中国並みの、飢餓線上すれすれの最低生活に引き戻されるのを歓迎するわけがない。

ことに今の蔣経国《しょうけいこく》行政院長のもとで、かつて日本教育を受けた本省人《ほんしょうじん》が政府、国民党、軍の全面にわたって実権を握る時代が来たばかりのときである。結局、台湾はこれからも長く、独立のまま繁栄することになる。

ところで近隣諸国の対日政策は、すべて日本が日米安全保障条約に基づく緊密な協力体制に留まるということを前提にしているのである。

ソ連にしても、中国にしても、日米安保によってアメリカが日本の首に縄をつけておいてくれるのでなければ、日本が自制力を失って独自の行動に出た場合、極東の安全と平和の保障は何もない。日本のように巨大な実力を具えた国を抑え切れるのはアメリカしかない。この地域で現状の変更を望んでいる国は一つもない。ソ連ですら、ブレジネフの提唱するアジア集団安全保障体制案が示すごとく、現状の固定と維持を強く願っているのである。

対米追随外交と言われようとも、ひたすら日米安保を守ってゆくのが、近隣諸国との関係を安定させ、平和を維持する唯一の途である。自主外交など、国際関係の現実を知らない者のたわ言である。これが外交の常識である。

（一九七四年記）

韓国史をどう見るか——東北アジア史の視点から

諸国の国史をどれほど多く集めて並列したところで、その総体が世界史にならないことは、わかりきった道理である。国史というものは、現存の一民族の姿を過去に投影して、現状の由来を説明し、正当化しようという目的で書かれるものであって、過去の個々の時点における実態を明らかにすることを第一義とするものではない。国ごとに歴史に対する視点は違うのが当たり前であって、これに反して公平さがまず要求される世界史の場合は、それでは済まない。

この事情は、日本が位置する東北アジアにおいてとくに際立っている。日本がアメリカの傘のもとにあってアジア大陸から隔離されていたあいだはそれでもよかったが、日本のプレゼンスが東アジアを蓋《おお》う現状では、相互の歴史の認識のギャップは、隣国との関係の実務に直接ひびいてくる。最近の実例を挙げるまでもあるまい。

そこで韓半島を中心とする東北アジアの歴史を簡単に考察して、日本の位置の理解の一助としたい。

日本列島に日本が、韓半島に新羅《しんら》が、それぞれ統一国家を建設して、日本人と韓国人という民族の起源が始まったのは、六六〇〜六六八年の唐軍の韓半島に対する直接介入の結果である。それ以前の列島と半島は、シナ史の舞台の一部であり、民族の統一も存在しなかった。最初に「朝鮮」の文字が記録にのぼったのは、紀元前三三四年、北京《ペキン》に都していた燕《えん》王国の東境としてであって、これは現在の韓国人の直接の先祖ではなく、半島の大同江《だいどうこう》から漢江《かんこう》を連ねる内陸水路沿いの平地の農耕民の種族名である。この水路はさらに洛東江《らくとうこう》口の釜山あたりから、対馬・壱岐・博多を経て瀬戸内海に入り、日本列島の中心部に連らなるので、気候が温和で人口の多い列島の市場を押さえるためには、この半島の内陸水路の支配が有効だったのである。

こうして漢人商人の活動が始まり、「朝鮮」は次第にシナ化したが、ことに前一九五年からは、漢人の亡命者と土着の種族の連合による朝鮮王国という政権が大同江畔の平壌に成立して、この内陸水路を支配し、シナの漢との貿易権を独占した。前一〇八年に至り、漢の武帝《ぶてい》はこの王国を取り潰して、韓半島の全部を直轄領とした。これで漢の市場経済に韓半島と日本列島が完全に組み込まれ、漢人商人の定期的な来訪に刺激されて、各地に都市が発生し始めた。こうした都市を漢語で「国」と呼んだが、もちろん領土国家ではない。華僑の入植も盛んであった。

こうして着々と東北アジアのシナ化が進行したが、その対象となった土着の住民を、韓半島南部では「韓」、日本列島では「倭」と呼んだ。韓と倭にはそれぞれシナ皇帝の承認を受けて諸都市の連合体の利益を代表し、漢人商人の保護に責任を追う「王」があった。倭の女帝卑弥呼《ひみこ》もその一人であった。この段階では、「王」は民族国家の国王ではなく、シナ皇帝と土着民の仲介者であった。

ところがシナ化の過程が停止し、逆転し、これらの地域にシナの力が及ばなくなる事態が起こった。三〇四年に始まった五胡十六国《ごこじゅうろっこく》の乱がその契機である。後漢の末から三国時代にかけての戦乱で人口の激減した華北に移住した北アジアの狩猟民や遊牧民が反乱を起こし、匈奴《きょうど》族の劉曜《りゅうよう》の軍は三一一年、晋の帝都洛陽を占領し、シナには皇帝が無くなった。この事態にシナ軍は韓半島を撤退し、大同江渓谷の漢人植民地は高句麗《こうくり》王国に、漢江渓谷のそれは百済《ひゃくさい》王国に併合された。四百余年のシナの韓半島支配は終わりを告げた。これから三百年、シナが南北朝に分裂して東北アジアに介入する余力がないあいだに、諸王国はそれぞれシナ皇帝の権威に頼らずに独自の道を歩まざるをえなくなり、民族文化の萌芽が発生したのである。

高句麗王国の南下を阻止するために、三六九年に百済王国が同盟したのが、難波《なにわ》の倭であって、これが『日本書紀』に言う仁徳天皇に始まる河内《かわち》王朝に当たる。高句麗の南下は四九一年の長寿王の死とともに停止し、それ以後の韓半島は、もと高句麗の衛星国であった新羅王国と、百済王国の抗争が歴史の主流となる。この間、倭王はつねに百済王の同盟者であったが、これは百済を経由してシナ文明が輸入され続けたためである。

ところが五八九年に北朝の隋《ずい》が南朝の陳を滅ぼしてシナ大陸を統一するに及んで、東北アジアの情勢は一変する。この当時の諸国はいずれも多種族の雑居地帯で、百済の住民は新羅人、高句麗人、漢人、新羅の住民は漢人、高句麗人、百済人の混合であった。日本列島にも、倭国のほかに、秦《しん》王国という漢人の国があった。

シナの国家はいずれも、かつて韓半島がシナの直轄領であった歴史を忘れないが、隋も唐も東北アジアの再征服を試み、唐は六六〇年、海上から百済を攻撃してこれを滅ぼし、百済の復興を企てた倭軍を六六三年に白村江口《はくそんこう》に破り、六六八年には平壌を占領して高句麗を滅ぼした。しかし唐は北アジア、中央アジア方面の防衛の必要に迫られてまもなく韓半島から撤退し、半島の南半部は新羅王国に統一された。白村江の敗戦で海中に孤立した日本列島の住民と華僑が、急遽《きゅうきょ》、天智《てんち》天皇という王号を採用するのとほぼ同時のことであって、ここに初めて日本人、韓国人という民族の成立と民族文化の形成が出発したのである。

シナの武力介入という異常事態に反応して形成された国家であり民族であったから、シナ大陸、韓半島、日本列島の国家のあいだの関係は、文化の面ではともかく、政治の面ではつねに緊張したものであった。新羅にとって幸いなことに、唐帝国の東境は遼河《りょうが》の線まで後退し、新羅の北境である三十八度線とのあいだには空白地帯が存在し、さらにシナ大陸と日本列島とのあいだの主要な交通路が南に移って東シナ海航路となったため、韓半島は歴史の裏通りに置かれ、国外からの脅威も少なく、平和を享受できたのである。

これから六百年間の韓半島の歴史は、日本の歴史と奇妙な並行現象を呈する。日本で平将門《たいらのまさかど》の乱が起こった九三五年に、新羅は滅びて半島は高麗《こうらい》王国に統一される。日本の保元《ほうげん》・平治の乱の十数年後の一一七〇年には、高麗では武臣鄭仲夫《ていちゅうふ》の乱があって文臣が勢力を失い、鎌倉幕府の成立のわずか四年後には、高麗で崔忠献が武臣政権を確立する。しかし並行現象も十三世紀の初めまでで終わり、一二三一年にはモンゴル軍の侵入が始まって、一二五九年まで続く。その間に武臣政権は倒れ、せっかくこれまで開拓した半島北部の領土は奪われ、多数の高麗人は連れ去られて遼河デルタに移住させられた。これから百年、高麗は元《げん》帝国の一部となり、国王はモンゴル皇帝の婿《むこ》となってシナ化はふたたび急速に進んだ。現在の韓国文化の大きな特徴である父系制と同姓不婚の原則が確立したのはこの時代である。もう一つ、元朝が半島文化に与えたものは朱子学であって、科挙の試験に朱子学を採用したのは元朝が最初であった。また後世の両班《ヤンバン》貴族の家系も、多くは元朝支配下の高麗で発生している。このように、われわれの知る韓国の伝統文化は、モンゴル時代に形成されたのである。

一三六八年に漢族の明《みん》朝がシナからモンゴル族を追放したあと、高麗では東北出身の将軍李成桂が政権を握った。永いシナ化に慣れた高麗では、明の直轄領化論もあったが、明のほうでは北境に元朝の残存政権（北元）を控えていてその余力がなく、結局、韓半島はシナから離れてふたたび独立することになった。そのとき新たな国号として明の洪武帝が選んで与えたのが「朝鮮」であった。シナの宗主権を象徴する国号である。

朝鮮王朝はシナ化を食い止めて民族文化を開発しようと努力し、モンゴルの置き土産のパクパ文字に基づいてハングルを創造し、国語文学の基礎を置いた。十五世紀のことである。しかし一方において、シナの巨大な市場経済に巻き込まれないためと、シナの政治軍事介入を避けるため、商工業の発達を極力抑えねばならなかった。もっとも警戒すべき相手はシナだったのである。

ところが不幸にして世界は大航海時代に入りつつあった。倭寇は一三五〇年から半島沿岸で活躍を開始し、一五一一年にはポルトガル人がマラッカを占領した。一五九二〜九八年の日本軍の半島侵入はこの時代の一環であった。この戦争は明軍の介入によって解決したが、日本からの脅威は韓国史の新しい要素となった。続いて一六三六年の清《しん》軍の侵入と、清朝のシナ征服によってシナが満洲化したことは、シナからの脅威をなおいっそう悪化させた。韓半島の不運を総仕上げしたのが、一八六〇年にロシアが沿海州を併合して境を接する隣国となったことである。ここに韓半島の南北分割と、日本・中国・ソ連、それにアメリカの相互関係に直接左右される韓半島の国際的地位が確定したのであった。

高句麗の壁画発見余話

北朝鮮の平壌に近い徳興里というところで、二年前に壁画のある古墳が発見された。これが五世紀の高句麗《こうくり》時代のものであることは、例の「倭は辛卯《しんぼう》の年をもって来たりて海を渡り、百残・新羅《しんら》を破り、もって臣民となす」の記事で有名な広開《こうかい》土《ど》王《おう》碑の広開土王の、永楽十八年（四〇八）という年号が、壁に書かれた墓誌銘に出てくるのだから、疑う余地はない。四〇八年といえば、ちょうど韓半島では広開土王の軍隊が、倭と百済《ひやくさい》の連合軍に対して最後の決定的な勝利を収めた翌年である。日本列島ではこの時代は、難波《なにわ》（大阪）の河内《かわち》王朝の初代の大王オホサザキ（仁徳天皇）の頃に当たる。つまり稲荷山《いなりやま》古墳の鉄剣の銘のワカタケル大王（倭王武、雄略天皇）の祖父の世代である。紹介された写真で見るところ、被葬者の生前の姿の服装といい、馬上に弓を引きしぼる狩猟の風俗といい、牛車とそれを囲む侍女たちの群像といい、純然たるシナ式で、とくに騎馬民らしいところはない。当時の高句麗文化がまったくのシナ文化だったことがわかるが、これは別に不思議もないことである。

ところがそれからがいけない。解説は朝鮮中央歴史博物館の説明を丸呑みにしたとおぼしく、被葬者は信都県（河北省冀《き》県）の人だから、まぎれもない漢人なのに、信都県を強引に北朝鮮の嘉山に持ってきて高句麗人にしてしまい、しかも被葬者の肩書きの幽州刺史を曲解して、今の北京《ペキン》を中心とする幽州（河北省の北部）を、この人が高句麗のために実際に支配していたかのごとき印象を与えている。しかし高句麗の勢力は、けっして遼《りょう》河《が》より西に及んだことはないし、遼河と北京のあいだには、鮮《せん》卑《び》族の慕《ぼ》容《よう》氏の燕《えん》王国があった。幽州刺史の肩書きは、華僑が故郷の長官を勝手に名乗っただけのことである。

要するにこの解説は、金日成の北朝鮮が、いかに反中国的であるかを示す、いささかこっけいな例であるにすぎない。かつて金日成の鶴の一声で、燕王国からの亡命者の冬寿という人の墓である安岳三号という古墳が、高句麗の美《び》川《せん》王（広開土王の曽祖父）の墓に化けてしまったことがある。とかく社会主義と科学とは、あい容れないもののようだ。

（一九七九年記）

チベットの運命
――ダライ・ラマ十四世のノーベル平和賞受賞に寄せて――

ダライ・ラマ十四世が、祖国チベットの民族解放闘争の指導に当たって貫いてきた非暴力主義を評価されて、昨年（一九八九）秋、ノーベル平和賞を授与された。これは今後の中国情勢に大きな影響を与える事件なのだが、日本ではチベット人がどういう民族なのか、ダライ・ラマとは何者なのか、理解している人は少ないようである。

私がシアトルのワシントン大学に留学した一九五九年、チベットでは中国共産党の圧制に人民が抵抗して、いわゆるラサ暴動が起こり、ダライ・ラマ十四世を初めとする多数のチベット人がインドに亡命した。

翌一九六〇年、ロックフェラー財団は世界各地にチベット研究プロジェクトを開設することにし、その一つがワシントン大学に置かれた。インドから招かれてシアトルに到着したのは、サキャの王家の人々である。サキャの王家は十三世紀から十四世紀にかけて百年間、チベットを支配した由緒ある家柄で、モンゴルのフビライ・ハーンのためにパクパ文字をつくったパクパ帝師も、この一族の人である。この一家についてシアトルにやってきたのが、高徳の僧デシュン・リンポチェであった。東チベットのカム（現在は中国の四川《しせん》省に入っている）出身の堂々たる体軀《たいく》の人で、チベットの名だたる僧院を経めぐって蔵書を読破した大学者で、その記憶力の良いことと言ったら、何を聞いても、それは何々という書物の第何頁にこう書いてある、とたちどころに答えてくれた。まもなく、ニューヨークから、ダライ・ラマ十四世の兄、トゥプテン・ジクメ・ノルブさんが到着した。私は自分の五〇年型プリムスにサキャ家の人々とデシュン・リンポチェを乗せて、空港まで迎えにいった。ノルブさんはハンサムな背の高い人で、東北チベットのアムド（現在は青海省）の出身、だれも彼もたちまち彼の魅力のとりこになった。ノルブさんは高僧タクツェル・リンポチェの転生者（中国人のいわゆる活仏）で、一九五〇年に中国軍がチベットを侵略したとき、故郷の大寺院クンブム（中国人は塔爾《タール》寺と呼ぶ）の座主の位にいたが、弟のダライ・ラマ十四世に、中国人に心を許さないよう警告して容れられず、傷心の身でインドに脱出した。それからアメリカに渡ったが、ヴィザの関係で一九五二年から三年間、築地本願寺の世話で日本に滞在している。語学の天才で、チベット語のほかに、モンゴル語と日本語と英語を流暢《りゅうちょう》に話す。ノルブさんを迎えて、シアトルのチベット研究はいちだんと活気づいた。われわれは毎週末、サキャ・ハウスに集まって、飲めや歌えの大騒ぎを楽しんだが、そのうちにノルブさんはサキャ家の年若いお姫さまクーヤンラ（ラはチベット語で「さん」）と恋に落ちて結婚した。わが青春のひとこまである。ノルブさんはその後、インド・ダラムサラのチベット亡命政府の移動大使として、非暴力の祖国解放に努力し、全世界に散らばったチベット難民の救済に尽力する一方、アメリカのインディアナ大学教授としてチベット語とチベット文化を教え、つい最近定年退官した。私とは三十年来のつきあいということになる。

一九五九年のラサの乱で、チベットの事情が初めて外の世界に広く知られるようになる前から、わが日本では、もっぱらチベットの仏教が関心の的であった。それは言うまでもなく、チベットが、現代の世界では数少なくなった仏教国、それもスリランカやビルマ（ミャンマー）やタイのような南方系の上座部仏教でなく、シナを通して日本に伝わった北方系の仏教の系統に属するからであった。そのため日本人は明治時代からチベットに関心を抱くようになる。

チベットについて書いた本は数多いが、大部分は、あやふやな伝聞や奇怪な作り話の集成の域を出ない。そのなかで、わが日本には幸いなことに、現在の世界のチベット学の最高権威の一人である山口瑞鳳《ずいほう》（東京大学名誉教授、成田山仏教研究所客員研究員、一九二六年生まれ）の新著『チベット』上・下（東京大学出版会、一九八七／八八年）がある。この本は、すべて著作年代の確実なチベット語の原典と、チベットに滞在した旅行者の信頼できる報告に基づいて書かれており、類書のような根拠不明の孫引きはまったくない。本書のおかげで、今まで偏見と誤解の霧に閉ざされていたチベットの偉大な文明の実相が初めてわれわれの前に明らかになった。日本人がシナを論じる際、なんとなく避けて通っているチベットの問題を、ここで正面から取り上げることが可能になったのである。本書の豊富な内容から、目にとまる箇所をいくつか拾ってみよう。

まず、中華人民共和国のチベット（西蔵《シーザン》）自治区が、そのままチベットそのものであると思ってはいけない。チベット語でチベットのことをプーと言うが、いわゆるチベット自治区はそのプーのなかでも中央チベット、すなわちヒマラヤ山脈北麓のツァンポ江の渓谷と、その北の無人のチャンタン高原しか含まない。チベット語でカムと呼ぶ東チベット、アムドと呼ぶ東北チベットは、今日では自治区から切り離されて、それぞれ四川省西部と青海省を形成しているが、これらの地方も古くからチベット人の故郷であり、歴史的にはチベットの一部だったのである。

チベットが初めて歴史に登場したのは六世紀の末のことで、シナでは隋《ずい》の時代に当たる。この時代にチベットは統一王国となり、漢人には吐蕃《とばん》として知られた。吐蕃は中央アジア随一の軍事大国に成長し、七六三年には大唐帝国の首都長安（西安《せいあん》）を占領している。このようにチベットは、その歴史の最初からシナの一部ではなく、シナと対等の存在だったのである。

ヨーロッパ人がチベットの名を初めて知ったのは、十三、四世紀のモンゴル帝国の時代であった。この時代のヨーロッパ人は十字軍の失敗でイスラム教徒からの脅威を感じており、敵の背後のアジア内部にキリスト教徒の大王プレスター・ジョン（長老ヨハネ）の王国があるという噂を信じたがっていた。十五世紀に始まる大航海時代に、ヨーロッパ人はプレスター・ジョンの王国を世界各地に探し求めたが、その一つがチベットで、チベット仏教が行なわれているのを見て、それをキリスト教の名残りだと思い込んだ。チベット仏教を「ラマ教」と呼ぶのは、それが仏教であることを知らなかったヨーロッパ人が、「ラマたちの宗教」の意味で名づけたのであって、ラマとは師僧を意味するチベット語である。

明治時代の日本人は、さすがにチベットが仏教国であることを知っており、河口慧海《えかい》らが苦労してチベットに入っている（明治三十四年＝一九〇一年、ラサ入り）。私は多田等観（大正二〜十二年、ラサ滞在）と晩年（一九六七年歿）に親しくしたが、多田の言うところでは、これら日本の坊さんたちがチベットに向かったのは、玄奘三蔵《げんじょうさんぞう》と同じく、お経を取りにいったのだそうである。

チベットの文明がシナとはまったく異なる別系統のものである事実は、その暦法に表われている。チベットの暦は十一世紀にインドから伝わったもので、月の満ち欠けを基準とする太陰暦である点はシナ暦と同じだが、閏《うるう》月の置き方が異なり、しかも夜明けの六時の月齢によって日を呼ぶので、五日という日が二日続いたあとで、六日を飛ばして七日になったりすることが起こる。現在でもダラムサラからこのチベット式の暦が毎年刊行されている。

何といってもシナ文明との根本的な違いはチベット文字であろう。チベットには、七世紀の吐蕃王国の統一の当初から文字があり、チベット固有の言語を書き表わしたが、これはインドの梵字《ぼんじ》の系統の横書きのアルファベットであって、漢字のような表意文字ではない。この文字を使ったチベット独自の文学の伝統も古くから確立している。チベット文学の作品としてもっとも有名なのは、英雄叙事詩「ケサル」である。

さしも強大であった吐蕃王国も、九世紀には内乱が起こって分裂し、十一世紀まで混乱が続く。この時代のチベットを反映していると思われるのが「ケサル」である。君主がなくて乱世に苦しんでいるチベットの人々の願いに応えて天の神が降生させた息子がケサルで、ケサルはいたずら好きの少年時代を過ごしたのち、兵を率いて四方の世界の魔神や悪王を征伐し、平和の世を実現するのである。

仏教は八世紀に初めてチベットの国教となったが、王国の分裂とともにいったん衰え、十一世紀になってインドの高僧アティーシャによって再興された。アティーシャの創立した宗派がカダム派で、これがのちに改革者ツォンカパのゲルク派に発展し、ゲルク派がダライ・ラマを出すのである。一方、やはり十一世紀に創立されたのがサキャ派で、この派のパクパが元《げん》の世祖フビライ・ハーンの帝師となり、その一族はチベット全国の統治を掌《つかさど》った。サキャ派の教主は、僧侶であるからもちろん結婚はしない。そこで教団を維持するために、兄弟のうち一人が俗人に留まって結婚し、その息子が伯父を継いで教主となる方式をとった。チベット仏教の別の一派であるカギュ派では、前代の教主の死後、その生まれ変わりの男児を探し出して教主を継がせる、いわゆる「転生」の方式を編み出した。ゲルク派もこれを採用し、一五四三年にこの方式で初めて選ばれた教主がダライ・ラマ三世である。このゲルク派、サキャ派、カギュ派の三大宗派はインド仏教の正統に属し、顕教と密教を等しく修める。これに対して異端のチベット仏教をニンマ派と言い、雑多な起源の教義の混合である。けっして現在のわが国の一部の人がもてはやすような深遠なものではない。

さて十一世紀以来、多くの地方王家に分裂したままだったチベットは、十三世紀にモンゴル帝国の傘下に組み込まれたが、チベットの統治はサキャの王家に一任されていた。サキャの王家は、言うまでもなくサキャ派の教主を代々出した家柄であり、フビライ・ハーンとパクパ帝師の関係に基づいて、チベットを統治したのである。フビライ・ハーンが建てた王朝が元《げん》であるので、現在の中華人民共和国がチベットの領有権を主張する根拠は、元朝がチベットを併合して以来、チベットはシナの不可分の領土である、というのである。

これはおかしな話で、モンゴル人の元朝がシナとチベットの双方を領有したのであれば、モンゴル人民共和国（現・モンゴル国）は中国を自国の固有の領土と主張してもいいことになる。十四世紀に元朝がシナを失ってモンゴル高原に後退したあと、シナを統治した漢人の明《みん》朝はチベットには手が届かなかった。十七世紀にシナを征服した清《しん》朝は、満洲人の国であって漢人の国ではない。その清朝の康《こう》熙《き》帝は一七二〇年、軍をラサに送ってダライ・ラマ七世をチベットの元首とした。これから清朝の皇帝はチベットに対して宗主権を主張するようになるが、朝鮮王国と同様、チベットも自治を保ったのであって、ダライ・ラマのもとにはチベット人だけで構成する政府機構があり、清朝のプレゼンスを示すものといったら、皇帝の代表二人が少数の護衛兵とともにラサに駐在するだけであった。

一八七六年に生まれたダライ・ラマ十三世は、チベットに対する清朝の宗主権を認めず、インドからチベットへの勢力拡張を企てるイギリスとのあいだに挟まれて苦闘したが、一九一一年の辛亥《しんがい》革命で清朝が崩壊すると、その後に成立した漢人の中華民国はチベットに勢力が及ばなくなり、結局はチベットはイギリスの支持のもとに事実上の独立を達成した。一九二七年、北伐中の蔣介石《しょうかいせき》は、チベットの中国「復帰」を呼びかけたが、ダライ・ラマ十三世は受け付けなかった。一九三三年末、十三世は歿し、転生者探しが始まった。一九三九年に至って、現在のダライ・ラマ十四世がアムド（青海）からラサに連れてこられ、翌四〇年に即位式が挙行された。

この転生者選びの手続きが、われわれのもっとも興味を持つ点なのだが、残念ながら十四世の兄のノルブさん自身も、そのときすでに出家してクンブム寺にいたので、詳しいことは知らないのだそうである。ただしノルブさんがタクツェル・リンポチェの転生者に選ばれた経緯については、自著で次のように記している。

先代のタクツェルは、生前クンブム寺の近所に転生すると言い残した。そこで寺の僧たちは先代の死後一、二年以内に生まれた男の児の名簿をつくってダライ・ラマ十三世に送ったが、ノルブさんの名前は載っていなかった。十三世は名簿を見て、該当者が入っていないと言って送り返した。新しい名簿がつくられたが、これにもノルブさんは入っておらず、十三世はまたも名簿を送り返した。三度目にノルブさんを入れた名簿を送ると、十三世はノルブさんの名前の上に印璽《いんじ》を捺《お》して送り返した。こうして選ばれたとき、ノルブさんは六つか七つで、小川の側で遊んでいると、姉さんが家から走ってきて、坊さんたちが迎えにきていると告げた。こうして二年後の吉日に、正式に寺に入ることになったのだが、クンブム寺はゲルク派の宗祖ツォンカパの出身地で、ここで仏教学を学ぶことは大きな名誉であった。それとともに転生者と認められることは大きな責任をも伴うものである。信心深いチベット人たちは、ノルブさんが先代の生まれ変わりであることを疑わず、ノルブさん自身もなんとか前世の記憶を呼び起こそうと努力したがむだであったと言っている。しかし同時に、自分がもし間違って選ばれたにしても、自分が選ばれたことが業《カルマ》の作用によることは間違いないから、僧侶としての義務を忠実に果たす決意であったとも言っている。

一九五〇年の中国人民解放軍のチベット占領とともに、チベット史上最初の中国人による支配が始まった。中国共産党は、最初からチベットの独自の文化を敵視し、これを徹底的に破壊し尽くして、チベットを中国人の土地に変えてしまうことを決意していた。これに抵抗したダライ・ラマ十四世はインドに亡命して非暴力の抵抗運動を指導することになった。中国人が立てたもう一人のゲルク派の高僧であるパンチェン・ラマ七世は、中国共産党に協力したが、昨年死んだ。天安門広場の虐殺の直前である。

ペレストロイカの風はいずれ中国でも吹き始めようが、それに伴う民族抗争の爆発のなかで、チベットの運命はどうなるだろうか。

（一九九〇年記）

パンチェン・ラマの悲劇

チベットのパンチェン・ラマが、中国政府筋から、共産党の大長老董必武《とうひつぶ》の孫娘と結婚するように強要されているという話がある。事実とすれば、まことに痛ましいことと言わなければならない。

チベット仏教にはもともと四大宗派があって、そのうちラサの町に教団本部を置くゲルク派（一名、黄帽派）に、十六世紀にソェナムギャツォという高僧が出た。その名声を聞いた当時のモンゴルの大王アルタン・ハーンは、一五七八年、この高僧を青海に迎えてこの地方の開発を依頼し、ダライ・ラマ（大海上人）の称号を授けた。この人にはすでに二代の前世があったので、第三代ダライ・ラマと呼ばれ、観音菩薩の化身として崇《あが》められた。その生まれ代わりが代々ゲルク派の最高指導者の地位につくのだが、一六一七年に生まれた第五代ダライ・ラマは不世出の有能な政治家で、北アジアのモンゴル人信徒の武力を利用して、自分の教団を事実上のチベット中央政府の地位に押し上げた。

この第五代ダライ・ラマが幼かった頃、保護と教育に当たった高僧があって、ダライ・ラマはその恩に報いてパンチェン（大学者）の称号を贈った。これが第一代のパンチェン・ラマで、その生まれ代わりは代々西チベットのタシルンポ寺の座主として、この方面におけるゲルク派教団の代表を務め、阿弥陀仏の化身として崇められた。

清《しん》朝皇帝の代表がラサに駐在するようになったのは一七五一年のことだが、これ以後、清はダライ・ラマとパンチェン・ラマを対等に扱ってチベット人を分裂させる統治政策をとるようになった。これは中華民国の時代になっても、中華人民共和国の時代になっても同じであった。ことに共産党は仏教そのものをチベットから根絶しようとし、一九五九年の大反乱を引き起こした。ダライ・ラマはインドに亡命したが、パンチェン・ラマはチベットに残って中国に協力した。しかし文革とともにパンチェン・ラマの消息は絶え、やっと最近、鄧小平《とうしょうへい》とともに復活した。

今の第七代パンチェン・ラマは四十二歳である。愛する祖国の文化の絶滅に利用され尽くしたうえに、漢族の妻を押し付けられ、僧としての戒律まで失うとは、なんたる残酷か。

（一九七九年記）

イリのシベ族、広禄先生のこと——中華民国時代の新疆の風雲

亡くなられた山本謙吾さんの遺著に『満洲語口語基礎語彙《ごい》集』というものがあって、名前は語彙集だが立派な辞典である。満洲語は一六四四年から一九一二年までシナを支配した大清《だいしん》帝国の公用語だが、文法が日本語によく似たアルタイ系の言葉である。今、満洲人は二百万人以上も中国にいて、少数民族としては最大のグループであり、その大部分が北京《ペキン》に住んでいるが、満洲語を話す人はもういない。その代わりに話すのが北京語であって、現在、中国の標準語とされている北京語は、漢人の言葉ではない、じつは満洲人の言葉である。満洲人は自分たちの洗煉《せんれん》された北京語を使ってシナ文学の名作を生み出した。それが曹霑《そうてん》の『紅楼夢《こうろうむ》』であり、京劇も満洲人の育てたものである。文化大革命に抗議して自殺した老舎《ラオシエ》も満洲人で、現代中国文学の最高峰であった。

ところがその満洲語を話す人々が新疆《しんきょう》に数万人も残っていた。それがソ連国境に近いイリ河の渓谷のシベ族であり、その一人が今、日本国籍を取って横浜に住んでおられる玉聞精一《ぎょくぶんせいいち》さんである。

玉聞さんから直接うかがったところでは、姓はグワルギャ（Gūwalgiya）で、これを満洲語のgu（玉《ぎょく》）とalgin（評判）に分解して玉聞と訳し、本名はウェクジンガだが、恩師が『書経《しょきょう》』の文句を取って精一《ジンイー》とつけてくれた漢名を、そのまま日本名にしたのだそうである。山本謙吾さんが研究したのは、このシベ族の玉聞さんの言葉であった。

玉聞さんの妹が、やはり新疆のシベ族の広禄《グァンル》という中華民国の立法委員（国会議員）と結婚し、台北に住んでいるが、このふたりが自由世界ではほんものの満洲語が話せる最後の人たちだ、ということは、かなり前から日本でも知られていた。実際に初めて広禄夫妻にお目にかかったのは、一九六二年に台湾を訪れたときで、神田信夫、松村潤の両氏といっしょだったが、この日本の満洲語研究グループの来訪をいたく喜ばれた。ただしわれわれと話す言葉は古典満洲語でよくわかったが、夫人と話し出すと一言もわからなかった。広禄さんは体の大きな立派な人で、眉が太くりりしく、若い頃はさぞ美男だったろうと思われたし、夫人も残んの色香をたたえて、やはり美人の面影を残したほっそりした人だった。

その後いろいろなことがあって、一九七三年一月四日、広禄さんが七十四歳で台北で亡くなられたことを知り、次にみんなで訪れた一九七四年八月には、台北の北郊の陽明山中のお墓にお詣りにいった。松林に蔽《おお》われた南向きの渓谷を見下ろす、すばらしく立派なお墓で、蔣総統の字が金で大理石に刻んではめ込んであった。お花を捧げて拝礼が済んだら暑さで目がくらんだ。未亡人はたいへん喜んでくれた。

その後、ある人から、広禄さんと夫人とのあいだの奇縁について聞かされた。広禄さんは姓はコンゴロ、清朝の乾隆《けんりゅう》年間、新たに征服されたジューンガル王国の故地であるイリに、東北の瀋陽《しんよう》から送り込まれたシベ族の駐屯軍の子孫である。シベ族というのは、嫩《ノン》江の流域のモンゴル族の支配下に暮らしていたトゥングース系の種族で、本来の満洲人ではないが、のちに清朝に移管されて満洲化したものである。一九〇〇年に生まれた広禄さんは、小学校までは満洲文しか習わなかった。高級小学校（中学）で初めて漢文を学び、恵遠の師範学校を卒業した。その頃新疆にはロシアの勢力が強くなって、梁啓超《りょうけいちょう》に私淑する広禄さんは憂慮に耐えず、周囲の反対を押し切って、一九一九年、二十歳で北京に留学し、一九二五年、外交部（外務省）の法政専門学校を卒業した。それからモスクワの中国大使館に送られて、モスクワ大学に入学しようとしたが、どういうわけか拒絶され、仕方なく新疆に帰り、楊増新《ようぞうしん》主席のロシア語秘書を務めた。

一九二八年七月七日、ウルムチのロシア語法政学校の卒業式のあとの祝宴で、楊増新は部下の樊耀《はんよう》南《なん》に暗殺された。金樹仁《きんじゅじん》が主席となり、広禄さんは北伐に成功したばかりの南京《ナンキン》の国民政府に派遣される。広禄さんはすでに北京で中国国民党に入っており、新疆では最初の国民党員だったからである。南京では外交部長（外相）の王正廷《おうせいてい》に気に入られ、駐ソ連ザイサン領事に任命され、南京政府が金樹仁に授ける官印を持ってウルムチに行くことになった。これに同行した呉藹宸《ごあいしん》の『新疆紀遊』には、広禄さんは「広季高」として登場する。それによると、広禄さんは上海から船で神戸に着き、汽車で敦賀に出て、そこからまた船でウラジウォストーク、次は鉄道でノウォシビルスクを経てアヤグスまで、そこからトラックで三百十キロの道を走って、やっと中国領のタルバガタイに入っている。一九二九年のことで、この頃の新疆は、南京にとって、日本より遠かったわけである。

ところがザイサンへ領事として赴任するひまもなく、また金樹仁主席から新疆省政府の駐南京代表に任命されて、中華民国の国璽《こくじ》の材料にする、重さ三十六斤半の羊脂玉《ようしぎょく》を捧げて南京へ行き、蔣介《しょうかい》石《せき》に手渡したのだったが、蔣介石は広禄さんを立法委員に任命し、これから広禄さんは国民政府と新疆省とのあいだのかけ橋となって、終世変わらず奔走することになる。

一九三一年、新疆はハミのホージャ・ニヤズの叛乱と、それを助ける甘粛《かんしゆく》の馬《ば》仲英《ちゆうえい》の侵入で大混乱に陥った。金樹仁の政権は動揺し、ソ連と手を結ぼうとした。広禄さんはじっとしておられず、立法委員の職を辞して新疆に帰ったが、もうモスクワ派の勢力が強くて、南京派の広禄さんは容れられない。そこへちょうど満洲事変で日本の関東軍に故郷を逐い出されてきた李杜《りと》、馬《ば》占山《せんざん》、蘇《そ》秉文《へいぶん》らの東北軍一万三千余人がシベリア経由で新疆に入ってくる。広禄さんはその受け入れを担当して骨を折った。

金樹仁はますますソ連寄りになり、広禄さんを代表としてモスクワに派遣し、いかなる代価を払ってもよいからソ連の軍事援助を取りつけるよう命じた。広禄さんは拒否した。やむをえず金樹仁はほかの人を派遣したが、交渉がまとまらないうちに、一九三三年四月十二日、ウルムチの白系ロシア人部隊がクーデターを起こし、これに東北軍部隊が呼応したので、金樹仁はタルバガタイに逃がれ、そこで辞職を声明して、シベリア経由で天津へ去った。

金樹仁の失脚のあと、劉文龍《りゆうぶんりゆう》が主席となったが、実権は督弁（軍司令官）の盛世才《せいせいさい》の手に落ちた。盛世才は冷酷な現実主義者で、そうでなくてもウルムチが生き残るには、ソ連と結ぶしか手がないことを知っていた。広禄さんは一日も早く新疆を脱出したかったし、また南京も広禄さんを監察院の監察委員に任命して、電報で上京を促してきた。ちょうどそこへ汪兆銘《おうちようめい》行政院長（首相）が派遣した羅文幹《らぶんかん》外交部長が新疆へ視察に来た。広禄さんは羅文幹に訴えて、駐タシュケント総領事にしてもらった。ところが脱出のひまもなく、またまた大事件が持ち上がった。イリ地方の実力者・張培元《ちようばいげん》が、このときトルファンの第十六師団長の馬仲英と連合して、ウルムチを攻めて盛世才を打倒しようとしたのである。イリは広禄さんの故郷だし、張培元の部下にはシベ族出身の将校や兵士が多かったので、盛世才は広禄さんを張培元のもとに送って進攻を思い止まらせようとした。広禄さんはソ連の介入の口実をつくらないように、張培元を説いたが、もはや手遅れだった。内戦が始まると、ソ連は果たして陸軍と空軍を送り込んで恵遠を攻撃し、張培元は敗走の途中、ピストルで自殺した。

広禄さんは、やっと一九三四年四月になってタシュケントに赴任できたが、盛世才の親ソ路線に反対だったため、一九三八年十一月、ウルムチに召還されて、そのまま投獄されてしまった。この頃の盛世才はまったくソ連の意のままで、およそ国民政府と関係のある人はみな粛清される状況だった。しかし広禄さんは命だけは取りとめ、獄中にあること五年と八カ月、一九四四年十月に至って、盛世才が新疆を去り、新たに着任した呉忠信《ごちゆうしん》主席の手で釈放されて自由の身となった。

もともと広禄さんが投獄されたのは、ある親友が盛世才に密告したからであった。出獄した広禄さんが最初にしたことは、ピストルを手にしてこの親友を射殺することであった。そのとき親友の奥さんだったのが今の広禄未亡人で、死体にすがって泣き崩れた姿があまりに美しかったので、英雄である広禄さんはつい心を動かして、第二夫人にしてしまったのである。

じつは広禄未亡人のお祖母さんもたいへんな美人だったのだそうで、むかし同治《どうち》の回乱（陝西《せんせい》、甘《かん》粛《しゅく》を中心に起こった、一八六二〜七三年のイスラム教徒の反乱）で、一八六七年、ヤアクーブ・ベグを支持するカザフ軍のためにイリ七城がことごとく陥落し、満洲兵、ソロン兵が最後まで抵抗して虐殺されたとき、シベ族は広禄未亡人のお祖母さんが新婚早々だったのを、夫から引き離してカザフ王に献上し、おかげでシベ族は虐殺を免れたのである。広禄未亡人が生まれたとき、あまりに美しかったので、お母さんは同様な運命を心配して、嫁入りまで屋敷の外に出さず、人目にさらさずに育てたのだそうだ。

その後、一九四九年に張治中《ちょうじちゅう》主席が中華人民共和国の支持を声明し、広禄さんたちは台湾へ脱出することになった。第一夫人は財産を守ってイリに残り、広禄さんは第一夫人とのあいだの長男だけを連れてゆくことになっていたのだが、飛行場に見送りにきた第二夫人が生まれたばかりの乳呑み児を抱いて立っている姿が、いかにも心細げに美しかったので、広禄さんはつい約束を破って抱き寄せ、飛行機に乗せてしまった、という。これが今、台北にいる広禄未亡人で、漢名を蘇美琳《スーメイリン》さんと言う。満洲名は知らない。

（一九七八年記）

東南アジアが意識する文化大国日本

関心を抱いて見られていた日本

サイゴンの陥落（一九七五年）から、もうかれこれ一年になる。

あの劇的だったグエン・ヴァンティウ政権の大崩壊に引き続いて、あれよあれよというまにカンボジアが陥ち、ラオスが陥ち、マヤグエス号事件に対するタイの抗議をいい潮《しお》に、待ってましたとばかりアメリカが事実上全面的に東南アジアから撤退してしまい、それに代わって、アメリカが残していった厖大な量の兵器を手に入れたハノイ政権が、いまやインドシナ三国ばかりでなく、東南アジア全体を威圧する軍事大国にのし上がり、その隣のタイばかりか、日本経済の死命を制するマラッカ海峡に臨むマレーシアまでが風前の灯と見えた……あの眼まぐるしい日々の思い出は、いつのまにやら遠くかすんで、われわれ一般の日本国民は、正直のところ東南アジアに問題があることすら、ほとんど記憶していないと言ってよい。

私は別に、それが怪《け》しからぬと言って慨嘆しているわけでもなく、いや、これでいいのだと言っているのでもない。ただ、日本国民にとっては、それが日々の生活に直接ひびいてでもこない限り、タイの総選挙の結果がどう出ようが、東南アジアの諸国が共産主義の進出の前に将棋倒しになろうが、たいして感興のないニュースにすぎないという、実感を語っているだけなのである。これはあながちスト権ストや、共産党リンチ事件や、ロッキード問題に関心が奪われたせいばかりでもなさそうである。

じつは私は、東南アジアや中近東で何が起ころうが、どうせ日本は安泰だと信じている一人なのである。こんなことを言うと、国を憂える消息通の言論人のお歴々から、何をばかなことを言っている、だから認識不足の学者はしようがないんだ、情勢はそんな甘いもんじゃないぞ、とお叱りをこうむることは間違いない。しかし政治学者や経済学者、軍事問題や国際関係の専門家とは違って、私のような歴史家の研究課題は、来年、再来年、あるいは十年後、二十年後の見通しではなく、百年、二百年のオーダーで立てるものなのだから、ごく近い将来の多少の浮き沈みは問題ではない。

あのオイルショックの直後に、台北で、ある高官と中華民国の前途について話をしていたら、「日本は軍事大国ではない。政治大国でもない。だが経済大国ではあると思っていたら、今度の騒ぎで経済大国でもないことがわかって失望した」と言われた。戦前に日本の一流大学で博士号を取ったこの高官は、もちろんたんなる日本びいきの感情から、期待が裏切られて失望したのではない。失望の真の理由は、自分の国が過去十数年、経済の面で日本をモデルに採用して、一所懸命がんばってやってきて、政治力も軍事力も弱くても、現代の世界のなかで尊敬される地位を獲得する可能性を信じてきた、その期待が裏切られた、と感じたからであったことは、言うまでもなかろう。

そういうわけだから、日本が経済大国として生き残れるかどうかは、なにも中華民国だけが関心を持った問題ではなかった。親日と反日の公式態度の差を問わず、資本主義と社会主義の体制の差を問わず、第三世界を挙げて、切実な関心を抱いて見守っていたのであって、ただ石油危機に慌てふためいたわれわれ日本国民が、それに気がつかなかっただけの話である。

今にして思えば、日本にとって幸運だったのは、昨年のサイゴン陥落とアメリカの東南アジア撤退の時期が、石油価格の急上昇による国際収支の赤字を日本がほぼ克服し、低率ながら安定した経済成長の見通しが立った頃だったことである。

今日あるのは日本軍のおかげだ

私は昨年の夏、サイゴン陥落の余震がまだ続いている七月から九月まで、シンガポールやクアラルンプールに歴史学の現地調査に行っていた。もとより歴史家のやる調査だから、要人にインタヴューしたり情報を聞き回ったりはしない。もっぱら文献を読み、そのかたわらその土地の文化のパターンを観察するだけだが、それでも一カ所に一カ月もいて、腰を据えて土地の人たちとつきあっていると、短期の視察旅行では見えないものも見えてこようというものである。

じつを言うと、私が東南アジアを訪れるのは、これが初めてではない。一九六三年の春、まだマレーシア連邦が発足していなかった頃に一度来たことがある。そのときには日本の商社の駐在員の姿もまだ見られず、投宿したシンガポールのラッフルズ・ホテルのフロントで、私の旅券を受け取った華人の番頭が、それをじっと見つめて「また……日本の方が……来られるようになったのですねえ」と鮮やかな日本語でつぶやき、顔を挙げて私の眼を見て「いろいろのことが、ありました」と言った、その声の響きが忘れられない。

そのけっして心の底から親日的とは言えないシンガポールに十二年ぶりに戻ってきて、大学の研究所で歴史文献を読んでいると、一つの奇妙な現象に気がついた。それは東南アジア諸国の現代史について書いたものが、申し合わせたように日本軍占領時代から戦後の独立までの叙述を簡略に、抽象的に、そそくさと済ませていることである。その結果、詳しく書かれている戦前の部分と、独立以後の部分とが、うまく話の筋が繋がらない。また戦後の独立達成に活躍した人々、現在の指導者たちの経歴でも、日本軍占領時代に本当は何をしていたのか、どうももやもやと不透明な感じである。

こうした語られない歴史の正体は、土地の知識人たちと親密になるにつれてわかってきた。つまり、こういうことである。戦前の植民地時代には、土地の人たちのあいだにも、ごく少数ながら本国で教育を受けたり、本国資本との取引で地位を獲得した指導層が厳然と存在して、それが植民地政府と土地の社会のあいだに立って、かなりの特権をほしいままにしていた。海峡植民地で言えば、マレー人のスルタンたちや、華人のマラッカ・チャイニーズ（一名ババ・チャイニーズ）、欧亜混血のユーラシアンなどの一部がこれに当たる。ところが日本軍がやってきて、こうした指導層が失脚した。そればかりではない。日本軍は、日本式の隣組や、自警団、国民学校などを持ち込み、これまで組織化が不充分のまま放置されていた土地の社会に、初めて組織と統一の原理を与えた。そのおかげで、これまでリーダーシップなどには縁の遠かった一般の人々も、それぞれ地域社会の役割を分担することを覚え、上級・中級・下級を問わず、指導者たちの厚い層が急速に育ってきた。それだからこそ、日本軍の降伏のあとに東南アジアに舞い戻ってきた旧本国の勢力は、もはや協力者を現地に見つけることができず、いやいやながら独立を許さなければならなかった。大ざっぱに言えば、そういうことになる。

つまり現在の東南アジア諸国の政治・経済・社会・文化の各方面の指導的な地位にある人々は、自分たちの今日あるのは、つまるところ日本軍の占領がもたらした社会構造の変化のおかげであることを、口には出さず、また出せないが自覚しているわけで、これは個人個人が親日か反日かという立場を超越した問題である。

日本式価値体系を受け入れた東南アジア

こうして日本は短かった軍政のあいだに、みずからそれと知らないうちに、東南アジアの社会の構造を奥深いところで変え、日本式の組織の原理を植え付け、やがて人々の行動様式まで日本式のものが吸収される素地をつくったのである。これがこの地域の本格的なジャパニゼーションの第一波であった。

その第二波はもちろん、一九六〇年の神武景気に始まった日本経済の驚異的な高度成長であった。これを日本のいわゆる「経済侵略」などという表面的な現象とばかり考えては間違いである。もっと重大だったのは、日本の華々しい成功、それも軍事力を伴わない成功を目《ま》の当たりにした東南アジアの人々が受けた、深刻な心理的、文化的な影響である。この頃から彼らの心のなかで、日本はより自由な、より安楽な生活の希望と結び付き始めた。つまり日本式の価値体系が受け入れられたのである。

しかし人間の意識は、いつも現実を一歩遅れて追いかけるものである。ちょうど日本人がアメリカ式の価値体系を完全に受け入れた一九六〇年に、安保騒動という最後の反米運動が爆発したように、東南アジアの日本化の第二波が完了した一九七四年一月、田中角栄首相は訪問先のバンコクとジャカルタで激烈な反日暴動に会い、日本国民は深刻な衝撃を受けたのであった。

しかし心配しなくてもいい。サイゴン陥落を境に、反日は過去のこととなった。日本赤軍のＡＩＡビル占領事件の直後に私が飛び込んだクアラルンプールでは、前年までわずか六名しか学生がいなかったマラヤ大学の日本語寄附講座に、サイゴン陥落と同時にどっと受講生が押しかけて、しかも外国で博士号を取ってきた各学部の少壮教授たちまでが、六十数名の学生に交じって熱心に日本語を勉強していた。当人たちの説明では「アメリカはもう当てにできない。イギリスはすでに引き揚げた。中国に支配されたくはないし、といってソ連はなおご免だ。これからは日本だ」ということだったが、もちろんこれは一面にすぎない。

本当のところは、この頃の東南アジアの人々の服装の好みに見られるように、第三波の、最終的な日本化が進行し、日本を文化の祖国と明確に意識し出したからなのである。この現代日本文化の力、これこそがわれわれの最大の財産であり、最良の国防である。

そうだ。日本はいまや「文化大国」なのだ。

（一九七六年記）

ベトナム五百年の執念——歴史に見るカンボジア征服の経緯

シナ系文化の代表・ベトナム人

インドシナ半島は、その名のとおりインド文明とシナ文明の接触地帯である。ここでシナ系の文化を代表するのがベトナム人である。インド系の文化の代表は、長い長いあいだカンボジア人だったのだが、カンボジア——そしてラオス——がベトナムの支配下に入った今（一九七九年）、タイ人がインド系文化の最前線に取り残された形である。

地図で見られるとおり、中国の雲南《うんなん》省の高原から、南へ海のなかへ突き出したのがインドシナ半島である。雲南高原は稲の原生地で、われわれの米食文化はここから四方へ拡がったらしい。それはともかく、この高原には、北から南へ流れる大河がいくつも並んでいて、そのうちいちばん東が長江の上流である。その西隣が紅河（ソンコイ）の上流で、東南に流れて北ベトナムのトンキン地方に紅河

インド
バングラデシュ
大理
雲南
昆明
中華人民共和国
広州
メコン河
紅河(ソンコイ)
トンキン
ハイフォン
ハノイ
トンキン湾
海南島
ミャンマー
ラオス
チャオプラヤー河
ベンガル湾
ヤンゴン
メコン河
タイ
ベトナム
南シナ海
バンコク
アンコール
カンボジア
プノンペン
ホーチミン(サイゴン)
シャム湾
マレー半島
メコンデルタ
ペナン
マレーシア
マラッカ海峡
クアラルンプール
マラッカ
スマトラ島
シンガポール
ブルネイ
マレーシア
カリマンタン島
インドネシア
インドネシア
パレンバン
地図5　東南アジア

デルタをつくっている。その西隣がメコン河の上流で、南へ流れてラオス・東北タイの高原を通り、コーンの大滝でカンボジアの大平原に落ちて、メコン・デルタをつくっている。紅河とメコン河の分水嶺のチョンソン山脈は、トンキン地方の南でぐっと海岸近く押し出して、ここから南のメコン・デルタのサイゴン近くまでの海岸には、ほとんど平地らしい平地はない。

じつは本来のベトナムは、北部のトンキン地方だけだった。この地方が歴史に登場するのは、紀元前二一四年に秦《しん》の始皇帝《しこうてい》が華南を征服して、広州がシナの貿易港になったときからである。その後、一時この地方は放棄されたが、前一一一年になると、漢の武帝《ぶてい》が華南をふたたび征服して、トンキン地方とその南の海岸地帯に漢の直轄領を設けた。これは海上貿易の利益が大きかったからである。広州からインドシナ半島の沿岸を航行し、シャム湾（タイランド湾）を横切って、マレー半島の東岸に着き、西岸からまた船に乗ってベンガル湾を渡り、南インドを回って、アラビア海、ペルシア湾、紅海を経て地中海に達する。地中海ではちょうどローマ帝国が興ろうとしているときで、シナと地中海世界とのあいだの貿易は盛んになる一方だった。そのため広州の港に近い紅河デルタには漢人が大量に入植して開発が進み、これから一千年間、トンキンはシナの一部であった。

ベトナム人を生んだトンキン地方

ところでトンキンの南の細長い海岸地帯には、その頃インドネシア系のチャム人が住み着いていたが、西方の商品を載せてインドからやってくる商船がかならずこのへんに寄港するために、インド文明を受け入れて、二世紀の末にはシナから独立してチャンパという王国を建てた。チャンパの王はインド式の名前をつけたヒンドゥー教の神々を信仰し、トンキンに侵入しては漢人と戦った。つまりこの時代にはインド文明の最前線はチャンパ王国だったのである。

シナ側の最前線のトンキン地方は、唐の時代になってもシナ領だった。八世紀には、「天《あま》の原ふりさけ見れば春日なる三笠の山にいでし月かも」の歌で名高い日本の遣唐留学生の阿倍仲麻呂《あべのなかまろ》が、シナのトンキン地方長官に任命されて、二度もこの地方に赴任している。十世紀になって唐の政府が倒れると、シナの地方長官たちはそれぞれ独立したが、このときトンキン地方にも独立の勢力ができた。やがて宋の政府がシナの他の地方をすべて統一するが、トンキン地方だけはそのまま放置されたので、結果としてこの地方は独立国ということになる。これがベトナムの建国であって、シナの統一に取り残された結果である。

なぜ十世紀にトンキンが取り残されたかというと、一つには宋の北には満洲、モンゴルの地をおおう契丹《きったん》帝国があって、その脅威のために宋は軍隊を南に割く余地がなかったからでもあるが、もっと大きな理由は、シナの造船・航海の技術がこの時代に大発展を遂げたからである。遠洋航海に適した巨大なジャンクがシナで建造され始めたし、羅針盤も発明された。漢人が自分からどんどん海外に乗り出していって、高麗《こうらい》や日本にも宋の商船が定期に来航するようになった。そうなると、これまで小さな舟でインドシナ半島の沿岸を寄り寄りして行ったものが、大きな船でまっすぐ南シナ海を横断して目的地に直行してしまう。トンキンの貿易上の重要性が減って、いわば歴史の裏通りになる。こうしてトンキン地方の住民——漢人の移民と原住民の混血——がベトナム人という民族をつくることになったのである。

指折りの古い歴史のカンボジア

しかしトンキンは、最初から人口過剰地帯で、充分な耕地は確保できなかった。外へ向かって発展しようにも、北方にはシナがある。西方のラオスの高原は乾燥地帯で、ベトナム人の常食の米をつくれる場所は少ない。いきおい南方のチャンパの領土を侵略するしかない。そのため、ベトナム人は十世紀の建国以来、絶えずチャム人と戦争を繰り返した。その一方、ベトナム人にとって不幸なことに、漢人はかつてベトナムがシナの一部だったことをけっして忘れなかった。すでに十一世紀にも宋がベトナムの併合を企てて失敗したが、十三世紀にも元《げん》のモンゴル軍が何度もベトナムに侵入した。そして明《みん》の永楽帝《えいらくてい》はついに一四〇六年にベトナムを征服して、その死まで十八年間この地をシナの一部とした。こうした侵略の歴史のために、ベトナム人はいまだに中国人に対して怨恨と憎悪の感情を抱いているが、ベトナム人自身は、チャム人に対して侵略を繰り返したのであって、一四七一年になると、ベトナムの黎《レ》朝の聖宗皇帝はチャンパを攻めて都のビジャヤ城、今のビンディンを取り、チャム人をほかに移した。こうして海岸地帯はベトナム人の住地になり、チャム人は今ではサイゴンやプノンペンに、ごく少数が生き残っているだけである。これが建国以来五百年の努力の成果であった。次はカンボジアの番である。

カンボジアの歴史はアジアでも指折りの古さである。すでに一世紀にはインド系の文化を持った王国がメコン・デルタに建設され、二世紀には今のカンボジアだけでなく、ラオス、タイ、ビルマ（現ミャンマー）に及ぶ広大な領土を支配する大帝国に発展し、インド洋と南シナ海にまたがって東南アジア一帯を勢力圏に入れた。その港の遺跡からはローマの金貨が発見されているほどで、海上貿易の大中継地として繁栄した。アンコールに王都が建設されたのは九世紀のことである。人種はモン・クメール系といって、シアヌーク殿下のような、丸顔で浅黒く唇が厚く、背は低いが横幅のある体つきをしている。細面《ほそおもて》で骨組みのきゃしゃなベトナム人とは違う。そしてベトナム人の文化がまったくシナ系で、儒教と大乗仏教の影響が強いのに対して、カンボジア人は十三世紀にセイロン（現スリランカ）から小乗仏教を受け入れて、インド系の文字で書かれたパーリ語の経典を読んでいる。

今後はベトナムとタイの闘争？

ところが十三世紀から、カンボジアの運命は下り坂になった。北方の雲南高原からメコン河に沿って南下してきたタイ人に背後を脅かされ、しだいに今のラオス、タイの地から押し出され始めたのである。ことに一四三二年には、アユタヤのタイ王ボロマラーチャー二世の軍隊の攻撃を受けてアンコールは落城した。この大打撃のうえに、チャンパの地を併合したベトナムが、南方からメコン・デルタに進出してきたのである。これからのカンボジアは、領土はタイとベトナムの双方から削り取られ続け、そのうえカンボジア王家の内部の紛争の結果、タイ派とベトナム派がそれぞれ隣国の後援を頼んで対立し、それがまたタイとベトナムの介入を招くことになる。一六二三年、ベトナムはメコン・デルタへの入口のプレイ・コールの税関の権利をカンボジアから獲得したが、これがサイゴンの町の起源である。

そして十九世紀になると、タイ軍のカンボジア侵入を撃退したベトナムの明命帝《めいめい》は、まずベトナムの皇女の婿《むこ》になっていたカンボジアの王族を形だけの王位につけ、カンボジア全土をベトナム人官吏の直接支配下に置き、ついで一八四一年、正式にカンボジアをベトナムに併合した。これに反撥したカンボジア人は各地で反乱を起こしたが、結局はタイ軍がふたたびカンボジアに侵入して、バンコクから連れてきた王族をカンボジアの王位につけることになる。このときはベトナムとタイのあいだに妥協が成立したので、カンボジア王国は辛うじて存続した。しかしこんな状態では先が見えている。カンボジアのノロドム王が一八六三年にフランスとのあいだに保護条約を結んだのは、カンボジアの国家と民族の生存のためには、フランスの保護国になる以外に方法がなかったからである。ベトナムがフランスの保護国になったのは、その二十一年後のことであった。

こうしてカンボジアは植民地化はしたものの、そのおかげでもう百年間、生き延びることができた。ところが一九七五年にサイゴンが陥落して、アメリカ軍がベトナムから撤退すると、またも事態は振り出しに戻って、カンボジアはベトナムとタイのあいだに板挟みになった。そこへベトナムと中国のあいだの古い敵対関係の再燃である。それが組み合わさると、アメリカ、タイの後援を受けるロン・ノル政権を、中国の後援を受けるポル・ポト政権が逐い出し、そのポル・ポト政権を、ベトナムの後援を受けるヘン・サムリン政権が逐い出すという、現在のインドシナ情勢の図式になる。これは別に社会主義などとは関係のないことである。

ベトナムは建国から五百年にしてチャンパを併合し、また五百年にして、いまやカンボジアを併合した。肥沃なメコン・デルタを支配することは、慢性の人口過剰と土地不足に悩むベトナム人の悲願であった。これでシナ文明の最前線はアンコールの遺跡の向こうまで進出し、インド文明の最前線はタイまで後退したことになる。次の五百年は、メナム・チャオプラヤー河のデルタをめぐる、ベトナム人とタイ人の闘争の時代であろう。

（一九七九年記）

東南アジアの心と言葉

言葉から見た台湾

東南アジアはおもしろいところだ。われわれ日本人は、朝起きてから夜寝るまで、日本語で考え、日本語で話し、日本語で書き、日本語で読み、要するに純粋に日本語だけで生活している。なるほど義務教育の中学校では英語は必修だが、ＡＢＣしか覚えなくても、日常生活に支障はないし、世間へ出てから不利になることもあまりない。多少のカタカナ語さえ知っていれば、日本語だけで用が足りるのである。

ところが東南アジアではそうではない。一九四五年以後に独立国になったところが大部分で、それぞれ国語と称するものがあることはあっても、それが日常生活の言葉ではないことが多いし、高等教育を受けようとすれば、どうしても国語だけでは間に合わない。自分の国のなかで暮らすのでさえ、二つも三つもの言葉ができなければならず、しかもそれぞれの言語には、それに結びついて切り離せない独自の文化のパターン、ものの考え方、人の生き方というものがある。つまり、一人の人間が、いくつもの人格を同時に持っていることになりかねない。これが東南アジアに共通な現象である多言語使用（multilingualism）の重大な問題なのだ。

私が初めて東南アジアを見たのは、一九六二年の台湾、一九六三年のタイ、マレーシア、シンガポールだった。六〇年代の初めと言えば、日本の経済の高度成長もまだ始まったばかりの頃で、日本人は商社員でさえ東南アジアにはほとんど見かけなかった時代である。私が十何年ぶりに初めて会う日本人だった人々は少なくなかったらしい。

台北では、ヴィザの延長の手続きが必要になって、淡水河《たんすい》の向こうの板橋鎮（今は市）の警察署に行った。バスを埃っぽい広場で降りて、古びた警察署の建物に私が足を踏み入れたとたん、どうして私が日本人とわかったのだろうか、広い事務室に座っていた大勢の警官たちが、それまで話していた中国語からいっせいに日本語に切り換えたのである。それも私に話しかけるだけではなく、自分たちのあいだの会話も日本語になってしまったのである。何かがせきを切ってほとばしったような感じだった。しかも、やはり何かの手続きに来ていたアメリカの軍人を指さして、「こいつらは……」と悪口を言ってみせるのであった。当時、中華民国政府は日本語の使用を厳重に取り締まっていた。新聞で読んだのだが、ある芝居小屋で、役者たちが劇中、日本語の歌を歌い出し、逮捕されて罰金を食ったという時代なのに、警察からしてこのありさまである。

また台北でのある日、台湾式の茶店に入った。台湾式の茶店というのは、赤い素焼きの盆に湯が張ってあって、そのなかに小さい茶碗がいくつも沈んでいる。やはり赤い素焼きの急須にはウーロン茶の葉が入っていて、湯の注ぎ足しはいくらでもタダだ。ウリの種をかじりながら、ウーロン茶を飲んで話をするのである。私が店に入ったとたん、女主人は私が日本人であることにすぐ気がついて、「レコードを変えましょうね」とにっこり、旧式の手回しの蓄音機から流れ出したメロディーはなんと日本の軍歌であった。店中のお客さんたちは、話を止めて私のほうを振り向いて、好意のまなざしで見つめる。近くのテーブルの若い労働者風の男が立ち上がってやってきて、大きな声で「日本人か?」「そうです」「握手しよう、握手しよう。お互い、天皇陛下のためによく働いたよ、なあ」。私は返事に窮した。

台湾の人々が、日本人に好意を示し、日本語を使いたがるのは、一九四七年の二・二八事件の後遺症だった。もともと台湾島は、フィリピンやインドネシアから太平洋の島々にかけて話されるオーストロネシア系の言語を持つ人々、つまり日本で言う高砂《たかさご》族の住地だったが、十七世紀になってオランダが南部の今の台南に、スペインが北部の今の淡水に、それぞれ商館を置いてから、台湾海峡の向こうの福建《ふっけん》省の南部や広東《カントン》省の東部から漢人が出稼ぎにきて、平地に定住して開拓を始めた。オランダ人はスペイン人を台湾から追い払い、そのオランダ人を日中混血児の鄭成功《ていせいこう》が追い払って、三代二十二年のあいだ鄭氏が台南に都したが、一六八三年に至って、大陸を支配する満洲族の清《しん》朝に征服され、ここに初めて台湾が大陸の政府の支配下に入ったのである。

しかし台湾は新開地のこととて気風が荒っぽく、反乱や暴動の絶え間がない上に、入植した漢人たちは部落ごとに団結して、互いに戦争を繰り返すありさまで、ほとほと手を焼いた清朝は、大陸から台湾への渡航を厳重に制限した。そうした状態で二百年が過ぎて、一八九五年、清朝は日清戦争の講和条件の一部として、台湾を日本に割譲した。それから五十年、台湾の人々は日本の台湾総督府の支配下にあって、日本式の教育を受け、公用語は日本語になった。

もともと台湾人は、福建省でも南部の泉州《せん》、漳州《しよう》、それに広東省東部の潮州《ちよう》、梅県《ばい》の出身が大多数だが、そのうち泉州人、漳州人、潮州人は福建語の方言を話す。梅県から来た人々は客家《ハツカ》と言って、十三世紀に北方の山西《さんせい》省の高原から南に下ってきた人たちであって、客家語は北京《ペキン》語など、いわゆる中国語の方言のひとつである。しかし福建語はもともと中国語ではない。十世紀頃から北方から福建省に入植を始めた漢人たちの影響を受けて発達した言語なのであって、漢語から借用した単語は非常に多いけれども、日常生活の身近な事物を表わす単語にはタイ系の言葉が多い。そのため漢字が当たらない単語が多く、福建語は漢字では書き表わせない言葉なのである。現在、大多数の台湾人の話す台湾語は、この福建語から分かれてできた言語だから、台湾人も自分たちの言葉を漢字では書けない。

だから一九四五年に台湾が日本の手を離れて中華民国の管轄に入ると、台湾人の使う公用語はそれまでの日本語から台湾語になったのではなくて、一足飛びに北京語、いわゆる中国語に切り換えられた。日本語という外国語から、中国語という外国語になったわけである。それだけなら、まだいい。五十年の日本の支配から解放されたのだから、台湾人はみな歓呼して、上陸してくる国民党の軍隊を迎えた。ところがその中国軍の素質が悪く、民衆とのあいだに衝突の絶え間がなく、台湾人たちに深い幻滅を味わわせた。

こうして不満が高まって、とうとう一九四七年二月二十七日、台北の街で闇煙草を売っていた女性を専売局の巡視官が殴り、抗議する民衆に発砲し、人を殺したのをきっかけに、台湾全島をあげての反中国大暴動に発展し、台湾人たちは蔣介石《しょうかいせき》に対して台湾省の自治を要求した。これに対して蔣介石は大弾圧をもって応え、殺された台湾人の数は五千人以上、あるいは数万人ということである。この二・二八事件の記憶は、六〇年代の初めには、まだなまなましかったので、いきおい台湾総督府時代をノスタルジアをこめて振り返るという気持ちになったのであろう。つまり台湾人が日本人である私に好意を示し、日本語を使ってみせたのは、大陸から来て新たな支配階級になった中国人に対する反感の表現だったのだ。この二・二八事件の前後の台湾の様子は、邱永漢《きゅうえいかん》の出世作の小説「濁水渓」にいきいきと描かれている。

シンガポールで知った華人の複雑さ

私がシンガポールに着いて、ダウンタウンのラッフルズ・ホテルに泊まったときのことだ。各部屋にヴェランダのついた、コロニアル・スタイルの古風なすてきなホテルだったが、フロントの中国系の番頭は、私が差し出した日本の旅券を見ると、しばらく黙っていて、こう言った。「また、日本の方がいらっしゃるように、なったのですねえ」。それから顔を上げて私の眼をひたと見据えると、「いろいろなことがありました。だが、歓迎します」。みごとな日本語である。

翌日、シンガポールの中国系の人々の指導的な地位にある人に会った。私は率直に聞いた。「いったい日本軍は、シンガポールの中国系住民に何をしたのですか」。その人はしばらく黙り込んで、じっと何か考えているようだったが、やがて決心したようで、「私たちが中華街にオーストラリア軍の敗残兵をかくまっている、という疑いを抱いた日本軍は、家探《やさが》しをして若い兵役年齢の男たちを片っぱしから捕え、掌《て》に孔をあけて針金を通して二十人ずつしばり合わせ、船からジョホール水道の海に突き落として殺したのだ」と言った。

それからは親しくなって、いろいろ当地の事情を教えてもらったのだが、その話によると、東南アジアの中国系の人々、いわゆる華人には五種類あって、福建人、潮州人、客家人、広東人、海南《かいなん》人がそれだという。なんでもそのあいだには等級のようなものがあり、いちばん古くからの入植者である福建人がもっとも信用があり、五番目のびりが海南人ということになっていて、むかしは裁判ざたになると、裁判官はまず原告と被告の出身地を聞いて、海南人なら自動的に敗訴にしたものだ、という話だった。これが私が東南アジアの中国人にもいろいろな種類があり、同じ華人だからといってひとまとめにして考えてはいけないことを知った最初である。

福建人と潮州人、客家人についてはすでに言ったが、広東人はもちろん広州の町や香港《ホンコン》を含む珠江《しゅこう》デルタ地帯から来た人々で、彼らの故郷の地方には、古く紀元前から北方の漢族が入り込んでシナ化したので、福建語などと違って、広東語はいちおう漢字で書ける言葉である。海南人は言うまでもなく、海南島の出身者で、この島の原住民はタイ系だったが、のちに福建人の影響を受けて、福建語に近い言葉を話す。とは言っても、これら華僑の故郷である華南の海岸地帯は、小さな方言がたくさんに分かれているところで、ほとんど村ごとに違う言葉を話すほどである。

シンガポールのように、国民のなかの中国系の比率が七五パーセントに達しているようなところでも、出身地の違いを反映して、以前は街ごとに言葉が違った。言葉だけではない。中国人が移住するときには、それぞれ故郷の神様の像を奉持して移住するので、神様も違う。

中国の神様は、日本とは違って、それぞれある歴史時代に一度人間に生まれて、生前に不思議な力をあらわして、多くは生きたまま天に昇って神様になったのであって、あらゆる神様にはそれぞれ誕生日があり、その誕生日がお祭りをする縁日なのである。だから出身地が違えばお祭りなどの年中行事も違うわけである。さらに職業が違う。福建人は多く大商人を出し、潮州人は米穀の取引を独占し、客家は山地で、広東人は平地で肉体労働者になることが多かった。

ところでふだんの生活は別々でも、市場では出身地の違いを超えて、丁々発止と言葉で渡り合わなければならない。それには広東語を使う。たとえば潮州人同士でも、取引の場では広東語を使うそうである。これは広東語が、南方の中国人の言葉のなかでは例外的に、なんとか漢字で書けることが理由であろう。商売には契約や帳面がつきものだからである。ところで取引といっても、われわれ日本人のように、正札つきの品物を、だまって定価を払って買うようなことはしない。売る側は、買い手の買い気を見ながら、少しでも高く、少しでも多く売りつけようとし、買う側は売り手の足もとを見て、少しでも良い物を少しでも安く買おうとする。大声をあげ、何時間でもねばりにねばって、上々下々、虚々実々の戦いが繰り広げられる。取引は言葉の戦いである。だからけんかにも広東語が用いられることになる。そういうわけで、広東語は、あまり品のいい言葉とは見なされていないようである。

私が一九六三年に訪れた頃は、シンガポールはまだマレーシア連邦に参加していなかった。同年の七月に加入したのだが、たった二年で追い出され、マレーシアとシンガポールは別々の国になった。理由は人口のバランスだった。シンガポールを連邦に入れたままでは、中国系の人口が過半数を占めるし、シンガポールの経済力が全連邦を支配することになる。マレー人はそれに堪えられなかったのである。

シンガポールにいるときに、リー・クワンユー（李光耀）首相は「ババ」だ、という話を聞いた。最初は中国語ができなかったからだ、という。「ババ」というのは、もともとマラッカの町の住民の中国系の人々のことである。マラッカ海峡の交通の要衝であるこの港町を建設したのは、対岸のスマトラのパレンバンから亡命してきたマレー人の王子で、一四〇〇年頃のことだったが、それから約百年間の繁栄のあと、一五一一年にアッフォンソ・ダルブケルケのポルトガル艦隊に攻略され、百三十年のポルトガル支配のあと、一六四一年にオランダ人がマラッカを占領し、さらに十九世紀の初めになってイギリスの手に落ちて、ペナン、シンガポールとともに海峡植民地の一部になった。こうした古い歴史を持つ港町だから、早くから漢人の商人が移住してきて、土地のマレー人の婦人たちと結婚して子孫を残したのだが、この人々をババ・チャイニーズとふつうに呼ぶ。ババの特徴は、中国語を知らず、マレー語を話すことである。

もっともマレー語とはいっても、土着のマレー人のマレー語とはかなり違っていて、福建語から入った単語がかなりあるし、文章の構造にも変わったところがある。イギリス人が来たときに、まっさきに英語を習って土地の人々とのあいだの橋渡しをしたのがこの人たちであり、真っ先にイギリス本国に留学して教育を受けたのも、このババ・チャイニーズの人々であった。今ではマラッカの町も人口が減り、ババ・マレー語しか話さない人々も少なくなり、むしろ本格的なマレーシア語のほうを使おうとする傾向が強いようだ。それにしても、リー・クワンユー首相がババと呼ばれることがあるのはおもしろい。これはイギリス教育を受け、シンガポールの政界で活躍するようになってから、中国語を学んだからだろう。ひと口に中国系と言っても、こうした人々も多いのである。

それでめんどうなことになる。大東亜戦争のあと、マレー人たちの民族意識が高まって、やがて一九五七年にマラヤ連邦が結成されるのと並行して、中国系の住民たちのあいだにも、出身地を超えた団結の必要が感ぜられて、子弟の教育を中国語（北京語）で行なうのがふつうになった。もともと中国語を話せる中国人はこのへんにはほとんどおらず、それぞれ福建語、潮州語、客家語、広東語、海南語、およびそれぞれの方言をバラバラに話していたのだから、だれの言葉でもない中国語（北京語）を共通語にするのがいちばん公平だったわけである。こうして中国語が普及し始めた。

言葉が露《あらわ》にする人格

ところでシンガポールでも、マレーシアでも、マレー人、中国人のほかに、むかし鉄道工夫、ゴム園労働者として南インドから連れてこられたタミル人が多いし、さらにマレー人とヨーロッパ人の混血のユーラシアンと呼ばれる人々もいる。それに数は少ないけれども、ばかにならないのがアラビア人で、アラビア半島の南岸あたりからはるばる出稼ぎにきている。というわけで、中国系が七五パーセントとは言っても、その内容が雑多で、一つだけで過半数を占めるような集団はないし、だいいち、漢字に書き表わせるような言葉ではない。それでシンガポールでは四つの公用語——英語、中国語（北京語）、マレー語、タミル語——が並立して、テレビのニュースでも、四つの言葉で同じ内容をそれぞれ繰り返さなければならない、という恐るべきことになった。

それはそれで理屈の上では、公平で結構なことになるのだが、これでは実際には役に立たない。たとえばバスに乗るとする。運転手は運転しながら、次のストップの通りの名前をアナウンスするのだが、それを四つの言葉で、四回ずつアナウンスするわけにはゆかない。そんなことをしていたら停留所を通り過ぎてしまう。結局、ひどい発音ながら、英語だけでアナウンスすることになる。そうすると四つの言葉を平等に尊重するというのも建前だけのことになってしまう。いくら中国人が北京語を勉強したって、実際の日常生活のすべてが北京語で用が足りるわけではない。むしろそういう領域は狭くて、結局は英語を学ぶのがいちばんだということになる。

言い換えれば、英語のできない人は、深い霧のなかに住んでいるようなもので、自分の周囲のごく狭い範囲内のことしかわからない。社会の本流に入って日の当たる場所に出たければ、なんとしても英語を身につけなければならないことになる。シンガポールでは、初め四つの言葉をそれぞれ使う、四系統の学校制度――これをストリームと呼ぶ――をつくって、英語でも、中国語でも、マレー語でも、タミル語でも初・中等教育が受けられるようにしていた。もっとも大学は、英語のシンガポール大学と、福建系の人々が創立した中国語の南洋大学の二つだった。ところがこの制度は、いいように見えて、じつは失業予備軍を大量生産しているようなものだった。つまり中国語教育をずっと受けて南洋大学を卒業しても、英語ができなければ就職が難しいし、就職しても芽は出ないまま、下積みに終わらなければならないのである。そこでシンガポール政府は、まず南洋大学の教育をすべて英語に切り換え、次いでシンガポール大学に吸収してしまった。

こうしてシンガポールの事実上、唯一の国語は英語になった。つまりだれの母語でもない言葉に決まったわけである。ところでその英語というのが、純粋のイギリス英語でもなければアメリカ英語でもない、シンガポール・マレーシア・イングリッシュと称されるやつで、発音やアクセント、文法にも特徴があって、マレー語の間投詞である「ラ！」がふんだんに入ってくる。それでも英語には違いない。

私がふたたび一九七五年の夏にシンガポールとマレーシアを訪れたとき、ある中国系の女性とデートをし、マラッカ海峡に臨むオープン・エアー・レストランで海鮮料理をごちそうになった。彼女はロンドンに留学して、ジェームズ・ジョイスの「ユリシーズ」を研究したという。夕刻の海を渡ってくる涼風に吹かれながら、二人で楽しく英文学を論じ合ったのだが、彼女は「私はチャイニーズではない。自分がチャイニーズだとは思わない。私は教育はずっと英語で受けてきて、ものを考えるのも英語だ。中国語といったら、買い物に必要な、最小限度のベーシック・キャントニーズ（初歩の広東語）しかできない。しかし自分はそれでよいと思っている。周りの者は、お前はチャイニーズじゃないか、中国語を話せなくていいのか、と言うけれど、私はそうは思わないんだ」と、昂然として言い切った。そこへ注文した魚の大皿が運ばれてきた。見ると骨が取ってある。彼女は、これはおかしい、魚の骨をあらかじめ取って客に出すのは見たことがない、きっとよその卓で断わられて下げてきたものを回したのだろう、と怒り出し、店の者を呼びつけて、すごい勢いの広東語で口論を始めた。英語を話していたときの柔らかさとは打って変わったきつい表情で、同一人とは思われず、私はあっけにとられた。どうも言葉には、それぞれに結び付いた人格というものがあって、二つ三つの言葉を話す人は、二つ三つの人格をその場ごとに使い分けるように思う。東南アジアはそうした世界なのである。

マレーシアの人々の言葉と心の変化

クアラルンプールでは、マラヤ大学のキャンパスの女子寮に泊まっていて、毎日経済学部の先生たちと話をした。ちょうど学内の公用語が英語からマレーシア語に切り換えられたばかりで、みんな講義のノートをつくるのに苦労していたようだ。先生たちには、英語教育を受けた中国系が多いのである。学内の通達などもマレーシア語だったが、みんな作文は不得意だから、学科のオフィスに座っている、中国系でマレーシア語のうまい女性に頼んで翻訳してタイプしてもらい、受け取った通達もその人に読んでもらうことになる。公用語とは言っても不便なものだ。

学生にはマレー人その他のブミプトラ（土地の子）と呼ばれる非中国・非インド系の人々をなるべく多く採る政策のようだったが、彼らはまったくマレーシア語を話してばかりいるのかというと、そうでもない。食堂での会話も、キャンパスの集会での演説も、なんのことはない英語でやっていた。ひとつにはマレーシア語はまだ人工的な言葉で、読み物もあまりないし、大学教育は建前とは別に、やはり英語がいちばん大切な言葉だったからであろう。

大学の裏門からほど遠くない、ペタリンジャヤの新興住宅街には、新しく育ちつつあるマレー系の中産階級（多くは官吏か政府系の公社の職員）が大勢住んでいたが、彼らの家庭では、英語を話すのが誇りとされていて、親子の会話でも英語、それもシンガポール・マレーシア・イングリッシュを使うのがふつうだ、という話だった。

マレーシア語はマレー語を基礎にしてつくられた標準語だが、カンポン（村）のマレー人の生活を反映して、「私」「あなた」といった人称代名詞でさえ、それぞれ十何種類もあり、相手と自身の地位や関係に応じて微妙に使い分けなければならない。ところが都市に出てきて暮らすようになると、いちいちそんなこともしていられない。それで手っ取り早く英語の人称代名詞を代わりに使って、「アイ」とか「ユウ」と言うことになる。こういうところにも、都市化、近代化に伴うマレーシアの人々の心の変化が表われているようである。

しかし東南アジアに広く見られる多言語使用の現象は、ただたくさんの言葉が並存する、というだけのことではない。言葉にはそれぞれ使われる場が決まっていて、どの言葉にも同じ事柄、感情を言い表す力があるわけではない。ある言葉は商売だけに、ある言葉は踊りや歌だけに、ある言葉は学問だけに、というふうにおのずと用向きが分かれてしまう。ということは、多くの言葉を使い分けている人は、じつはどの一つの言葉でも、自分の人格を一〇〇パーセント表現できない、ということを意味する。われわれ日本人が英語が不得手なのは、取りも直さず幸福な文化を持っている証拠である。東南アジアの心と言葉——それはわれわれにはうかがい知れない、異様な世界である。（一九八二年記）

中曽根ＡＳＥＡＮ歴訪と日中関係

日本の防衛政策に反発しているのか

中曽根康弘首相が一九八三年四月三十日から五月十日まで、十一日間の日程でＡＳＥＡＮ《アセアン》五カ国（タイ、マレーシア、シンガポール、インドネシア、フィリピン）と、今年（一九八三）十二月にイギリスの保護下から独立してＡＳＥＡＮに加入する予定のブルネイを歴訪している。日本の首相のＡＳＥＡＮ訪問は、二年前の鈴木善幸首相以来のことである。成果のほどは、もちろん終わってみなければわからないが、このたびのＡＳＥＡＮ歴訪に際しては、日本政府は慎重に準備に念を入れ、中曽根首相自身も前もって何度も今回の歴訪の意図するところを語っている。

まず四月十二日の内閣記者会との懇談では「ＡＳＥＡＮ訪問の目的は、首相に就任したあいさつが第一だ。ＡＳＥＡＮ全体と日本との関係、各国と日本との二国間関係、ベトナムとＡＳＥＡＮの関係、さらに世界不況をどう打開するか、発展途上国と先進工業国の関係についても意見を聞いてきたい。とくに、サミットを控えているのでASEAN首脳部の意見をよく聞いて参考にしたい」（『朝日新聞』十三日付）と言い、ベトナム問題と経済協力・貿易問題を主要なテーマとして挙げた。

次いで中曽根首相は十八日、筑波研究学園都市の研究交流センターでの記者会見では、世界平和の維持と戦争回避、東南アジアの平和と安定維持、経済協力、文化交流、とくに人材交流の重視を各国首脳と話し合う、と言い（『朝日新聞』十九日付）、またASEAN内に根強いといわれる、わが国の防衛努力に対する懸念については「（各国は）シーレーン（航路帯）を心配のようだが、最近は大分（心配も）解消してきたようだ。よく説明して、誤解のないようにしたい。（中略）（防衛努力は）我々が専守防衛、今の憲法のもとで軍事大国にならず、個別的自衛権の範囲内で、平和の戦略としてやってきたことで、（日本が）戦争を行わないためにやっていることを、だんだん分かってもらえてきたようだ。（中略）南東、南西の二つの航路帯は、（日本への）侵略が起きた時に設ける可能性も検討する、ということで、距離もASEANまで届かない。それより大分前の国にしか届かないことが分かってきたようだ。そういう点もよく説明して、誤解のないようにしたい」（『読売新聞』同日付）と語っている。ここで日本の防衛力強化がASEAN諸国に及ぼす脅威という問題が出てきている。

さらに二十二日、中曽根首相はASEAN報道関係者の合同インタビューでも「過去の大戦で周辺国に迷惑をかけたが、（現在の）防衛力整備は憲法の範囲内で専守防衛に徹する。シーレーン防衛は東南アジアには及ばない」と強調している（『読売新聞』二十三日付）。

このように首相がＡＳＥＡＮ歴訪を前にして、ことさら日本の防衛力増強問題について言いわけじみた説明を繰り返さなければならなかったのは、「首相の訪米で一層明確になった千カイリ航路帯防衛構想、不沈空母論など〝中曽根流〟の安全保障政策に東南アジアが反発する恐れがあったからだ」（『毎日新聞』二十二日付、小木曽功編集委員）という解釈が、日本のジャーナリズムでは通用しているようだが、じつはそんなことはない。ＡＳＥＡＮ五カ国のなかでは、日本の防衛力増強に懸念を表明しているのは、インドネシアとフィリピンだけで、タイ、マレーシア、シンガポールはまったく異議を申し立てていないのである。

この事実は、『毎日新聞』も認めていて「とくに四十年前の軍国・日本のツメ跡が残っているうえ、いま国内経済の不振など内政問題を抱えるインドネシア、フィリピンでは、この（反発の）危険性が高かった」と言っているが、大東亜戦争の被害は他の三国でも大きかったし、経済問題は世界不況の現在、各国共通の問題なのだから、これではなんの説明にもならない。なぜタイ、マレーシア、シンガポールは日本の安全保障政策に反発しないのかという理由は、まったくほかのところに求められなければならない。これを理解しなければ、中曽根首相のＡＳＥＡＮ歴訪の成否はもちろん、今後の日本の東南アジア政策そのものが暗中模索に終わることになるだろう。

東南アジア政策理解の鍵

このへんを理解する鍵は、四月二十日、ＡＳＥＡＮ五カ国駐在の日本大使が中曽根首相に報告した各国の情勢に求められる。山崎駐インドネシア大使が日本の防衛政策について「政府要人はだいたい理解しているが、マスコミや議会には、問題にしている人もいるので、首相から、改めてきちんと説明する必要がある」と言い、大川駐フィリピン大使が「話せば理解してもらえることだと思う。太平洋戦争の記憶を念頭に置いて淡々と説明していただきたい」と言ったのに対し、木内駐マレーシア大使は「先にマハティール首相が来日した際、中曽根首相から説明しており、先方も、これに何らの疑念も持っていない」と言っている。さらに小木曾駐タイ大使は「日本のカンボジア問題に対する態度が最大関心事で、ASEANにおけるタイの立場（ベトナム軍の撤退、自由選挙による新政権の樹立）を支持することを再確認してもらいたい、としている。またカンボジア問題が、平和解決するまで、ベトナムに対する経済援助を再開しないよう確認を求める考えのようだ」と言い、深田駐シンガポール大使は「カンボジア問題について、日本の（ASEAN支持の）考えを確認する形で話してもらいたい」と言った（『読売新聞』二十一日付）。

ここに報告された各国の態度には明らかに、日本の防衛力増強に反対せず、脅威を感じない国々は、ベトナムのカンボジア占領に脅威を感じている国々であり、日本の安全保障政策に懸念を表明している国々は、カンボジア問題をさほど重要視していない、という、興味ある関係が読み取れる。言うまでもなく、前者のグループに属するタイ、マレーシア、シンガポールは、いずれもインドシナ半島の国々であり、ベトナムのカンボジア占領による軍事的脅威をまともに受ける第一線の国々であるのに対して、後者のグループに属するインドネシアとフィリピンは海上遠くへだたって、ベトナムの軍事的進出の脅威を直接感じる度合の少ない国々である。

日中友好とＡＳＥＡＮ

しかも注目すべきことに、そのインドネシアが脅威を感じている相手は、むしろ中国なのである。山崎駐インドネシア大使の報告によれば「最大の関心は、国交がない中国問題だ。スハルト政権成立の経緯や、国内に三百万人の中国系の人がいることからも、慎重に対応している。現在、正常化の動きはない。一方、日中関係は、正常化とともに、関係が進んでいる。カンボジア問題でも、中国がからんでおり、中曽根首相との中国に対する認識、意見交換を望んでいる」というわけで、カンボジアに関しては、ベトナムの行動そのものよりも、ベトナムに対する中国の意図、ひいては中国の東南アジア政策を問題にし、日本の中国政策と東南アジア政策との関連を問おうとしているのである。早く言えば、日本にとって、中国が大事なのか、東南アジアが大事なのか、日中友好は果たしてＡＳＥＡＮ諸国にとって不利にならないものなのか、そこが問題だ、というわけである。

その中国は、四月十六日から中越国境地帯でベトナム領に対する砲撃を開始した。これは三月末から始まったベトナム軍の反ベトナム三派連合政府軍に対する乾期攻勢で、ＡＳＥＡＮ諸国のベトナム非難の外交攻勢が高まったのに応じて行なわれたように解釈されているが、じつはおもな目的は、この頃オーストラリア、ニュージーランドを訪問中だった趙紫陽《ちょうしよう》首相の支援であろう。オーストラリアの選挙で政権を握ったばかりのボブ・ホーク首相は、ベトナム支援の再開を口にしていたからである。そしてまた、中曽根首相のＡＳＥＡＮ歴訪とのタイミングも、中国の計算のなかにあるに違いない。日中のタイアップという印象が、中国の狙いであり、それが取りも直さず、東南アジアにおける中国のプレゼンスを大きくする効果を持つわけである。だからこそ、ベトナムの脅威をまともに受けないインドネシアとフィリピンでは、中国の底意のほうがむしろ長期的には脅威と感じられるのである。

ここでなぜインドネシアとフィリピンだけが、日本の防衛力増強に異議を唱えるのかがわかってくる。つまり、この二国にとっては、日中関係が緊密であればあるほど、日本の増大した防衛力が、そのまま中国の東南アジアにおける影響力の増大となって感じられるのである。それに反して、ベトナムの脅威にさらされ、中国のベトナム牽制を頼りとする他の三国にとっては、日中友好は逆に安全の保障と感じられるのであろう。

日中友好はそれ自体としては結構かもしれないが、ＡＳＥＡＮに対してはまた別の影響を及ぼしつつあるのである。この点に充分注意しないと、過ぎたるは及ばざるがごとしで、かえって東南アジアにおける日本の地位を危うくする恐れがあることを深く考えたい。

（一九八三年記）

第Ⅴ部　発言集

日中関係の今後

すべてのアジアの安定の基礎は、日米関係である。日本とアメリカがしっかりと手を組んでいる限り、北朝鮮が暴発しても、なんとか食い止められるだろうし、中国が暴発する可能性も非常に減少する。そのためには、適度に中国の内部に手を差し込んで、日本にとってもアメリカにとっても都合のよい勢力が地位を維持できるように操作しなければならない。

これは、むかしの西原借款《しゃっかん》（一九一七～一八年に日本の寺内正毅内閣が北京《ペキン》の段祺瑞《だんきずい》政権に与えた総額一億四千五百万円の借款で、西原亀三が仲介し、中国を経済的手段で抱き込むことを目的としたが、結局失敗した）の時代を思い出させる、悪夢の再現になるかもしれない。しかし、日中関係というのは、もともとそういう関係である。日本が中国を操作するか、中国が日本を操作するかの関係である。

どちら側も、対等に平和に仲良くやってゆけるような関係ではない。もともと、そのように地政学的にできているのである。したがって、これからの日本は、アメリカとの親密な関係をますます強化して、中国を操作し、日本の都合のいいようにリードする必要がある。そのためには、非常にややこしくわかりにくい相手なので、われわれは腹をくくらなければならない。

（エグゼクティブ・アカデミー講演「台湾問題を考える」一九九六年、質疑応答五二一～五二三頁）

日本の新聞の奇癖

私の目から見ると、日本のジャーナリズムは非常に奇妙な性質を持っている。昨日何が起こったか、を詳しく追求して報道するのではなく、明日どうなるのか、という予測ばかり書いている。どの新聞のどの記事を読んでも、「そうなることが期待されます」「世論の反発が予想されます」という締めくくりで終わっているのである。これでは日本の新聞の任務は、何が起こったのか追求し事柄の本質を明らかにすることにはなく、これからどうなるかを読者に教え込むことにあるのではないか、と疑わざるをえない。

（エグゼクティブ・アカデミー講演「現代中国と日本」一九九八年、六頁）

鄧小平死後の軍の発言力

鄧小平《とうしょうへい》の死後、軍の発言力は増す。そのとおりである。要するに後継者問題がいまだに取りざたされる理由は、中国において権力の基盤が軍にあるからである。鄧小平は第二野戦軍の政治委員だったので、林彪《りんぴょう》系の第四野戦軍に次ぐ大きな派閥である第二野戦軍系の将軍はすべて、鄧小平の旧部下である。したがって鄧小平は簡単に軍を掌握できた。それにより、党と国家の最高権力を手にすることができた。

ところが、鄧小平の旧部下のなかでもっとも有能で、中国共産主義青年団の第一書記から党の総書記になった胡耀邦《こようほう》と、四川《しせん》省の第一書記時代に経済改革を成功させた趙紫陽《ちようしよう》が、次々に失脚した。そのあたりから、鄧小平の不幸が始まった。鄧小平が命令して、民主化運動を弾圧させたのはけしからんということではなく、胡耀邦に続いて趙紫陽を失った鄧小平のほうこそ、大打撃であった。

周知のように、第二次天安門事件は、一九八九年、ゴルバチョフがペレストロイカを進めているさなかに北京《ペキン》を来訪して、それを歓迎する大デモが天安門広場で起こったことから惨劇になったが、この二人に代わって登用されたのが李鵬《りほう》と江沢民《こうたくみん》である。江沢民は上海《シャンハイ》市長・上海市党委員会書記として頭角を現わしつつあったが、党内の序列は低かったし、李鵬は周恩来《しゆうおんらい》の養子だが、あまり有能であるとは言われていない。

さらに江沢民も李鵬も弱い点は、人民解放軍とのあいだにまったく人脈がないことである。二人とも軍関係の経歴がない。そのため党中央軍事委員会主席に鄧小平はなれたが、江沢民を主席にするのにはたいへん手間取った。いろいろな交換条件を出して、軍を懐柔して、ようやく認めてもらった経緯がある。したがって、今でも党中央軍事委員会に対する江沢民の支配力は、非常に根が浅い。

近頃になって、江沢民は、地方の軍区司令員の更迭を頻繁に発表しているが、それは階級を特進させるなど、いろいろな手を使って懐柔して、なんとか地方に根を張った軍閥の支配力を緩めようとしている程度であり、鄧小平が生きているあいだに、江沢民が完全に軍を掌握できるところまでゆけるかはわからない。

また、鄧小平時代は実質的に終わったと言うことで、今のうちに鄧小平死後の発言権を大きくしておこうと、軍が積極的に出ている。南沙諸島に対する軍事的進出もその一環であるし、航空母艦をウクライナから買おうとしていることや、潜水艦をロシアに発注するとかいうことも、すべてそれに関連している。上海は北京への上納分をわりあい供出するが、広州はまったく出さないので、中央政府の外貨準備はきわめて苦しい。江沢民は、そのなけなしの外貨を割いて軍に回さなければならない。兵器でも何でも買ってやる、核実験もやりたければやらせてやる、演習もやりたければやらせてやっているのである。軍事演習もものすごい経済的な負担で、あれで当分似たような軍事行動はできないというほど、実力を消耗してしまった。そういったことに軍が無駄遣いするのを食い止められない。どんどん資金を出して、懐柔するしか方法がないというのが現状である。

今は、江沢民が軍の上にやっと危なっかしく乗っている状態なので、ますます軍は増長する。しかも軍の行動が台湾の統一という大義名分を掲げているので、だれも反対できない。非常に危ない状態である。軍が暴走するとどんなことになるか、日本もアメリカも経験している。旧ソ連もアフガニスタンで経験した。それが中国で起こりかねない状況である。

（エグゼクティブ・アカデミー講演「台湾問題を考える」一九九六年、質疑応答四五～四七頁）

東北三省の独立運動

東北三省（遼寧省《りょうねい》、吉林省《きつりん》、黒龍江省《こくりゅうこう》）の独立運動というものがある。あれを満洲族と漢族の対立のように捉える人もいるが、そうではない。むしろ中国とソ連の関係で捉えたほうがいい。

中華人民共和国の地方行政区のなかで、いちばん先に成立したのは一九四七年の内モンゴル自治区で、翌年の一九四八年に東北人民政府ができた。一九四九年の中華人民共和国の建国よりも前である。東北人民政府というのは、高崗《こうこう》というモスクワ帰りの中共幹部を中心とし、ソ連人の顧問が多数入り込んで建てられた政権である。のちに高崗は、饒漱石《ぎょうそうせき》という人といっしょに、反党陰謀、東北独立運動の陰謀というものに連座し粛清されたが、それはやむをえないことだった。

一九五〇年に始まった朝鮮戦争は、スターリンの直接の指令で行なわれたもので、それを担当していたのはベリヤである。ベリヤが彭徳懐《ほうとくかい》元帥に直接指令し、中国人民解放軍（義勇軍）の朝鮮作戦を指導していたと言われている。当時の東北三省は、完全にソ連の出店のようなものだったのである。

当時、アメリカは中共政権にたいへん期待しており、中共もアメリカに対し好意的だった。しかし、毛沢東《もうたくとう》は一転して「向ソ一辺倒」という有名な政策を決めた。その理由は、東北三省の帰趨だった。アメリカとの関係を維持していたら、間違いなく東北三省はソ連の直轄領になっていただろう。東北三省というのは、中ソ関係において、もっとも重要なモメントを持っているのである。そのことは、高崗、饒漱石が反党事件で断罪されたのが、朝鮮戦争の停戦が成立したあとだったことからもわかる。

このことはずっと後を引いている。李徳生《りとくせい》瀋陽《しんよう》軍区司令はもともと鄧小平《とうしょうへい》の直系の子分だったが、文革のさなかに四人組のほうへ鞍替えした。そのため、鄧小平が復活してから冷や飯を食わされていたが、東北の瀋陽軍区司令に転出してから、独自の対ソ政策を打ち出した。軍区司令が自分の外交政策を持っているというのは非常に不思議に見えるが、中国人民解放軍というのは統一された国軍ではなく、それぞれの軍区司令の私兵の集まりなのである。李徳生が瀋陽軍区をどう私兵化したのかというと、いい装備を与えるというのが第一なので、大慶《たいけい》油田の石油をソ連に売って、その見返りに戦車や大砲を輸入したわけである。

そういうことが背景にあるから、中央の北京《ペキン》のほうはいつも疑心暗鬼である。が、かといってうっかりしたことはできない。また、李徳生にしてみれば、そうしないと自分の安全が保てないから、自分の背後にはソ連がいるぞ、ということをちらつかせなければならない。そういうことで、絶えず東北の独立ということが出てくるのである。

それと関連して興味があるのは、中国残留孤児問題である。残留孤児が東北三省に多いのは当然だが、あれほどどんどん日本に送り込まれてくるというのは、明らかに瀋陽軍区が日本との関係を強化しようとしているからである。今、中ソ関係の調整の気運が高まっているが、調整ができてしまえば、東北三省の重要性が下がってしまう。それで日本との特殊な関係を強化する必要があるのである。中国のポリティークスはみんなそうで、いつも中央と地方のあいだに綱引きの緊張関係が存在している。東北三省というのは、歴史的に見て日本とソ連の中間にあり、どちらとも深い関係にあるので、それをカードにして絶えず中央を牽制している、という構図である。

（エグゼクティブ・アカデミー講演「満洲民族はいかに中国を創ったか」一九八六年、質疑応答三三三〜三三五頁）

満洲文字の由来

清朝《しん》の支配層である満洲人は、漢字・漢文とはまったく違う文字と言葉を持っていた。満洲文字は表音文字で、英語のアルファベットと同根である。ただし縦に書く。

シナイ半島でエジプト人に使われていた鉱山労働者が用いたシナイ文字が、西のほうに伝わってフェニキア文字やギリシア文字やラテン文字（ローマ字）になり、東のほうに伝わってシリア文字となった。そのシリア文字が、商業活動に伴い、中央アジアを通り北アジアのほうへ伝わって、チンギス・ハーンの時代にモンゴル文字になった。そしてモンゴル文字のもとになったウイグル文字は、漢字が縦書きなので、漢字と併記する必要上、縦書きになった。

満洲人は、このモンゴル文字を利用して満洲語を綴るようになったのだが、もともとシリア文字は子音だけでできていたため字の種類が足りない。子音の清濁の区別ができないし、アルタイ系言語というのは、モンゴル語でも満洲語でもトルコ語でも母音に二通りの種類があるのだが、これも書き分けることができない。

それで、清の太宗《たいそう》ホンタイジのときに、文字に点や丸を加えさせ、これによって母音の「ア」「エ」、「オ」「ウ」の区別、子音の清濁がはっきりすることになった。これがふつうの満洲文字で、これ以前の「無圏点字」に対して「有圏点字」と呼ばれる。

このような次第で、満洲文字は、圏点を除けばモンゴル文字そっくりである。ただし、発音すれば、語彙《ごい》は、少しの借用語を除けば、満洲語独自のものが多い。

シリア文字はアラビア文字と同様、もともと右から左に横書きしていた。それで、モンゴル語も、

図12　文字の系統

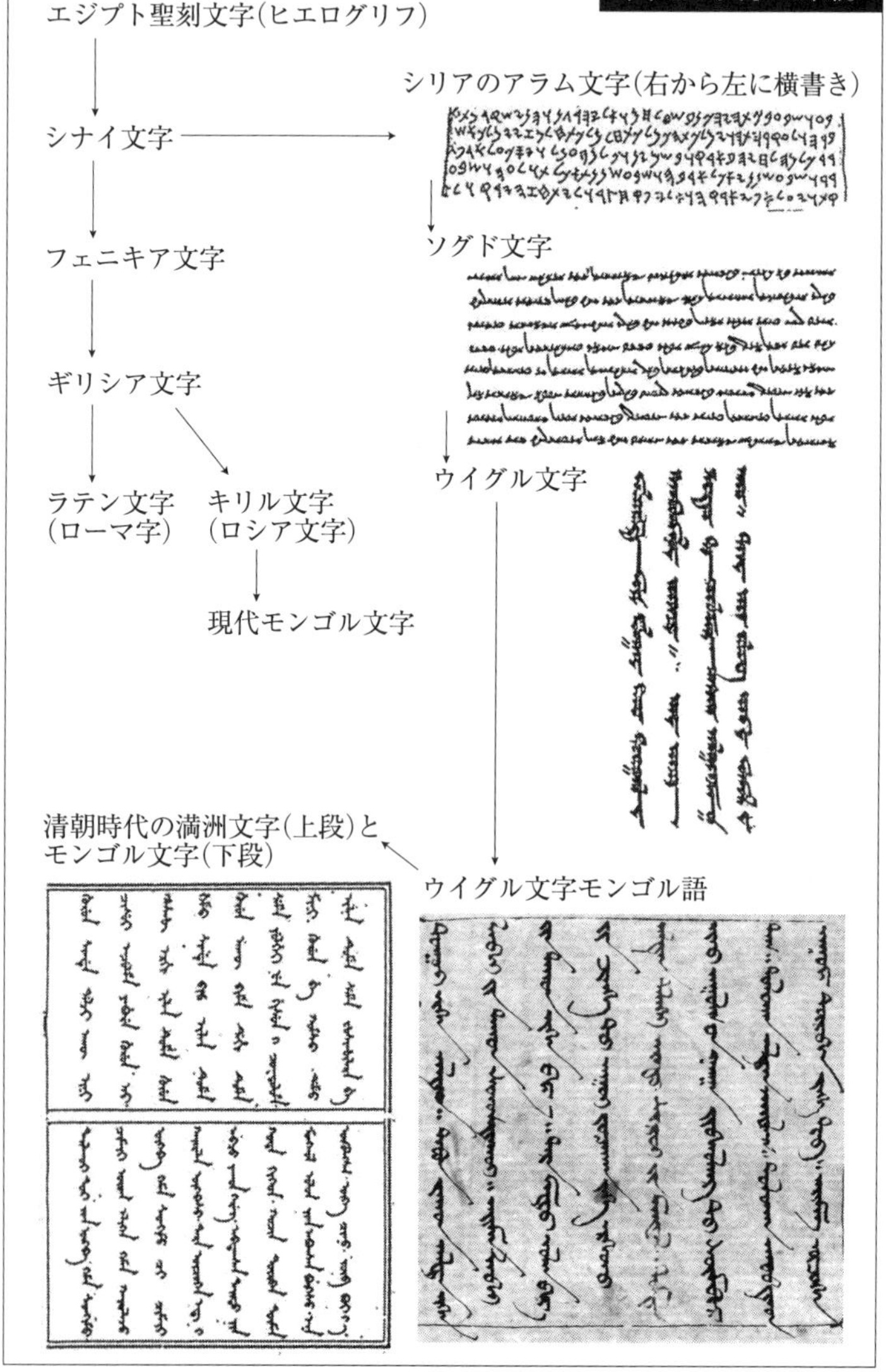
エジプト聖刻文字(ヒエログリフ)
シナイ文字
フェニキア文字
ギリシア文字
ラテン文字
(ローマ字)
キリル文字
(ロシア文字)
現代モンゴル文字
シリアのアラム文字(右から左に横書き)
ソグド文字
ウイグル文字
ウイグル文字モンゴル語
清朝時代の満洲文字(上段)と
モンゴル文字(下段)

これを借りた満洲語も、左が一行目で、右へと順番に書いてゆくのである。

（エグゼクティブ・アカデミー講演「満洲民族はいかに中国を創ったか」一九八六年、質疑応答三五～三六頁）

漢字の簡体字と繁体字

同じ漢字でありながら、中華民国ではむかしながらの繁体字《はんたい》を使い、中華人民共和国では簡略化した簡体字を使っているが、それは国家の政策の問題である。

中華民国は清《しん》朝から政権を合法的に委譲された正統の政権であり、その文化はシナ文化の主流である、したがって漢字を簡略化するなどというのはとんでもないことだ、文化の精髄は文字そのものだから、漢字の使い方や書体は正確に教える、というのが国民党の政策である。

それに対して中国共産党では、毛沢東《もうたくとう》の言葉は聖書である。毛沢東の語録のなかに、漢字は表音化すべきだという言葉がある。それで、延安《えんあん》時代にすでにラテン字化の実験をしていたようだ。建国以降も、言語政策の方針として、ラテン字化を推進するためにはまず漢字を簡略化しよう、同じ発音の字は一つにしてしまおう、意味に関係なく表音化し、一気にアルファベットに置き換えよう、というものだったので、非常にラディカルに漢字の筆画を少なくした。

ところが、いよいよ表音化しようという段になって、できなくなった。理由はじつに簡単なことで、現在の標準語の普通話《プートンホワ》のなかには、満洲族でないと発音のできない、ふつうの人の言葉にはない音があるのである。したがって、いくらラテン字化して発音を書き分けても、発音もできず、聞いてもわからない人たちがそれを使うのだから、綴りがめちゃくちゃになるのは避けられない。それでラテン字化は、最後にきて挫折してしまったのである。筆画を元に戻そうという運動があるのも当然である。

じつは、文字というのは、筆画が多く複雑であるほど覚えやすく、見分けやすく、意味がわかりやすく、簡単にすればするほど意味がわかりにくく、使いにくくなる、という原則がある。日本は漢字をそれほど簡略化しておらず、しかも読み方が何通りもあるような、世界でもっとも複雑な書記システムを持っているにもかかわらず、世界で最高の識字率を誇り、人口割りでは出版物の数は世界最大である。このことからもわかるように、簡略化すればするほど識字率は下がる。それに気づかず、中国は失敗をしたというわけである。

（エグゼクティブ・アカデミー講演「満洲民族はいかに中国を創ったか」一九八六年、質疑応答三六～三七頁）

台湾の共通語

台湾で話されている言語を大別すると、福建《ふっけん》系の人たちの台湾語と客家《ハッカ》語がある。この二つはまったく系統の違う言語である。この二つとは別に、部族ごとにまったく違う原住民の言語がある。

一八九五年に日本に割譲され、日本語教育が行なわれて以降、日本語という全住民共通の言葉が初めてできた。しかし、一九四五年に日本から引き渡しがあったあと、大陸から亡命した国民党政府は、北京《ペキン》語を基礎にした中国語、国語《グオユイ》を教育の場で強制した。これによって、日本語に代わって国語でだれとでも通じるようになってきた。

それでも台湾人のなかには、自分は国語が下手だから嫌いだ、日本語のほうがいい、と言う人がまだずいぶんいる。一九九四年五月に台湾を訪問したときに、台湾人の奥さんたちに連れられてドライヴに行ったが、奥さんたちは台湾語で話をしていた。それが途中から、突然、日本語に切り換わった。よくよく考えてわかったが、われわれには日本語に聞こえるものも、台湾人にとっては台湾語の一部なのである。つまり台湾語は、そういう部分も含んだ言葉である。日本語を外国語だと思ってはいない。そういう台湾語を母語とする人々にとっては、中国語のほうがむしろ外国語である。

共通語として中国語しかないのでは、台湾独立の主張も弱くなるので、これまで漢字で書けなかった台湾語と客家語を漢字で書けるようにする運動が進められている。漢字のない言葉が多いので、これに当たる漢字をつくり出す研究が進んでいる。原住民の言葉も、もともとオランダ人が持ち込んだローマ字で書く方式がむかしあったので、それを復活させ、原住民の言葉も文字で書ける言葉にする、という運動が進んでいる。しかしこれは、まだ手探りの段階で、中国語が嫌だったら、日本語で話しているのが現状である。

(エグゼクティブ・アカデミー講演「台湾人は中国人か」一九九四年、質疑応答一一四〜一一五頁)

台湾人の性格

台湾人というのは、じつに複雑な性格である。台湾は一八九五年から一九四五年までの五十年間、日本の統治下にあった。それ以前に台湾という国はなかった。しかも、清《しん》朝の領土ではあったが、シナの一部として統治されていたわけではなく、辺疆として扱って治安の維持に努めた程度であった。したがって、台湾独自の文化はなかった。

五十年間の日本統治のあいだに、初めて近代的な国民として、教育・衛生・生活水準などの面で文化的な生活を営めるようになった。台湾人が台湾人としての性格を持つようになったのは日本時代であり、それは明らかに日本人としての性格である。台湾文化というのは、基本的に日本文化なのである。

その後に、五十年間の国民党統治の時代が続いている。その間、国民党は台湾人を植民地の劣等民族として扱って、中国語や中国式の法律や政治を押し付けた。その五十年も、やはり台湾人の性格を形づくったのである。したがって、台湾人は二面性を持っていて、一方では中国人としての顔、他方では日本人としての顔を持っているのである。台湾人は日本人でもあり、中国人でもある。つまり、李登輝《りとうき》総統が就任式の演説のなかで、「統一はあくまで目標にする。独立など主張する必要はない」と言っているのは、中国人としての発言である。中国語で演説するからそういう言い方になる。

一方、李登輝が日本人の司馬遼太郎と日本語で話をしたときには、台湾人として生まれた悲哀という話になった。「われわれは日本人になりたかったけれども、日本人になりきれなかった。中国人になろうと努力したけれど、中国人にもなりきれなかった。だからわれわれは台湾人です。台湾人であるということは、そういうことなのです」と説明したそうである。

これは日本語で説明していることが重要であり、そのとき李登輝は、台湾に生まれ合わせた日本人として発言している。日本文化と中国文化というのはラディカルに違うのであるが、両方の言語で教育を受けた人間だと、それがその場その場によって交替して出てくるのである。

李登輝は、中国人としてもたいへんな政治的手腕を持っている人で、日本人としてもすばらしい知識人である。李登輝のような熟練の政治家が北京《ペキン》と交渉する場合には、あくまでも中国人として交渉する。つまり、けっして本心を明かさないし、言葉尻を捉えられないように、自分の現実的な目的だけは達するように、交渉するだろう。

李登輝の本心は、「台湾の独立は今さら言う必要はない。独立したのだから、今から中国が何を言っても追いつかない」というのであるが、そのことを「今後とも、独立は主張しない」という表現をする。それは、明らかに中国人として発言している。中国人でなくなった中国人として、発言している、という非常に複雑な現象である。

一九九六年現在、二千百万人の台湾人の一一パーセントが外省人《がいしょうじん》である。つまり、一九四九年に大陸から逃げてきた人たちとその子孫である。その外省人も二代目、三代目になっていて、台湾以外を知らない外省人が過半数以上を占めている。元海軍総司令の荘銘耀《そうめいよう》もそうだが、国民党の権力の基盤である軍のなかで、台湾人が圧倒的多数を占めてしまっているし、言うまでもなく、国民党は総裁からして台湾人である。そうなってくると、本省人《ほんしょうじん》と外省人の階級の差は、これからどんどん色あせてゆくことになる。その場合は、本省人、つまり台湾人に主導権が移ってゆく。

台湾は、米中国交樹立の直後、蔣経国《しょうけいこく》総統の末期に、大陸への旅行を解禁した。それから数万と言われる台湾人が、お金やお土産を持って大陸を訪れたが、全員が失望して帰ってきた。「むかしの親類とは思えない。同じ中国人とは思えない。あまりにがめつくて、守銭奴で、ギスギスして、下品で、あんなところに二度と行きたくない」と言う人が圧倒的に多い。

それでも、台湾の資本が大陸に進出しているのは、台湾の賃金水準が上がり過ぎて利潤が出なくなったため、安い工賃で手っ取り早く利益を上げたいと考え、深圳《しんせん》や福建《ふっけん》省などに進出しているのである。それでも、台湾人よりも大陸の中国人のほうが世事に長《た》けているから、台湾人はよく騙されて損をしている。今は、中国に進出するのが危険だから、ベトナムへ行こうということになってきている。

このように、一般の台湾人のなかに、大陸に対するあこがれは消え失せてしまったので、今後、李登輝総統がとる路線には抵抗がない。しかも、李登輝が最大の野党である民進党の長老たちを総統府顧問に三人任命して、彼らもそれを引き受けたのである。ということは、これから行政院の改造になるが、どのようになっても、これからの台北の指導部は、事実上、李登輝派の国民党主流派と民進党系の独立派との連立政権となってゆく。

本土との統一を主張する勢力は微々たるもので、一九九六年の総統選挙では、それを形式的に主張した前司法院長の林洋港《りんようこう》は一五パーセントしか票がとれなかった。今後の台湾の政治が、非常に変わってゆくことは確かだ。台湾と中国大陸との関係も、これまで使われていた統一という言葉の内容とは、ずいぶん変わってゆくだろう。言葉使いは変えると危険なので、けっして変えないが、内容がどんどん入れ替わってゆくと思われる。そういう点では、台湾の政治は中国的だと言わざるをえない。

（エグゼクティブ・アカデミー講演「台湾問題を考える」一九九六年、質疑応答四七〜五一頁）

韓国と台湾の対日感情

台湾人の対日感情が良いのには、二つ理由がある。

台湾では、一九四七年二月二十八日に起こった二・二八事件で、国民党の中国人が台湾人を大虐殺した。それ以来、こんなヤツらに統治されるのは嫌だと、中国人に対して気持ちが冷めてしまった。そして、少なくとも日本人は、裁判にかけないで銃殺するようなことはしなかったということで、日本の株が急に上がった。

もう一つの理由は、日本領有以前の台湾が国家ではなく、蕃地だったからである。そこを日本が統治して開発したのであり、台湾の人たちの意識はまったく日本人になっていたのに、突然、一九四五年に中国人に切り換えさせられた。そこのところで、ずいぶん傷跡がある。

韓国人が、日本を目の敵《かたき》にして攻撃するのには、重大な理由がある。それは、韓国文化というものの実体がないからである。今の韓国文化と言われるものは、日本の文化の模倣にすぎない。だから、今でも韓国では日本語の歌をそのまま放送することや、日本の映画を放映することに、断乎《だんこ》として反対している。日本からの文化の流入を自由化したとたんに、韓国文化が跡形もなく崩れ去ってしまう、という恐怖感にかられているからである（編集部注—現在は日本の映画や歌は一部解禁されている）。そのことを韓国人に言うと、烈火のごとく怒るが、本当のことである。

そういう点を、われわれは理解しなければならない。韓国人のアイデンティティというのは、日本人を憎むことしかないのである。

（エグゼクティブ・アカデミー講演「台湾人は中国人か」一九九四年、質疑応答一一六頁）

戦後、朝鮮語は日本語化した

朝鮮の歴代王朝の公用語は漢文だった。朝鮮語の読みでテニヲハ程度のものは付けていたが、おおもとは漢文を音読して使っていた。もちろん、公用語が漢文だからといって、朝鮮語のもとになったアルタイ語が存在しなかったと言っているのではない。民衆の大多数は漢語ができず、彼らの言葉には文字がなかった。話し言葉としての朝鮮語は語彙《ごい》も少なく、独立した言葉とは認められていなかったのである。

それが、十五世紀になってハングルがつくられ、初めて朝鮮語を音で表記できるようになった。ただし、これは女子供の言葉で、堂々たる大人の使うものではなかった。二十世紀に入って日本に併合されてからは、近代化の言葉は日本語になった。朝鮮語はやはり家庭内だけの言葉で、おおやけの場では日本語が使われ、人々は日本語で考えるしかなかった。このため、一九四五年、日本が引き揚げるとパニック状態になった。朝鮮語は近代の事物を表現する語彙も文体も持っていなかったからである。

その結果、朝鮮語が逆にいっぺんに日本語化した。日本語で考え、それを逐語訳するという手順を踏んで、現代韓国語が成立したわけで、それ以来、韓国語はほとんど日本語の方言と言ってもいいものになってしまった。そのことが韓国人の日本人に対する憎しみの基礎にある。

(『対話　起源論』新書館、一九九八年、八九～九〇頁)

韓国におけるシナのインパクト

日本語が独立の言語として独り歩きを始めたのが八、九世紀なのに対し、韓半島で本格的に朝鮮語だけでものが書けるようになったのが十五世紀以降だから、そのあいだに数百年の時間差がある。朝鮮語は出発したのが遅く、それ以前は、極端に言えば漢語の方言のような状態で、それが長く続いたのである。ベトナム語も似たような傾向があるが、シナと直接接しているので、シナ文化の影響をまともに受ける。漢字を共有しているので、シナの事物が翻訳なしにストレートに入ってくるのである。また、韓国人はポレミカル(論争好き)だとか、レトリカルだとか言われるが、これは十四世紀から六百年くらい続いている朱子学の伝統のせいである。つまり、韓国人が何かを主張しようとしたり、叙述しようとする場合、どういうラインに沿って論理を構築するかと言えば、そこには朱子学の論理しかなかった。それで、どうしてもポレミカルになるのである。イデオロギーが先行するからだ。

これに対して日本人は、イデオロギーはかなりぼやけていて、イデオロギーはイデオロギーとしてなんとか仲良くやってゆこうとする傾向が、無意識にある。こうしたことは韓国人には理解できないだろう。韓国では、イデオロギーを抜きにしたら話が全然通じなくなってしまうし、また、そうでないと、歴史的にも、シナの脅威に直面しながら自分たちの文化の独立性を主張することができなかった。

こうしたイデオロギーを持続させたことの裏側に、近代的な視点から見た場合の経済面の後進性、つまり、貨幣経済がまるで発達しなかったとか、土地所有の観念が全然なかったとかいった後進性の継続があったわけである。たとえば李氏朝鮮時代には、土地はすべて国家の所有というのが常識だったから、日韓併合後、朝鮮総督府が土地を調査したときにも、韓国人には土地所有というのがどういう観念なのか全然わからなかった。

農業や商業のやり方も、全然発達していなかった。文禄・慶長の役のあと、使者として日本に来た人が書いた旅行記があるが、それに日本の社会についての非常な驚きを記した箇所がある。日本人はたいへん野蛮で残虐なやつらだと思っていたが、日本に行ってみたら、通貨というものがあり、みんな腰に下げている。その貨幣を払えば、どこの旅籠《はたご》でもちゃんと飯が食え、宿泊ができる、と驚いているのである。当時の韓半島には旅籠はなく、旅行をするときには、自分が食べる分の米を自分で背負ってゆかなければならなかったし、役人であっても、行く先々の役所で世話になるしかなかった。取引はすべて物々交換だった。それで、自分の国と日本との落差に驚いたのである。

もっとも、こうしたエピソードは、韓半島の社会が遅れていたことを意味するのではない。韓半島の経済をシナ経済の末端にしないよう、意識して経済の発展を抑制したためにそうなった、とも言えるのである。なぜなら、平和が続いていたわけだから、貿易を自由化していたら、あっというまにシナに呑み込まれ、国家の独立どころか、種族のアイデンティティも、文化の独立も奪われてしまっていたに違いない。李朝が十四世紀末から二十世紀初めまで五百年続いたのは、なみたいていの努力ではなく、そのためにあらゆる犠牲を払ってきたのである。

したがって、韓半島の人々は迷信深くて旧弊だという明治の日本人の印象は間違っている。努力の結果そうなったのである。韓国人が非常に理屈っぽいというのも、もしそうでなかったら、巨大なシナに対抗できなかったからなのだ。

韓半島の人たちがあくまでも自立を選び続けた大きな理由は、自主性を失いたくなかったからである。シナのなかですら、もっと自決権がほしいという種族がたくさんいる。統一されるということは自主性を失うということで、そうなると、自分たちのあいだだけで利益を分配する余地がなくなる。すなわち、遠くにあるセンターがどんなときにも一枚嚙んで、パイが小さくなってゆくことを意味する。

したがって、ある程度バイアブル（生存可能）なサイズのコミュニティを保ってゆければ、独立の度合が高いほど得になる。一方、コミュニティのサイズが小さくなり過ぎると、バイアブルでなくなる。たとえば中国南部の少数民族などは、国土を持っているわけではなく、土地にたくさんの漢族の商人や農民が入り込んでいて、まとまりようがない。それで泣く泣く統一されているだけの話だ。

韓半島の人々は、元《げん》の支配下で、異種族に支配されるのがいかに過酷なことかをいやというほど体験したから、李朝においては、シナに介入されないことを最重要の方針にしたわけである。

（座談会原稿「東アジアにおける日本と韓国――韓国における中国のインパクト」一～二頁）

西沙諸島の領有権

中国は、西沙《せいさ》諸島の領有権をめぐってベトナムと論争した際、「歴史的に朝貢国だったベトナムに領有権を主張する権利はない」と主張したが、これは論理のすり替えである。朝貢というのは、シナの皇帝に対し外国の君主が友好の意思を表明する行為であり、臣従を誓ったわけではない。また、「冊封《さくほう》を受ける」と言ってシナの皇帝から辞令を貰うことがあるが、これは一種の信任状のようなものである。つまり、友好国の君主として承認するということで、その承認がないと王になれないというものではない。

ところが、十九世紀以後、世界が国民国家の時代を迎えたとき、清《しん》朝は、朝貢や冊封は近代的な概念で捉えれば保護領と宗主国との関係を示すものである、と自分たちに都合よく解釈した。朝貢していたのだからわれわれの領土の一部である、というわけである。

その端的な表われが、一八八二年、李鴻章《りこうしょう》が袁世凱《えんせいがい》をソウルに派遣し、朝鮮王国の外交と軍事を監督させたことである。それまで伝統的にシナの皇帝は、朝鮮の内政にはいっさい関与しなかったのだが、このとき突然、朝鮮はシナの領土の一部であって、その王はシナの皇帝の臣下である、と歴史を読み替えてしまったのである。これが日清戦争の引き金になった。

その後も中国人は、一貫してこうした解釈を続けている。かつてシナと友好関係にあった国は、すべて中国領であると主張しているのである。したがって彼らの解釈では、ベトナムもタイもマレーシアもビルマも朝鮮も沖縄も、すべて中国領である。

幸い日本は一度もシナに朝貢したことがなかったから、さすがに日本を中国領とは主張できずにいるが、もし朝貢していたら、日本も中国領だと言い出しかねないのが中国なのである。

（エグゼクティブ・アカデミー講演「中国人の法則」一九九七年、質疑応答三六〜三七頁）

なぜ東南アジアでは近年まで歴史が書かれなかったのか

ベトナムが独立するのは十世紀、唐が滅びてからである。それまでベトナムは、ずっとシナの一部だった。そのベトナムの南、現在の中部ベトナムには、チャンパというヒンドゥー教の王国があり、南から伝播してきたインド系文化を持っていた。つまり、ベトナムの中部あたりがシナ文明とインド文明の接触点で、そこから南は、基本的にインド文明が主体であった。

インド文明は歴史という文化を持たない。したがって、そうしたインド文明が拡がった東南アジア一帯には、近年まで歴史を記述するということが起こらなかったのだが、やがて歴史を記述する契機が生じた。まず第一は、元《げん》朝のフビライ・ハーンが艦隊を送ってジャワを征服しようとしたことである。その遠征は失敗に終わったが、それが大きなインパクトになった。

遊牧民国家というのはたいへん不思議な性格を持っていて、絶えず拡張していないと倒れてしまう。なぜなら、帝国は君主の財産ではないからである。君主は自分のポケット・マネーを持っていなければならず、そのポケット・マネーで政府を維持し、役人に給料を支払い、軍隊を持ち、外交をやらなければならない。遊牧民は、君主からいつも貰い物をすることしか考えていない。税金を払うなんて滅相《めっそう》もない、税金を取られるくらいなら、どこかよそへ行ってしまおう、という態度である。したがって君主は、絶えず金を手に入れ、気前よくばらまかなくては、帝国が維持できないのである。フビライ・ハーンも自分のポケット・マネーを増やすことに熱心で、それで南宋も征服したわけだ。

しかし、南宋を征服してしまうと、もう新しい収入がない。だから海を越え、ジャワに遠征しようとしたし、すべて失敗に終わったが、樺太《からふと》にも、日本列島にも、台湾にも出兵した。その一方で、船隊を組織して、インド洋方面で商売もした。こうして東南アジアの海洋国家には、まずモンゴルの圧力が加わったのである。

なお、このモンゴルの進出は、タイ人の運命も変えた。雲南《うんなん》は長いあいだタイ人の王国だったのだが、その雲南をモンゴルが征服したのを機に、タイ人は山を越え、今のタイの平原に下りてきて国をつくった。モンゴルがタイ人の南下を引き起こしたというわけだ。

話を戻すと、東南アジアで歴史が書かれるようになった契機の第二は、十四世紀頃、イスラム教が伝わってきたことである。それ以後、イスラム商人が活躍するようになり、インド系の文化の上にイスラム文化が覆いかぶさるようになる。その頃にようやく、年代記の萌芽のようなものが現われてくるのである。

したがって、東南アジアには自前の歴史がない。これまで無視されてきたからというだけではなくて、実際まったく史料がない。間接的、断片的には、シナの記録や南インドの碑文からおぼろげな見当はつくが、詳しい歴史は何もわからない。

ただしベトナムには、簡単ながら十世紀以後は自前の記録がある。シナ式の歴史を採用し、自分のところで歴史を編纂《へんさん》している。しかし、ベトナムより南になると、ずっとあとにならないと、記録が出てくるようにはならない。十六世紀になり、ポルトガルが東南アジアに入ってきて、マラッカを攻略して本拠地にしたあたりから、急速に事情が変わってくるのである。ちなみに、同時にその頃から、華僑が東南アジアに出てくるようになる。

（『大航海』vol.3「モンゴルが世界史をつくった」一九九五年、九六〜九八頁）

東南アジアと日本

表面には出てこないが、東南アジアの国々は日本と非常に深い関係にある。日本軍が来るまで、東南アジアには地域社会がなかった。日本軍が来てまず最初にやったことは、隣組をつくらせ、小学校を建てて教育を行ない、自警団を組織することだった。

それまでの東南アジアは、社会がバラバラだった。華僑と土着の人は、同じところに住んでいながら、華僑の商店に買い物に行く程度のつきあいで、ほとんど交際がなく、同じ言葉も話さなかった。日本軍が隣組の結成を強制したので、初めて地域社会というものができたのである。それで、みんなで集まって歌うということも始まった。戦後しばらく、東南アジアの人たちのパーティーで最後にみんなで歌ったのは、日本の軍歌だった。つまり、それしかみんなで歌える歌がなかったのである。

オランダの植民地時代のインドネシアでは、オランダ人はジャワの「プリヤイ」という貴族層の上に乗っかって支配し、オランダ人の役人が村に直接入り込んで税金を取り立てるということはなかった。土着貴族の支配構造をそのまま使い、その上に乗っかっているだけだったわけだが、日本人はそうではなく、小学校も建てれば、便所もつくった。これは革命的なことで、イギリス人もオランダ人も、そんなことは考えてもみなかった。だからこれは、まるっきり性質の違う帝国主義なのである。そしてこの基礎の上に、戦後の東南アジアの国々の建国、独立がある。

日本が来る前は国民国家なんてなかった。インドネシアにしても、たくさんの部族が島々に分かれて暮らしていて、共通の言語などなかった。それぞれの文化もまるで違っていた。宗教にしても、ヒンドゥー教もあればイスラム教もありで、インドネシアというアイデンティティなど全然なかった。日本軍という外圧によって、初めてアイデンティティが生じたのである。

したがって、じつは今でも東南アジアの人たちは、潜在的に日本に自分たちのアイデンティティを求める傾向がある。それは微妙な傾向であり、また、非常に自尊心の強い人たちだから、口が裂けてもそんなことは言わないだろうが、アメリカがどうするかよりも、日本がどうするかということが、彼らの最大の関心事なのである。

平成六年（一九九四）、村山富市首相や土井たか子衆議院議長をマレーシアに迎えたマハティール首相は、「日本は戦争に負けて引き揚げたのだから、もう縁は切れた。すべて済んだことだ。それなのに、むかし侵略しました、ごめんなさいと謝り続けているのは理解できない。過去のことは教訓とすべきだが、将来に向かって進むべきだ。日本はこれからのアジアの平和と安定のために国連安保理常任理事国入りして、すべての責任を果たしてほしい。世界から富を得ていながら、世界に対して責任を負わないということはできない。経済大国・日本は、世界を安定させ、第三次世界大戦のような惨事が引き起こされないように行動すべきだ」と、日本を批判した。

そもそも日本は侵略をしたわけではない。侵略したのはイギリスであり、オランダであり、フランスであり、アメリカだった。それらを追い払ったのが日本軍だというのが事実だ。少なくとも連合軍が、侵略という罪名で日本を裁けるような事柄ではない。

（『大航海』vol. 3「モンゴルが世界史をつくった」一九九五年、一〇〇〜一〇一頁）

マラヤとアラブ

あるとき、マレーシアのジョホール・バルから来日した図書館関係者に会った。マレーシアから来たというのでマレー人だろうと思っていたら、アラブ人だった。マラヤにはアラブ人がたくさんいる。アラビアというのはマラヤでは、いわばほんの隣町なのである。

『ヒカヤット・アブドッラー』という本がある。シンガポールの町を創設したサー・スタンフォード・ラッフルズの助手をしていた人の自伝で、初めはマレー人の自伝だと思って読み始めたのだが、アブドッラーはじつはマラッカ生まれのアラブ人だった。曾祖父はイエメンから南インドに、祖父は南インドからマラッカにやってきたアラブ人だ。父親はマラッカ生まれのマラッカ育ちで、母親はインド人の家系である。父母とも母語はインド語（タミル語）だったから、アブドッラーの母語もインド語である。父親はマラッカの港町の書記だった。アラビア語で契約書を書く仕事である。アブドッラー自身も父親に仕込まれ、アラビア語とマレー語を、殴られ殴られ、文字どおり叩き込まれて、完全に何でも読み、書けるようになった。これは十九世紀前半の話だが、こうした言語状況は、じつは今でも変わっていない。

この本に次のような逸話が出てくる。アブドッラーが初めてよその人のために字を書いてやった話である。父親が留守のところに、ある船の船長が客として来た。出帆《しゅっぱん》の時間が迫っているので、すぐに契約書を書いてもらいたい、と言うのである。ところが、父親はいつまで経っても帰ってこない。船長は時間がないのでジリジリしている。それでアブドッラーが、私で良かったら、と言って、書き方もよく知らないのだけれども、見当をつけてアラビア語で書いて渡した。船長が「ああ、助かった」と言って外へ出ようとしたところへ、父親が帰ってきた。入口のところで出会った船長が、「あんたの息子はたいしたものだ。あんなに若いけれども、ちゃんと契約書が書けた」と言うと、父親は「ちょっと待ってくれ」と言ってそれを手に取り、見てニコッと笑った。アブドッラーは父親が怖いので隠れていたのだが、父親は船長に「これで役に立ちますよ」と言って、自分の名前をサインして渡した。船長のほめ言葉に「いいえ、たいしたことはない」なんて言いながら部屋に入ってきた父親は、アブドッラーを見て「なんだ、お前は。間違いだらけだぞ」と言った。しかし、顔はニコニコしている。それでアブドッラーは初めて、私は何事かを成し遂げた、と思った。

このエピソードからもわかるように、マラヤでは契約書を書くのにアラビア語が必要である。それほどマラヤとアラビアは近しい関係にあるのである。

(『アジア文明の原像』飯島茂編、日本放送出版協会、一九七九年、一四八〜一四九頁)

おわりに

二〇一三年六月に刊行が始まった本著作集が、二年経ないあいだに第6巻の刊行まで至ったのは、これまでの巻と同様、藤原書店の藤原良雄社長と、きわめて優秀な編集者五名、年齢順に藤原書店の嘱託の能澤壽彦氏、文藝春秋社を定年退職したあとフリーランスの編集者となった嶋津弘章氏、私の妻の宮脇淳子、筑波大学元教授の楠木賢道氏、藤原書店の山崎優子女史のおかげである。

本書の第Ⅳ部に出てくる、ダライ・ラマ十四世の長兄トゥプテン・ジクメ・ノルブさんとは、私がまだ二十代だったときに知り合ってから、五十年に及ぶ親友だった。インディアナ大学でチベット語を教えるようになった彼を、私は当時奉職していた東京外国語大学アジア・アフリカ言語文化研究所の客員教授に一年間招いた。それからしばらくして、ダライ・ラマ法王日本代表部事務所にもめごとがあり、弟のダライ・ラマ十四世に懇請されて、アメリカ国籍だったノルブさんが駐日代表として赴任した。困難なその時期を私は友人として支援したが、チベット問題に私が関わるようになったのは、つまりノルブさんとの個人的な関係からである。ノルブさんは二〇〇八年にチベットに捧げた八十六年の生涯を終えたが、彼がインディアナ州ブルーミントンの自宅に仏塔を建てて開始したチベタン・

センターは、今ではチベット・モンゴル・仏教文化センターと名前を変えて、世界中から多くの人が集まる有名な場所になっている。

台湾における私の親友の一人、満洲学者で外省人《がいしょうじん》の陳捷先《ちんしょうせん》君は、台湾大学を定年退職したあと、満洲人の奥さんと一緒にカナダのバンクーバーに移住した。今でもクリスマス・カードのやり取りをしているが、藤原書店から刊行された拙著を献呈したところ、お祝いに自筆の立派な書を送って寄越した。額装して自宅に飾り毎日眺めている。

台湾の本省人《ほんしょうじん》の親友、鄭欽仁《ていきんじん》君は、仲の良かった恵美夫人を病気で亡くしたあと、寂しがっていたが、読書三昧《ざんまい》の生活は相変わらずで、私と妻の著書はほとんど送っているので、ときどきウーロン茶やからすみのお礼が届く。妻が電話をすると、たいへん喜んで流暢《りゅうちょう》な日本語でいろいろ話をしている。

妻の淳子が著作集第1巻『歴史とは何か』に基づいてユーチューブ「チャンネルくらら」で行なった講義十回は、オーディオブック化されて好評販売中である。株式会社キャリアコンサルティングのプレミア塾で月一回開講しているゼミ形式の連続講義も、塾生を再募集して二年目に入った。私の問題提起を、若い日本人諸君が熱心に討論しているさまは、毎回の感想文からもうかがい知ることができ、著作集を刊行した意義を実感できることは、まことに喜ばしい限りである。

二〇一五年二月

岡田英弘

初出一覧

第Ⅰ部　清朝とは何か

満洲族はいかに中国をつくったか　エグゼクティブ・アカデミー・シリーズ、㈱エグゼクティブ・アカデミー／㈱新井経済研究所発行、一九八六年四日七日講演／同年五月二十八日発行（原題は「満洲民族はいかに中国を創ったか」）

清朝史研究はなぜ重要か　『別冊環　清朝とは何か』藤原書店、二〇〇九年（原題「清朝とは何か」）

満洲族、シナ制覇の第一歩　**サルフの戦いを検証する――後金国ハン・ヌルハチと明国**　大林太良編『日本古代文化の探究　戦』社会思想社、一九八四年（原題は「サルフの戦い」）

帝国を築き上げた三名帝　**康熙帝・雍正帝・乾隆帝とはどんな人物だったのか**　『人物　中国の歴史9　激動の近代中国』集英社、一九八二年（原題は「清朝帝国を築き上げた三名帝　康熙帝・雍正帝・乾隆帝」）

康熙帝、朱筆の陣中便り　『諸君！』一九七九年新年特別号、文藝春秋

清朝の多様性を理解するためのキーワード　『新・歴史群像シリーズ15　大清帝国』学習研究社、二〇〇八年（原題は「清国を理解するための最重要用語集」）。東京外国語大学アジア・アフリカ言語文化研究所『通信』五号、一九六八年

第Ⅱ部　台湾はどんな歴史をたどってきたか――紀元前から一九七〇年代まで

台湾通史――台湾人はこうして誕生した　『大航海』七号、一九九五年十二月、新書館（『台湾の

命運』弓立社、一九九六年、所収。原題は「歴史としての台湾」)

「ニクソン訪中声明」直後の台湾を訪れる　『諸君!』一九七一年十一月(『台湾の命運』所収。原題は「嵐の中の中華民国——日本人は台湾を知らなすぎる」)

田中訪中を前に蒋経国が言うべきだったこと　『文藝春秋』一九七二年十一月(原題は「蒋経国氏が言い残したこと」陳図南名義)

日台空路はこうして切れた——大平外相がもたらした、北京も望まなかった断絶　『自由』自由社、一九七四年七月

鄧小平はついに「二つの中国」を認めた　『諸君!』一九八〇年一月(『台湾の命運』所収。原題は「北京は中華民国を承認する——東京・ソウル・台北・北京枢軸の誕生!」)

国民党と台湾人と『美麗島』事件　『海外事情』一九八〇年十一月、拓殖大学海外事情研究所(原題は「国民党と台湾人」)

第Ⅲ部　台湾の命運を握るもの——一九八〇〜九〇年代の情勢分析

李登輝の登場と「台湾人の台湾」への道　エグゼクティブ・アカデミー・シリーズ、一九九三年六月十八日講演(『台湾の命運』所収。原題は「台湾人の台湾へ」)

高揚する「一つの中国、一つの台湾」論　エグゼクティブ・アカデミー・シリーズ、㈱国際関係基礎研究所/㈱エグゼクティブ・アカデミー発行、一九九四年一月十九日講演/同年三月十六日発行(『台湾の命運』所収。原題は「台湾人は中国人か」)

李登輝の深謀、江沢民の焦燥　エグゼクティブ・アカデミー・シリーズ、㈱エグゼクティブ・アカデミー/㈱国際関係基礎研究所発行、一九九五年五月十六日講演/同年七月六日発行(『台湾の命運』所収。原題は「下関条約百年を振り返って——台湾の命運」)

総統選挙直前になぜ中国は軍事威嚇を強行したのか――総統直接選挙と台湾海峡危機　エグゼクティブ・アカデミー・シリーズ、㈱エグゼクティブ・アカデミー／㈱国際関係基礎研究所発行、一九九六年五月二十日講演／同年六月二十日発行（『台湾の命運』所収。原題は「台湾問題を考える――台湾を手放したのは鄧小平だ」）

台湾をめぐるコラム三題

台湾民主国とは何か　『サンケイ新聞』一九七八年十二月二十六日夕刊「直言」（原題は「台湾民主国」）

高砂族の今　『正論』一九八〇年三月、サンケイ出版（原題は「台湾の高砂族のこと」）

台湾の尼寺訪問記　『異文化との出会い』東京外国語大学アジア・アフリカ言語文化研究所、一九九四年（原題は「台湾の尼寺」）

第Ⅳ部　近隣諸国の歴史と社会

近隣諸国は安保継続を望んでいる　『革新』民社党中央理論誌委員会、一九七四年一月

韓国史をどう見るか――東北アジア史の視点から　『月曜評論』一九八五年十一月四日、月曜評論社

高句麗の壁画発見余話　『サンケイ新聞』一九七九年十二月十九日夕刊「直言」（原題は「高句麗の壁画」）

チベットの運命――ダライ・ラマ十四世のノーベル平和賞受賞に寄せて　『文化会議』一九九〇年四月、財団法人日本文化会議

パンチェン・ラマの悲劇　『サンケイ新聞』一九七九年二月二十日夕刊「直言」（原題は「パンチェン・ラマ」）

イリのシベ族、広禄先生のこと――中華民国時代の新疆の風雲　『月刊シルクロード』一九七八年二月、㈱シルクロード（原題は「広禄先生のこと」）

東南アジアが意識する文化大国日本　『言論人』一九七六年四月十五日、言論人懇話会（原題は「日本は今や文化大国――明確に意識しだした最近の東南アジア」）

ベトナム五百年の執念――歴史に見るカンボジア征服の経緯　『言論人』一九七九年一月二十五日

東南アジアの心と言葉　『クロスロード』国際協力機構青年海外協力隊事務局、一九八二年五月

中曽根ASEAN歴訪と日中関係　『月曜評論』一九八三年五月九日

第Ⅴ部　発言集

各稿末を参照

図表一覧

1983	蔣経国の権力を脅かしていた王昇が失脚する
1984	李登輝が副総統となる 『蔣経国』を書いた江南（劉宜良）暗殺事件起こる
1986	台湾で最初の野党、民主進歩党（民進党）が結成される
1987	戒厳令が解除される 親族訪問のための大陸旅行が許可される
1988	蔣経国没す 李登輝が総統となる
1990	李登輝が総統に再選される 郝柏村が行政院長となる 国是会議が開催される
1991	国家統一綱領が制定される 動員戡乱時期臨時条款が廃止される 立法委員・国民代表の万年議員が全員退職
1992	台湾警備総司令部が廃止される
1993	郝柏村が辞任し、連戦が行政院長となる 国民党から新党が離脱する シンガポールで台中民間団体のトップ会談開催、台北と北京のあいだで直接交渉のチャンネルが開ける 北京の国務院が「台湾問題と中国の統一」白書を発表（8月）、これに対し台湾の民間団体が「両国両制、和平共存」文書を発表（12月） シアトルで APEC 開催、北京と台北の両方の代表が参加
1994	李登輝総統が東南アジア 4 カ国を非公式訪問 台湾人旅行客 24 名が遊覧船の一室に閉じ込められ焼き殺された千島湖事件起こる
1995	江沢民共産党総書記が「江八点」を提案 李登輝総統が 2.28 事件につき公式謝罪 李登輝総統が「李六条」を提案 李登輝総統がアメリカを私的訪問
1996	台湾海峡危機 初の総統直接選挙で李登輝が再選される

1946	中華民国憲法が南京でつくられる
1947	2.28 事件起こる
1948	蔣介石が総統に
1949	中国大陸で共産党が勝利し（中華人民共和国の建国）、国民党が台湾に亡命する 米トルーマン大統領が国民党の腐敗を非難、台湾の帰属は中国の国内問題と声明
1950	朝鮮戦争が起こり、アメリカ第７艦隊が台湾海峡に出動する
1951	サンフランシスコ平和条約により日本が台湾を放棄する
1954	蔣介石が中華民国総統に再選され、陳誠が副総統となる
1955	孫立人事件（蔣介石暗殺計画）起こる
1958	金門の戦起こる
1960	ジャーナリストの雷震が逮捕される（雷震事件）
1965	蔣経国が国防部長となる 陳誠没す
1969	蔣経国が行政院副院長となる
1970	台湾大学教授、彭明敏が台湾を脱出してスウェーデンに亡命 訪米中の蔣経国が台湾独立派の青年に狙撃される（未遂）
1971	ニクソン訪中計画の発表 中華民国が国連を脱退する
1972	ニクソン訪中 蔣経国が行政院長となる 日本が中華人民共和国と国交を樹立し、中華民国と断交する
1974	日中航空協定調印をうけ、日本航空と台湾の中華航空が両国間の就航を停止
1975	蔣介石没す 副総統の厳家淦が総統となる
1977	中壢事件（不正選挙を契機に起こった暴動）起こる
1978	蔣経国が総統となる 李登輝が台北市長となる 日中平和友好条約の調印 米中国交樹立の発表
1979	アメリカが中華民国と断交する 北京で「台湾同胞に告げる書」発表 台湾人の民主運動家、余登発が逮捕される 『美麗島』高雄事件起こる
1981	李登輝が台湾省政府主席となる

台湾史関連年表（前1世紀末〜1996）

＊本書で取り上げた事項を中心に作成

前1世紀末	台湾の住民が「東鯷人」として初めて記録に姿を現わす（『漢書』「地理志」）
230	呉の孫権の軍が夷洲（台湾）から数千人を連れ帰る
607	隋の煬帝の使者・朱寛が流求国（台湾）を訪れる
1291	元のフビライ・ハーンが瑠求国（台湾）に詔書を送る
1297	元のテムル・ハーンが瑠求国（台湾）に軍隊を送る
1624	オランダ人が台南占拠
1626	スペイン人が基隆占拠
1629	スペイン人が淡水占拠
1642	オランダ人がスペイン人を台湾から追放する
1662	鄭成功が台南を占領し、オランダ人を追放する（以後20年以上、鄭氏は台湾を根拠地として独立国を維持）
1683	清軍が台湾を征服し、鄭成功の孫の鄭克塽が清の康熙帝に降伏する
1721	朱一貴の乱起こる
1787	林爽文の乱起こる
1874	日本軍が台湾の牡丹社を征伐する
1875	清が台湾渡航禁止令を解除する
1884	清仏戦争起こる。フランス艦隊が基隆を占領し、台湾を封鎖する
1885	清が台湾巡撫を置く
1895	清が台湾を日本に割譲する（下関条約） 日本が台湾総督府を置く 東アジアで最初の共和国、台湾民主国が出現するが、148日で消滅
1911	辛亥革命起こる。孫文が臨時大総統に
1924	第一次国共合作
1925	孫文没す
1926	蔣介石が北伐を開始
1929	蔣経国、他の中国人留学生とともにシベリアに放逐される（〜1937）
1936	西安事件が起こり、国共内戦が停止され抗日統一戦線が結成される
1937	第二次国共合作
1945	安藤利吉台湾総督が台北で国民党の陳儀に正式に降伏（台湾の行政権を中国軍が接収） 12月以降、米マーシャル元帥が国共合作の調停（〜1946）

1885	清はベトナムに対する宗主権を放棄する。台湾省設置 日清で天津条約調印
1894	日清戦争始まる
1895	下関条約調印（日清講和）
1898	清で変法が失敗（戊戌政変）。山東省で義和団が蜂起する
1900	義和団が北京に入る（義和団の乱＝北清事変） ロシアが満洲を占領
1905	一千年以上続いた科挙の試験が廃止される
1907	満洲に東三省を置く
1908	清朝最後の皇帝、宣統帝溥儀が即位
1911	辛亥革命起こる 北モンゴルが独立宣言
1912	1月中華民国誕生。2月清朝崩壊

1775	乾隆帝の十大戦争⑥大小金川を滅ぼす
1782	『四庫全書』編纂成る
1788	乾隆帝の十大戦争⑦秘密結社・天地会の林爽文の叛乱を鎮圧
1789	乾隆帝の十大戦争⑧ 1787 年にベトナム黎朝が西山王家に占領され、紹統帝が保護を求めたため、清がベトナムに出兵するも潰走。ベトナムは清の朝貢国となる
1790	乾隆帝の十大戦争⑨チベットにネパール軍が侵入するが、清軍指揮官は密かに戦闘を回避、乾隆帝には虚偽の報告
1792	乾隆帝の十大戦争⑩ネパールと和平、ネパールは清の朝貢国となる
1793	イギリス国王の使節マカートニーが乾隆帝に謁見する
1795	苗族の乱起こる（～ 1806）
1796	白蓮教徒の乱起こる（～ 1804） 乾隆帝は嘉慶帝に皇帝の称号を譲り、太上皇帝を称する
1799	太上皇帝の乾隆帝没し、嘉慶帝の親政始まる
1813	天理教徒の乱起こる
1839	第一次アヘン戦争起こる（～ 1842）
1842	南京条約で清がイギリスに香港を割譲する
1851	太平天国の乱起こる（～ 1864） 清とロシアがイリ通商条約を結ぶ
1853	捻軍の乱起こる（～ 1868）
1856	英仏連合軍が広州を占領し、第二次アヘン戦争起こる（～ 1860）
1858	清朝、英仏米露との間で天津条約調印 ロシア、清から愛琿条約でアムール河（黒龍江）左岸獲得
1860	英仏連合軍が円明園を焼く。北京条約調印 北京条約で沿海州がロシア領となる
1862	回族の乱起こる（～ 1877）
1865	ヤアクーブ・ベグがコーカンドから来て新疆の実権を握る
1870	ヤアクーブ・ベグがカシュガルに独立王国を建てる
1871	日清修好条規調印
1875	左宗棠が私兵を率いて新疆平定に向かう
1877	清軍がヤアクーブ・ベグ軍を破る
1878	清軍が新疆全域を再征服する
1884	ベトナムの保護権をめぐって清仏戦争起こる（～ 1885） 清が新疆省を設置、漢人に行政を担当させる

1684	康熙帝、淮河・長江デルタ視察と漢人懐柔のため南方巡幸開始（1707年まで計6回）
1687	北モンゴルの左右翼のあいだで内紛が起こり、左翼のトゥシェート・ハーンがジューンガルと衝突
1688	ジューンガルのガルダンが北モンゴル・ハルハに侵入
1689	ネルチンスク条約が結ばれ、アムール河（黒龍江）の北方に清の国境線が画定される
1690	清軍が南モンゴルのウラーン・ブトンでジューンガルのガルダンと戦う
1691	ハルハ・モンゴル人がドローン・ノールで康熙帝に臣従を誓う
1696	康熙帝がジューンガルのガルダン・ハーンを破り、北モンゴルを支配下に入れる（ガルダンは翌年病死）
1708	康熙帝は皇太子の廃位を宣言（翌年復位、1712年再び廃位・幽閉）
1712	長白山に定界碑を立て、鴨緑江と豆満江を清と朝鮮の国境と定める
1717	ジューンガル軍がチベットのラサを占領
1720	清軍がラサに入り、ダライ・ラマ7世を立てる（清のチベット保護の始まり）
1722	康熙帝没し、雍正帝即位
1723	青海ホシュート部族のロブサンダンジンが清からの独立を企てて挙兵するが、翌年平定され、ジューンガル帝国に亡命。青海は清領となる
1724	清軍が青海を制圧し、モンゴル同様の旗制を施行する
1727	キャフタ条約が結ばれ、北モンゴルでの清露国境が画定される
1735	雍正帝没し、乾隆帝即位
1740	漢人農民の満洲への流入を禁止する封禁令を出す
1747	乾隆帝の十大戦争①金川に出兵（2年後に停戦）
1751	清軍がチベットの動乱を鎮圧、駐蔵大臣の権限を強化し、事実上保護国化する
1755	乾隆帝の十大戦争②ジューンガルの内乱を機に清軍が侵攻し、ジューンガルが滅亡する 乾隆帝の十大戦争③清軍がアムルサナーの反乱を鎮圧
1759	乾隆帝の十大戦争④東トルキスタンのトルコ人イスラム教徒が清に降る 清の領土が最大になる
1767	乾隆帝の十大戦争⑤ビルマがシャム王国を一時滅ぼしたすきに、ビルマに大軍を送り込むが失敗（～1768）。以後ビルマは清の朝貢国となる
1771	トルグート部がヴォルガ河畔からイリ地方に帰還し、清に臣従

清朝史関連年表（1115-1912）

＊本書で取り上げた事項を中心に、『清朝とは何か』を参考に作成

1115	金が興る
1206	チンギス・ハーンが即位、モンゴル帝国が誕生
1234	金が滅びる
1368	元が北方に退却（北元時代始まる）
1578	ソェナムギャツォが青海でモンゴルのアルタン・ハーンと会見、ダライ・ラマの称号を贈られる（ダライ・ラマ3世）
1599	ヌルハチが満洲文字を創る
1616	建州女直の酋長ヌルハチが他のジュシェン諸部を統一してハーン位につき、後金国を建てる
1619	サルフの戦いで後金軍が明軍を破る
1625	ヌルハチ没し、ホンタイジがハーンに選出される
1634	モンゴルの宗主チャハルのリンダン・ハーン没す（北元の滅亡）
1635	リンダン・ハーンの遺児エジェイが「大元伝国の璽」を持って後金国に降る ホンタイジが種族名をジュシェンからマンジュ（満洲）に改める
1636	瀋陽でホンタイジがマンジュ人、モンゴル人、高麗系漢人から共通の皇帝に選挙され清朝建国
1637	ホンタイジが朝鮮に侵攻し属国とする（丙子の胡乱）
1642	グーシ・ハーンがダライ・ラマ5世を全チベットの法王に推戴し、自らはチベット国王になる
1643	ホンタイジが没し、順治帝が即位
1644	李自成が北京を攻め、崇禎帝が自殺し、明が滅びる 順治帝が北京に入り、清のシナ支配が始まる
1661	順治帝が没し、康熙帝即位
1662	鄭成功が台湾を攻略してオランダ人を追放し、拠点とする
1669	康熙帝が輔政大臣オボーイらを退け実権を確立する
1673	三藩の乱起こる（～1681）
1678	ジューンガルのガルダンがダライ・ラマ5世からハーン号を授与される
1682	ダライ・ラマ5世没し、摂政はこれを秘する
1683	台湾の鄭氏政権が清に降伏する 清とロシアの間でアムール河（黒龍江）をめぐって紛争始まる

ラ　行

ワ　行

ヤ　行

マ　行

ハ　行

ナ　行

タ　行

サ　行

カ　行

事項索引

＊「はじめに」「あとがき」からは頁をあげていない。

ア 行

ワ 行

マ　行

ヤ　行

ラ　行

ハ　行

ナ 行

タ　行

サ　行

人名索引

＊「はじめに」「あとがき」からは頁をあげていない。

ア　行

カ　行

著者紹介

岡田英弘（おかだ・ひでひろ）
1931年東京生。歴史学者。シナ史、モンゴル史、満洲史、日本古代史と幅広く研究し、全く独自に「世界史」を打ち立てる。東京外国語大学名誉教授。
東京大学文学部東洋史学科卒業。1957年『満文老檔』の共同研究により、史上最年少の26歳で日本学士院賞を受賞。アメリカ、西ドイツに留学後、ワシントン大学客員教授、東京外国語大学アジア・アフリカ言語文化研究所教授を歴任。2017年5月没。
著書に『歴史とはなにか』（文藝春秋）『倭国』（中央公論新社）『世界史の誕生』『日本史の誕生』『倭国の時代』（筑摩書房）『中国文明の歴史』（講談社）『読む年表　中国の歴史』（ワック）『モンゴル帝国から大清帝国へ』『〈清朝史叢書〉大清帝国隆盛期の実像』（藤原書店）『チンギス・ハーンとその子孫』（ビジネス社）他。編著に『清朝とは何か』（藤原書店）他。

6　東《ひがし》アジア史《し》の実像《じつぞう》　　岡田英弘著作集《おかだひでひろちょさくしゅう》（全８巻）

2015年3月30日　初版第1刷発行©
2020年7月20日　初版第2刷発行

著　者　岡　田　英　弘
発行者　藤　原　良　雄
発行所　株式会社　藤　原　書　店

〒162-0041　東京都新宿区早稲田鶴巻町523
電　話　03（5272）0301
ＦＡＸ　03（5272）0450
振　替　00160-4-17013
info@fujiwara-shoten.co.jp

印刷・中央精版印刷　製本・誠製本

落丁本・乱丁本はお取替えいたします
定価はカバーに表示してあります

Printed in Japan
ISBN978-4-86578-014-7

▶本著作集を推す◀

◇鋭い洞察力

ベルリン自由大学名誉教授／トルコ学　**バーバラ・ケルナー＝ハインケレ**

学者の生涯の業績が著作集という形を取る例は、滅多にあるものではない。藤原書店から刊行される八巻の美観本は、岡田英弘教授のあらゆる業績を国内外の読者に入手しやすくした。幅広い分野にまたがり多くの言語で書かれた膨大な史料への著者の鋭い洞察力と、自身の専門分野に対する正確な学識と端倪すべからざるエネルギーと深い献身がここにある。世界史は、空間と時間、社会、思想、経済、人類の努力の複合的構造体であるという観点は貴重である。

◇グローバルな歴史家

…………ハーヴァード大学教授／清朝史・内陸アジア史　**マーク・エリオット**

岡田英弘氏の中国史考察は非常に独創的で、斬新なものである。中国の政治および文化において北方遊牧民の役割が非常に大きいと強調している。とりわけこの点において岡田氏が与えた影響は広範にわたっており、現在の歴史学の主たる潮流を先取りしていたと言えるだろう。また、第一次資料に注目することや、既に受け入れられている既存の概念に対して疑問を投げかける氏の姿勢は、日本だけでなく、世界中の学者に大いに刺激を与え続けた。彼は、「グローバルな歴史」という言葉が現れる前から、グローバルな歴史家だった。

◇モンゴル人の誇り

…………モンゴル国大統領　**Ts・エルベグドルジ**

2012年に岡田教授の著書『世界史の誕生』『モンゴル帝国の興亡』がモンゴル語訳され、「世界史はチンギス・ハーンのモンゴル帝国から始まった」ことを明確に論じていることに、私たちモンゴル人は大いなる誇りを感じます。モンゴルの重要性を世界史上に位置づけた岡田教授の業績を高く評価し、私の前任のモンゴル国大統領から「北極星勲章」が贈られました。深く敬意を表すと共に、『岡田英弘著作集』の発刊を心よりお祝い申し上げます。

◇歴史学におけるジンギス・カン

……静岡県知事・歴史家　**川勝平太**

数学のガロア、物理学のアインシュタインは天才と称される。日本の歴史学に「天才」の語を冠しうる人物を挙げよと言われれば、私は岡田英弘氏を推すことに躊躇しない。岡田氏は、早くも大学生のときに、その漢籍の素養の図抜けた高さで教授の心胆を寒からしめ、20歳代で学士院賞をとり、「歴史」を相対化し、新しい「世界史」を誕生させ、中国の本質を歯に衣着せず容赦なく抉りだす。日本の生んだ歴史学におけるジンギス・カンである。

「文明の衝突は生じない。」

文明の接近
（「イスラームvs西洋」の虚構）

E・トッド、Y・クルバージュ
石崎晴己訳

「米国は世界を必要としているが、世界は米国を必要としていない」と喝破し、現在のイラク情勢を予見した世界的大ベストセラー『帝国以後』の続編。欧米のイスラーム脅威論の虚構を暴き、独自の人口学的手法により、イスラーム圏の現実と多様性に迫った画期的分析！

四六上製　三〇四頁　二八〇〇円
（二〇〇八年二月刊）
◇978-4-89434-610-9
LE RENDEZ-VOUS DES CIVILISATIONS
Emmanuel TODD, Youssef COURBAGE

トッドの主著、革命的著作！

世界の多様性
（家族構造と近代性）

E・トッド
荻野文隆訳

弱冠三二歳で世に問うた衝撃の書。コミュニズム、ナチズム、リベラリズム、イスラム原理主義……すべては家族構造から説明し得る。「家族構造」と「社会の上部構造（政治・経済・文化）」の連関を鮮やかに示し、全く新しい世界像と歴史観を提示！

A5上製　五六〇頁　四六〇〇円
（二〇〇八年九月刊）
◇978-4-89434-648-2
LA DIVERSITÉ DU MONDE
Emmanuel TODD

日本の将来への指針

デモクラシー以後
（協調的「保護主義」の提唱）

E・トッド
石崎晴己訳＝解説

トックヴィルが見誤った民主主義の動因は識字化にあったが、今日、高等教育の普及がむしろ階層化を生み、「自由貿易」という支配層のドグマが、各国内の格差と内需縮小をもたらしている。ケインズの名論文「国家的自給」（一九三三年）も収録！

四六上製　三七六頁　三二〇〇円
（二〇〇九年六月刊）
◇978-4-89434-688-8
APRÈS LA DÉMOCRATIE
Emmanuel TODD

自由貿易推進は、是か非か

自由貿易は、民主主義を滅ぼす

E・トッド
石崎晴己編

「自由貿易こそ経済危機の原因だと各国指導者は認めようとしない」「ドルは雲散霧消する」「中国が一党独裁のまま大国化すれば民主主義は不要になる」――米ソ二大国の崩壊と衰退を予言したトッドは、大国化する中国と世界経済危機の行方をどう見るか？

四六上製　三〇四頁　二八〇〇円
（二〇一一年一二月刊）
◇978-4-89434-774-8

後藤新平生誕150周年記念大企画

後藤新平の全仕事

編集委員　青山佾／粕谷一希／御厨貴

■百年先を見通し、時代を切り拓いた男の全体像が、いま蘇る。■
医療・交通・通信・都市計画等の内政から、対ユーラシア及び新大陸の世界政策まで、百年先を見据えた先駆的な構想を次々に打ち出し、同時代人の度肝を抜いた男、後藤新平（1857-1929）。その知られざる業績の全貌を、今はじめて明らかにする。

後藤新平（1857-1929）

21世紀を迎えた今、日本で最も求められているのは、真に創造的なリーダーシップのあり方である。（中略）そして戦後60年の"繁栄"を育んだ制度や組織が化石化し"疲労"の限度をこえ、音をたてて崩壊しようとしている現在、人は肩書きや地位では生きられないと薄々感じ始めている。あるいは明治維新以来近代140年のものさしが通用しなくなりつつあると気づいている。

肩書き、地位、既存のものさしが重視された社会から、今や器量、実力、自己責任が問われる社会へ、日本は大きく変わろうとしている。こうした自覚を持つ時、我々は過去のとばりの中から覚醒しうごめき始めた一人の人物に注目したい。果たしてそれは誰か。その名を誰しもが一度は聞いたであろう、"後藤新平"に他ならない。　　（『時代の先覚者・後藤新平』「序」より）

〈後藤新平の全仕事〉を推す

下河辺淳氏（元国土事務次官）「異能の政治家後藤新平は医学を通じて人間そのものの本質を学び、すべての仕事は一貫して人間の本質にふれるものでありました。日本の二十一世紀への新しい展開を考える人にとっては、必読の図書であります。」

三谷太一郎氏（東京大学名誉教授）「後藤は、職業政治家であるよりは、国家経営者であった。もし今日、職業政治家と区別される国家経営者が求められているとすれば、その一つのモデルは後藤にある。」

森繁久彌氏（俳優）「混沌とした今の日本国に後藤新平の様な人物がいたらと思うのは私だけだろうか……。」

李登輝氏（台湾前総統）「今日の台湾は、後藤新平が築いた礎の上にある。今日の台湾に生きる我々は、後藤新平の業績を思うのである。」

「後藤新平の全仕事」を網羅！

『〈決定版〉正伝 後藤新平』別巻

後藤新平大全

御厨貴編

巻頭言 鶴見俊輔
序 御厨貴

1 後藤新平の全仕事（小史／全仕事）
2 後藤新平年譜 1850–2007
3 後藤新平の全著作・関連文献一覧
4 主要関連人物紹介
5『正伝 後藤新平』全人名索引
6 地図
7 資料

A5上製 二八八頁 **四八〇〇円**
（二〇〇七年六月刊）
◇978-4-89434-575-1

今、なぜ後藤新平か？

時代の先覚者・後藤新平

〔1857–1929〕

御厨貴編

その業績と人脈の全体像を、四十人の気鋭の執筆者が解き明かす。

鶴見俊輔＋青山佾＋粕谷一希＋御厨貴／鶴見和子／苅部直／中見立夫／原田勝正／新村拓／笠原英彦／小林道彦／角本良平／佐藤卓己／鎌田慧／佐野眞一／川田稔／五百旗頭薫／中島純 他

A5並製 三〇四頁 **三二〇〇円**
（二〇〇四年一〇月刊）
◇978-4-89434-407-5

後藤新平の"仕事"の全て

後藤新平の「仕事」

藤原書店編集部編

郵便ポストはなぜ赤い？ 新幹線の生みの親は誰？ 環七、環八の道路は誰が引いた？ 日本人女性の寿命を延ばしたのは誰？——公衆衛生、鉄道、郵便、放送、都市計画などの内政から、国境を越える発想に基づく外交政策まで「自治」と「公共」に裏付けられたその業績を明快に示す！

写真多数 ［附］小伝 後藤新平

A5並製 二〇八頁 **一八〇〇円**
（二〇〇七年五月刊）
◇978-4-89434-572-0

なぜ「平成の後藤新平」が求められているのか？

震災復興 後藤新平の120日

〔都市は市民がつくるもの〕

後藤新平研究会＝編著

大地震翌日、内務大臣を引き受けた後藤は、その二日後「帝都復興の議」を立案する。わずか一二〇日で、現在の首都・東京や横浜の原型をどうして作り上げることが出きたか？ 豊富な史料により「復興」への道筋を丹念に跡づけた決定版ドキュメント。

図版・資料多数収録

A5並製 二五六頁 **一九〇〇円**
（二〇一一年七月刊）
◇978-4-89434-811-0